히포의 아우구스티누스는 그가 존경하고 본받으려 했던 사도 바울처럼 다면적인 인물, 이른바 '입체적인 캐릭터'였습니다. 아우구스티누스에 관한 가치 있는 통찰을 담고 있는 이 책에서 조장호 박사는 그 자신이 목회자-신학자로서 아우구스티누스의 사상가로서의 측면뿐 아니라 목회자로서의 면모도 적극적으로 조명합니다. 그 결과, 독자들은 북아프리카의 주교였던 아우구스티누스의 더욱 온전한 초상을 마주합니다. 그뿐 아니라, 시대와 호흡한 신학자인 아우구스티누스의 저작들은, 다소의 바울의 글들처럼 그리스도의 제자이며 목회자인 그의 삶에 의해 빚어졌고 또한 그것과 깊이 연결되어 있음이 드러납니다.

토드 스틸 베일러 대학교 트루엣 신학교 학장

아우구스티누스의 사상은 촘촘하게 엮여 있어서, 그것을 탐구하기 위해서는 저자가 보여 주는 것과 같은 사려 깊은 접근이 필요합니다. 조 박사의 저작은 아우구스티누스의 마음과 지성이 어떻게 조화를 이루었는지를 세심하게 보여 줍니다. 독자들은 이 책에서 하나님을 사랑했던 한 사람, 즉 신학자이자 철학자, 성경 해석가, 이교도와 이단에 맞선 변증가 그리고 무엇보다도 목회자로서의 아우구스티누스를 만날 것입니다. 신앙의 깊이를 더하기를 갈망하는 한국의 그리스도인들은 이 책에서 그 해답을 찾을 것입니다.

D. H. 윌리엄스 베일러 대학교 은퇴교수

이 책은 아우구스티누스를 신학자만이 아니라 교회를 섬기고 영혼을 돌본 목회자로 조명하고, 그의 사상이 신앙과 삶에서 어떻게 실현되는지를 탐구합니다. 특히 '행복'이라는 주제를 중심으로 그의 신학과 목회적 고민을 풀어내면서, 신앙과 삶의 방향을 고민하는 독자들에게 깊은 통찰을 제공합니다. 저자는 학문적 깊이와 목회적 따뜻함을 겸비한 신학자로서 철학과 신학을 넘나드는 폭넓은 분석을 쉽고 친숙한 언어로 풀어냅니다. 게다가 원문을 풍부하게 인용해서 독자가 아우구스티누스의 사상을 직접 접하도록 하며, 현대적 해석을 더해 신앙의 실천적 적용 가능성을 제시합니다. 신앙과 학문, 이론과 실천의 균형을 이루는 이 책은 믿음의 여정을 걷는 모든 이에게 귀한 안내서가 될 것입니다.

김기현 한국침례신학대학교 교수, 로고스교회 담임목사이 책은 아우구스티누스를 단순한 신학자가 아니라 은총에 깊이 잠긴 영성가이자 예수 그리스도를 온몸으로 사랑한 그리스도 중심적 설교자로, 교회를 위해 헌신한 목회자이자 기도의 사람으로 묘사하면서, 참된 행복을 발견한 이 위대한 신앙인의 삶과 신학을 4D처럼 생생하게 제시합니다. 저자 조장호 박사는 아우구스티누스의 저작을 두루 섭렵했을 뿐 아니라, 베일러 대학교의 트루엣 신학교에서 현대 신학자들과 치열하게 대화하고 목회 현장에서 씨름하면서 내면화한 탁월한 통찰을 이 책에 담았습니다. 단순한 소개서가 아니라 매 장마다 아우구스티누스의 숨결이 생생하게 살아 있는 책을 만드는 귀한 작업을 해 낸 저자의 노고에 깊은 감사와 존경을 표합니다.

양형주 대전도안교회 담임목사, 장로회신학대학교 객원교수

『오늘을 위한 아우구스티누스 인생 수업』은 태산처럼 우뚝 솟아 있어 어디서든 눈에 들어오지만 정작 혼자 등정하기에는 엄두가 나지 않았던 아우구스티누스에게로 인도해 주는, 친절한 셰르파 같은 책입니다. 저자가 일생 배우고자 하는 일념으로 곁에 머물렀던 '아우구스티누스 선생'의 전 생애와 저작들을 간명하게 정리한 것은, 성경 구절처럼 되뇌었던 "우리 마음이 당신 안에서 안식할 때까지는 쉴 수 없습니다"라는 아우구스티누스의 고백이 얼마나 고통스러운 신앙 여정에서 길어 낸 샘물인지, 한 목회자가 성도를 지복으로 인도하기 위해 얼마나 갈망하며 토로한 묵상인지 깨닫게 합니다. 더군다나 하나님의 도성을 향한 순례의 길에 우리 모두를 동료 순례자로 초청하고 있으니, 누가 이 초대장을 외면할 수 있겠습니까?

조정민 베이직교회 목사

오늘을 위한 아우구스티누스 인생 수업

IVP(InterVarsity Press)는
캠퍼스와 세상 속의 하나님 나라 운동을 지향하는
IVF(InterVarsity Christian Fellowship)의 출판부로
생각하는 그리스도인을 위한 문서 운동을 실천합니다.

오늘을 위한

아우구스티누스 인생 수업

회심한 지성인, 위대한 교부,
은총의 신학자에게 믿음의 길을 묻다

조장호

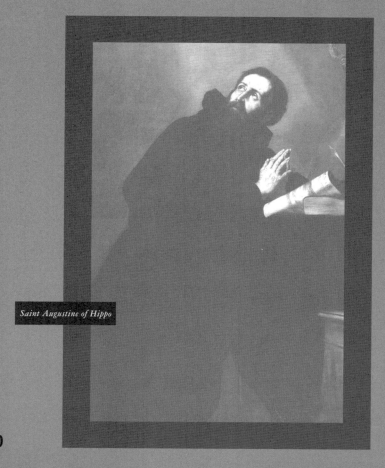

Saint Augustine of Hippo

Ivp

차례

일러두기

1. 본문에 인용한 아우구스티누스의 글들은 이 책의 마지막에 있는 참고 도서에 나오는 한국어 번역본을 우선적으로 사용하고 경우에 따라 영어 번역본을 사용했다. 한국어 번역본을 사용한 경우에는 문체나 표현을 다소 수정했다. 예를 들어, "하느님", "모상" 같은 가톨릭 용어들은 "하나님", "형상"처럼 개신교에 더 친숙한 표현으로 바꾸었으며, 가독성을 위해 원문의 의도를 해치지 않는 범위 내에서 표현을 다듬었다.
2. 인용문 안의 [ ]는 원문에 없으나 이해를 돕기 위해 저자가 추가한 것이다.
3. 각주의 2차 문헌은 영문 서적을 인용할 때는 저자와 제목 전체를 영어로 표기했고, 번역본을 인용할 때는 한국어로 표기했다.
4. 라틴어를 병기한 경우에는 이탤릭체로 표기해서 영어 단어와 구분했다.
5. 성경 인용은 대부분 개역개정을 따랐다.
6. 인명과 지명은 한국교부학연구회에서 펴낸 『교부학 인명·지명 용례집』(왜관: 분도출판사, 2008)을 따랐다.
7. 아우구스티누스 당시의 플라톤주의는 후대의 분류로는 신플라톤주의인데, 이 책에서는 구분이 필요한 경우를 제외하고는 두 용어를 혼용했다.

주요 인물

마르켈리누스(Marcellinus): 아우구스티누스 선생이 아꼈던 로마의 지성인이며 호민관이었다. 정치적 이유로 누명을 쓰고 처형당했으나 사후에 복권되었다. 선생은 『신국론』을 그에게 헌정했다.

모니카(Monica): 아우구스티누스의 어머니이며 독실한 그리스도인이었다. 북아프리카 베르베르족 출신으로, 로마인 파트리키우스와 결혼하여 아우구스티누스를 낳았다.

발레리우스(Valerius): 히포의 주교이며, 그리스어가 모국어였다. 아우구스티누스 선생을 사제로 만들었으며 나중에 공동 주교로 세웠다.

심플리키아누스(Simplicianus): 암브로시우스에 이어 밀라노의 주교가 되었다.

아데오다투스(Adeodatus): 아우구스티누스 선생이 카르타고에서 동거녀로부터 낳은 아들이다. 선생이 북아프리카로 돌아와서 세운 수도 공동체의 일원이 되었고, 『교사론』에서 선생의 대화 상대자로 등장한다. 이른 나이에 세상을 떠났다.

알리피우스(Alypius): 아우구스티누스 선생의 막역한 친구이며 선생이 밀라노 정원에서 회심할 때 함께 있었고, 후에 함께 세례를 받았다. 선생과 함께 타가스테에서 수도 공동체를 세웠고 나중에 타가스테의 주교가 되었다.

암브로시우스(Ambrosius): 밀라노의 주교로서 삼위일체론, 성직론, 찬송 개혁, 교회와 정치의 권력 등 서방 기독교 신학과 실천에 다양한 영향을 끼쳤다. 아우구스티누스 선생에게 세례를 주었다. 황제 테오도시우스에게 그의 명령에 따른 테살로니카 학살의 죄를 회개하라고 촉구하면서 성찬을 금지시키기도 했다.

아우렐리우스(Aurelius): 카르타고의 주교이며, 아우구스티누스 선생은 그에게 『삼위일체론』을 헌정했다.

펠라기우스(Pelagius): 브리타니아 출신의 수도사이며, 인간의 자유의지와 예정, 원죄 등의 문제와 관련해 아우구스티누스 선생과 충돌했고, 결국 후세에 이어진 펠라기우스 논쟁의 시발점이 되었다.

포시디우스(Possidius): 아우구스티누스 선생과 40년을 함께한 동역자로, 선생이 히포에 설립한 수도 공동체의 초기 회원들 가운데 한 사람이다. 397년경 히포에서 100킬로미터 정도 떨어진 칼라마의 주교가 되었다. 아우구스티누스 선생의 사후에 그의 전기를 남겼다.

히에로니무스(Hieronymus): 수도사이며, 신구약 성경을 라틴어로 번역하기 위해 여러 해 동안 예루살렘에 머물렀고, 불가타(로마 가톨릭 교회의 표준 라틴어역 성경)를 내놓았다. 이후에 로마에 머물며 수도 생활을 지도했다. 아우구스티누스 선생과 여러 차례 서신을 교환했다.

지도

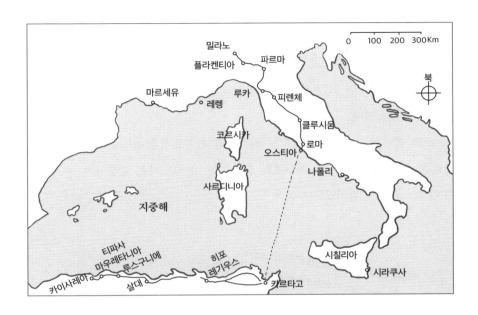

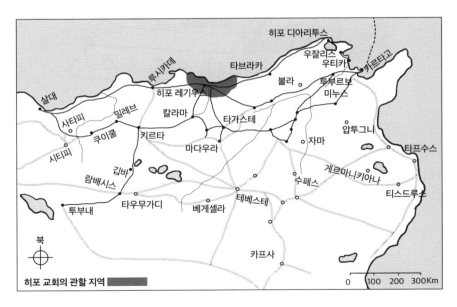

히포 교회의 관할 지역 ▇▇▇▇▇

히포의 교회 '바실리카 파키스'(*Basilica Pacis*, 평화의 교회)[1]

본 예배당은 길이 50미터, 폭 20미터 정도 규모의 건물이었다. 이 건물이 원래 도나투스파 교회였을 가능성도 없지 않다. 그림에서 보는 B는 본 예배당에 작게 딸려 있는 예배실(Chapel)이고, A는 그 예배실에 딸린 세례실(Baptistery)이다.

교회 옆에는 수도원이 있었다. 세례실 옆의 아트리움(atrium, 건축물에 딸린 앞마당)이 있는 건물은 사제들의 숙소였을 것이고, 다른 건물들은 주교의 숙소와 수도원이었을 것이다.

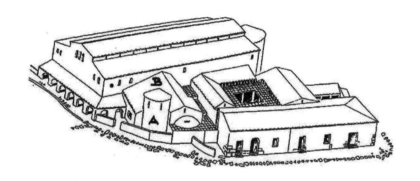

1 히포의 교회 건물 재구성은 다음의 논문에서 빌려 왔다. George Radan, "The Basilica Pacis of Hippo", in Joseph C. Schnaubelt and Frederick Van Fleteren, eds., *Augustine in Iconography: History and Legend* (New York: Peter Lang, 1999), p. 188.

연표[2]

연도	나이	장소	사건
354	1	타가스테	11월 13일에 태어남
370	17	카르타고	수사학교에 다니며 동거 시작
371	18		아데오다투스의 출생
373	20		마니교도가 됨
373-383	21-29	타가스테, 카르타고	수사학을 가르침
383	29	카르타고	마니교 주교 파우스투스를 만남
383-384		로마	수사학을 가르침
384	30	밀라노	궁정 수사학 교수가 됨; 암브로시우스의 설교를 듣기 시작함
385	31	밀라노	어머니 모니카가 방문하고 동거녀가 떠남
386	32	밀라노	신플라톤주의 서적을 읽음; 회심
386	32	카시키아쿰	카시키아쿰에서 가족 및 친구들과 여가를 가짐
387	33	밀라노	알리피우스, 아데오다투스와 함께 암브로시우스에게 세례를 받음
387	33	오스티아	모니카와 신비 체험을 함; 모니카의 죽음

2 이 연표는 아우구스티누스의 생애에서 중요한 사건 및 이 책의 내용과 연관된 것을 중심으로 요약했다. 학자마다 연대 추정에 다소 차이가 있다. 더 자세한 연표는 다음을 보라. William Harmless, ed., *Augustine in His Own Words* (Washington, DC: The Catholic University of America Press, 2010), pp. 441-446.

388	34	타가스테	고향 타가스테에 수도 공동체 설립; 『교사론』
390	36	타가스테	아데오다투스의 죽음(대략 18세)
391	37	히포	히포에서 사제로 안수를 받음; 히포 교회 옆에 수도원을 세움
392	38	히포	마니교 주교 포르투나투스와 논쟁
394	40	히포	연구 휴가(394. 6-395 부활절), 로마서와 갈라디아서를 집중적으로 공부
395	41		발레리우스와 공동 주교가 됨
396	42		『그리스도교 교양』
397	43		『고백록』
399	45		『삼위일체론』 저술 착수
403	51		도나투스 논쟁(- 412)
407	55		『요한 서간 강해』
410	56	로마	고트족에 의해 3일간 로마가 유린당함
411	57		펠라기우스 논쟁(-421)
413	59		『신국론』 저술 시작
419	65		『삼위일체론』 탈고
426	72		『신국론』 탈고
427	73		『재론고』
430	75	히포	8월 28일에 세상을 떠남
431			고트족에 의해 히포 함락, 교회와 교회 도서관은 무사함

머리말

교회사의 위대한 선생들은 진리를 향한 순례의 길에서 만나는 징검다리와 같다. 징검다리는 우리가 가야 할 곳에 도달하도록 자기의 등을 내어주지만, 누구도 징검다리 위에 머물기를 기대하지는 않는다. 어떤 이는 칼 바르트(Karl Barth)를 좋아하고, 장 칼뱅(Jean Calvin)을 존경하며, 아빌라의 테레사(Teresa of Ávila)를 사랑하지만, 그들은 목적지가 아니다. 순례자들이 궁극적으로 도달하고자 하는 곳은 교회가 증언해 온 진리 자체이신 그리스도다. 교회 역사에서 진리를 자기 시대의 언어로 풀어낸 사람들의 가르침과 저술을 징검다리 삼아, 우리는 진리에 한 걸음 더 나아간다. 교회의 역사와 신학을 연구하는 것은 그런 의미에서 순례다.

나는 서방 신학의 기초를 놓은 아우구스티누스의 『신국론』(De civitate Dei)에 대한 연구로 박사 학위를 받았다. 아우구스티누스의 저작들을 읽고 여러 해에 걸쳐 논문을 쓰면서, 그의 삶과 신학을 우러러보게 되었고 그를 '어 선생'으로 부르기 시작했다(아우구스티누스의 이름을 영어식으로 발음한 '어거스틴'에 애정과 존경을 담아 '선생'을 붙인 것으로, 그와 나의 거리를 좁혀 주는 호칭이기도 하다). 이 책에서 내가 그를 선생이라고 부르는 이유는, 이 책이 단순히 한 인물에 대한 개론서가 아니라 내 신학과 믿음, 교회에 대한 섬김과 헌신을 지도한 스승에 대한 소개이기 때문이다. 이 호칭에 담긴 나의 애정과 존경을 헤아려 주시기를 부탁드린다.

아우구스티누스 선생과 우리 사이의 거리는 멀다. 1,600년이 넘는 시간적 차이는 물론이거니와 북아프리카까지의 지리적 거리, 무엇보다도 그리스·로마 문화의 깊은 계곡이 우리와 그 사이를 가로지르고 있다. 그런데 넘을 수 없을 것 같은 이런 차이와 간격에도 불구하고, 선생은 여전히 현대 독자들의 마음을 울리고 지성을 흔들어 깨운다. 나는 선생의 글을 읽으며 수없이 많은 도움을 받았고, 성경의 진리를 이해하며 실천하는 데 말할 수 없는 유익을 입었다. 그의 사유와 신학에 전적으로 동의하는 것은 아니지만, 그럼에도 선생은 내가 진리이신 예수 그리스도께 나아가는 길에서 만난 믿을 만한 징검다리다.

7세기의 학자 세비야의 이시도르(Isidoro de Sevilla)는 아우구스티누스 선생의 저작을 다 읽었다고 주장하는 사람이 있다면 그는 거짓말쟁이라고 했다. 그만큼 선생은 방대한 양의 저작을 남겼다. 그가 평생에 걸쳐 쓴 책, 편지, 설교는 그가 계속해서 발전하고 변화하는 사상가이며 신학자였음을 드러낸다. 이런 이유로 연구자들이 제시하는 선생에 대한 의견과 해석은 매우 다양하다. 다양한 아우구스티누스 개론서가 한국어로도 출간되어 있다(책의 마지막에 있는 참고 도서를 보라). 예를 들어, 헨리 채드윅(Henry Chadwick)과 로완 윌리엄스(Rowan Williams)의 책들은 존경받는 교부학자들의 다년간 연구 성과를 집약한 것으로서 유익하다. 또한 제임스 스미스(James K. A. Smith)의 책은 조직신학자의 관점에서 쓴 것으로, 앞서 언급한 학자들과는 결이 다른 소개를 제공한다. 이렇게 훌륭한 연구서가 여럿 있지만, 선생의 방대한 저작과 심원한 사고를 한 권의 책에 다 담는 것은 불가능하다. 따라서 선생에 관한 개론서들은 여전히 필요하며 상호 보완적일 수밖에 없다.

지금까지 나온 아우구스티누스 선생에 대한 개론서들은 대부분 철학적 주제와 신학적 논쟁들을 중심으로 구성되었다. 그러다 보니, 선생이 평생을 목회자로 살고 섬겼는데도 목회자로서의 모습이 충분히 드러나지 않았다. 선생의 저작들은 목회자로서 그가 직면한 도전과 필요에 응답할 목적으로 저술되었다. 그가 가진 목회자로서의 정체성은 선생과 그의 사상을 이해하는 데 필수적이다. 이런 이유로 나는 선생이 가진 신학자로서의 모습보다는 영적 지도자이며 목회자로서의 모습을 더 부각시키려 했고, 따라서 기도, 설교, 기적, 공동생활 같은 목회적이고 영적인 주제들을 이 책이 다루는 내용에 포함시켰다.[1] 이로써 기존의 연구서들이 충분히 다루지 못한 부분들에 대한 갈증을 이 책이 해소할 수 있기를 기대한다. 아울러, 독자들이 아우구스티누스 선생의 목소리를 직접 들을 수 있도록 그의 저작을 가능한 한 많이 인용했다. 관심이 생긴 독자들은 이미 번역되어 있는 선생의 저작들을 직접 읽으시기를 권한다.

선생은 그의 삶 전체에 걸쳐 수행한 목회와 신학에서 행복이라는 주제를 중심에 두었다. 참된 행복에 어떻게 이를 수 있는가 하는 질문은 평생의 순례로 이어졌다. 그가 젊었을 때 이리저리 방황한 흔적들도 사실은 행복을 찾기 위한 여정이었다. 때로 그는 육적인 행복을 탐닉했고, 철학에 귀의하겠다고 마음을 먹기도 했으며, 신비적인 체험을 추구하기

---

1   이런 이유로 도나투스 논쟁, 펠라기우스 논쟁, 마니교 논쟁 같은 중요한 신학적 논쟁들과 삼위일체를 비롯한 여러 신학적 개념들을 체계적으로 깊이 논의하지는 않았다. 이 책은 전공자가 아닌 일반 독자의 수준에 맞춘 저술이기 때문이다. 이 책을 읽고 선생에 대한 관심이 생긴다면, 책의 마지막 부분에 있는 참고 도서를 통해 도움을 받을 수 있을 것이다

도 했다. 그러나 결국 그는 기독교 신앙에서 참된 행복을 찾았다. 그가 목회자로서 자신의 교우들을 가르치고 인도한 것도 궁극적으로는 그들이 행복하기를 원했기 때문이다. 이 책은 선생의 목회와 신학을 여러 측면에서 조명하고 있는데, 이것들은 모두 행복한 인생을 위한 가르침으로 수렴된다. 그런 의미에서 이 책은 행복한 삶을 위한 아우구스티누스 선생의 인생 수업이라고 볼 수 있을 것이다. 내가 선생을 통해 경험했듯, 순례의 길 위에 서 있는 교우들, 그리고 주 안에서 형제자매 된 동료 순례자들인 독자 여러분이 이 책을 통해 기독교의 진리를 향해 몇 발자국을 더 다가갈 수 있기를 바란다. 하나님의 도성(*civitas Dei*), 아버지의 나라를 향해 떠나는 순례인 우리의 지상 삶에서 말이다.

이 책을 세상에 내보내면서 감사할 분들이 있다. 고든콘웰 신학교에서 교회사의 여러 선생들을 소개해 주시고 갓 유학을 온 내게 수많은 조언과 격려를 주신 임창하(Dr. Paul Lim) 교수님, 그리고 나를 교부의 세계로 인도해 주신 고(故) 캐서린 크로거(Dr. Catherine C. Kroger) 교수님에게 감사드린다. 베일러 대학교의 박사과정 지도 교수였던 대니얼 윌리엄스(Dr. D. H. Williams) 교수님의 변함없는 지지와 성원에도 깊이 감사드린다(윌리엄스 교수님의 박사 학위 논문은 아우구스티누스 선생에게 세례를 준 암브로시우스에 관한 것이었다!).

또한 나는 2014년과 2015년 두 차례에 걸쳐 미국 로스앤젤레스에 소재한 인터내셔널 신학교(International Theological Seminary)의 학생들을 대상으로 『고백록』과 『신국론』에 대한 집중 강의를 했는데, 그 강의가 이 책을 쓰는 계기가 되었다. 강사로 초대해 주신 김재영 목사님께 감사드린다. 2018년에 미국 장로교회(PCUSA) 한인 목회자 계속 교육에 강사로 초청해 주신 김종현 목사님과 피드백을 주신 목사님들께도 감사드린다.

이 책의 몇 장은 그 강의를 통해 시작되었다.

초고가 나온 후 책의 부분들을 읽고 의견을 주신 분들이 여럿 있다. 김상일 박사님, 강상훈 집사님, 이진희 목사님, 정수길 선교사님, 문성호 목사님 등이다. 변변치 않은 초고를 읽고 주신 귀한 조언들에 감사드린다. 조교로 수고하신 김재학 목사님은 색인과 토론 질문을 만드는 데 큰 도움을 주셨다. 또한 무명 저자의 책을 선뜻 출간하기로 결정한 IVP의 정모세 대표님, 책이 모양을 갖추도록 편집해 주신 한재구 목사님과 편집부 여러분의 모험과 수고에 감사드린다. 마지막으로 이 책의 태동부터 출산까지 함께하면서 집필을 이어 갈 수 있도록 격려해 주고, 부족한 원고를 처음부터 끝까지 함께 읽으며 조언해 준 친구이며 동역자인 사랑하는 아내 임화선에게 감사와 존경을 표하고 싶다.

이 책의 원고를 출판사에 보내고 출간을 기다리는 동안 내 신상에 예상치 못한 변화가 생겼다. 3년 전에 작은 한인 교회의 목사로서 이 책을 썼는데, 책이 나올 즈음에 베일러 대학교의 조지 트루엣 신학교(George W. Truett Theological Seminary)에서 기독교 신학과 역사를 가르치는 교수로 임용된 것이다. 이 책은 내 인생의 전환점에 세워진 이정표가 되었다. 사람의 지혜를 뛰어넘는 하나님의 타이밍과 인도하심에 다만 엎드려 경배를 드린다(사 55:9).

신학은 결코 상아탑에서 태어나 성장하지 않는다. 신학은 믿음의 고백, 예배와 찬송, 기도와 교제, 선포와 전도의 자리에서 자란다. 아우구스티누스 선생의 수많은 저작은 그가 사랑하고 동역한 교우들 및 동료 목회자들과의 교제와 섬김을 통해 세상에 나왔다. 이 책의 내용들도 내가 섬기고 있는 웨이코한인교회 교우들과 함께 주를 예배하고 섬긴 여정 속에서 다듬어지고 발전했다. 특별히 2022년 여름에 교회에서

10주의 안식 기간을 허락해 주셔서 오랫동안 구상하고 쓴 글들을 다듬고 완성해서 초고를 쓸 수 있었다. 그 기간이 없었더라면 이 책이 나올 수 없었을 것이다. 지난 15년 동안 교우들이 보여 준 한결같은 사랑과 지지에 깊이 감사드리며 웨이코한인교회 교우들에게 이 책을 바친다.

미국 텍사스주 웨이코에서

조장호

순례를 시작하며

이러므로 하나님이 그들의 하나님이라 일컬음 받으심을 부끄러워하지 아니
하시고 그들을 위하여 한 성을 예비하셨느니라. (히 11:16)

아우렐리우스 아우구스티누스(Aurelius Augustinus) 선생은 354년 북아프
리카 타가스테에서 로마인 파트리키우스(Patricius)와 베르베르족 출신의
모니카 사이에서 태어났다. 430년 히포 레기우스에서 40년의 목회를 마
치고 눈을 감을 때, 그는 이미 서방 기독교회에 가장 중요한 스승이었다.[1]
그와 동시대인이며 중세 교회가 천 년 넘게 사용할 성경의 라틴어 번역
을 해낸 히에로니무스는 선생을 가리켜 바울 이후 기독교의 기초를 다
시 세운 사람이라고 했다. 그것은 결코 과장이 아니었다. 그는 중세에
"은총의 박사"(*doctor gratiae*)로 불렸는데, 기독교 복음의 정수를 가장 정확
하게 설명하고 가르쳤기 때문이다.

선생의 영향을 받은 사람은 수없이 많다. 서방 기독교 역사에서 그

---

[1]   타가스테와 히포는 모두 오늘날의 알제리에 속한 도시다. 11쪽의 지도를 보라.

순례를 시작하며

• **카롤루스 대제**(혹은 샤를마뉴 대제, 대략 747-814)는 현재의 독일과 프랑스 지역에서 시작된 프랑크 왕국의 왕이었으나 이후 여러 왕국을 지배했고, 신성 로마 제국을 세운 후 첫 번째 황제가 되었다. 그로부터 카롤링거 왕조가 시작되었으며, 그의 치하에서 일어난 문예 부흥을 카롤링거 르네상스라고 부른다.

의 영향을 받지 않은 사람이 있을까?[2] 신성 로마 제국의 •카롤루스 대제 (Carolus Magnus)는 『신국론』을 전쟁에 나설 때도 갖고 다니며 읽었다. 토마스 아퀴나스(Thomas Aquinas)를 비롯한 중세의 걸출한 신학자들은 선생이 이미 놓은 기초 위에 자신들의 신학을 세웠다. 1336년에, 유명한 인문주의자 페트라르카(Petrarca)는 프랑스 남부의 방투산 정상에서 『고백록』의 한 구절을 읽고 영적인 경험을 하게 된다.[3] 16세기의 종교개혁자 마르틴 루터(Martin Luther)는 아우구스티누스 수도회에 속한 수도사였는데, 그가 복음을 재발견하는 데 선생이 한 역할은 대단히 컸다. 17세기의 철학자 블레즈 파스칼(Blaise Pascal)이 아우구스티누스 부흥을 이끈 •얀센주의(Jansenism)에 깊이 영향을 받은 것은 널리 알려진 사실이다. 선생은 현대 철학자들에게도 심대한 영향을 끼쳤는데, 실존주의 철학자 마르틴 하이데거(Martin Heidegger)를 비롯하여 한나 아렌트(Hannah Arendt), 그리고 포스트모더니즘 철학자인 자크 데리다(Jacques Derrida) 등 일일이 헤

---

2 아우구스티누스 선생이 후대에 끼친 영향에 대해서는 빌헬름 게에를링스, 『교부 어거스틴』(서울: CLC, 2013), pp. 151-164를 보라. 또한 James J. O'Donnell, *Augustine* (Boston: Twayne Publishers, 1985), pp. 126-129를 보라.

3 그가 읽은 구절은 인간의 기억에 대한 선생의 숙고였다. "사람들은 밖으로 나가서 높은 산, 바다의 큰 파도, 넓고 긴 강의 흐름, 끝없이 넓은 대양, 별의 운행 등을 보고 놀라움을 금치 못합니다만, 그것들 안에서 보는 것에 대해서는 놀라지도 않습니다. 내가 그것들을 눈으로 보지도 않고 [내 기억을 근거로] 말하고 있는 것에 대해서는 이상하게 생각하지 않습니다"(『고백록』, 10.8.15).

• **얀센주의**는 17세기에 프랑스 가톨릭 교회 안에서 일어난 아우구스티누스 부흥 운동으로, 코르넬리우스 얀세니우스[Cornelius Jansenius, 혹은 네덜란드 이름 코르넬리스 오토 얀센(Cornelius Otto Jansen), 1585-1638]의 사후인 1641년 에 그의 저작 『아우구스티누스』 출간과 함께 촉발되었다. 얀센주의는 예수회의 강 력한 반발과 박해를 받았는데, 아우구스티누스의 은총론을 따라 인간의 자유의지 로는 죄를 이길 수 없음을 가르치는 등 은총의 역할을 절대적으로 강조했기 때문 이다. 얀센주의자들은 칼뱅의 예정론을 가톨릭 신학에 들여왔다는 비판도 받았다.

아릴 수 없을 정도다. 각 학문 분야에 끼친 영향은 또 어떤가? 신학을 넘어 언어학, 기호학, 정치 철학, 신비주의, 형이상학, 윤리학, 해석학 등 서양 지성사에 선생의 영향을 받지 않은 부분이 없다고 할 정도다. 아우 구스티누스 선생의 글들은 시대를 뛰어넘어 오늘날에도 사람들의 마음 과 생각을 흔들고 움직여서 하나님께 인도한다. 그의 저작들 가운데 가 장 사랑받는 『고백록』은 수많은 사람들을 감동시켰고 믿음으로 이끌었 다.[4] 『고백록』이 생생하게 드러내는 하나님의 은혜와 하나님을 찾아가는 영혼의 순례가 모든 시대의 사람들에게 깊은 공감을 불러일으키기 때문 이다. 바로 그 은혜의 흔적이 그의 저작들을 통해 우리가 유익을 누리는 이유가 아니겠는가?

이어지는 내용에서 나는 선생의 생애와 신학에 대한 큰 그림을 그려 보고자 한다. 그가 누구이고 어떤 경험들을 했으며 어떤 문제들과 씨름 했는지를 간략하게 살펴봄으로써, 본격적인 순례에 앞서 최소한의 오리 엔테이션을 제공하려는 것이다.

---

4 『고백록』의 원제 *Confessiones*는 "고백들"을 의미한다. 흔히 "참회록"으로 번역하기도 하지만, 이는 『고백록』을 죄에 대한 고백으로 축소한다. 『고백록』은 죄에 대한 회개와 뉘우침을 넘어, 자기 인생을 구원하여 회복하신 하나님의 은혜를 고백하고 찬송하 는 데 더 큰 목적이 있다.

방황과 회심

아우구스티누스 선생은 17세에 고향 타가스테를 떠나 카르타고에서 유학하며 수사학을 배웠다. 카르타고는 알렉산드리아와 함께 북아프리카의 문화와 경제를 이끄는 중심 도시였고,[5] 높은 수준의 고등 교육 기관이 있었다. 선생의 아버지 파트리키우스가 죽은 후에 로마니아누스(Romanianus)가 후견인이 되어 재정적 지원을 했지만, 선생을 뒷바라지하기 위해 어머니 모니카는 상당한 희생을 했을 것이다. 그런 모니카의 기대와 달리 선생은 카르타고에서 만난 한 여인과 동거했고, 그의 나이 18세에 아들을 얻었다. 모니카는 멀리 떨어져 자기 마음대로 살고 있는 아들을 위해 매일 눈물과 한숨으로 기도했다.

카르타고에서 선생은 마니교에 빠졌는데, 어머니가 믿는 기독교 신앙이 그에게는 합리적으로 보이지 않았기 때문이다. 마니교도들은 다음과 같은 질문들을 통해 구약성경과 기독교 신앙을 비웃곤 했다.

악은 어디서 오는가? 하나님은 어떤 몸의 형체를 갖고 있어 어떤 제한을 받고 있는가?…동시에 여러 아내를 데리고 사는 자, [모세처럼] 사람을 죽이고 동물을 잡아 제사 드리는 자도 의롭다고 할 수 있는가?[6]

선생의 눈에는 어머니가 믿는 구닥다리 종교보다 마니교가 훨씬 고상하게 보였다. 육체적 즐거움을 탐닉하던 그의 생활 방식과 마니교의 금욕

---

5 카르타고는 "로마의 곡창"으로 불렸는데, 북아프리카의 곡물이 카르타고를 통해 이탈리아 반도로 수입되었기 때문이다.
6 『고백록』, 3.7.12.

주의가 양립할 수 없는데도, 선생은 9년간 마니교에 몸담는다. 깊이 낙심한 모니카는 자신이 다니던 교회의 주교를 찾아가 아들을 한 번 만나 달라고 밤낮으로 간청한다.

이렇게 귀찮게 구는 어머니의 간청에 그는 약간 짜증을 내면서, "자, 이제 돌아가시오. 염려할 것 없소. 이렇게 흘리는 눈물의 자식이 망할 리 없소"라고 말했다는 것입니다. 그 후 어머니는 가끔 나와 이야기할 때마다, 그때 자기는 그 주교의 대답을 하늘로부터 들려온 음성으로 받아들였다고 말해 주었습니다.[7]

이후 아우구스티누스 선생은 마니교 주교 파우스투스를 만나서 자신이 씨름하던 (악의 기원 같은) 문제들에 대해 질문한다. 하지만 명성과 달리 파우스투스는 선생의 질문에 제대로 대답하지 못한다. 실망한 선생은 결국 마니교를 떠난다. 하나님이 그의 어머니가 하는 눈물의 기도를 들으신 것이다. 이후 선생은 밀라노로 옮겨 가서 수사학 교수직을 시작하고, 거기서 당시 지성인들 사이에 강력한 영향을 끼치던 신플라톤주의자들의 책을 접한다.[8] 이 책들은 선생이 마니교에서 완전히 나오는 데 영향을 끼치고 내면의 탐구로 인도한다.

그러던 중 아들의 장래를 걱정한 모니카는 동거녀를 그에게서 갈라

---

7 『고백록』, 3.12.21.
8 그리스도인이면서 플라톤주의를 신봉한 이들 중에는 암브로시우스, 빅토리누스, 심플리키아누스 등이 있다. 소위 밀라노의 플라톤주의 그리스도인들에 대한 논의에 대해서는 Peter Brown, *Augustine of Hippo: A Biography* (Berkeley: University of California Press, 2000), pp. 84, 496-497, 『아우구스티누스』(새물결출판사); 헨리 채드윅, 『아우구스티누스』(서울: 시공사, 2001), pp. 37-38를 보라.

놓고 정식 결혼을 추진하고, 동거녀는 아들 아데오다투스를 선생에게 남겨 두고 북아프리카로 돌아간다. 이 일로 선생은 상당한 상처를 받는다. 그런 와중에 그는 밀라노의 주교 암브로시우스의 설교를 들으면서 점차 복음의 진리에 다가선다. 암브로시우스의 유비적 성경 해석을 통해 기독교 신앙과 성경이 훨씬 합리적이고 매력적으로 들리기 시작한 것이다. 다른 한편으로, 선생은 정욕에 매여 있는 자신이 신플라톤주의자들의 책을 통해 깨닫게 된 행복의 길에서 얼마나 멀리 떨어져 있는지 깨닫는다.

　그 시기에 선생은 세상의 욕망에서 돌아선 여러 사람의 회심 이야기를 접하고, 내면의 갈등이더 이상 견딜 수 없는 수준에 이른다. 그때 선생은 담 너머에서 아이들이 부르는 노랫소리 같은 것을 듣는다.

　집어 들어 읽으라, 집어 들어 읽으라(*tolle lege, tolle lege*).[9]

이를 하나님이 주시는 일종의 신호로 생각한 그는 성경을 들고 펴서 첫눈에 들어온 곳을 읽는다.

　그 구절의 내용은 "방탕하거나 술 취하지 말며 음란하거나 호색하지 말며 다투거나 시기하지 말고 오직 주 예수 그리스도로 옷 입고 정욕을 위하여 육신의 일을 도모하지 말라"[롬 13:13-14]였습니다. 나는 더 이상 읽고 싶지도 않았고 또한 더 읽을 필요도 없었습니다. 그 구절을 읽은 후 즉시 확실성의 빛이 내 마음에 들어와 모든 의심의 어두운 그림자를 몰아냈습니다.[10]

9　『고백록』, 8.12.29.
10　『고백록』, 8.12.29.

그 자리에서 선생은 극적으로 회심한다. 이것이 그 유명한 밀라노 정원의 회심이다. 이듬해 387년, 그는 아들 아데오다투스와 친구 알리피우스와 함께 암브로시우스에게 세례를 받는다. 선생은 수사학 교수직을 발판으로 삼아 꿈꾸던 출세의 야망을 버리고 고향으로 돌아가기로 결정하는데, 돌아오는 길에 배를 기다리며 머문 오스티아에서 어머니와 함께 어떤 신비한 체험을 한다(1장). 모니카는 아들을 위한 평생의 기도가 응답되었기에 더 이상의 소원이 없다고 말하고, 얼마 후 그만 열병에 걸려 죽음을 맞이한다.[11] 하나님이 참으로 기가 막힌 타이밍에 그를 데려가신 것이다.

목회와 논쟁

고향 타가스테에 돌아온 아우구스티누스 선생은 유산으로 받은 집에서 수도 공동체를 시작한다(10장). 그러다가 신앙적 고민을 하고 있던 한 형제를 돕기 위해 히포를 방문했다가, 그 교회에서 붙들려 사제로 안수를 받는다. 수도 공동체에서 평생 조용히 살기 원했던 그를 하나님은 이런 예기치 않은 방식으로 불러내신 것이다. 그렇게 해서 선생은 히포에서 주교로, 영적 지도자로, 저술가로 섬기게 된다.

5세기 초의 기독교는 아직도 많은 것이 신학적으로 형성되어가는 과정 가운에 있었다. 그의 전기를 쓴 포시디우스가 요약했듯, 주교는 40년 동안 몇 가지의 굵직한 논쟁을 통과하면서 신학적 위대함을 드러냈다.

첫째로, 선생은 사제가 된 후 곧바로 마니교의 가르침을 비판하기 시작했다(2, 3장). 마니교 주교와의 공개 토론을 마다하지 않았고, 창세기

---

11   『고백록』, 9.10.26.

주석과 다른 저술들을 통해 마니교의 성경 해석과 세계관을 비판했다. 마니교에 9년간 있었던 그는 누구보다도 효과적으로 마니교를 비판할 수 있었다. 동시에, 마니교에 몸담았던 그의 전력을 꼬투리 잡아 비판하는 사람들에게는 자신이 마니교에서 완전히 벗어나 사도적이고 성경적인 신앙을 갖고 있음을 보여 줄 필요도 있었을 것이다.

둘째로, 선생은 오랫동안 도나투스파 교회와 논쟁했다(14장). 도나투스 논쟁은 북아프리카의 유명한 교부이자 순교자 키프리아누스 시대부터 100여 년 동안 이어진 긴 논쟁이었다. 박해 기간에 배교했던 사람들을 다시 받아 주어야 하는지에 대해 두 진영이 첨예하게 대립했고, 이는 결국 교회의 분열로 이어졌다. 자신들이야말로 참된 교회라고 주장하던 도나투스파 교회는 정통 교회를 타협한, 더럽혀진 교회라고 비난하면서 따로 교회를 만들었다. 아우구스티누스 선생 당시에 도나투스파 교회는 정통 교회보다 교세가 컸다.

도나투스파 교회와의 논쟁을 통해 선생은 교회가 무엇인지를 진지하게 묻는다. 교회는 가라지와 알곡이 "섞여 있는 [그리스도의] 몸"(*corpus permixtum*)이다! 그럼에도 그리스도는 교회의 연약함과 부족함을 자신의 것으로 끌어안으심으로써 교회를 그리스도의 몸의 지위로 격상시키신다. 또한 도나투스 논쟁에서 양측은 성례와 그것을 집전하는 이의 관계와 관련해서도 충돌했다. 도나투스파 교회는 배교한 주교들이 집례한 세례가 무효라고 주장한 반면, 선생은 그것이 삼위일체의 이름으로 행해진 이상 집례자의 거룩함과 상관없이 유효하다고 주장한 것이다. 이를 통해 그는 서방 신학의 교회와 성례에 관한 신학적 입장을 정리한다.

셋째로, 선생은 삶의 마지막 20년 동안에 은총에 대한 복잡하고 고통스러운 논쟁을 펠라기우스와 벌였다. 우리는 태어나면서부터 원죄를 갖고 태어나는가? 믿음은 인정받아야 할 공로인가? 하나님의 예정은 사람의 자유를 억압하지 않는가? 이러한 질문들을 통해 선생은 은총의 본질을 드러낸다(3장). 그렇게 해서 복음의 정수가 신학적 사고를 통해 온전하게 회복된다.

이런 신학적 논쟁에 더해, 세속성(the secular)과의 논쟁도 주목해야 한다.[12] 찰스 테일러(Charles Taylor)의 표현을 빌리자면, 세속성은 기독교 신앙이 없는 세상이 가진 "사회적 상상력"으로서, 한 사회가 받아들이는 가치 체계이며 세상과 인생이 원칙들과 관련해 내린 무의식적 합의다.[13] 그것의 가장 정교한 형태가 철학이다. 선생은 우리가 당연하게 받아들인 세속성이 기독교 신앙과 날카롭게 대립하는 것을 깨닫고, 적극적으로 기독교 신앙을 변호한다. 세속성의 대표적인 주창자들은 키케로와 포르피리우스 같은 철학자들이었다. 이러한 철학자들의 영향은 로마 사회의 지성인들이 기독교 신앙을 받아들이고 바르게 이해하는 데 장애가 되었다.

선생은 로마의 지성인들을 붙잡고 있었던 여러 철학 원리들을 복음 관점에서 비판하고, 지성인들을 복음으로 인도하고자 애썼다(12장). 그는 철학의 용어와 논리를 적극적으로 수용해서 그것의 논리적 허점과 모순을 드러내고, 오히려 복음은 철학이 추구한 구원과 행복을 이루었음을 보여 주는 방식으로 논의를 진행했다. 『아카데미아학파 반박』, 『행복한 삶』, 『신국론』을 비롯한 여러 저작을 그런 목적을 위해 저술했고, 또한 잘 알려지지 않은 수많은 서신과 매일의 설교를 통해 지성인들을 철

---

12 포시디우스는 선생이 참여한 논쟁에 아리우스파와의 논쟁을 포함시킨 반면, 철학(혹은 세속성)과의 논쟁은 중요하지 않게 여긴 것으로 보인다. 포시디우스, 『아우구스티누스의 생애』, 17.1-9. 선생 시대에 삼위일체 논쟁은 이미 거의 정리되었다.

13 찰스 테일러, 『근대의 사회적 상상: 경제·공론장·인민 주권』, 이상길 역(서울: 이음, 2010).

학의 오류에서 건져 내고 복음의 진리로 인도하고자 했다. 요컨대 선생은 자기 시대의 사회적 상상력과 논쟁한 것이다(15, 18, 19장).

아우구스티누스 선생이 평생을 논쟁 가운데 살았던 이유는 사람들을 성경의 진리와 바른 믿음으로 인도하기 위해서였다. 이를 위해 선생은 종종 공개토론도 불사했고, 이단에 속한 사람들을 어떻게 돌이킬 것인지에 관해 지역 주교회의를 통해 끊임없이 논의했다.[14] 선생의 강연과 저술, 설교와 서신을 통해 많은 사람이 그리스도께 돌아왔다. 그는 사상가이기 전에 목회자이며 복음 전도자였다.

선생은 세상을 떠나기 몇 년 전부터 자신의 죽음을 준비했다. 후임자를 세우고, 자신이 쓴 모든 저작을 다시 읽으며 오류를 바로잡았고, 시편으로 기도하면서 마지막을 준비했다(19장). 그가 눈을 감기 몇 개월 전부터 고트족이 히포를 포위했고, 로마 제국은 그렇게 기울고 있었다. 선생은 430년에 76세의 일기로 이 세상에서의 긴 순례를 마치고 그가 사랑했던 그리스도의 품으로 돌아갔다.

중심 주제들

아우구스티누스 선생의 신학 전반을 흐르고 있는 중요한 주제들이 있는데, 이를 여기서 간략하게 소개하는 것이 선생을 이해하는 데 도움이 될 것이다. 이후의 장들에서 더 자세히 풀어서 설명하겠지만, 여기서는 이 주제들, 즉 행복, 순례, 은총, 열망/사랑, 삼위일체, 그리스도, 교회, 영원, 창

---

14 도나투스 논쟁과 그로 인한 교회의 분열과 관련해 아우구스티누스 선생과 북아프리카 주교들이 공의회를 통해 한 노력에 대해서는 다음을 보라. 빌헬름 게에를링스, 『교부 어거스틴』, pp. 89-98.

조, 하나님을 보는 것이 서로 어떻게 연결되는지를 간략하게 그려 보겠다.

선생의 신학 기저에 있는 것은 **행복**하고자 하는 열망이다(1장). 그가 무엇을 하든 행복을 향한 열망이 그 뒤에 있다. 선생의 사고와 신학은 심지어 비그리스도인들에게도 공감을 얻는다. 모든 사람은 행복하기를 원하지만, 행복에 이르는 길을 모르기 때문에 이리저리 방황하고 불안해한다. 행복에 대한 열망은 하나님이 각 사람을 그분 자신에게 끌어당기시는 힘과 같은 것이다. 이 열망이 없으면 하나님을 찾을 이유가 사라진다. 행복 추구의 측면에서 아우구스티누스 선생은 철학과 경쟁한다. 철학의 궁극적 목표도 역시 행복이기 때문이다.

행복의 길을 알지 못하는 우리에게 하나님은 **그리스도**를 보내시는데, 그분은 중보자, 길과 목적지, 양식과 의사가 되신다. 그리고 그분이 여신 길 위에서 우리는 하나님께 가는 **순례**를 시작한다(5장). 모든 신자는 이 땅에서 길이 되시는 그리스도를 따라 걷는 순례자들이다. 신자의 믿음과 신학은 고정되어 있지 않고 움직인다. 하나님의 도성을 향해 나아가기도 하고, 때로는 후퇴하기도 한다. 하나님은 신자에게 믿음과 그 믿음을 끝까지 유지할 인내를 주셔서 영생에 이르게 하신다. 더 나아가 우리 인생에서 어느 것도 하나님으로부터 받지 않은 것이 없기에, 우리의 존재 전체가 **은총**이다. 그 누구도 자기 자신에 관해 자랑할 것이 없으며, 전적으로 하나님의 은총 가운데 산다(3장).

하나님이 신자에게 주신 믿음은 신자의 영혼을 정화하고 진리를 알게 한다. 성령을 통해 하나님은 신자의 마음에 하나님의 사랑을 부어 주시는데(롬 5:5), 이 사랑으로 인해 신자는 이전의 육적인 소욕을 이기고 거룩한 열망을 갖게 된다. 그 열망은 바로 하나님에 대한 사랑이다. 인간은 모두 자기 안에 있는 **사랑**을 따라 움직인다(4장). 그 사랑이 정욕이라면 그는 땅에 속한 즐거움을 좇아가지만, 그 사랑이 거룩한 열망이라면 그는 하늘에 속한 것을 추구한다. 회심은 궁극적으로 사랑하고 열망하는 대상이 바뀌는 것이며, 사람의 전 존재를 움직이는 중심은 바로 사랑이다. 이 점에서 선생은, 지식과 앎을 앞세웠던 그리스·로마 철학의 지성주의(intellectualism) 경향과 달리, 의지와 사랑을 통해 인간 존재의 역동을 정확하게 집어낸다.

이 순례의 길은 어떻게 우리를 하나님께 인도하는가? 달리 말해, 그 길 되신 **그리스도**는 우리를 어떻게 고치시는가? 그분은 우리를 자신의 몸으로 삼으시면서 우리의 죄, 연약함, 불순종을 자신의 것으로 취하시고, 자신의 의로움과 거룩함과 구원을 우리에게 주심으로써 우리를 고치신다(6장). 중보자이시며 의사이신 그리스도는 우리에게 **삼위일체 하나님의 형상**을 회복시키신다(17장). 하나님은 **사랑**이시기에, 신자는 회복 후에 하나님과 형제를 지극히 사랑하게 된다. 요컨대, 사랑은 길이며 동시에 목적지가 된다. 우리 안에 있는 사랑이 우리를 하나님께 인도하고, 사랑이신 하나님께 이른 사람은 온전한 사랑을 하게 된다. 이런 변화와 회복은 하나님이 세상을 **창조**하신 것과 정확히 같은 일이다(2장). 그런 의미에서 창조는 태초에만 일어난 사건이 아니라, 모든 신자에게 하나님이 행하시는 구원으로 날마다 일어난다. 새 창조를 통해 새로운 사랑을 갖게 된 사람들은 **교회**를 이루어 하나님의 도성을 향한 순례의 길 위에 함께 선다(5, 14장).

순례의 길은 지극한 행복, 즉 지복(至福)을 찾아가는 과정이기도 하다. 그 지복은 다름 아닌 **"하나님을 보는 것"**이다(19장). 시간 안에서 창조된 유한한 피조물이 어떻게 **영원** 가운데 계시는 하나님을 보는가?(16장) 하나님은 마지막에 모든 성도를 부활시키시고 죄의 몸과는 전혀 다른 새로운 몸을 주실 것인데(18장), 그 몸 안에서 우리는 하나님을 관상하는 지극한 행복에 이를 것이다. 그리고 그분을 볼 때, 우리도 그분처럼 변할 것이다. 그것이 아우구스티누스 선생의 신학이 궁극적으로 바라는 행복이다. 앞에서 살펴본 주제들을 우리는 이어지는 장들에서 자세히 다룰 것이다.

이제 우리의 순례를 시작해 보자.

행복과 구원

Saint Augustine of Hippo

1. 행복을 찾아서

하나님께 가까이 함이 내게 복이라. (시 73:28)

카시키아쿰 대화

아우구스티누스 선생의 사유와 신학은 그 중심에 행복이 있다. 그는 평생 행복한 삶을 추구했으며, 그러는 가운데 하나님의 은혜를 경험하고 기독교 신앙에 귀의했다. 선생의 3대 저작인 『고백록』, 『삼위일체론』, 『신국론』만 봐도 행복 추구가 그에게 모든 탐구를 이끌어 가는 동력이라는 점이 명확하게 드러난다. 『고백록』은 하나님으로부터 떨어져 불안 가운데 있는 영혼이 하나님께 돌아가 안식에 이르는 과정을 기술한다. 『삼위일체론』을 쓴 이유는 하나님을 아는 것이 영혼의 가장 큰 행복이기 때문이다. 『신국론』은 행복에 이르는 길과 불행에 이르는 길을 하나님의 도성과 땅의 도성으로 크게 구별하여 나누고, 하나님의 도성에 합류해서 참된 행복에 이르라고 권면한다. 선생에게 행복은 지극히 실존적인 문제였다. 모든 사람이 궁극적으로 행복을 추구한다는 점에서, 기독교와 철학의 목표는 같았다(구원이 인간의 참된 행복이 아니면 무엇이겠는가?).

386년에 일어난 극적인 회심 이후, 선생은 가족과 친구들, 제자들과 함께 밀라노 근교의 카시키아쿰에서 몇 달간 머물렀다.[1] 그는 세례를 앞두고 있었고, 자신의 인생이 극적인 회심만큼이나 다른 길로 가야 한다는 것을 알았다. 그 몇 개월의 시간은 수사학자이자 철학자의 모습과 그리스도인의 모습이 중첩된 기간이었다(물론 그 둘은 양립할 수 있지만).[2] 한편으로 그들은 시편을 읽고 기도했지만, 다른 한편으로 일련의 철학 토론을 진행했다.

아우구스티누스 선생은 카시키아쿰에서의 토론을 미리 계획했고, 참석자들이 유익한 진리에 이르게끔 인도했다. 달리 말해, 그리스 철학자들처럼 "산파법"을 이용함으로써 함께 있던 사람들이 지식에 이르도록 훈련한 것이다. 카시키아쿰에서 나눈 대화들은 이후 네 권의 책으로 출간된다. 이것이 소위 카시키아쿰 대화로, 『아카데미아학파 반박』, 『행복한 삶』, 『질서론』, 『독백』 등이다. 그중에서 『행복한 삶』은 회심 이후 선생이 생각한 행복을 간명하게 드러낸다.

『행복한 삶』의 대화는 선생의 서른두 번째 생일인 11월 13일, 점심 식사 후 시작되었다. 영적인 생명으로 다시 태어나는 세례를 앞두고 자신의 생일에 참된 행복에 이르는 길에 관한 대화를 한 것은 의도적인 설정

---

1   『고백록』, 9.4.7-8. 카시키아쿰에 함께 있던 사람들은 어머니 모니카, 형제 나비기우스, 아들 아데오다투스, 사촌 라프티디아누스와 루스티쿠스, 친구 알리피우스, 그리고 제자 리켄티우스와 트리게티우스다.

2   아우구스티누스 선생은 카시키아쿰에서 머물던 시간에 대해 다소 부정적으로 회고한다. "나는 거기서 당신을 전적으로 섬긴다고 하면서도, 숨 가쁠 때 잠깐 쉬며 숨 돌리듯 여가를 얻어 학문의 교만을 호흡했습니다.…그[알리피우스]는 우리 책이 뱀에 물린 상처를 치료하기 위해 교회가 제공한 약초의 냄새를 풍기기보다는, 오히려 학문 세계의 드높은 백향목 향기를 풍기기를 원했습니다. 그러나 지금은 주께서 그것을 꺾어 주셨습니다." 『고백록』, 9.4.7.

> • **키케로**(106-43 BCE)는 로마 공화정 말기에 활약한 법률가, 정치가, 철학자, 저술
> 가로서 로마 지성인들에게 지대한 영향을 끼쳤다. 아우구스티누스 선생은 그가
> 쓴 『호르텐시우스』를 읽고 철학에 눈떴으며 평생에 걸쳐 그에게서 배웠고, 동시에
> 복음의 진리와 상충하는 그의 사상과 논쟁하며 지성인들을 그리스도께 인도하고
> 자 했다.

이다. 선생은 밀라노 회심으로 인해 인생의 극적인 반전을 맞이했고, 자
신이 그토록 갈구하던 행복에 이르는 길을 그리스도 안에서 찾았다. 『행
복한 삶』은 철학자들이 권유한 것과는 다른, 기독교 신앙이 말하는 행
복에 이르는 길을 드러낸다.

　카시키아쿰 대화는 •키케로의 『투스쿨룸 대화』를 모방한 것이다.[3] 키
케로는 말년에 정치적 박해와 딸의 죽음, 아내와의 이혼 등으로 고통스
런 시간을 보내던 중에 투스쿨룸에서의 철학적인 대화 다섯 권을 펴내
는데, 주로 인생의 의미와 행복에 대한 철학적인 숙고다.[4] 선생이 인생의
전환기에 키케로 식의 대화를 시도한 것은 철학과는 다른 방식으로 행
복에 이르는 길이 있음을 드러내기 위한 장치가 아니었을까? 그렇게 함
으로써 그는 철학이 주지 못하는 위로와 소망이 있음을 드러내려 한 것
같다. 아우구스티누스 선생은 그 대화를 향연[*convivium*, 또는 '심포지움'
(*symposium*)]이라고 부른다.[5] 향연은 플라톤을 비롯한 고대 철학자들이 대
화를 통해 어떤 철학적 진리에 이르는 과정으로, 철학적 문학의 한 장르
로 이미 인정되었다. 선생은 이 대화의 구성과 진행을 미리 계획했고, 속

3　채드윅, 『아우구스티누스』, p. 62.
4　한국어 번역은 다음을 보라. 키케로, 『투스쿨룸 대화』, 김남우 역(서울: 아카넷,
　　2022).
5　『행복한 삶』, 4.23.

기사를 대동해서 모든 대화를 기록하게 했다.[6] 사흘에 걸쳐 진행된 대화의 주제는, 그 제목이 말하는 것처럼, 행복에 이르는 길이다. 이 대화에 참여한 사람들의 교육 수준은 천차만별이다. 모니카와 사촌들처럼 교육을 받지 못한 사람들도 있고, 제자들도 있다. 향연은 철학자들만의 전유물이 아닌 것이다. 나중에 보겠지만, 선생은 사람들이 교육 수준과 무관하게 지혜와 진리에 이를 수 있다고 보았다.

누가 행복한 사람인가?

『행복한 삶』 서두에서 아우구스티누스 선생은 행복을 찾는 과정을 항해에 비유한다. 우리는 여러 장애물을 극복하고, 행복의 땅에 이르기 위한 포구를 찾아가야 하는데, 이 포구는 다름 아닌 철학이다. 선생은 행복을 찾기 위한 자신의 지적 여정을 항해에 빗대어 요약한다. 그는 19세에 키케로의 『호르텐시우스』를 읽고 철학에 전적으로 헌신할까 생각했으나, 여러 유혹과 안개(아마도 마니교와 점성술)로 인해 그렇게 하지 못했다. 더구나,

> 아내[동거녀]에 대한 미련과 명예에 대한 미련이 나를 붙들어 철학의 품으로 신속히 날아가지 못하게 말렸습니다.[7]

지혜를 추구하려는 열망이 있었으나, 정욕과 명예욕이 그의 마음을 붙들어 앞으로 나아가지 못하게 한 것이다. 그 와중에도 선생은 마니교의 안개에서 빠져나올 수 있었는데, 아카데미 학파가 "풍랑 한가운데서 내

---

6   『행복한 삶』, 2.15.
7   『행복한 삶』, 1.4.

- **플로티누스**(204/5-270)는 신플라톤주의 철학의 창시자로, 플라톤과 아리스토텔레스 이후 가장 영향력 있는 고대 철학자로 추앙된다. 이집트에서 태어났고, 245년에 로마에 온 후 죽을 때까지 거기서 살았다. 제자 포르피리우스가 그의 가르침을 정리한 『엔네아데스』를 썼다.

배의 키를 붙들어" 주었기 때문이다.[8] 키케로가 따랐던 아카데미 학파는 플라톤주의의 한 줄기로, 에피쿠로스 학파 및 스토아 학파와 더불어 그리스 3대 철학 사조를 구성하고 있었다. 회의론자인 이들은 진리를 알 수 없다고 믿었다. 선생은 이들의 의견을 받아들이지 않았지만, 그럼에도 키케로의 회의론은 선생이 마니교에서 빠져나오는 데 도움을 주었다. 이후에 선생의 마음을 사로잡은 철학은 *플로티누스의 신플라톤주의였는데, 이를 통해 선생은 기독교 신앙에 다가갈 수 있었다. 카시키아쿰의 대화는 철학적인 방법을 통해 기독교 진리에 이르는 과정을 담고 있다. 선생은 항해를 인도하는 길잡이 역할을 한다. 『행복한 삶』의 대화는 "과연 누가 행복한 사람인가"라는 질문으로 시작한다. 참석자들은 모두 원하는 것을 가진 이가 행복하다는 데 동의한다. 한 가지 조건이 있는데, 원하는 바가 선한 것이어야 한다.

온당하지 못한 것을 원하는 것은 그 자체로 이미 더할 나위 없이 불행하다. 원하는 것을 얻지 못하는 것은 합당하지 않은 것을 얻으려고 원하는 것보다는 더 작은 불행이다. 의지의 악함은 행운이 가져다주는 선을 압도한다.[9]

8   『행복한 삶』, 1.4.
9   『행복한 삶』, 2.10. "의지의 악함"은 *pravitas voluntas*의 번역이다. 이미 초기부터 아우

이것을 아마도 선생은 자신의 경험을 통해 깨달았을 것이다. 선생은 회심 전에 로마 황제 앞에서 그를 칭송하는 연설을 할 기회를 잡았는데, 정치적으로 성공 가도를 달릴 수 있는 중요한 기회였기에 연설 작성에 최선을 다했다. 그러나 막상 대중 앞에서 황제를 한껏 찬양할 때 그는 자신의 말이 모두 거짓이며, 군중도 그것이 거짓이라는 것을 알고 있음을 깨닫는다. 명예를 얻을 기회를 잡았으나 전혀 행복하지 않았다. 당황스러운 순간이었다.

나는 정말 불행했습니다. 어느 날 당신은 내가 얼마나 불행한지를 깊이 느끼게 하셨습니다. 나는 그날 황제를 찬양하는 연설을 준비하고 있었습니다. 나는 그 연설에서 많은 거짓말을 해야 했고, 내가 거짓말을 하고 있음을 뻔히 알면서도 많은 사람이 그 거짓말에 박수갈채를 보내야 했습니다.…나는 욕심의 박차 아래서 내 불행의 짐을 끌고 가는 데 모든 노력을 다했습니다. 그러나 그 짐을 끌고 가면 갈수록 무거워질 뿐이었습니다.[10]

그가 그토록 원하던 명예를 얻을 기회가 고통을 가져왔다. 성공을 위해 무시해야 하는 양심의 소리는 행복을 깨뜨릴 만큼 날카로웠다. 거기에는 진리도 의도 지혜도 없고, 다만 허세와 거짓으로 포장된 욕망만 있었다. 그렇다면 무엇을 얻어야 행복하게 되는 것일까? 그것은 선한 것이어야 하고, 또한 변치 않고 지속하는 것이어야 한다. 지속하지 못하고 없어진

구스티누스 선생은 앎보다는 사람의 욕망과 의지가 본질적으로 인간의 행복에 영향을 주는 것임을 간파한다.
10　『고백록』, 6.6.9.

다면, 행복은 결국 깨어질 것이기 때문이다. 오직 영원하고 변치 않는 최고선을 가진 자만 행복할 것이다. 이 최고선은 다름 아닌 하나님이다. 요컨대, 행복한 사람은 바로 하나님을 가진 사람이다![11]

이 결론으로부터 아우구스티누스 선생은 묻는다. 그렇다면 어떤 사람이 하나님을 갖는가? "마음이 청결한 자는 복이 있나니 그들이 하나님을 볼 것임이요"(마 5:8)라는 말씀을 기반으로, 아데오다투스는 "부정한 영을 지니지 않은 사람"이라고 답한다. 선생의 글에서 지복의 상태는 여러 가지로 표현된다. 하나님을 보는 것, 하나님을 향유하는 것, 하나님에 대한 완전한 인식, 혹은 하나님을 소유하는 것 등은 모두 최고의 행복을 묘사하는 표현이다.[12] 이것들은 모두 동일한 실재를 가리킨다. 하나님을 보든 소유하든 향유하든 알든, 그 모든 상태는 우리에게 지극한 만족과 행복을 줄 것이다. 사람의 욕구는 자신보다 못한 존재로는 채워지지 않는다.[13] 오직 전능하신 하나님만 그의 깊은 욕구를 완전하게 만족시키실 수 있기에, 하나님 외의 것에서 최고의 행복을 찾으면 불만족할 것이고, 더 나아가 불행하게 될 것이다.

진리와 지혜

우리는 최고선을 추구할 때 행복이 온다는 것을 알았다. 그런데 사람이 자연적으로 선을 사랑하는 것은 아니지 않은가? 타락 이후에 우리는 불행을 안겨 줄 악을 사랑하곤 한다. 여기서 선과 악은 하나님과의 관계

11 『행복한 삶』, 2.11.
12 『행복한 삶』, 2.22; 『신국론』 8.8; 『자유의지론』, 2.16.41; 『재론고』 1.2.
13 Étienne Gilson, *The Christian Philosophy of Saint Augustine* (New York: Vintage Books, 1967), p. 7.

안에서 정해진다. 예를 들어, 음식은 선한 것이지만 음식을 하나님보다 사랑한다면 음식에 대한 소욕은 불행을 가져올 것이다. 달리 말해, 선과 악은 사랑의 질서 안에서 결정된다. 마땅히 사랑할 것을 사랑할 때 그 사랑은 선이다. 그러나 마땅히 사랑할 것을 사랑하지 않는다면, 그것은 악이며 결국 불행을 낳는다.[14] 이런 두 종류의 사랑은 땅의 도성과 하나님의 도성으로 대비된다.

> 하나님보다 땅의 행복을 바라는 사람은⋯은유적으로 바벨론이라 불리는 도성에 속하여 마귀를 왕으로 삼은 것입니다.⋯이 두 도성은 현세에는 섞여 있습니다.⋯한쪽은 죄의 편에, 다른 한쪽은 의의 편에 서 있습니다.[15]

아우구스티누스 선생은 사랑을 그 대상에 따라 두 가지로 구분했다. 선과 하나님을 사랑하는 '카리타스'(caritas)와, 세상과 자신을 사랑하는 정욕(cupiditas)이다. 우리는 죄 가운데서 질서를 잃어버린 사랑을 갖고 태어난다. 그래서 사람은 태어날 때부터 불행으로 기울어진다.

> 참된 행복이란 진리 안에서 기뻐하는 것입니다. 그것은 곧 진리이신 당신 안에서 기뻐하는 것입니다.⋯그러면 왜 사람들이 진리 안에서 기뻐하지 않습니까? 왜 사람들이 행복하지 못합니까? 사람들이 자신들을 행복하게 해 주는 진리는 희미하게 기억하고, 불행하게 하는 여러 잡무에는 너

---

14 아우구스티누스 선생의 사랑 개념에 대해서는 4장을 보라.
15 『시편 주해』, 61.6.

무 관심을 두므로, 후자의 힘이 전자의 힘보다 더 커서 그러는 것입니다.[16]

우리 내면의 무질서한 사랑을 변화시키는 것은 하나님의 은총밖에 없다. 그 은총이 우리 마음에 부어질 때, 우리 마음은 선과 하나님을 사랑하고 참된 행복을 향해 나아가게 된다. 하나님의 은총으로 인해 타락한 사랑이 정결하게 되어 참으로 사랑해야 할 것을 사랑할 때, 마음은 청결하게 된다. 그 청결한마음을 가진 자만 하나님을 볼 것이며 그분을 가진 자, 즉 행복한 자가 될 것이다.

『행복한 삶』의 마지막 날 대화는 키케로가 언급한 부자 오라타에 관한 이야기를 중심으로 전개된다. 아우구스티누스 선생은 "불행은 결핍"이라고 한 전날의 결론에 이어서, 빈궁하지 않은 사람은 행복한지 묻는다. 아무런 부족함이 없었던 오라타는 행복했는가? 사람들은 그가 재물을 잃을 것을 두려워했으니 행복하지 않았다고 한다. 그러나 모니카는 오라타가 불행한 이유로 지혜의 결핍을 꼽는다.[17] 이에 선생은 탄성을 지른다. 그가 대화를 통해 이르고자 한 지혜에, 교육을 받지 못한 어머니가 누구보다도 먼저 도달했기 때문이다.

[모니카의] 저 말씀이 하나님께 집중함으로부터가 아니라면 어디서 나오겠는가?[18]

그렇다. 모든 것이 넉넉해도 지혜가 없다면, 그는 큰 결핍 가운데 있는

---

16 『고백록』, 10.23.33.
17 『행복한 삶』, 4.27.
18 『행복한 삶』, 4.27. 모니카는 지혜에 이르는 것이 철학이 아니라 하나님께 시선을 돌리는 경건한 믿음을 통해 가능함을 보여 준다.

것이고 불행하다. 선생은 지혜를 추구하는 철학자로서 대화를 인도하면서 참석자들이 지혜에 이르기를 원하고 있다. 그러나 왜 지혜일까? 『자유의지론』에서 선생은 이렇게 답한다.

> 지혜 없이는 아무도 행복할 수 없는 까닭이다. 최고선에 의하지 않고는 아무도 행복할 수 없으며, 그 최고선은 우리가 지혜라고 일컫는 진리 속에서 식별되고 견지된다.[19]

선생에게 지식(*scientia*)은 지각되는 것, 변화하는 것에 대한 앎인 반면, 지혜(*sapientia*)는 영원하고 불변하는 것에 대한 앎이다. 지식은 피조물에 관해 아는 것이고, 지혜는 하나님에 관해 아는 것이다. 지식은 분석을 통해 앎에 이르지만, 지혜는 직관에 의해 앎에 이른다. 달리 말해, 지혜는 진리를 아는 것인데, 그 진리를 통해 우리는 선과 악을 구분한다. 우리는 진리를 아는 지혜를 통해 행복에 도달한다. 모니카는 직관에 의해 지혜에 이르렀고, 지혜를 통해 진리를 알게 되었다.

이제 참석자들은 아카데미학파의 회의론자들이 결코 행복할 수 없음을 깨닫는다. 진리를 알 수 있다는 희망을 버릴 때, 즉 불변하고 영원한 것을 알고 즐거워하는 것이 불가능하다고 믿을 때 행복으로부터 차단된다. 회의론은 비판적 지성으로서 나름의 역할이 있지만, 진리에 대해 불가지론에 빠지는 순간, 행복에 이르는 길의 장애물이 되어 버린다.

---

19 『자유의지론』, 2.9.26.

영혼의 양식

『행복한 삶』의 대화는 점심 식사 후에 시작되었다. 아우구스티누스 선생은 우리 몸의 건강을 위해 음식이 필요하듯, 영혼의 건강을 위한 음식도 필수적이라고 밝힌다.[20] 음식에 대한 유비는 대화 중에 끊임없이 등장한다. 세 번의 대화가 모두 점심 식사 이후에 시작되었고, 선생은 육신의 양식처럼 영혼의 양식도 허겁지겁 먹으면 탈이 난다며 대화를 중단하기도 한다.

> 정신이라는 것도…정도 이상으로 잔칫상에 몰두하고 허겁지겁 먹어 치울 염려가 있다. 그렇게 하면 소화가 힘들어진다. 그리하여 지성의 기갈 못지않게, 지성의 건강도 염려하지 않으면 안 된다. 내일 다시 배가 고파지면 이 문제를 다시 논의하자.[21]

대화를 인도하는 사람으로서 아우구스티누스 선생은 참석자들이 과식하거나 굶절하지 않도록 조절한다. 적당한 간격을 두고 대화를 진행하여, 대화를 통해 이르게 된 지식들을 잘 소화되고 반추하도록 인도한다. 또한 각 대화의 시작마다 전날에 이른 결론을 다시금 상기시키고 정리함으로써 논의가 계속되도록 돕기도 한다. 둘째 날 대화를 마치면서 선생은 "내일도 똑같은 밥상에서 만나자"고 한다.[22] 그는 마치 영혼의 양식을 배식하는 사람이나 영양사처럼 보인다. 섭취해야 할 진리의 식단을

20 『행복한 삶』, 2.8.
21 『행복한 삶』, 2.13.
22 『행복한 삶』, 3.22.

미리 생각하고, 그것을 어떻게 적절히 배분하여 잘 섭취하고 소화되게 할지 궁리한다. 그리고 간격을 두어 적당한 허기로 인해 식성을 불러일으키는 등의 세심한 배려를 한다. 물론 이것은 수사학자로서 그가 받은 교육과 훈련의 결과이겠으나, 우리는 여기서 영혼을 돌보는 목자의 모습을 얼핏 보게 된다. 영혼에 필요한 양식은 "[하나님을 포함한] 사물에 관한 이해와 지식"이다.[23] 이 대화 전체를 선생이 기획했지만, 이를 통해 어떤 지식이 각 참가자에게 양식으로 공급될지는 알 수 없다. 영혼의 양식을 주시는 분은 궁극적으로 하나님이다.

> 하지만 여러분을 위해 무엇이 마련되어 있는지는 나도 여러분처럼 모른다. 다른 분[하나님]은 저 모든 훌륭한 음식을 모두에게 제공하는 일을 꺼리지 않으시는데, 우리는 경박해서든, 배가 불러서든, 하고많은 일을 핑계로든 먹기를 꺼린다.[24]

387년 봄, 카시키아쿰에서의 여가를 마치고 선생과 일행은 밀라노로 돌아온다. 사순절 기간에 세례 교육을 받은 후에 그는 아들 아데오다투스, 그리고 친구 알리피우스와 함께 부활절에 *세례를 받는다. 그 후 오랜 타향살이를 정리하고 고향으로 돌아가다가 오스티아에 머물며 아프리카로 가는 배를 기다리던 어느 날, 그는 창가에서 어머니 모니카와 영적인 대화를 나누고 있었다. 대화가 이어지면서 두 사람의 마음이 하나님을 향해 올라가고, 거기서 하나님의 지혜를 잠깐 맛보는 신비한 경험을 한다(키케로의 회의론이 틀린 것이다!).

23 『행복한 삶』, 2.8.
24 『행복한 삶』, 3.17.

• 초기 교회의 **세례**: 초기 교회는 세례를 매우 엄숙하게 여겼다. 사람들은 종종 세
례받기를 미루곤 했는데, 세례를 받고 나서 짓는 죄를 용서받지 못할 것이라는 두
려움 때문이었다. 예를 들어, 콘스탄티누스 황제는 세례를 미루다가, 죽기 얼마 전
에 병상에서 세례를 받았다. 세례를 미루는 사람들에게 선생은 왜 세례를 미루면
안 되는지를 계속해서 설명하고 설득해야 했다. 교회는 세례를 받으려는 사람들을
최대 3년까지의 기간에 걸쳐 가르치고 훈련했다. 세례를 받는 사람은 거룩한 삶을
살아야 했는데, 예를 들어 배우들은 그 직업을 유지하면서 세례를 받을 수 없었다.

어머니와 나는 집안의 정원이 내려다보이는 창가에 기대고 서 있었습니
다.…신자들이 받을 영생이 무엇과 같을지를 서로 이야기했습니다.…우
리는 마음속에서 열정적으로 타오르는 사랑으로 인해 "항상 같으신 분"
을 향해 오를 때, 여러 계층의 사물들을 통과하여 해와 달과 별들이 지
상으로 빛을 보내는 저 하늘까지 이르렀습니다. 그리고 우리는 당신이
만드신 모든 것을 명상하고 말하고 감탄하면서 오르다가 우리의 마음에
이르렀고, 나중에는 그것마저 초월하여 더 올라가 **당신이 진리의 음식으
로 항상 이스라엘을 먹이시는 곳, 그 풍성한 영역에 다다르고자 했습니다.**
그곳에서는 생명이 곧 지혜입니다.…우리가 이처럼 말하고 그 지혜를 향
해 목말라하며 전심전력으로 집중하는 동안, 순간적으로 그 지혜와 약
간 접촉하게 되었습니다. 그러고는 긴 한숨을 쉬면서 '영의 첫 열매'를 그
곳에 묶어 남겨 둔 채, 우리는 시작이 있고 끝이 있는 인간의 말로 되돌
아왔습니다. 당신의 말씀은 항상 자체 안에 머물러 있어 낡아짐이 없이
모든 것을 새롭게 하십니다.[25]

---

25 『고백록』, 9.10.24. 원문에서는 여기 나오는 183개 단어가 한 문장이다(강조 추가).

아우구스티누스 선생은 하나님이 그분의 백성을 위해 차려 주신 영혼의 양식인 지혜를 어머니와 함께 "맛보았다." 몇 달 전 카시키아쿰에서 토론한 행복으로 인도하는 지혜를 잠깐 경험한 것이다. 이 체험을 선생의 짧은 묘사를 통해 재구성하거나 이해하는 것은 거의 불가능하다. 그러나 인용문의 마지막에서 선생은 지혜이신 그리스도가 말씀으로 오늘 우리 가운데 계시며 모든 것을 새롭게 하신다고 고백한다. 영의 양식인 하나님의 지혜는 말씀 안에 있다. 삼층천에 올라가 사람이 감히 들을 수 없는 말을 들은 바울이었지만(고후 12:4), 그가 말씀을 찾으러 하늘에 올라갈 것이 아니고 이 말씀이 심히 가까워 그의 입에 있다고 했다(롬 10:6-8). 즉 우리는 사람이 되신 그리스도 안에서 지혜를 맛볼 것이다.

밀라노 정원의 회심과 오스티아의 신비한 경험을 통해, 선생의 마음에 더 이상 부정할 수 없는 은총의 흔적이 생겼다. 그가 만난 하나님, 그가 경험한 지혜인 그리스도를 결코 잊을 수도, 부인할 수도 없게 되었다. 하나님은 그의 기억 안에 계셔서 그의 양식과 기쁨이 되셨다.

> 내가 처음으로 당신을 알게 된 이후 당신을 잊은 적이 없습니다. 내가 진리를 찾은 그곳에서 진리 자체가 되신 나의 하나님을 찾았기 때문입니다. 나는 진리를 처음으로 알게 된 때부터 진리를 잊은 적이 없습니다. 내가 당신을 알게 된 이후 계속 당신은 내 기억 안에 임재하여 계셨습니다. 바로 그곳에서 당신을 기억하고 당신 안에서 기뻐할 때, 당신을 찾아 만나게 됩니다. 이것이 나의 거룩한 기쁨입니다. 이것은 당신이 자비로 내 궁핍함을 굽어살피시고 나에게 허락하신 것입니다.[26]

26 『고백록』, 10.24.35.

진리의 하나님은 어디 계시는가? 하나님은 기억 가운데 계시면서 은혜와 사랑을 상기시키신다. 그 기억으로 내 안에 살아 계신 지혜는 다시 오늘의 은혜가 되어 나를 먹이시고 복되게 하신다. 완전하지는 않아도, 바로 그것이 아우구스티누스 선생이 이 세상에서 경험한 신자의 기쁨이며 행복한 삶이었다.

소망 가운데서의 행복

『행복한 삶』은 독자에게 질문한다. 당신은 하나님을 가졌는가? 당신은 지혜를 사랑하며 추구하고 있는가? 아니면, 여전히 한시적으로 변하는 것들에 이리저리 끌려다니고 있는가? 이 대화는 그리스도인이 철학자보다 행복하다고 말하지 않는다. 대화의 결론에 의하면, 그들처럼 우리도 아직 하나님을 가졌다고 말할 수 없기 때문이다. 완전한 행복은 철학자에게나 신자에게나 아직 오지 않았다.

그렇다면 우리는 불행한 것일까? 신자는 스스로를 기만해서 자신이 다른 모든 사람보다 행복하다고 하면 안 될 것이다. 이 부서진 세상에 살면서 신자나 불신자나 모두 숱한 어려움과 고통을 겪으며 슬퍼하기도 하고 아파하기도 한다. 그럼에도 신자에게는 한 가지 위로가 주어져 있다. 하나님이 부서진 세상을 세상 끝에 완전하게 회복시키시고, 우리에게 하나님을 보는 지복을 허락해 주시리라는 소망이다. 그 소망 가운데 신자는 기뻐할 수 있다. 『신국론』의 마지막에서 선생은 말한다.

인생이 이 세상의 숱하고 혹독한 악으로 인해 비참할 수밖에 없지만, 장차 올 세상에 대한 소망으로 구원받으리라는 희망으로 행복해질 수 있다고 말할 것이다.…우리가 소망으로 구원받은 것같이 또한 소망으로 행복해졌다. 또 구원이 그렇듯, 행복도 우리 눈앞에 있는 것처럼 손에 쥐고 있지는 못하며 장차 올 것으로 기다릴 따름이다. '참을성 있게' 기다리자는 말은 우리가 악에 에워싸여 있기 때문이고, 그 악을 참을성 있게 견뎌 내야 하기 때문이다.[27]

여기에 더해 또 다른 위로가 있다. 바로 사람이 되신 그리스도다. 지혜에 대한, 보이지 않는 영원한 진리에 대한 앎은 저 멀리 있지 않다. 그것을 찾기 위해 먼 바다를 고생스럽게 항해할 필요가 없다. 왜냐하면 하나님의 지혜이신 그리스도(고전 1:24)가 우리와 같은 사람이 되셔서 우리 가운데로 오셨기 때문이다.

하나님의 아들이 곧 하나님의 지혜이고, 하나님의 아들은 바로 하나님이다.…따라서 진리를 통해 최고의 법도에 이르는 자는 누구든지 행복하다. 정신에게는 바로 이것이 하나님을 모시는 것, 즉 하나님을 향유하는 것이다.[28]

하나님을 가진다는 것은 바로 하나님의 지혜이시고 성육신 하신 그리스도를 믿고 섬기는 것이다. 지혜이신 그리스도를 통해서만 우리는 하나님을 알고 향유한다. 보이지 않는 하나님의 신성이 그 안에 육체로 거하시기 때문이다(골 2:9). 사흘간의 철학적 대화는 성육신 하신 그리스도에 이른다. 모니카는 암브로시우스에게 배운 찬송을 부른다. "성삼위 하나

27 『신국론』, 19.4.5.
28 『행복한 삶』, 4.34.

님이시여, 구하는 이들을 어여삐 여기소서."[29] 그러고 나서 "우리 어머니"(*nostra mater*) 모니카는 좌중을 향해 이렇게 외친다.

이것이야말로 아무 거리낌 없는 행복한 삶이다. 곧 완전한 삶이다. 그러니 우리 굳센 믿음으로, 유쾌한 소망으로, 타오르는 사랑으로 그 삶을 얻게 될 것으로 여기고 서둘러 그리로 이끌려 갔으면 한다.[30]

철학자들의 대화는 학문을 한 적이 없는 경건한 어머니의 찬송과 기원으로 결론에 이른다. "우리 어머니"라고 불린 모니카는 교회를 상징하는지도 모른다. 혹 불신자의 눈에는 못 배우고 미련한 것같이 보이지만, 교회는 자기의 자녀를 삼위일체 하나님에 대한 지식으로 먹이고, 함께 그분을 찬송하며, 자녀의 정신과 삶이 믿음, 소망, 사랑으로 하나님께 이끌려 가기를 간절히 기도한다. 모니카는 아들이 주께 돌아오기를 눈물로 기도했고, 아들이 돌아오리라 믿고 소망 중에 기도했다. 그 아들이 주께 돌아와 세례를 받게 된다는 것이 그에게 얼마나 큰 행복을 주었겠는가? 철학자들은 거친 파도와 홀로 싸우며 극기와 훈련을 통해 행복에 이르려 하지만, 하나님은 일견 부족해 보이고 미련해 보이는 어머니 교회의 눈물의 기도와 소망을 통해 그분의 자녀를 참된 행복으로 인도하고 계신다.

29 참고. 성염, 『행복한 삶』, p. 134, 주 175.
30 『행복한 삶』, 4.35.

토의를 위한 질문들 _____

1. 아우구스티누스의 주장에 따르면, 마음의 불안과 욕망에서 벗어나기 위해 하나님을 소유하는 것이야말로 참된 행복의 열쇠다. 우리가 하나님을 소유한다는 것은 단순히 신학적 지식을 아는 것이 아니라, 우리의 삶의 모든 영역에서 그분을 주인으로 모시는 것을 의미한다. 그렇다면 우리의 현재 삶에서 하나님을 소유하는 것은 어떤 모습으로 드러날 수 있는가? 또한 이것은 우리가 행복을 추구하는 방식에 어떤 변화를 가져올 수 있는가?

2. 선생은 『행복한 삶』의 마지막 부분에서 아직 지혜와 진리를 완전하게 향유하고 있지 않은 우리의 처지를 인정한다. 그럼에도 그는 소망 중에 행복을 맛볼 수 있다고 한다. 그 순례의 길에서 우리는 진리의 본체이신 그리스도를 통해 하나님을 향유하고, 보잘것없는 모니카 같은 교회를 통해 돌봄과 위로를 받는다. 당신은 하나님을 얼마나, 또한 어떻게 향유하고 있는가? 그분이 당신에게 기쁨과 행복의 근원이 되시는가? 당신이 추구하는 참된 행복의 길을 교회는 어떻게 돕고 있는가?

2. 악의 문제

그런즉 네 하나님 여호와를 버림과 네 속에 나를 경외함이 없는 것이 악이
요 고통인 줄 알라. (렘 2:19)

결핍과 불행

저명한 교부학자 헨리 채드윅(Henry Chadwick)은 아우구스티누스 선생을
"최초의 현대인"이라고 불렀다.[1] 그가 고대의 그 누구보다 자기 내면의 충
동과 악, 영혼의 갈증과 불안을 생생한 언어로 표현하면서 신학적으로 해
석하고 진단했기 때문이다. 『고백록』의 유명한 서두는 이렇게 시작한다.

당신은 우리 인간의 마음을 움직여 당신을 찬양하고 즐기게 하십니다.
당신은 당신을 향해 살도록 우리를 창조하셨으므로, 우리 마음이 당신
안에서 안식할 때까지는 쉴 수 없습니다.[2]

[1] 채드윅, 『아우구스티누스』, p. 17.
[2] 『고백록』, 1.1.1.

2. 악의 문제

하나님은 우리가 하나님을 즐거워하도록 지으셨다. 사람의 영혼은 하나님을 즐거워할 때 비로소 완전한 만족과 행복을 누린다. 그전까지 영혼은 결핍 가운데 불행하고 안절부절못한다. 아우구스티누스 선생은 앞의 인용문 끝에서 그 상태를 라틴어 '인퀴에투스'(*inquietus*, 영어로는 restless)로 표현했는데, 그것은 한곳에 정착하지 못한 사람의 정처 없음이나 어디로 가야 할지 모르는 사람의 막막함과 불안함 같은 것을 지시한다. 하나님의 부재가 바로 우리 인생의 불행과 악이다(렘 2:19). 그런 통찰로 선생은 초기 대화록에서 "모든 결핍(*egestas*)이 불행이듯, 모든 불행은 곧 결핍이다"라고 하는데,[3] 이 결핍은 궁극적으로 하나님 없이 사는 삶의 결핍이고, 하나님을 갖지 못했기에 그분을 즐거워하지 못하는 궁핍이다.

선생에게 강력한 영향을 받은 17세기 철학자 파스칼도 하나님 없는 인간이 전적으로 무지하고 대책 없이 불행하다고 말한다.[4] 아우구스티누스 선생도 파스칼도, 이 단순한 진리를 나면서부터 깨달은 것은 아니다. 그들은 모두 수없는 고민과 방황, 사색과 실수를 통해 점차 이 진리에 다가섰다. 아니, 진리가 그들에게 다가왔다고 말하는 것이 맞을 것이다.[5]

선생은 젊은 시절부터 악의 문제와 씨름했다. 그는 자신이 겪고 있던 불행과 불안 때문에, 악의 기원이나 본성 같은 철학적 주제에 깊은 관심을 두고 여러 철학과 종교를 전전했다. 그에게 악은 지극히 실존적인 문

---

3   『행복한 삶』, 4.28.
4   Peter Kreeft, *Christianity for Modern Pagans: Pascal's Pensées* (San Francisco: Ignatius Press, 1993), p. 49.
5   파스칼은 1654년 11월 23일 밤에 일어난 강력한 영적 체험에 대해 짧은 글을 남겼다. "확신, 확신, 마음으로 느끼는 기쁨과 평화…기쁨, 기쁨, 기쁨, 기쁨의 눈물…그리고 이것이 바로 영생이니, 곧 그들이 당신, 유일하시고 참되신 하나님과 당신이 보내신 예수 그리스도를 아는 것입니다." Kreeft, *Christianity for Modern Pagans*, pp. 325-326.

제였다. 청년기를 회고하면서 그는 다음과 같이 고백한다.

> 나는 청년기로 접어들면서 감각적인 쾌락으로 만족하려는 욕망으로 불타서 여러 가지 허망한 사랑을 추구하는 자가 되어 버렸습니다.…나는 그때 밝은 우정의 길, 즉 마음과 마음이 통하는 진정한 우정의 한도를 지키지 못했습니다. 오히려 진흙투성이인 육체의 정욕과 사춘기의 열정적인 상상력이 안개처럼 일어나 나의 마음을 흐리고 어둡게 했기 때문에, 나는 무엇이 순수한 사랑(*dilectio*)이고 무엇이 추잡한 정욕(*libido*)인지 분간할 수 없었습니다. 이 둘이 나의 마음속에서 복잡하게 얽혀서 나를 안절부절못하게 했고, 나의 젊음을 불결한 욕심(*cupiditas*)의 낭떠러지로 이끌어가 치욕의 소용돌이로 던져 버렸습니다.[6]

아우구스티누스 선생은 카르타고에 유학하면서 한 여인과 동거를 시작했고, 18세에 아들 아데오다투스를 낳았다.[7] 그를 괴롭힌 정욕(*concupis-centia*)의 문제는 단순한 성적인 욕구를 넘어, 자기 내면의 본질적인 문제들을 보게 만들었다. 자신의 통제와 이성의 제재를 받지 않는 정욕은 매우 고민스러운 문제였던 것이다. 나중에 선생은 자신의 정욕을 신학적으로 반성하면서 아담의 원죄와 연결시킨다.

> 그들[첫 사람들]은 자기 육신으로부터 불복하는 새로운 충동을 느꼈는

---

6 『고백록』, 2.1.1-2.2. 인용문에 사랑과 원함에 대한 세 개의 라틴어 단어가 등장한다. 이것들은 아우구스티누스 선생의 사고에서 중요한 개념들인데, *dilectio*가 통상 건강하고 바른 사랑을 지칭하는 반면, *libido*와 *cupiditas*는 죄로 인해 무질서해진 육적인 사랑을 가리킨다.

7 아데오다투스는 "하나님이 주셨다"는 뜻이다. 아이의 어머니는 나중에 그와 아우구스티누스 선생을 떠나 북아프리카로 돌아갔다.

2. 악의 문제

데, 이것은 마치 그들의 불복에 상응하는 형벌 같은 것이었다. 영혼이 자신의 자유를 행사해서 전도된 것을 즐기고 하나님을 섬기기를 거부하자마자, 육체에 예속되는 처지로 전락했다. 상위의 선물을 자신의 의지로 저버림으로써, 하위의 종마저 자기 의지로 제어할 수 없게 되었다.…육이 영을 거슬러 욕망(concupiscentia)을 품기 시작했고, 우리는 육과의 갈등 속에 태어났다. 저 최초의 반역으로부터 우리는 죽음의 기원을 끌어들였고, 우리 지체와 부패한 본성에 육의 도전과 제압을 안고 태어났다.[8]

정욕은 습관을 통해 한층 더 강하게 아우구스티누스 선생을 통제했는데, 그 손아귀를 빠져나갈 방법이 그에게는 도무지 보이지 않았다.[9] 육체의 만족을 추구할수록 불행은 커졌다. 그런 상황에서 두 가지 중요한 사건이 일어난다. 하나는 키케로의 『호르텐시우스』를 읽은 것이고, 다른 하나는 친한 친구가 갑작스럽게 죽은 것이다. 『호르텐시우스』는 사람들을 철학으로 인도하기 위해 저술된 책이었는데, 선생은 이 책을 읽고 나서 그동안 추구한 것들이 모두 헛된 것임을 깨닫고, "불멸의 지혜"를 추구하고자 하는 열망에 불타오른다.[10] 그런데 얼마 후 그와 함께 공부한 친구가 갑작스럽게 죽고, 선생은 이로 인해 깊은 슬픔에 빠진다.

나는 정말 불행했습니다. 누구든지 없어질 것에 우정을 붙이고 살다가 거기에 얽매여 버리면 불행하게 될 수밖에 없습니다. 자기가 사랑하던 것이 없어질 때 그 사람의 마음은 갈래갈래 찢겨져 자기의 비참한 실존을

---

8 『신국론』, 13.13.
9 『고백록』, 6.12.22.
10 『고백록』, 3.4.7-9.

알게 되고, 또한 이런 일이 있기 전의 자기 모습도 비참했다는 것을 비로소 알게 됩니다.[11]

이 두 사건은 모두 아우구스티누스 선생의 삶에 있는 본질적인 결핍을 드러냈다. 『호르텐시우스』를 통해 선생은 자신이 추구한 육신적인 만족이 결코 행복을 주지 못하며, 행복한 삶에 필수적인 지혜가 결핍해 있음을 깨달았다. 또한 그는 친구의 죽음을 통해 인간 실존이 참으로 허망하고 유한하다는 것을 깨달았다. 죽음의 그늘 아래 있는 유한한 인생은 불행의 굴레를 벗어날 수 없었다. 그가 사랑하는 모든 것이 결국에는 사멸할 것이고, 자신도 그렇게 될 것이기 때문이었다.

이런 상황에서 정욕의 문제는 그를 더욱 불행하게 만들었다. 정욕은 이 세상의 지나갈 것들을 사랑하도록 이끌었기에, 정욕에 사로잡힐수록 더욱 불행해질 수밖에 없었다. 그런데 선생은 그 정욕을 영원한 진리나 지혜보다 더 사랑하고 있었다. 그것이 그가 겪고 있던 실존적 불행이었다. 지혜와 정욕 사이에서 갈등하며 선생은 이렇게 기도했다.

주여, 내게 절제의 은총을 주옵소서. 그러나 지금은 그리 마옵소서.[12]

절제가 필요함을 절감하면서도 육체의 정욕을 버리기를 싫어하는 모순적인 상태를 선생은 굴레처럼 느꼈다. 이 두 가지 불행, 즉 죽음과 정욕을 대면하면서 그는 이 불행과 그것의 궁극적인 원인으로 작용하는 악을 어떻게 설명해야 할지 알 수 없었다.

11   『고백록』, 4.6.11.
12   『고백록』, 8.7.17.

• **신화**[혹은 서사(narrative)]는 동서양을 막론하고 고대 세계가 악의 기원과 구원을 설명하는 데 사용한 도구였다. 거대한 이야기 안에서 인간과 세상의 운명, 선과 악의 기원과 갈등, 그리고 구원이 어떤 것인지가 드러났다. 어떤 서사를 받아들이는지에 따라 현실에 대한 해석과 인식이 달라졌다. 예컨대, 신플라톤주의의 창시자인 플로티누스가 물질은 악하다고, 심지어 자신이 몸을 가진 존재라는 것을 "부끄럽게" 생각한 것에서 서사의 막강한 힘을 볼 수 있다.

안타깝게도, 이런 그에게 교회는 도움이 되지 않았다. 그저 믿으라는 식의 답변은 불만족스러웠다. 그런 상황에서 선생은 마니교도들을 만나고 그들에게서 악의 기원과 본성에 대한 "합리적인" 설명을 들었는데, 그것이 계기가 되어 9년간 마니교에 몸담는다. 그의 나이 20세 무렵이었다.

두 세계 사이에서

마니교는 물질은 악하고 영은 선하다는 이원론에 기초하여 선과 악, 혹은 빛과 어둠 사이의 거대한 우주적 싸움이라는 °신화(myth)를 통해 악의 기원과 구원 과정을 가르쳤다. 그 신화는 다음과 같이 요약할 수 있다.[13]

1. 본래 선과 악이라는 두 원리가 세상에 존재하고 있었다.
2. 악이 선을 점령하여 물질 안에 가두었다. 그것이 우리가 경험하는 현재의 세상이다.

---

13 William E. Mann, "Augustine on evil and original sin" in *The Cambridge Companion to Augustine*, ed. Eleonore Stum & Norman Kretzmann (Cambridge: Cambridge University Press, 2001), pp. 40-48. 마니교에 대해서는 Gerald Bonner, *St. Augustine of Hippo: Life and Controversies*, 3rd. ed. (Norwich: Canterbury, 2002), pp. 157-236를 보라.

3. 어둠에 갇힌 빛의 입자들은 외부로부터 (영적인) 지식을 받아서 어둠에서 풀려난다.

4. 이런 해방이 완성되면 영은 물질로부터 완전히 자유하게 되고, 두 원리는 더 이상 섞이지 않고 분리된 채로 영원히 지속된다.

이러한 신화를 바탕으로 마니교는 영을 빛에, 물질과 악을 어둠에 비유했고, 사람의 몸 안에 갇힌 영이 해방되는 것이 구원이라고 가르쳤다. 자연스럽게 마니교는 물질세계를 창조한 신을 악한 신으로 생각했고, 사람의 몸을 비롯한 물질적인 피조물을 부정적으로 여겼다. 기독교 관점에서 그것은 하나님이 어떤 분인지에 대한 왜곡이며, 동시에 그분이 지으신 세계의 본질에 대한 오해였다.

기독교도 서사를 통해 세상의 기원 및 선과 악의 관계, 구원의 길을 가르쳤는데, 그 모든 것이 창세기의 첫 세 장에 축약되어 나온다. 아우구스티누스 선생은 세례를 받고 난 후부터 노년에 이르기까지 다섯 차례에 걸쳐 창세기 1-3장에 대한 주석을 시도했는데, 이를 연대순으로 보면 다음과 같다.

『마니교도 반박 창세기 해설』(388/390)

『창세기 문자적 해설 미완성 작품』(393/4; 426/7)

『고백록』, 12-13권(400)

『창세기 문자적 해석』(401-415)

『신국론』, 11-13권(413-426)

이런 노력의 배경에는 창조주 하나님과 창조 세계에 대한 마니교의 가르침을 반박하려는 목적이 있다.[14] 이는 마니교의 영향력이 그만큼 컸다는 것을 시사하지만, 또한 마니교에 빠져 있던 그에게 창세기가 계시한 진리가 대단히 실존적인 영향을 끼쳤다는 것을 의미하기도 한다. 선생은 성경이 계시한 창조의 진리를 바르게 이해하는 것이 신앙과 삶에 필수적이라고 보았다.

창세기의 처음 세 장에는 하나님과 인간, 죄와 은총, 창조의 선함과 악의 기원처럼 가장 본질적인 영적 실재에 대한 가르침이 담겨 있기에, 선생은 그것을 온전하게 드러내기 위해 각고의 수고를 했다. 마니교의 창세기 해석을 반박하면서 그가 지키려고 했던 두 가지 진리는 다음과 같다.

1. 하나님은 세상을 무로부터 창조하셨다(*creatio ex nihilo*).
2. 하나님은 모든 것을 선하게 창조하셨다.

첫 번째 진리는 마니교의 이원론을 배격한다. 마니교는 선과 악이 세상의 가장 근본적인 두 원리라고 하면서 악을 처음부터 상정하지만, 성경의 하나님은 세상을 어떤 선재하던 물질로부터 짓지 않으셨다. 하나님은 온 세상을 말씀으로 무로부터 창조하셨다. 따라서 최고선이신 하나님이 모든 존재하는 것의 기원이다. 그것은 두 번째 진리로 인도하는데, 즉 하나님은 악이 없는 선하신 분이기에, 그분이 지으신 모든 것이 선하다. 물질은 본래 악한 것이 아니다.

선하신 하나님이 모든 것을 선하게 지으셨다면, 왜 이 세상에 악이 있는가? 이 질문에 대한 아우구스티누스 선생의 설명은, 악이 선의 잘못

---

14 아우구스티누스 선생이 마니교를 반박한 배경에 대해서는 채드윅, 『아우구스티누스』, p. 108를 보라.

된 사용이라는 것이다. 피조물이 본래 악한 것이 아니라, 최고선이신 하나님을 버리고 (여전히 선하지만 하나님보다는) 열등한 피조물을 사랑하는 의지의 왜곡, 사랑의 질서를 왜곡한 것이 바로 악의 본질이라고 본 것이다.

> 그러므로 내가 말한 대로, 죄는 나쁜 자연 본성을 탐하는 것이 아니라 더 좋은 자연 본성을 유기하는 것이다. 그리고 그런 행동이 악한 것이지, 죄짓는 사람이 나쁘게 이용하는 자연 본성이 나쁜 것이 아니다. 따라서 악은 선의 남용이다.[15]

아우구스티누스 선생의 통찰은 신자의 영적인 삶에 중요한 의미가 있다. 하나님이 지으신 모든 것을 선한 창조의 일부로 긍정함으로써 우리 자신을 이원론적 세계관에서 구출하고, 또한 피조물을 남용하거나 오용하려는 인간 내면의 타락에 주목하도록 인도하기 때문이다. 예를 들어, 정욕의 문제는 육체가 악하기 때문에 생기는 것이 아니라, 육체의 쾌락을 하나님보다 더 추구하는 타락한 의지로 인해 생긴다. 이렇게 본다면 이 문제에 대한 치유책도 달라진다. 철저한 고행을 통해 육신을 괴롭히고 억지로 쇠약하게 하는 것은 잘못된 처방이다. 오히려 하나님이 선하게 주신 육체를 잘 가꾸고 즐거워하는 것이 옳다. 다만 육체의 쾌락을 추구하려는 내면의 충동과 싸워야 하며, 싸울 능력을 주시는 하나님의 은혜를 더욱 의지해야만 한다.

선한 창조와 타락한 의지에 대한 선생의 통찰은 그의 『수도원 규칙』에도 반영되어 있다. 이 『수도원 규칙』은 다른 규칙들과 비교해 볼 때 상

---

15 『선의 본성』, 36.

당히 온건하다는 평가를 받는다. 과도한 금욕을 금하고, 적절한 휴식과 즐거움을 추구하도록 장려하기 때문이다. 그는 제자들이 하나님이 선하게 지으셔서 선물로 주신 것을 악하게 생각하고 무시하는 것을 원하지 않았다. 선생 자신의 삶에서도 그러한 균형과 적절함이 나타났다. 그의 의복은 화려하지도, 지나치게 검소하지도 않았다. 음식도 건강을 위해 적절하게 절제하고 즐겼다.

> 그분의 옷과 신, 잠옷들은 수더분하고 어울리는 것으로서 지나치게 화려하지도, 그렇다고 형편없이 낡은 것도 아니었다.…채소류를 주로 하여 검소하고 절제 있는 식사를 하셨으나, 가끔 손님이나 건강이 허약한 형제들을 배려하셔서 고기도 드셨고, 포도주는 늘 드셨다. 왜냐하면 사도가 말씀하신 대로 "하나님이 창조하신 것은 다 좋은 것으로, 감사히 받기만 하면 거부할 것이 하나도 없습니다"라는 것을 알고 계셨을뿐더러, 그렇게 가르치셨기 때문이다.[16]

수도원의 지도자로서 선생은 육체를 악하게 보고 육체의 요구를 과도하게 억누르곤 했던 이전 시대의 수도 방식을 따르지 않았다. 수도자들이 참으로 싸워야 할 것은 육신 자체가 아니라, 자기 안에 일어나는 정욕이었다. 선생은 그것을 개인의 극기를 통해 억제하기보다는, 형제들의 서로 돌봄을 통해 제어하고자 했다. 예를 들어, 외출할 때는 언제나 두 사람이 함께 다니도록 정함으로써 혼자 있을 때 찾아오는 유혹으로부터 자신을 지키도록 했다.[17]

---

16 『아우구스티누스의 생애』, 22.1-2.
17 "목욕하러 가거나 필요에 의해 어느 곳에 가든지 간에, 적어도 두세 사람 이상 함께

이렇듯 하나님의 선한 창조에 대한 믿음은 신자의 삶을 건강하게 가꾸어갈 토대를 마련해 주었다. 문제는 의지의 타락을 어떻게 할 것인가에 있었다.

악의 본질

악의 본질이 타락한 의지라는 것을 드러내기 위해, 아우구스티누스 선생은 친구들과 배를 도둑질한 일을 신학적으로 분석한다.

> 어느 날 밤늦게…불량배인 우리는 다 같이 가서 나무를 흔들어 배를 땄습니다. 우리는 한아름씩 배를 가져왔지만 겨우 몇 개만 맛본 다음 돼지 떼에게 던져 버렸습니다. 이런 짓을 하는 것이 즐거웠으니, 하지 말라는 것을 하는 재미였습니다.…내가 도둑질하게 된 것은 배가 고파서가 아니고…죄를 짓고자 하는 강한 충동에 어찌할 수 없이 한 것입니다.…내가 즐기고 싶었던 것은 훔친 물건이 아니라 도둑질 자체, 죄 자체였나 봅니다.[18]

어린 시절의 배 서리를 통해 아우구스티누스 선생은 자신이 사랑했던 것이 죄 자체였다는 통찰에 이른다. 죄가 어떤 쾌락을 주었기 때문이다. 선생은 배 도둑질 이야기를 창세기 3장의 타락 이야기 틀 안에서 해석한다. 두 이야기에는 공통점이 있는데, 금지된 열매를 먹는 것이 나온다는 점이다. 선생과 하와가 모두 어떤 쾌락에 이끌려 열매를 먹었다. "여

가야 한다. 어느 곳에 외출할 필요가 있는 사람은 자기가 원하는 사람들과 함께 가서는 안 되고, 원장이 명령하는 사람들과 함께 가야 한다." 『수도원 규칙』, 5.7.
18 『고백록』, 2.4.9.

2. 악의 문제

자가 그 나무를 본즉 먹음직도 하고 보암직도 하고 지혜롭게 할 만큼 탐스럽기도 한 나무인지라…"(창 3:6). 게다가 둘 다 이 일을 혼자가 아닌 누군가와 함께했다. 선생에게 창세기의 이야기는 자신을 해석해 주는 렌즈 같은 역할을 했다. 첫 사람 이야기의 아담은 곧 선생 자신이다. 아담이 모든 사람을 대표하기에, 창세기는 기원에 관한 이야기이면서 또한 지금 여기에 관한 이야기다. 따라서 세 실재가 통합되는데, 즉 아담과 인류와 자신이다. 아담 안에서 모든 인류의 문제와 현실을 보고, 아담 안에서 내가 해석된다.

성경을 통해 자신을 해석함으로써 선생은 신학적 인간론에 이른다. 악은 사랑의 질서가 왜곡되는 것이다. 선한 창조의 일부인 배는 좋은 것이지만, 그것을 하나님의 명령을 어기면서까지 욕망하는 것은 악이다. 즉 악의 본성은 하나님이 지으신 선한 것을 부적절하고 무질서하게 욕망하는 것이다.

주여, 이러한 가치, 즉 하층의 질서에 속한 것들을 더 사랑하면서, 더 좋고 더 높은 당신 및 당신의 진리와 법도를 덜 사랑하는 무분별한 사랑 때문에 죄를 짓게 됩니다.…따라서 죄를 왜 짓느냐는 물음에 대해서는, 더 낮은 어떤 것을 얻으려고 하는 사람의 욕망이라든가 혹은 그것을 잃어버리지 않으려는 두려움 외에는 달리 설명할 길이 없습니다.[19]

하나님보다 피조물을 더 사랑할 때 사랑은 병들고 질서를 잃어버린다. 배 도둑질 사건에서 도둑질은 의지의 왜곡으로부터 발생한다. 어떤 실체

---

19 『고백록』, 2.5.10-11.

가 있어서 죄를 일으키는 것이 아니라, 하나님이 지으신 의지의 왜곡을 통해 죄를 짓게 된다. 이와 같은 분석을 통해, 아우구스티누스 선생은 악이 결국 "무"(*nihil*)라는 결론에 이른다.

악은 하나님이 지으신 것이 아니기에 존재를 갖지 않으며, 단순히 "선의 결핍"(*privatio boni*)일 뿐이다. 마치 어둠은 실체가 아닌 빛의 결핍이며, 침묵도 그 자체로 어떤 실체가 아닌 소리의 결핍이듯 말이다. 따라서 죄를 지을 때 우리는 "무"를 사랑하는 것이다.[20] 이 얼마나 허무한 일인가? 악은 하나님이 선하게 지으신 것을 왜곡할 뿐, 무언가를 만들어 낼 능력이 없다. 이로써 악이 하나님과 대립 관계에 있다는 마니교의 주장은 거짓으로 판명된다.

선의 회복

악이 선의 결핍이라는 선생의 주장에 대해 많은 비판이 있다. 실재하는 폭력과 전쟁, 강간과 불의를 단순히 선의 결핍이라고 하는 것은 악에 대한 과소평가가 아닌가? 이렇게 생각해 보자. 선의 결핍이 우리가 현실에서 보는 끔찍하고 가공할 만한 살생과 참상을 가져오고 세상을 온통 혼돈과 공허로 밀어 넣는다면(창 1:2), 그것은 오히려 하나님이 이 세상의 생존과 번영에 필수적이라는 것을 반증하지 않는가? 마치 아름다운 화초가 심어진 정원이라도 주인이 돌보지 않는다면 잡초 없이도 엉망이 되듯, 이 세상도 하나님의 선이 결핍되면 생존할 수 없을 정도로 불행한 곳이 된다. 선은 얼핏 연약하게 보이지만, 실상은 온 세상의 행복과 번영

---

20   『고백록』, 2.8.16.

을 강건하게 지지하고 있다.

이런 의미에서 악을 궁극적으로 대처할 수단은 또 다른 악이 아닌 선이며, 하나님을 최우선으로 사랑하는 의지의 회복이다. 그리고 이 선의 결핍을 채울 분은 선의 본체이신 하나님뿐이다. 하나님은 어떻게 이 결핍을 채우시는가? 성령을 통해 우리 마음에 그분의 사랑을 부으심으로써(롬 5:5), 왜곡된 의지(혹은 질서를 잃어버린 사랑)를 회복시키신다. 회복된 의지는 이제 악이 아닌 선을 추구한다.

그러므로 죄의 권능인 율법이 계명으로 말미암아 내 속에서 각종 탐심을 이루었으니, 이러한 경우에는 자녀에게 좋은 선물을 주시는 그분[하나님]을 제외하고 그 누구에게 절제의 선물을 달라고 요청할 수 있겠는가? 참으로 이러한 지식을 갖기 위해서는 지혜이신 그분에게 요청할 수밖에 없다.[21]

선의 결핍을 고치시는 하나님께 간구할 때, 우리의 마음은 하나님을 의지하고 사랑하며 그분의 은총을 소망한다. 사랑의 질서는 내가 의지적으로 하나님을 사랑하겠다고 극기하고 금욕함으로써 회복되지 않는다. 오히려 인간 실존의 결핍을 깨닫고 가난함 가운데 하나님을 구하고 찾고 두드릴 때, 비뚤어진 내면의 의지는 하나님이 성령을 통해 부으시는 하나님의 사랑으로 인해 회복되고 사랑이 질서를 되찾는다.[22] 그제야 우리는 하나님을 바르게 사랑할 수 있다. 그때 악은 설 자리를 잃어버린다.

---

21 『영과 문자』, p. 56.
22 마태복음 7:7도 아우구스티누스 선생이 자주 인용하는 구절이다. 그에게 하나님의 은총의 통로는 바로 가난한 마음으로 하나님을 향해 끊임없이 올리는 기도다.

악은 그림자이기에, 빛이 들어오면 사라진다. 그것이 선이 회복되는 방식이다. 이 모든 것을 이루는 하나님의 은총에 대해서는 다음 장에서 살펴보도록 하자.

토의를 위한 질문들 _____

1. 선생은 하나님이 지으신 선한 것을 부적절하고 무질서하게 욕망하는 것이 악이라고 정의한다. 우리는 바르고 적절하게 욕망하는 법을 어디서 배우는가? 그리고 그것이 바르고 적절하다는 것을 우리는 어떻게 확신하는가?

2. 선생은 40여 년 동안 다섯 번이나 창세기의 첫 세 장으로 돌아와 해설했다. 그만큼 그에게 창세기는 신학적으로나 실존적으로나 중요한 텍스트였다. 그는 자신이 친구들과 배나무 서리를 한 경험을 첫 사람의 타락을 통해 분석한다. 선생에게 성경은 그의 삶을 해석해 주는 렌즈와 같았다. 당신의 인생을 해석해 주는 성경 본문이 있는가? 그 본문이 당신의 인생과 내면에 관해 가르치는 것은 무엇인가?

3. 은총의 본질

네게 있는 것 중에 받지 아니한 것이 무엇이냐 네가 받았은즉 어찌하여 받
지 아니한 것같이 자랑하느냐. (고전 4:7)

고대의 영웅들

서양 고대 이래로 전기는 한 사회가 추구하는 이상적인 인간상을 제시
하고 교육하는 중요한 통로였다. 대서사시의 주인공들은 자기 운명과 싸
우는 용사들이며, 종종 신들과 경쟁하기도 했다. 로마 제국의 황제와 영
웅 들의 전기는 로마 사회가 숭상하는 여러 덕목을 보여 주었고, 독자들
은 전기를 통해 어떻게 행동하고 살아야 하는지를 무의식중에 배웠다.
마치 『삼국지』나 『사기열전』이 우리 문화에 어떤 무의식적인 영향을 끼
쳤듯 말이다.

그리스·로마 문화가 추구한 이상적인 인간은 완전한 자기 통제
(self-mastery)에 이른 사람이었다. 자신의 감정과 욕망을 적절하게 조절할
수 있는 사람이야말로 한 시대를 이끌 수 있는 영웅이며 참된 인간으로

생각되었다. 로마 건국의 시조인 아이네이아스와 호메로스의 대서사시에 등장하는 오디세우스 등이 그런 인간의 전형이다.

로마 제국은 3세기에 극심한 정치적·사회적 혼란과 불안을 겪었다. 이 위기의 시기에 신플라톤주의자들 사이에서는 피타고라스, 플로티누스 같은 철학자들의 전기가 나오기 시작했다. 이 전기들은 철학이 어떤 식으로 삶에서 구현되는지를 보여 주었고, 독자에게 감동을 주어 철학을 추구할 마음을 갖게 하기도 했다.[1] 철학자들은 서구의 지적 전통에서 볼 수 있는 인간상과는 상당히 다른 모습을 보여 주었다. 그들은 보이지 않는 세계와 진리를 진지하게 추구했으며, 영웅들을 움직였던 세상의 힘과 명예에 대해서는 초연한 모습을 보였다. 피타고라스와 플로티누스 같은 철학자들의 전기는 이런 의미에서 기존의 것과는 매우 다른 전기 전통을 구성한다.

흥미롭게도, 철학자들의 전기가 나온 다음에 교회 안에서는 수도사들의 전기가 등장했다. 3세기 말부터 일어난 수도원 운동은 4세기에 더욱 활발해졌는데, 아타나시우스가 저술한 『성 안토니우스의 생애』는 삽시간에 여러 언어로 번역되어 지중해 전역으로 퍼져서 수도원 운동의 확산에 엄청난 영향을 끼쳤다.[2] 아우구스티누스 선생도 안토니우스의 이

---

[1]   예를 들어, 플로티누스의 친구이자 로마의 정치가 로가티아누스는 플로티누스의 영향으로 철학에 귀의해서 가난한 삶을 선택하고 금욕적인 삶을 영위했다. Plotinus, *Ennead, Volume I: Porphyry on the Life of Plotinus*, trans. A. H. Armstrong, Loeb Classical Library 440 (Cambridge, MA: Harvard University Press, 1969), p. 7.

[2]   4세기 교회에 성인전(hagiography)이 대유행했고, 안토니우스의 생애는 그중에서도 베스트셀러였다. 많은 사람이 수도사들의 이야기에 영감을 받고 수도 생활을 시작했으며, 그 가운데는 적지 않은 수의 여성들도 있었다. 금욕적인 삶에 대한 관심은 로마 사회의 상류층 여인들 가운데도 있었다. 히에로니무스(『서신』 24, 마르셀라에게), 아우구스티누스(『서신』 130, 프로바에게), 펠라기우스(데메트리아스에게)는 모두 이런 갈망을 품고 있던 여인들에게 어떻게 수도/금욕의 삶을 살지에 관해 조언하는 편지를 썼다.

야기를 전해 듣고 도전을 받는다. 사실 기독교 수도사들의 전기는 이전의 그리스·로마의 전기 전통과 별반 다르지 않아 보인다. 이들의 생애가 신앙을 축으로 하여 전개되는 것이 다를 뿐, 귀신을 내쫓거나 사탄과 싸우는 이야기에는 영웅담을 방불하게 하는 요소가 다분하기 때문이다.

그런데 아우구스티누스 선생이 『고백록』에서 드러낸 자신의 모습은 그리스·로마 전통의 전기가 보여 주던 강하고 영웅적인 사람의 모습과는 대척점에 서 있다. 거기에는 운명과 싸우는 영웅의 모습이 보이지 않고, 안토니우스 같은 수도사에게서 보이는 초인간적 극기의 모습이나 마귀와 싸우는 영적 전사의 모습도 보이지 않는다. 그뿐 아니라 고대의 저자들은 자기 내면을 드러내는 경우가 거의 없었고, 더구나 『고백록』처럼 자신의 치부와 내적인 갈등을 자세히 묘사하는 경우는 전례를 찾아볼 수 없었다.[3] 『고백록』의 주인공은 정욕과 거룩함 사이에서 끊임없이 방황한다. 그는 세속적인 자신을 탈피하려 하지만 결코 탈피하지 못하는 연약한 사람에 불과하다. 역설적으로, 『고백록』은 그런 연약한 인생을 통해 하나님의 전적인 은총을 드러낸다.

아우구스티누스 선생은 주교가 되고 2년 후 『고백록』을 썼다(397년경). 교회의 주교가 젊은 날에 어떤 여인과 동거하며 아이를 낳고, 마니교에 9년을 몸담고, 황제가 있던 도시에서 출세 가도를 달리다 하나님께 돌아온 이야기는 흥미진진한 이야기가 아닐 수 없었다. 『고백록』은 이미 당대에 베스트셀러가 되었다. 기존의 전기 전통과 전혀 다른 "자서전"을 펴내면서 선생은 무엇을 의도한 것일까? 『고백록』에 나타난 자기 인생에 대한 해석은 어떻게 형성된 것일까? 그것이 이번 장에서 우리가 다룰 질문이다.

---

3 『고백록』과 비교해 볼 만한 자서전은 로마 황제 아우렐리우스의 『명상록』 정도가 전부인데, 이것도 철학적 수필의 범위를 벗어나지 않는다.

은총의 재발견

아우구스티누스 선생은 391년에 사제가 된 후 395년경 공동 주교로 세워져 발레리우스와 함께 히포의 교회를 섬겼다. 주교로서의 직무와 영적 책임에 대한 부담감, 그리고 성직을 감당하기에 준비가 미진하다는 생각에 괴로웠지만 따로 준비할 시간이 없었다. 사제가 된 후에 이미 그는 발레리우스의 후임자로서, 연로한 주교를 보좌하면서 수많은 일을 감당해야 했다. 결국 그는 발레리우스에게 연구 휴가를 요청하는 서신을 보낸다. 그 덕분에 우리는 이 연구 휴가가 어떤 목적으로 시작되었는지 알 수 있다.

> 저의 연약함을 볼 때 제가 할 일은…성경이 담고 있는 모든 치료제를 부지런히 연구하는 것과, 기도와 독서를 통해 제 영혼이 목회의 고역을 건강하고 활력 있게 감당할 수 있도록 준비하는 것입니다. 지금까지 이 일을 하지 못한 것은 시간이 없었기 때문입니다. 주교께서는 제가 준비되어 있다고 생각하시지만…저는 아직 [그것들을] 경험으로 배우지 못했습니다.[4]

발레리우스의 허락을 받고 선생은 394년 여름부터 이듬해 부활절까지 연구 휴가를 보냈다. 이 기간에 그는 사제로서 맡고 있던 직무들을 내려놓고 성경을 연구하고 기도하는 일에 전적으로 집중했다. 그가 말한 "성경이 담고 있는 모든 치료제"란 무엇을 의미하는 것일까?

4　『서신』, 21.3.

연구 기간에 아우구스티누스 선생은 로마서와 갈라디아서에 집중했다.[5] 개신교 관점에서는 로마서와 갈라디아서는 당연한 선택으로 보일 것이다. 종교개혁자들은 이 두 서신이 복음의 진리를 가장 명확하게 담고 있다고 생각했고, 따라서 이것들을 통해 성경 전체를 해석할 수 있는 해석학적 틀을 발견할 수 있다고 보았다. 루터는 교회가 서고 넘어지는 것이 로마서와 갈라디아서의 이신칭의 교리에 달려 있다고 말할 정도였다. 그러나 종교개혁자들의 생각을 4세기에 적용하는 것은 시대착오다. 선생에게는 이신칭의 같은 교리가 다른 교리보다 중요한 교리로 부각되지 않았으며, 그와 동시대의 누구도 그것을 종교개혁자들처럼 날카롭게 추구하지 않았다.

그렇다면 로마서와 갈라디아서에서 아우구스티누스 선생이 찾았던 "치료제"는 무엇이었을까? 아마도 일차적으로는 마니교 가르침에 대한 치료제를 생각한 것 같다. 마니교의 가장 심각한 폐해는 하나님에 대한 오해와 숙명론으로 요약할 수 있다. 마니교는 물질세계를 창조한 하나님을 전적으로 선하고 전능한 하나님으로 보지 않았는데, 물질은 악하다는 이원론적 세계관 때문이었다. 게다가 마니교의 구원관은 숙명론적 색채가 짙었다. 그들이 가르치는 구원 과정은 우주적 선과 악의 대결로, 사람은 거기서 미미한 존재에 불과했다. 당연히 인간의 자유의지는 심각하게 제약되었다. 선생은 이러한 숙명론을 받아들일 수 없었다.

반면, 로마서는 마니교에서 합리적인 설명이라고 제시했던 우주적 드라마와는 사뭇 다른 구원 과정을 보여 주었는데, 즉 (1) 율법 이전, (2) 율법 아래, (3) 은혜 아래, (4) 평화 안에, 이렇게 네 단계다. (1) 율법 없

---

5   이 기간에 세 작품을 저술하는데, 로마서에 대한 두 권의 주석 『로마서 명제적 주석』과 『미완성 로마서 주석』, 그리고 『갈라디아서 주석』이다.

3. 은총의 본질

이 살던 사람이 (2) 율법을 알고 그 권위 아래 있으면 율법의 정죄를 받는다. (3) 그리스도는 그를 율법의 저주에서 해방해서 은혜 아래 있게 하시며, (4) 궁극적으로는 완전한 회복과 화해가 이루어져 평화 안에 있게 하신다. 선생은 이러한 네 단계를 통해 사람의 구원을 이해할 수 있는 훨씬 "합리적인" 설명을 발견했다.

또한 로마서 9장은 마니교의 숙명론과 사뭇 다른, 하나님의 예정이라는 신학적으로 심오한 진리를 담고 있다. 하나님은 태중에 있는 에서와 야곱을 향해, 야곱은 사랑하시고 에서는 미워하신다고 선언하셨다. 야곱은 택하신 반면, 에서는 무엇을 하기도 전에 버리신 것이다. 이것은 아우구스티누스 선생에게 두 가지 중요한 질문을 남겼다. 1. 하나님은 무슨 근거로 이렇게 선택하셨는가? 2. 하나님의 선택은 정당한가?

마니교의 오류를 밝히려고 아우구스티누스 선생이 추구한 것은 인간의 자유의지에 대한 변호였다. 사람에게 자유의지가 없고 선과 악을 선택하고 행할 능력이 없다면, 하나님의 선택과 유기는 근거를 잃어서 공정하지 않게 된다. 연구 기간에 선생은 그것을 하나님의 예지(foreknowledge) 개념을 통해 설명하려 했다.

> 하나님이 이것[야곱과 에서에 대한 복과 저주]을 행하신 것은 태어나기 전이지만 그들의 성품을 미리 아셨기 때문이다.[6]

달리 말해, 하나님은 야곱과 에서가 나중에 믿음을 가질지 안 가질지 미리 아시고, 그 예지에 근거해서 그들이 태어나기도 전에 선택하시고 유기

---

6 『로마서 명제적 주석』, 60.4.

하셨다. 야곱과 에서의 자유의지는 보호된다. 믿음에 대한 그들의 자유로운 선택과 그 믿음에 근거해서 선과 악을 행할 자유를 보호한 것이다. 야곱과 에서는 각각 자신의 의지의 자유를 따라 살았고, 하나님은 그것을 미리 아심으로써 그들에게 선택과 유기를 선고하셨다. 이렇게 해서 선생은 하나님의 선택의 근거를 밝히고 그것의 정당함을 변호하려 했다. 이렇듯 선생은 로마서와 갈라디아서 연구를 통해 자유의지와 은총, 그리고 하나님의 예지와 예정 같은 문제들을 신학적 차원에서 깊이 탐구했다.

하지만 그것으로 문제가 해결되지는 않았다. 선생은 자신의 경험을 통해 사람의 의지가 얼마나 연약하고 부서져 있는지를 알았기 때문이다. 알코올 중독자에게 의지를 발휘해서 술을 끊으면 모든 문제가 해결되리라고 말하는 것이 무슨 의미가 있겠는가? 인간의 의지는 정욕으로 인해 지속해서 방해받으며, 자신이 바라지 않는 것을 하는 노예 상태에 있기에, 앞서 말한 자유의지에 대한 설명은 그것이 논리적일지라도 여전히 만족할 만한 답을 주지 않았다. 그렇게 연구 기간이 끝났다.

빛은 예상하지 못한 곳에서 왔다. 연구 기간이 끝난 후 밀라노의 주교 심플리키아누스가 선생에게 한 질문들 가운데 선생이 씨름했던 로마서 9장의 하나님의 선택 문제가 등장한 것이다. 흥미롭게도 선생은 이번에는 하나님의 예지가 아닌 새로운 답을 제시한다. 그가 찾은 돌파구는 자유의지가 아닌 하나님의 은총이었다. 말년에 선생은 어떻게 해서 하나님의 은총을 새롭게 발견했는지를 다음과 같이 술회한다.

이 문제를 풀고자 씨름하면서 의지의 자유로운 선택을 추구했으나, 결국 승리한 것은 하나님의 은혜였습니다. 그렇게 해서 나는 사도가 증언한 너무나 분명한 진리를 깨달았는데, 즉 "누가 너를 남달리 구별하였느냐

네게 있는 것 중에 받지 아니한 것이 무엇이냐 네가 받았은즉 어찌하여 받지 아니한 것같이 자랑하느냐"[고전 4:7]는 것입니다.…내가 말한 바와 같이 이 문제를 해결하기 위해 심플리키아누스 주교에게 쓰고 있을 때 하나님이 내게 계시해 주셨습니다.[7]

아우구스티누스는 연구 기간에는 하나님의 선택과 유기가 정당성을 갖기 위해서는 야곱과 에서의 자유의지가 확보되어야 한다고 생각했다. 그런데 그는 심플리키아누스에게 답하다가, 하나님의 은총이 의지의 자유보다 훨씬 본질적이고 강력하다고 깨달은 것이다. 믿음을 포함한 모든 것이 하나님이 주신 선물이라고 깨닫고 나니, 이전에는 크게 보이던 자유의지가 더 이상 본질적으로 중요하지 않게 되었다. 자유의지도, 그리고 그 의지를 사용해서 무언가를 할 능력도 모두 하나님이 주셨기에, 인간의 삶 전체가 하나님께 전적으로 의지하고 있기 때문이다.[8] 그래서 그는 심플리키아누스에게 대답한다.

하나님이 우리에게 주신 두 가지가 있습니다. 무언가를 바랄 능력과, 우리가 실제로 바라는 것들입니다. 바랄 능력은 하나님께 속한 것이며 동시에 우리에게 속한 것입니다. 그분에게 속한 이유는 그분이 우리를 부르셨기 때문이고, 우리에게 속한 이유는 우리가 부르심을 받을 때 [우리의 의지로 하나님의 부르심을] 따르기 때문입니다. 그러나 우리가 실제로 바라는 것, 다시 말해 바르게 행할 능력과 행복하게 영원히 사는 것

---

7 『성도의 예정』, 4.8; 『재론고』, 2.1.1.
8 의지가 어떻게 치유되고 참된 자유에 이르는지에 대해서는 4장과 18장을 보라.

은 하나님만 주십니다.[9]

하나님이 우리 마음을 움직이시고 동기와 능력을 주시지 않는 한, 우리는 원할 수도 없고 행할 수도 없습니다.[10]

이 극적인 발견은 철학에서 성경으로 이행하는 과정에서 일어났다. 연구 기간에는 마니교의 숙명론(fatalism)을 반박하기 위해 의지의 자유에 대한 근거를 찾는 데 열중한 나머지, 하나님의 주권과 전적인 은총이 어떻게 작용하는지를 보지 못했다. 그러나 이후에 계시적 깨달음을 통해 선생은 자유의지보다 훨씬 강력한 하나님의 은총을 발견하고 죄, 은총, 그리고 하나님의 의로우심에 대한 교리의 초석을 놓았다.

펠라기우스의 분노

바로 이러한 은총의 재발견이 『고백록』 저술을 위한 배경이었다. 아우구스티누스 선생은 인간의 연약함에도 불구하고 그런 사람을 회복하시고 구원하시는 하나님의 은총에 전적으로 의지하여 이렇게 기도했다.

당신이 명한 것을 저에게 주시고, 또한 당신이 원하는 것을 명하소서.[11]

이 기도를 모든 사람이 잘 받아들인 것은 아니었다. 브리타니아 출신의

---

9   『심플리키아누스에게』, 1.2.10.
10 『심플리키아누스에게』, 1.2.21.
11 『고백록』, 10.31.45.

3. 은총의 본질

• **펠라기우스**(350-418년경)의 생애에 대해서는 알려진 것이 거의 없다. 그는 로마에 와서 그리스도인들의 도덕적이고 영적인 해이함을 비판하고 엄격한 수도 생활을 가르쳤다. 인간의 자유의지를 강조했고, 원죄 교리를 거부했다.

수도사 •펠라기우스는 『고백록』에 대해 상당히 불쾌한 입장을 피력했다. 이번 장의 서두에서 살펴보았듯, 그리스·로마 문화는 비범한 자기통제를 통해 영웅적인 일을 해낸 사람들을 닮아야 할 모델로 내세웠다. 펠라기우스는 그러한 사회적 이상에 깊이 물든 사람이었다. 그에게 『고백록』의 기도는 자신이 해야 할 일을 하나님께 미루는 직무 유기이며, 게으름과 태만함 그 자체다. 그런 반발심은 신앙생활의 방식 차이 때문이 아니었다. 아우구스티누스 선생이 계시처럼 발견한 은총의 본질은 바로 그런 자유의지나 인과응보 같은 기존의 세계 인식과 강하게 충돌했다.

심플리키아누스에게 답하면서 깨닫게 된 복음의 은혜로 인해, 아우구스티누스 선생은 하나님의 절대적인 공급과 주권적인 인도를 급진적으로 받아들였다. 그것은 고대 영웅들의 가장 중요한 특성인 자기 중심성, 흔히 '휘브리스'(hybris)로 표현되던 자만 혹은 자기 의를 여지없이 깨부수는 복음의 진리였다. 하나님이 외적인 상황을 주관하실 뿐 아니라, 내게 무언가를 바랄 마음도, 그것을 행할 능력도 다 주셨으므로, 내가 자랑하거나 내가 한 일로 내세울 것은 하나도 없었다. 누군가를 높여야 한다면, 그 모든 것을 주신 하나님밖에 높일 것이 없다. 이 은총의 포괄성 앞에서 사람은 지극히 작아진다. 하나님의 은총 앞에서 믿음의 "영웅"은 없다.

이와 대조적으로, 펠라기우스에게 하나님의 은총은 세례를 받기 전까지만 유효하다. 그 후에는 어린아이가 되지 말고, 자기의 의지를 사용해서 하나님의 말씀과 선을 실천해야 한다. 더 이상 어린아이에 머물러 있어서는 안 되는 것이다. 펠라기우스는 자신에게 영적 조언을 부탁한 귀족 부인 데메트리아스에게 금욕 생활을 권하는 장문의 편지를 보내면서, 할 수 있기 때문에 해야 한다고 말한다.[12] 완전함은 그리스도인의 의무였다.[13]

사실, 정반대로 우리는 오만하고 무가치한 노예처럼 행동합니다. 경멸스럽고 나태한 태도로 반대하며 주님 앞에서 우리는 부르짖습니다. "그것은 너무 어렵습니다! 너무 힘듭니다! 우리는 못합니다. 우리는 그저 사람일 뿐이라고요. 이 깨어지기 쉬운 육체에 둘러싸여 있다는 말입니다." 얼마나 정신 나간 무지함입니까! 얼마나 경박하고 천합니까! 우리는 하나님이 두 가지를 모른다고 탓하는 것입니다. 하나님이 자신이 무엇을 만드셨는지를 모르고, 그분이 무엇을 명령하셨는지를 모르는 것처럼 말입니다. 마치 하나님이 사람의 연약함(그분이 친히 지으신 그 연약함)을 잊으신 것처럼, 우리가 결코 감당할 수 없는 것을 인간성에 명하신 것처럼 말입니다.[14]

펠라기우스의 요점은 명확하다. 하나님이 능히 순종할 수 있는 능력을 주셨으니 연약함을 핑계 삼지 말고 그냥 순종해야 한다. 하나님은 우리

---

12 펠라기우스, 「데메트리아스에게」, 2.1: Brinley R. Rees, *Pelagius: Life and Letters* (Rochester: Boydell Press, 1998), p. 37. 참고. 게에틀링스, 『교부 어거스틴』, pp. 122-123.

13 Brown, *Augustine of Hippo*, p. 342.

14 펠라기우스, 「데메트리아스에게」, 16.2: Brinley R. Rees, *Pelagius: Life and Letters*, p. 53.

가 지킬 수 없는 것을 명하시지 않는다! 이처럼 엄격한 펠라기우스의 금욕주의는 그의 신학적 인간 이해에 기초해 있다.

펠라기우스 논쟁은 선생의 인생 후반부에 일어났다. 심플리키아누스의 질문이 아니었다면, 선생도 펠라기우스처럼 인간의 자유의지를 강조하고 하나님의 은총을 보조적인 수단 정도로 생각했을 수도 있다. 그러나 고린도전서 4:7의 계시로 인해, 그는 복음의 은혜와 하나님의 전적인 공급을 그가 하는 모든 신학의 기초로 삼았다. 그 은혜 위에 서 있지 않으면 비복음적일 수밖에 없었다. 왜냐하면 그리스도의 은혜가 아닌 사람의 업적 위에 서 있는 모든 것은 하나님 없이 스스로 서 있다고 주장하는 것이며, 결국 교만이기 때문이다. 선생은 우리의 믿음 여정이 어느 단계에 있든지 복음의 은혜가 절대적이라는 점을 굳게 믿었고, 그것이 바로 하나님이 우리에게 주신 은총의 본질이라고 믿었다.

은총의 치유

하나님의 은총의 본질을 깨닫기 시작하면서, 인성(humanity)에 대한 선생의 이해도 새롭게 되었다. 펠라기우스의 "긍정적인" 인성 이해는 역설적으로 하나님의 은총을 덜 필요로 한다. 선생은 신자의 영적인 삶에 하나님의 은총이 처음부터 끝까지 절대적이라는 것을 자신의 경험과 성경의 증언을 통해 깨달았고, 그로 인해 우리의 인성이 언제나 하나님의 즉각적이고 지속적인 은혜를 필요로 하는 상태라는 것을 알았다. 그것은 피조성이 가진 본질적인 제한이다. 모든 피조물은 하나님께 의지해서 살아가게 되어 있다. 그런데 그것은 제한이면서 동시에 무궁한 가능성을 열어 준다. 하나님을 힘입어 사는 것이기 때문이다.

이러한 생각은 선한 사마리아인의 비유에 대한 선생의 해설에서 명확하게 드러난다. 아우구스티누스 선생은 우리 모두가 강도 만난 자라고 생각했다. 우리는 모두 큰 부상을 입고 길거리에 쓰러져 죽어 가는 것 같은 상태에 있다. 누군가의 도움이 절대적으로 필요한 상태, 즉 영적 파산 상태에 있다. 그때 우리를 돕기 위해 다가온 선한 사마리아인은 다름 아닌 그리스도다. 그리스도는 그렇게 자기 힘으로 일어날 수 없게 부서진 우리를 도우시고, 치료를 위해 여관, 즉 교회에 우리를 두셨다.[15] 이 비유를 해설하면서 선생은 펠라기우스의 인간 이해와 자신의 인간 이해가 근본적으로 다르다고 주장한다.

사람이 건강하고 흠 없이 창조되었고 자유의지와 자유로운 능력을 부여받아 의로운 삶을 살 수 있었음을 누가 모르는가? 그러나 지금 우리가 논하고 있는 인간 존재는 강도 만나 내버려진 것 같아서, 여관에서 치료받고 있다 해도…의로움의 정점에 오를 수 없다. 하나님은 사람에게 불가능한 것을 요구하시지 않는다. 오히려 그분의 명령에 따라 할 수 있는 것은 스스로 하고, 할 수 없는 것은 구하라고 하시는 것이다. 이제 왜 사람에게 의를 행할 능력이 있고, 또한 그럴 능력이 없는지를 살펴보자. 그[펠라기우스]는 "의를 행할 자연적인 능력은 의지에 달려 있지 않다"고 말한다. 그러나 나는 이렇게 말하겠다. "사람이 본성상 의로워질 수 있다면, 분명 자신의 의지로 의로워지는 것은 아니다. 그러나 부상 때문에 할 수 없었던 의로운 삶을 그는 [그리스도의] 치료약의 도움으로 이룰 수 있다."[16]

---

15 아우구스티누스 선생이 선한 사마리아인의 비유를 어떻게 주해했는지에 대해서는 6장을 보라.

16 『본성과 은총』, 43.50.

3. 은총의 본질

여기서 그리스도는 의사로, 사람은 환자로 그려진다. 종말에 완전해져서 더 이상 육체의 소욕이 선과 의를 행하는 우리를 방해하지 않기까지, 우리에게는 의사이신 그리스도의 도움이 절대적으로 필요하다. 펠라기우스는 하나님이 완전을 명하셨으니 우리 스스로의 의지와 훈련으로 완전할 수 있다고 믿는다. 그에 반해 선생은 완전을 명하셔서 완전함을 사모하게 하시는 분도 하나님이고, 그 완전함을 최종적으로 우리에게 이루실 분도 하나님이라고 믿는다. 펠라기우스에게는 모든 것이 우리가 이루어야 할 의무지만, 선생에게는 모든 것이 하나님의 은혜이며 선물이다.

선생이 깨달은 사람의 곤경은, 선을 원함은 있으나 그것을 행할 능력은 없는 상태다(롬 7:18). 사람이 선을 알고 원한다 해도, 그것을 행하려 할 때 육신의 소욕이 저지하고 미루며 거부할 때가 얼마나 많은가? 앞서 말했듯, 그런 곤경에 있는 사람에게 나이키의 슬로건처럼 "그냥 해라"(just do it)라고 말하거나, 습관을 기르라고 하거나, 의지박약이라고 비난하는 것은 도움이 되지 않는다.[7] 사람의 왜곡된 의지는 하나님의 은총의 사랑을 통해서만 비로소 치유되고 회복되기 때문이다. 아우구스티누스 선생은 영혼의 치료자이신 그리스도께 나아가는 것이 유일한 길이라고 역설한다.

그[바울]는 자신 안에서 "싸우고 있을" 뿐만 아니라 "자신의 지체 속에" 있는 "죄의 법 아래로 자신을 사로잡아 오는 것"을 보았다. "오호라 나는 곤고한 사람이로다 누가 나를 이 사망의 몸에서 건져내랴"[롬 7:24] 하며 부르짖는 탄성이 어디서 오는가? 그가 능력 많으신 의사에게 간구하

---

17 바로 그 점 때문에 아우구스티누스 선생은 그리스·로마의 고전적 인간 이상을 거부한다.

게 하며, 도움을 구하게 하라. 왜 그러한 기도를 방해하는가? 왜 그러한 간구를 부르짖지 못하도록 소리를 낮추게 하는가? 그토록 불행한 청원자가 그리스도의 자비를 간구하지 못하도록 방해를 받아야만 하는가?— 그것도 그리스도인들[펠라기우스주의자들]에 의해서? 그리스도를 바짝 따르는 바로 그 사람들이 눈먼 자가 빛을 보게 해 달라고 간청하는 것을 방해해서 소리를 지르지 못하게 막지 않았는가? 그러나 벌떼처럼 웅웅거리면서 방해하는 자들의 떠들썩한 소요 가운데서, 그리스도는 애타게 부르짖는 청원자의 소리를 들으시고 "우리 주 예수 그리스도를 통한 은총"으로 응답하셨다.[18]

이 불행한 청원자는 바로 선생 자신이다. 선을 행하기 원하나 그것을 행할 능력이 없는 곤경 가운데, 그는 그리스도께 간구한다. 또한 선생은 바디매오의 이야기를 통해 은총의 의사이신 그리스도가 모든 가련한 기도자의 기도에 응답하시리라고 선포한다. 우리는 우리를 고치실 그리스도께 부르짖어야만 한다. 바로 그것이 선생이 주교가 되기 전에 새롭게 발견한 은혜의 복음이다.

　『고백록』은 총 13권으로 구성되어 있다. 1-9권은 아우구스티누스 선생의 출생부터 회심과 세례까지의 여정을 담고 있고, 10권은 기억을 분석하고, 11권은 시간과 영원을 숙고하며, 12-13권은 창세기 1장을 주석한다. 이런 매우 이질적인 조합을 어떻게 이해해야 할까? 우리는 선생이 로마서 7장과 바디매오 이야기 안에서 자신의 모습을, 그리고 궁극적으로는 모든 사람의 모습을 보았음을 살펴보았다. 그가 『고백록』을 창세기

18　『본성과 은총』, 55.65.

　　　　　　　　　　　　　　　3. 은총의 본질

1장의 창조에 대한 해석으로 끝낸 것은, 자신을 빚으시는 하나님의 은총을 거기서 발견했기 때문이다.

그는 창조 이전의 혼돈과 공허에서 회심 이전의 자신을 발견한다. 하나님의 구원 이전에 그는 질서 없이 이리저리로 흩어졌고, 세상의 헛된 것을 추구하느라 불안했다. 하나님이 그런 인생에 들어오셔서 빛을 비추신 것이다.

천사도 타락하고 인간의 영혼도 타락했습니다. 이것은 흑암의 심연으로의 타락을 말합니다. 만일 당신이 태초에 "빛이 있으라" 말씀하심으로 빛이 생기지 않았다면, 그리고 하늘의 도성에 있는 순종하는 영적 존재들이 당신에게 의존하지 않고 변하는 모든 것 위에서 변함없이 운행하시는 당신의 영 안에 머물러 쉬지 않았다면, 모든 영적 피조물은 그러한 흑암의 심연에 휩싸였을 것입니다. 그러나 이제는 그것이 주 안에서 빛이 되었습니다.…오 주님, 우리에게 빛을 비춰 주시는 분도, 빛의 옷을 입혀 주시는 분도 당신이십니다. 이렇듯 우리가 당신의 빛의 조명을 받고 당신의 빛의 옷을 입을 때 우리의 어둠은 대낮처럼 밝아질 것입니다.[19]

『고백록』의 첫 아홉 권에서 자신의 인생 가운데 하나님이 행하신 일과 그로 인한 구원을 고백한 선생은, 『고백록』의 마지막에서 바로 그 하나님이 세상을 처음 지으실 때부터 새 창조의 일을 하고 계셨음을 발견한다. 그분은 창조주이시며 공급자이시며 보존하는 하나님이다. 그분이 우리 인생을 파멸과 어둠에서 건져내기 위해 모든 것을 준비하시고 보내시

---

19 『고백록』, 13.8.9.

고 이끄신다. 성경의 첫 장에는 하나님이 보내신 빛 되신 그리스도로 인해 우리가 하나님께 돌아올 것과, 어둠 가운데 있던 우리 위에 운행하시는 성령, 그 사랑의 부으심과 이끄심을 통해 하나님께 향할 것이 기록되어 있다. 태초부터 하나님이 계획하시고 준비하시고 실행하신 이 구원과 회복에 우리가 무엇을 더했다고 말할 수 있겠는가? 그 어떤 것을 "우리가" 했다고 말할 수 있을까? 구원과 치유는 전적으로 하나님이 주신 은혜다. 선생은 이 과격한 은혜의 복음을 새롭게 발견하고 선포함으로써 그리스도의 교회를 은혜의 기초 위에 든든히 세웠다. 그것이 그가 "은총의 박사"로 불리는 이유다. 다음 장에서는 은총과 사랑의 관계에 대해 좀 더 자세히 살펴보도록 하자.

3. 은총의 본질

토의를 위한 질문들 _____

1. 선생은 연구 휴가를 요청하면서 성경 안에 영혼을 치료하는 치료제가 있고, 성직자는 바로 그 치료제를 교우들에게 공급할 책임이 있다고 생각한다. 교회는 환자들을 돌보는 병원이라는 것이다. 당신은 성경 말씀이나 설교, 가르침을 통해 영적인 연약함과 질병이 치료된 경험이 있는가? 당신이 교회에서 가르치거나 설교하는 책임을 맡고 있다면, 성경의 치료제들을 환자들에게 어떻게 처방하고 있는지 생각해 보자.

2. 교회의 역사를 살펴보면 하나님의 주권과 사람의 의지가 쉽게 조화되지 않는 주제라는 것이 분명해진다. 종교개혁자 칼뱅의 후예들은 하나님의 절대 주권을 강조했지만, 아르미니우스와 그의 제자들은 사람의 의지에 방점을 찍었다. 양쪽 입장이 다 성경적 근거가 있으며, 강점과 약점이 모두 있다. 선생은 당대의 전형적인 인간관과 매우 다른 입장을 전개함으로써 복음의 중심 메시지인 은총을 부각하려 했다. 노력만 하면 된다는 생각으로 무장한 자기 계발서의 홍수 속에서, 은총의 메시지는 자칫 유약한 그리스도인을 양산하는 것이 아닌가? 성경에서 말하는 강한 믿음은 과연 어떤 모습인가?

4. 사랑의 추

우리에게 주신 성령으로 말미암아 하나님의 사랑이 우리 마음에 부은 바
됨이니. (롬 5:5)

존재의 중심, 사랑

미식가는 맛집을 찾아 움직이고, 낚시광은 고기를 찾아 강으로 간다. 모
든 사람은 자기가 사랑하는 것을 향해 움직인다.[1] 아우구스티누스 선생
은 인간 존재의 중심이 원함(desire)과 사랑에 있다고 보았으며, 모든 사람
이 자기 안에 있는 "사랑의 추"(*pondus amoris*, 또는 "사랑의 무게")가 이끄는
대로 움직인다고 생각했다.

당신의 선물인 성령 안에서만 우리가 안식할 수 있고, 그 안에서만 당신

---

1 "온갖 사랑은 또 어떤가? 사랑하는 대상과 하나 되고 싶어지지 않던가? 그리고 그
대상에게 도달하면 그것과 하나 되지 않던가? 정욕이라는 것은 사랑하는 몸들끼
리 하나로 결합하는 일 말고 무엇을 갖고 그토록 격렬하게 쾌락을 느끼는가?" 『질서
론』, 2.18.48.

을 즐거워할 수 있습니다. 당신의 선물이 바로 우리의 안식이며, 우리의 안식이 우리의 자리입니다. 바로 그 자리로 사랑이 우리를 들어 올립니다.… 물체는 자체의 무게로 인해 제자리를 향해 움직입니다.… **나의 무게는 나의 사랑입니다.**[2]

이 세상을 사랑하면 사랑의 추는 아래를 향하고, 하나님을 사랑하면 위를 향해 발돋움할 것이다. 따라서 무엇을 사랑하는지가 인생의 방향과 결국을 결정한다.[3]

오직 사랑만 하나님의 자녀와 사탄의 자식을 구별해 줍니다. 모두가 다 그리스도의 십자 성호를 긋고, 모두가 '아멘'이라고 대답하고, '할렐루야'를 노래할지라도, 또한 모두가 다 세례를 받고, 교회에 다니고, 성전을 지어 올릴지라도, 하나님의 자녀와 사탄의 자식을 구별해 주는 것은 오직 하나, 사랑입니다.[4]

윤리 문제에서도 핵심은 무엇이 선인지 아는 지식이 아니라, 사랑이다. 선을 알아도 그것을 원하고 사랑하지 않는다면, 선은 실행되지 않는다. 원함이 없다면 지식은 무용지물이다. 지식이 아닌, (사실상 동일한 둘인) 의지와 사랑이 사람을 움직이는 원동력이다. 선생이 자주 사용하는 사랑, 의지, 소원, 욕구 등의 단어는 모두 중립적이다. 다만 무엇을 어떻

---

2 『고백록』, 13.9.10, 강조 추가.
3 이것이 제임스 K. A. 스미스의 책 『습관이 영성이다』(파주: 비아토르, 2018)의 주제다.
4 『요한 서간 강해』, 5.7.

게 사랑하는지에 따라 불행에 이르기도 하고, 행복에 이르기도 한다.[5] 문제는 무엇을 어떻게 사랑할 것인가 하는 것, 즉 사랑의 질서다.

사랑의 질서가 바르게 잡혀 있다면, 마땅히 더 사랑해야 할 것을 그에 합당하게 사랑하게 된다. 그러나 사랑의 질서가 깨진다면 우선순위가 엉망이 되고, 사랑하지 않아야 할 것을 사랑해야 할 것보다 더 사랑하게 되어, 결국 불행하게 된다. 아우구스티누스 선생은 사랑의 질서를 향유(frui)와 사용(uti)이라는 개념으로 설명한다. 향유는 어떤 것을 그 자체로 즐거워하지만, 사용은 향유할 것을 얻기 위해 이용한다. 가령 한 남자가 자기 아이들에게 좋은 것을 해 주고 싶어서 돈을 번다고 하자. 그는 아이들을 그 자체로 기뻐하고 즐거워할 뿐, 아이들을 이용해 무언가를 얻으려 하지 않는다. 아이들은 향유의 대상이고 돈은 아이들을 위해 사용하는 수단이다. 그런데 그가 돈에 너무 집착하거나 돈 버는 것이 아이들보다 훨씬 중요해진다면, 그도 그의 아이들도 불행해질 것이다. 마땅히 더 사랑해야 할 아이들보다 돈을 우선시하기 때문이다. 이처럼 사랑의 질서는 향유할 대상을 사용할 대상보다 앞세울 때 건강하게 세워진다.

그런데 우리가 궁극적으로 향유할 대상은 무엇인가? 모든 사랑의 대상 가운데 가장 우선시할 것은 하나님이다. 하나님은 우리가 향유할 최고의 대상이다.[6] 우리가 하나님을 다른 무엇보다 사랑할 때 사랑의 바른 질서가 세워지고, 우리는 참된 행복에 이를 것이다. 주님도 "'먼저' 그의 나라와 그의 의를 구하라" 하시며, "그리하면 이 모든 것을 너희에게 더

---

5 사랑은 윤리적인 성격에 따라 *dilectio, cupiditas, concupiscentia, caritas* 등의 다양한 단어로 표현된다.

6 『그리스도교 교양』, 1.22.20. "이 모든 사물 중에서 향유해야 할 것은 영원하고 불변한다고 언명된 사물들뿐이다. 그 밖의 것은 그런 사물들의 향유에 도달할 수 있기 위해 사용할 따름이다."

4. 사랑의 추

하시리라"(마 6:33) 하시지 않았던가!

의지와 사랑이 존재의 중심이라는 선생의 통찰은 이성 중심의 그리스·로마 철학과 윤리학을 과격하게 수정한다. 물론 바른 이해와 지식의 중요성을 부인할 수는 없겠으나, 선생의 신학적 인간관에서 윤리적인 변화는 교육을 통한 지식 습득보다는 그가 가진 사랑(의지, 원함)의 변화를 통해 이루어진다.[7] 이런 신학적 인간관은 플라톤주의가 혐오한 육체를 건강하게 받아들일 수 있는 길을 열어 준다. 잘못된 것은 사람의 몸과 물질세계 자체가 아니라, 사물을 마땅한 방식으로 사랑하지 않는 왜곡된 의지이기 때문이다. 이를테면 돈이 악의 뿌리가 아니라, 돈을 사랑하여 그것을 다른 무엇보다 앞세우는 것이 악의 뿌리다. 우리 안에 사랑의 질서가 회복되면, 우리가 바라고 욕구하는 대상은 적절한 자리를 찾아가고 우리의 사랑에 무질서와 혼란을 일으키지 않을 것이다.

영혼의 병

그런데 문제는 단순하지 않다. 사람은 자신의 사랑조차도 마음대로 할수 없기 때문이다. 아우구스티누스 선생은 선을 알고, 또한 그 선을 추구함이 궁극적으로 행복을 준다는 것을 알면서도, 그렇게 하기를 싫어하는 자신을 발견한다. 철학적 윤리는 바로 그 지점에서 실패한다. 내 의지가 (칸트의 용어를 빌리자면) 이성의 정언 명령을 받아들이기를 거부하는

---

7 "흔히들, 기독교가 고대 이교 도덕가들의 사상에 기여한 가장 중요하고 혁신적인 요소가 '부패한 의지' 개념이라고 말한다. 아리스토텔레스는 '나약한 의지' 개념을 갖고 있었고, 그 누구도 부패한 의지 개념을 갖고 있지 않았다는 것이다." 니콜라스 월터스토프, 『사랑과 정의: 정의로운 사랑은 가능한가』, 홍종락 역(서울: IVP, 2017), p. 327, 주11.

것이다. 선과 의에 대한 엄청난 토론과 탐구를 했는데, 정작 자신 안에 진리를 사모하고 선을 행하려는 마음이 없다. 지식은 무용지물이 되고, 자기 안에 있는 헛된 사랑을 보며 위선이 깊어진다. 깊이 병든 의지는 선을 알면서도 그것을 추구하지 않는다. 오히려 결국 불행을 가져다줄 것을 사랑한다. 좋은 아버지가 되어야 함을 알지만 술을 끊지 못하는 알코올 중독자의 경우와 비슷하다고 할 수 있다. 채드윅의 설명을 들어 보자.

> 아우구스티누스는 우리가 다음과 같은 딜레마에 빠져 있다고 보았다. 우리는 무엇을 해야 하는지 잘 알고 있으면서도 의지가 너무 약한 나머지 그것을 할 수 없다. 의지는 끊임없이 무언가를 선택하려 하지만, 의지가 좀 더 낫다고 여겨서 선택한 것은 예외없이 안락하고 즐거운 일뿐이다. 여기에 인간의 본성이 처해 있는 문제—인간은 행복을 찾을 수 없는 곳에서 행복을 추구한다는 것—가 있다. 하지만 동시에, 인간은 자신이 지금 병들어 있다는 사실과 그 병의 원인이 바로 자기 자신이라는 사실을 잘 알고 있는 존재다(『고백록』, 10.50).[8]

이 상태는 중독 증세처럼 내가 나를 통제할 수 없고, 내가 탐닉하는 대상이 나를 지배한다. 아우구스티누스 선생은 자신 안에 있는 상반된 두 가지 의지를 발견하지만, 그것을 선의지로 통합할 충분한 능력도 의지도 자신에게 없음을 깨닫는다. 그의 기도는 비참하다.

> 주여, 내게 절제의 은총을 주옵소서. 그러나 지금은 그리 마옵소서.[9]

8   채드윅, 『아우구스티누스』, p. 111.
9   『고백록』, 8.7.17.

정절과 절제를 구하는 마음과 그것을 원하지 않는 상반된 마음이 선생 안에서 충돌을 일으킨다. 머리로 이해한 선을 가슴이 거부하다니, 이 얼마나 가련한 상황인가! 하나님의 선한 피조물인 인간이 왜 이렇게 깊은 병, 죄의 중독 상태에 빠지게 되었을까? 선생은 창세기 3장의 아담과 하와의 타락을 분석하면서 죄를 짓는 과정을 세 단계로 구분한다.[10] 첫째, 외부로부터 혹은 내부에서 어떤 제안(suggestions)이 들어온다. 둘째, 그 제안에서 어떤 즐거움(pleasure)을 본다. 셋째, 그 즐거움 때문에 마음이 제안에 동의한다(consent).[11] 선생은 이것을 첫 사람의 타락에서 본다. 뱀이 하와를 유혹하면서 한 말, "너희가 하나님처럼 되리라"는 것은 귀가 솔깃한 제안이다. 그 제안을 받고 선악과를 보니 그것이 과연 보암직도 하고, 먹음직도 하고, 심지어 지혜롭게 할 만큼 아름답게 보인다. 즐거움이 이미 마음속에 생긴 것이다. 죄로 인해 생긴 즐거움 때문에 하와는 뱀의 제안에 동의하고 죄를 짓는다.

아우구스티누스 선생은 죄에 이르는 세 단계가 있듯 죄에도 세 종류가 있다고 보았다. 첫째는 마음에 있고, 둘째는 행동에 있고, 셋째는 습관에 있다.[12] 습관이 오래되어 벗어날 수 없게 되면, 죄는 사람을 완전히 지배해 버린다.

그러나 나는…바로 나 자신의 의지의 쇠사슬에 묶여 있었습니다. 원수가 내 의지를 지배하여 그것으로부터 쇠사슬을 만들었고, 그 쇠사슬에 나는 묶여 있었습니다. 그렇게 된 것은 내 의지(voluntas)가 왜곡되어, 육욕

10 『고백록』, 8.5.10-12.
11 『산상 설교』, 1.12.34.
12 『산상 설교』, 1.12.35.

1부   행복과 구원

(*libido*)이 생겼고, 육욕을 계속 따름으로써 버릇(*consuetudo*)이 생겼으며, 그 버릇에 저항하지 못해 필연(*necessitas*)이 생겼기 때문입니다.[13]

사람이 처음부터 죄에 대해 노예 상태인 것은 아니다. 의지와 사랑이 약하기 때문에, 의지는 죄가 주는 즐거움에 저항하지 않고 죄의 제안을 승인한다. 2장에서 보았듯, 아우구스티누스 선생은 배 도둑질 이야기를 통해 그가 사랑한 것이 배가 아니라 훔치는 것 자체였다고 고백한다.[14] 인간의 약한 의지는 죄가 주는 즐거움에 저항하지 못하지만, 의지를 사용해 죄를 받아들였다는 점에서 사람은 죄책을 면하지 못한다. 윤리적 책임은 항상 사람에게 있다.

죄의 즐거움에 매혹된 (혹은 왜곡된) 의지는 반복적으로 죄의 요구를 승인한다. 죄가 주는 즐거움을 잃을 것을 두려워하기 때문이다. 이런 과정을 지속하고 반복하면 습관으로 굳어진다. 지성과 의지는 반복을 통해 학습된 대로 정욕에 반응한다. 이 단계에 이르면 지성은 판단을 중지하고, 몸은 자동으로 움직인다. 마지막 단계에서 습관은 결국 필연, 즉 중독 상태가 된다. 의지의 속박이 더 이상 헤어날 수 없을 만큼 강하게 그의 존재를 사로잡는다. 그리하여 정욕이 요구하는 것을 더 이상 거부하거나 제지할 능력을 상실한다. 이것은 아우구스티누스 선생 자신이 경험한 곤경이었다.

알리피우스[선생의 친구]는 자기가 그렇게 높이 평가하고 있던 내가 성적 쾌락에 밀착되어 있어―우리가 그 문제[수도 공동체 설립]에 대해 말

---

13 『고백록』, 8.5.10.
14 『고백록』, 2.4.9. 또한 2장을 보라.

4. 사랑의 추

할 때마다—독신 생활을 결코 할 수 없다고 말하는 것을 보고 놀랐습니다. 나는 그가 그렇게 놀라는 것을 보고 나 자신을 변명하는 뜻에서 말하기를, 그의 성적 경험은 한때 잠깐 동안 은밀히 맛본 것이었기 때문에 그것을 지금은 거의 잊게 되어 쉽게 정욕을 이길 수 있지만, 나의 성적 경험은 이미 습관화된 쾌락인 만큼 끊기 힘들다고 했습니다.[15]

아우구스티누스 선생은 이런 죄의 중독 상태를 "습관의 무게", 심지어는 "습관의 폭력"이라고 한다.[16] 하나님을 사랑하지만, 습관의 무게가 나를 계속 아래로 끌어당기기 때문에 죄를 사랑하는 마음에서 헤어나지 못한다. 진주를 발견하였으나 전 재산을 팔아 그것을 사지 못하고 재산을 붙들고 있는 것과 같으며,[17] 행복한 삶을 갈망하면서도 지금 즐기는 쾌락 때문에 행복한 삶을 향해 나아가지 않는 것과 같다.[18]

나는 당신의 아름다우심에 매혹되었다가, 다시 내 무게로 말미암아 당신에게서 떨어져 나와, 슬퍼하면서도 낮은 부분으로 떨어져 들어갔습니다. 이 무게는 육체의 버릇[즉 정욕]이었습니다.[19]

아우구스티누스 선생은 위에 있는 빛을 보면서도 아래로 추락하는 자신을 어찌하지 못한다. 그는 그리스·로마 문화의 이상인 자기 통제도 죄의 영향 아래 있음을 역사를 통해 알고 있었다. 큰 악을 위해 작은 악을 통

---

15 『고백록』, 6.12.22.
16 『고백록』, 8.9.21; 7.17.23; 13.7.8; 4.12.19.
17 『고백록』, 8.1.2.
18 『고백록』, 6.11.20.
19 『고백록』, 7.17.23.

제하는 때가 얼마나 많은가? 세계를 무력으로 지배하기 위해 자신을 절제하고 훈련하는 경우는 또 얼마나 많은가? 이와 같이 우리의 덕마저도 죄의 영향 아래 있다면, 과연 누가 이 병을 고칠 수 있을까?

사랑의 치유

아우구스티누스 선생은 자주 사람을 병자로, 그리스도를 의사로, 교회를 병원으로 묘사한다. 실제로 그는 의사가 환자를 수술하는 장면을 여러 차례 목격하고(고대에는 수술실과 같이 격리된 공간이 없었다),[20] 의사와 그리스도 사이에서 강력한 유비를 발견했다. 의사는 환자를 치유하기 위해 몸에서 종기나 종양을 떼어 내는 고통스러운 일을 한다. 환자는 때때로 고통으로 몸부림치다가 그 치료하는 의사를 때리기도 한다.[21] 비록 우리는 그리스도께 발버둥 치며 항거하고, 때로는 그분의 마음을 아프게 하지만, 의사이신 그리스도는 환자의 병을 치료하기 위해 묵묵히 견디신다.

우리의 왜곡된 의지는 어떻게 치료될 수 있는가? 우선은 자신의 아픈 부분을 의사에게 드러내야 한다. 『고백록』에서 아우구스티누스 선생은 영혼의 의사이신 그리스도께 자신의 아픔과 질병을 드러낸다. 자신의 죄악된 정욕과 그것에 노예가 된 의지, 그로 인한 갈등과 번민을 기도를 통해 그리스도께, 더 나아가 교회에 드러낸다. 그것이 첫 번째 단계다. 고백은 나와 하나님 사이를 넘어, 그리스도의 몸 된 교회 앞에서 이루어진다. 비유적으로 말하자면, 환자는 병원에서 의사를 만나 고통을 호소함으로써 치료의 첫걸음을 뗀다.

---

20 『신국론』, 22.8.3.
21 『요한 서간 강해』, 8.11.

결국 영혼의 병은 사랑의 무질서다. 앞서 보았듯, 덜 사랑해야 할 것을 더 사랑할 때 질서는 깨지고, 영혼은 하나님으로부터 멀어져 생명을 잃고 파리해진다. 세상 것에 유착된 병든 영혼이 어떻게 하나님을 향해 나아갈 수 있을까? 선생은 그 답을 로마서 5:5에서 찾았다.

소망이 우리를 부끄럽게 하지 아니함은 우리에게 주신 성령으로 말미암아 하나님의 사랑이 우리 마음에 부은 바 됨이니.

성령은 신자의 마음에 하나님의 사랑을 부어주심으로써 정욕(즉 병든 사랑)에서 벗어나게 하시고, 하나님을 온 마음으로 사랑하는 의지를 창조하신다. 복음의 말씀을 믿음으로 받아들임으로써 성령의 은혜 베푸심이 신자 안에 시작되는 것도 같은 과정이다. 아우구스티누스 선생은 오랫동안 영혼의 병을 앓다가 밀라노 정원에서 극적인 회심에 이르는데, 그는 그 결정적인 순간을 이렇게 묘사한다.

나는 그 책[바울 서신]을 집어 들자마자 펴서 내 눈에 들어온 첫 구절을 읽었습니다. 그 구절의 내용은 "방탕하거나 술 취하지 말며 음란하거나 호색하지 말며 다투거나 시기하지 말고 오직 주 예수 그리스도로 옷 입고 정욕을 위하여 육신의 일을 도모하지 말라"[롬 13:13-14]였습니다. 나는 더 이상 읽고 싶지도 않고 또한 더 읽을 필요도 없었습니다. 그 구절을 읽은 후 즉시 확실성의 빛이 내 마음에 들어와, 의심의 모든 어두운 그림자를 몰아냈습니다.[22]

---

22 『고백록』, 8.12.29. 아우구스티누스 선생이 집어든 책은 바울 서신 모음집이었다.

우리가 선생의 회심 장면에만 집중하다 보면 정작 『고백록』의 내러티브를 통해 선생이 의도한 것을 놓칠 수 있다. 회심 장면이 『고백록』의 정점이라는 것은 의문의 여지가 없지만, 선생은 자신의 회심을 하나님이 마련하신 수많은 만남과 인생의 경험을 통해 결국 이르게 된 결정체로 이해한다. 요컨대 우리가 흔히 말하는 한 순간의 회심은 정확한 표현이 아니다. 그가 회심에 이르기까지 하나님의 오랜 인도와 준비가 있었음을 놓쳐서는 안 된다. 잘 짜인 플롯을 통해 『고백록』은 하나님이 어떤 은혜의 방편들을 사용하셔서 그의 마음을 두드리셨고, 그의 사랑을 어떻게 치유하시고 회복하셨는지를 드러낸다.[23]

이 치유의 과정에는 아우구스티누스 선생의 종교적 경험이나 가르침을 넘어, 매우 다양한 모습의 "은혜의 방편들"이 나타난다. 심지어 키케로를 읽고 지혜에 대한 갈망이 생긴 것도, 신플라톤주의자들의 글을 읽고 보이지 않는 세계에 대한 눈이 열리게 된 것도 하나님의 은총과 예비하심이었다고 선생은 고백한다. 그의 어머니 모니카의 간절한 기도에 대한 응답의 때를 하나님은 그분의 계획에 따라 정하셨고, 이를 통해 하나님은 어머니와 아우구스티누스 둘 다를 치료하셨다. 그런데 이것들은 방편일 뿐이다. 우리가 바라볼 것은 은혜의 방편이 아니라, 그것을 통해 우리를 새롭게 하시고 치료하시는 하나님이다.

---

23 아우구스티누스 선생의 인생을 다룬 『고백록』 1-9권의 구조는 V자형으로 되어 있다. 첫 네 권이 하나님으로부터 멀어지는 하강 국면이라면, 5권에서 암브로시우스를 만나고 마니교에서 나오게 되는 것을 전환점으로 해서 후반부 네 권은 상승 국면으로 되어 있다. 그 외에도 전반부 네 권과 후반부 네 권 사이에는 의도적인 대칭이 존재한다. 아우구스티누스 선생의 출생(1권)과 모니카의 죽음(9권), 배나무에서의 배도둑질(2권)과 무화과나무 아래에서의 회심(8권)이 대칭을 이루는 식이다. 『고백록』의 구조에 대해서는 다음을 보라. James J. O'Donnell, ed., *Augustine: Confessions, vol 1. Introduction and Text* (Oxford: Oxford University Press, 2013), p. xxx.

회심 직전에 선생은 사람들이 어떻게 세상을 버리고 그리스도의 말씀을 따라 살았는지를 들었다. 수도사 안토니우스가 모든 재산을 팔아 가난한 사람들에게 나누어 주고 그리스도를 따른 것은 적지 않은 도전을 주었다. 더 나아가 안토니우스의 본을 따라 세상의 부와 명예를 뒤로 하고 그리스도의 제자가 된 로마의 관리들을 직접 만나 그들의 이야기를 들었을 때, 선생의 마음은 갈급해졌다.

그때 그 두 사람[폰티키아누스와 그의 친구]이 구원을 받기 위해 건전한 열정으로 당신에게 헌신했다는 이야기를 듣고 그들을 사랑하는 마음이 불타게 되었습니다. 그 사랑하는 마음이 커질수록 그들과 전혀 다른 나 자신이 미워졌습니다.…"보라! 그들은 이제 진리를 확실히 이해하게 되었는데, 너는 아직도 너의 짐 무게에 눌려 있구나!"[24]

예수를 따라 산 사람들의 이야기가 듣는 이의 마음에 하나님을 향한 사랑이 불타오르게 한 것이다.[25] 선생이 세례를 받을 때 성도들이 부르는 찬송이 얼마나 그의 마음을 파고들었는지, 또한 그 감격으로 인해 얼마나 많은 눈물을 흘렸는지![26] 그 눈물과 함께 세상에 대한 집착과 사랑은 죽고 하나님을 향한 사랑이 불타올라 위에 계신 하나님을 향하게 되었다.

우리의 사랑은 당신의 선물인 성령으로 인하여 불붙어 위로 올라갑니다. 우리 마음은 그 불에 타며 계속 올라갑니다. 우리는 우리의 마음에

---

24 『고백록』, 8.7.17-18.
25 독자들은 종종 『고백록』을 읽고 마음이 뜨거워졌음을 말한다.
26 『고백록』, 9.6.14.

1부 행복과 구원

서 당신을 향해 오르는 계단을 오르면서 "상승의 즐거운 노래"를 부릅니다. 우리의 마음이 당신의 불, 그 선한 불에 타며 앞으로 나아가는 것은 우리가 하늘의 "예루살렘의 평안"[시 122:6]을 향해 위로 오르기 때문입니다. 그래서 사람들이 나에게 "주님의 집으로 가자"고 말할 때 나는 기뻐했습니다[시 122:1]. 당신의 선하신 뜻은 우리가 있어야 할 제자리에 거하게 하실 것이기에, 우리는 당신의 집에 영원히 거하는 것 외에 다른 것을 더 바라지 않습니다[시 23:6].[27]

성령을 통해 하나님의 은혜와 사랑이 부어지자, 선생을 밑으로 잡아당긴 육신의 정욕은 힘을 잃었다. 그리고 이제 하나님을 사랑하는 마음이 위를 향하게 되었다. 극적인 회심과 세례 후 선생은 수사학자의 길을 버리고, 고향으로 돌아가 하나님을 섬기며 살려고 했다. 사랑이 건강한 질서를 되찾자 영원하신 하나님을 사랑하고 섬기려는 의지의 변화가 온 것이다. 이 회복은 하나님의 사랑이 그의 마음에 부어짐으로써 시작되었다.

우리는 은총으로 인해 자유의지를 무효로 만드는가? 절대로 그렇지 않다.…은총은 자유의지를 없애는 것이 아니라 오히려 강건하게 한다.…은총에 의해 영혼은 죄의 질병으로부터 치유를 받고, 영혼의 건강함에 의해 우리는 의지의 자유를 가진다. 자유의지를 통해 우리는 의를 사랑하게 되고, 의를 사랑함으로써 우리는 율법을 이룬다.[28]

---

27 『고백록』, 13.9.10. 아우구스티누스 선생이 사용한 옛 라틴어 성경은 시편 120-134편의 "성전에 올라가는 노래"를 "계단의 노래들"(the Songs of Steps)이라고 불렀다. Harmless, *Augustine in His Own Words*, p. 195. 라틴어 성경은 칠십인역을 따라 시편의 장들을 나누기 때문에 "성전에 올라가는 노래"는 시편 119-133편이다.
28 『영과 문자』, 52.

말년에 선생은 "하나님의 은혜가 우리를 전향시킨다는 것을 증언하기 위해" 『고백록』을 썼다고 했다.[29] 얼핏 『고백록』의 주인공이 선생 자신인 것처럼 보이지만, 사실은 하나님이 주인공이라는 말이다. 방황하고 부서졌던 한 영혼을 돌이켜 하나님께 인도하신 분은 바로 하나님 자신이었다. 그리고 그 회복과 전환은 하나님의 지속적인 은총과 사랑을 통해 일어났다. 그것이 선생이 자신의 인생을 돌아보며 발견한 사랑의 치유였다.

사랑이 인도하다

세례를 받은 후 아우구스티누스 선생은 세상의 명예와 성공을 위해 살던 삶을 청산하고, 어머니와 아들, 친구들과 함께 북아프리카 자신의 고향으로 돌아가려고 오스티아에서 배를 기다리고 있었다. 정원이 내려다보이는 숙소의 방 창가에서 선생과 어머니 모니카는 영적인 대화를 나누다가, 자신들의 마음을 지나 위에 계신 하나님께 올라가는 신비한 경험을 하게 된다. 그리고 거기서 두 사람은 하나님의 진리에 이른다.

어머니와 나는 집안의 정원이 내려다보이는 창가에 기대고 서 있었습니다.…신자들이 받을 영생이 무엇과 같을까 하고 서로 이야기했습니다.… 우리는 마음속에서 열정적으로 타오르는 사랑으로 인해 '항상 같으신 분'을 향해 오를 때 여러 계층의 사물들을 통과하여 해와 달과 별들이 지상으로 빛을 보내는 저 하늘까지 오르게 되었습니다. 그리고 우리는 당신이 만드신 모든 것을 명상하고 말하고 감탄하면서 오르다가 우리의

29 『견인의 은총』, 20.53.

마음까지 왔고, 나중에는 그것마저 초월하여 더 올라가 당신이 진리의 음식으로 항상 이스라엘을 먹이시는 곳, 그 풍성한 영역에 다다르고자 했습니다. 그곳에서는 생명이 곧 지혜입니다.…순간적으로 그 지혜와 약간 접촉하게 되었습니다.…우리의 영생은 지금 우리가 한숨을 쉬며 바라다가 체험한 그 순간의 경험과 같을 것입니다.[30]

2천 년 교회 역사에서 영적인 실재를 경험한 기록들은 많이 있다. 그런데 오스티아에서의 체험은 한 개인의 경험이 아니라 다른 사람과 함께 경험한 것이라는 점에서 전무후무하다. 이것이 어떤 종류의 경험이며, 어떻게 두 사람이 같은 영적인 실재를 마주하게 되었는지를 설명하기는 불가능하다. 그가 밝힌 바와 같이 언어로 담아낼 수 없는 것이기 때문이다. 다만 선생의 묘사는 사랑의 추가 회복되었을 때 그것이 우리를 어디로 어떻게 인도하는지를 보여 준다. 선생과 그의 어머니는 위에 속한 것을 찾았다. 그들의 마음속에 하나님을 향한 사랑이 타올랐고, 그 사랑은 그들을 "위로" 인도하여 하나님의 지혜와 접촉하게 했다. 이 순간적인 경험은 그에게 사랑의 거듭남이 얼마나 중요한지에 대한 깊은 통찰을 주었다.

모니카는 아들이 세례를 받은 후 자신은 더 이상 바랄 것이 없다고 했다. 그래서였을까? 모니카는 오스티아의 신비 체험을 하고 며칠이 지나 열병에 걸려 세상을 떠난다. 아들과 함께 있을 때는 영혼만 하나님의 실재를 경험했지만, 이제는 몸과 영혼이 모두 하나님의 나라에 속하게 된 것이다. 그곳이 어쩌면 선생이 궁극적으로 보여 주려고 했던 곳, 즉

---

30   『고백록』, 9.10.24-25, 강조 추가.

신자 안에 있는 사랑의 추가 인도한 곳이었는지도 모른다. 그가 평생 추구하고 씨름했던 그 "실재"(res) 말이다. 오랜 세월이 지난 후, 부활절 축제 기간에 선생은 요한1서를 설교하면서 교우들에게 이렇게 권면했다.

사랑하십시오. 그리고 여러분이 원하는 대로 하십시오.…여러분 안에 사랑의 뿌리를 내리십시오. 이 뿌리에서는 선한 것 말고는 그 무엇도 나올 수 없습니다.[31]

그리스도인이 된다는 것은 사랑의 질서를 회복하고, 그 사랑이 나를 이끄는 대로 살아가는 것이다. 하나님의 사랑의 추가 인도할 때 우리 마음은 선과 의를 추구하게 된다. 그때, 오직 그때, 우리 마음이 원하는 대로 할 자유가 회복된다. 그리고 그것이 바로 성경이 약속하는 영생이다.

31 『요한 서간 강해』, 7.8.

토의를 위한 질문들 _____

1. 선생은 사랑이 인간 존재의 중심이며 우리 인생을 이끄는 추동력이라 고 보았다. 우리가 사랑하는 여러 가지 사이에서 기대되는 (혹은 도덕적 인) 우선순위와 별개로 우리가 실재로 수용한 우선순위가 있고, 이것 들은 긴장을 일으킨다. 마치 바울이 자신이 원하는 바 선은 행하지 않 고 도리어 악을 (사랑하여) 행한다고 한 고백처럼 말이다. 이것은 공동 체적 차원에서도 일어난다. 한 사회의 실질적인 우선순위는 마땅히 그 래야 한다고 생각한 우선순위와 다를 수 있다. 이렇게 상충하는 사랑 의 질서 뒤에서 작동하는 힘은 무엇인지 생각해 보자.

2. 선생은 하나님의 은혜가 어떻게 자신을 전향시켰는지를 드러내려고 『고백록』을 썼다. 당신의 인생에서 하나님은 어떻게 당신을 전향시키셨 는가? 당신의 사랑은 어떻게 건강한 질서를 찾게 되었는가? 또한 아직 도 당신이 씨름하고 있는 사랑의 무질서는 무엇인가?

4. 사랑의 추

5. 순례자의 노래

주께 힘을 얻고 그 마음에 시온의 대로가 있는 자는 복이 있나이다.

(시 84:5)

나그네의 기도

아우구스티누스 선생은 어려서부터 집을 떠나 살았다. 그의 부모는 아들의 교육을 위해 그를 타가스테 근교의 마다우라로, 나중에는 큰 도시인 카르타고로 보냈다. 공부를 마친 후 선생은 여러 도시에서 수사학 교수로 일했고, 황제가 살고 있던 밀라노로 옮겨 일했다. 이탈리아반도에서 일하고 있었지만 그는 북아프리카 사람이었고, 자신이 말할 때 묻어 나오는 "외지인"의 라틴어 억양을 의식했다.[1] 한마디로 그는 나그네였다. 나그네로 사는 삶은 선생의 사유와 신앙에 큰 영향을 끼쳤다. 『고백록』의 서두에 언급한 불안은 정착하지 못하고 떠 있는 듯한 그의 마음 상태를

---

1   제임스 K. A. 스미스, 『아우구스티누스와 함께 떠나는 여정: 불안한 영혼을 위한 현실 세계 영성』(파주: 비아토르, 2020), p. 79.

반영한 것인지도 모른다. 그래서일까? 순례라는 주제는 선생의 신학과 저작 어디서나 발견된다. 그에게 인생은 정착하지 못하고 무언가를 찾아가는 순례의 길이었다.

이 길 위에서 선생은 시편이 주는 위로와 소망을 발견했다. 『고백록』에서 그는 시편 기자를 따라 수없이 하나님께 질문하고, 그 이름을 찬송하며, 자신의 무가치함과 연약함을 고백한다. 『고백록』은 한 인생이 하나님을 찾아가는 순례 일지와도 같다. 시편은 선생에게 어떻게 기도할지를 가르쳤고, 기도의 언어를 제공했다. 『고백록』은 순례의 길 위에서 시편을 통해 하나님께 올려진 기도다.[2] 시편이 없었다면, 과연 『고백록』이 가능했을까? 아타나시우스는 시편을 어떻게 사용해야 할지와 관련해서 이렇게 썼다.

신자는 자기 입술의 시편 말씀이 마치 자신의 특별한 유익을 위해 기록된 것처럼 받습니다. 그 시편 말씀을 받고 암송하기를 다른 사람이 말하거나 다른 사람의 감정을 묘사하듯 하는 것이 아니라, 자신에 대해 말하는 것처럼, 그 말씀이 마치 자신의 영혼의 고백인 것처럼 하나님께 올려드리며, 그 시편을 자신이 지은 것처럼 하나님께 드립니다.[3]

아우구스티누스 선생은 시편을 이런 방식으로 읽었다. 시편의 기도를 자신의 것으로 삼아 기도하면서, 그의 영혼은 시편의 기도를 통해 빚어졌다. 인생의 고비마다 그는 시편의 기도와 찬송 가운데 있었다. 회심 이후

---

2   다음의 평가를 보라. "『고백록』은 완결되지 않은 노래다.…그것은 또한 [하나님을] 찬송하는 노래다." Catherine Conybeare, "Reading the *Confessions*", in *A Companion to Augustine*, ed. Mark Vessey (Chichester: Wiley-Blackwell, 2012), pp. 99-100.

3   아타나시우스, *Letter to Marcellinus*, 11.

선생은 세례를 받을 준비를 하면서, 친구가 마련한 카시키아쿰의 별장에서 가족 및 친구들과 함께 매일 시편을 읽으며 기도했다.

나의 하나님, 내가 교만한 마음 없는 다윗의 시편, 그 신앙의 찬미, 그 경건의 노래를 읽고 당신께 무엇을 부르짖었습니까?…그 시편을 읽고 나의 마음은 당신을 향해 얼마나 불탔습니까?[4]

어머니가 세상을 떠났을 때, 신자들은 선생을 찾아와 시편의 말씀으로 슬픔을 나누고 위로했다.

아데오다투스가 우리의 만류로 울음을 그쳤을 때, 에보디우스는 시편을 들고 시를 암송하기 시작했습니다. "내가 인자와 공의를 찬송하겠나이다. 오 주여, 내가 주께 찬양하리이다." 그러자 온 집안 사람들이 그 시에 화답했습니다.[5]

시편은 그가 기독교 신앙의 걸음마를 시작하던 시절에 그를 먹인 젖이었고, 믿음의 길을 걷는 순례자들과 함께 부른 노래였다.

---

4 『고백록』, 9.4.8.
5 『고백록』, 9.12.31. 에보디우스가 노래한 시편은 101편이다. 다른 사람들은 고대 교회의 전통을 따라 인도자의 찬송에 화답하는 형식으로 찬송을 이어 갔다. 시편 사용의 전통에 대해, 특히 교창에 대해서는 F. Van der Meer, *Augustine the Bishop: Church and Society at the Dawn of the Middle Ages* (New York: Harper & Row, 1965), p. 325 이하를 보라.

5. 순례자의 노래

• **파코미우스**(292?-346년)는 이집트 출신의 수도사로, 안토니우스의 독거 수도 생활과 달리 공동생활을 하는 수도원을 설립했다. 346년 전염병으로 죽을 때 9개의 수도원과 2개의 수녀원이 그의 감독하에 있었다고 전해진다.

초기 교회의 시편

동방 수도원 운동의 지도자 •파코미우스는 신자들에게 최소한 신약성경과 시편을 읽을 것을 가르쳤다. 구약성경이 어려워도 시편을 제외할 수는 없었다. 교회와 수도원에서 시편의 중요성은 절대적이어서, 시편이 없는 기도는 상상할 수도 없었다. 서방 전통도 다르지 않았다. 히에로니무스는 로마의 귀족 자제 파울리나에게 권면하면서, 성경을 공부할 때 시편에서 시작하라고 했다.[6] 서방 수도 생활의 중요한 지침서 가운데 하나인 『수도원 규정서』는 기도를 어떻게 할지와 관련해 다음과 같이 가르친다.

> 우리가 기도하고 시편을 노래하는 방법을 다음과 같이 정한다. 즉 "아침 기도"에는 세 개의 시편을 노래하고…"제3시 기도"에는 먼저 응송과 함께 시편 하나를 하고, 그다음 후렴과 함께 두 개의 시편, 독서, 끝맺는 기도로 할 것이다. "제6시 기도"와 "제9시 기도"도 이와 같이 할 것이다. "저녁 기도"는 응송과 함께 시편 하나, 후렴과 함께 다른 네 개의 시편, 다시 응송과 함께 다른 시편 하나, 독서, 끝맺는 기도로 할 것이다. "저녁 기도" 후 적당한 시간에 모든 이가 앉은 자세로 독서를 하고, 그다음 잠자리에 들기 전에 통상의 시편들로 기도할 것이다. "야간 기도"에는

---

6   히에로니무스, 『서신』, 107.12.

11월, 12월, 1월, 2월에는 열두 개의 후렴과 여섯 개의 시편과 세 개의 독서를 하고…5월, 6월, 7월, 8월에는 여덟 개의 후렴과 네 개의 시편과 두 개의 독서를 할 것이다.[7]

학자들의 추측대로 이 규정이 북아프리카에서 기원했다면, 아우구스티누스 선생의 수도원도 비슷한 방식으로 시편을 읽었을 것이다. 앞의 규정에 따르면 수도 공동체는 매일 최소한 30여 편의 시편을 읽고 기도하게 된다. 5일마다 시편 전체를 읽는 것이며, 산술적으로는 한 해에 시편 전체를 70회 이상 읽는다. 수도원의 형제들에게 시편은 그들이 숨 쉬는 공기, 말하는 언어, 부르는 노래였다. 그들은 시편의 상당 부분을 암송했고, 기도할 때나 글을 쓰고 말씀을 전할 때 시편의 언어가 자연스럽게 배어났다.

제2차 니케아 공의회(787년)는 주교로 안수를 받을 사람들이 시편 전체에 대한 깊은 이해와 지식을 갖추는 것을 중요한 자격 요건으로 결의한다.[8] 어떤 이들은 이 결의를 시편 전체의 암송을 의미하는 것으로 이해한다. 시편 암송은 일견 불가능해 보이지만, 앞에서 언급한 수도원의 일과를 보면 어쩌면 당연한 것으로 여겨졌을 수도 있다. 어느 것이 맞든지, 초기 교회에서 교역자들에게 시편이 다른 어떤 성경보다도 중요하게 여겨졌다는 것은 이론의 여지가 없다. 교회의 지도자들에게 기도는 가장 본질적인 기능 가운데 하나였고, 그들은 유대교에서 발전한 전통을 따라 시편으로 기도했다.

---

7 아돌라르 줌켈러, 『아우구스티누스 규칙서』(왜관: 분도출판사, 1990), p. 80로부터 재인용됨.

8 Norman P. Tanner, ed., *Decrees of the Ecumenical Councils: Nicaea I to Lateran V*, vol. 1 (Washington, DC: Georgetown University Press, 1990), p. 139.

5. 순례자의 노래

초기 교회의 기도서는 시편과 찬송시에 단순한 곡조를 붙인 것이었다. 시편을 기본으로 한 찬송들은 신자의 기도 생활을 돕는 중요한 도구였다. 아우구스티누스 선생은 밀라노의 교회를 다닐 때 암브로시우스가 지은 찬송을 접했고, 모니카는 시편을 비롯한 찬송을 즐겨 불렀다.[9] 시편에 곡조를 붙이고 그것을 성도들이 교창하는 것은 당시로서는 혁신이었는데, 이것을 북아프리카에 소개한 사람이 바로 선생이다. 모니카가 세상을 떠날 때 에보디우스가 암송한 시편에 사람들이 화답한 것을 교창의 예로 볼 수 있을 것이다.[10]

어머니를 잃고 슬픈 마음으로 방에 누워 있던 아우구스티누스 선생은 암브로시우스가 지은 찬송시를 떠올렸다.

만물을 창조하신 하나님, 당신은 하늘을 다스리시는 분
낮을 아름다운 빛으로 옷 입히시고 밤을 편안한 잠으로 덮으십니다.
피곤한 팔다리 쉬게 하시고, 다시 새 힘을 주어 일하게 하십니다.
마음이 지칠 때 일으키시고, 슬퍼 괴로워하는 마음을 풀어 주십니다.[11]

그때까지 슬픔을 억누르고 있던 선생은 이 찬송을 부르다 울음을 터뜨린다. 찬송이 그에게 깊은 위로가 된 것이다. 시편과 찬송시들은 기쁠 때나 슬플 때나 신자들이 하나님 앞으로 나아가도록 마음을 열어 주었다. 물론 선생은 시편에 곡을 붙일 때 생길 수 있는 위험도 잘 알고 있었다.

9   『고백록』, 9.7.17.
10   『고백록』, 9.12.31.
11   『고백록』, 9.12.33.

1부   행복과 구원

나는 지금도 교인들이 확실한 음성과 적절한 곡조로 찬송을 부를 때, 그 노래의 곡조보다는 가사의 뜻에 깊은 감명을 받고 있습니다. 이렇게 보면 교회 안에서 찬송을 부르는 관습이 대단히 유익함을 나는 시인합니다. 그러므로 나는 [찬송의] 위험한 감각적인 즐거움과 내 신앙의 경험 사이에서 결정적인 의견을 내놓지 못한 채 망설이고 있습니다.…내가 혹시 찬송 가사의 뜻보다는 소리에 의해 감명을 더 받는다면, 슬퍼해야 할 죄를 짓고 있는 것입니다.[12]

음악은 사람의 감정을 파고들어, 곡조가 전달하고자 하는 가사의 내용과 분리되어 작용할 수 있다. 곡조가 좋아서 부를 뿐 찬송의 가사와 함께 우리 마음을 하나님께 드리지 않는다면, 찬송을 "소비"하는 것에 지나지 않는다.[13] 초기 교회는 대개 단조로운 곡조로 찬송을 불렀는데, 곡조의 화려함이나 감성적인 자극이 기도자의 마음을 가사로부터 분산시키지 않게 하려는 노력이었을 것이다. 시편의 찬송을 기도로 승화시키기 위해 아우구스티누스 선생은 『수도원 규칙』에서 이렇게 가르친다.

시편과 찬송가로 하나님께 기도할 때, 여러분이 입술로 말하는 것을 마음으로 깊이 생각하십시오.[14]

또한 선생은 찬송의 가사를 바꿔 부르지 말라고 한다. 가사의 많은

---

12 『고백록』, 10.33.50.
13 인용한 부분에서 아우구스티누스 선생은 요한1서 2:15-17에 나오는 육신의 정욕을 설명하면서 청각의 유혹에 대한 예를 든다. 심지어 찬송을 부르는 것도 본래 의도와 상관없이 청각의 정욕을 만족시키는 통로가 될 수 있다.
14 『수도원 규칙』, 2.3.

5. 순례자의 노래

부분이 시편에서 온 것이기에, 하나님의 말씀을 개인적인 취향이나 일시적인 감정으로 바꾸는 것을 금지했다. 고루하게 전통을 고수하려는 것이었을까? 교회가 공적으로 함께 부른 찬송들은 오랫동안 사유와 분별, 검증을 거쳐 내용과 표현이 정제된다.[15] 교회의 분별과 정제 과정을 거친 산물을 기도자가 마음대로 바꾸는 것을 선생은 허락하지 않았다. 또한 신자들은 같은 가사로 찬송하고 기도함으로써 하나님 앞에서 한마음과 한 뜻을 품을 수 있었다. 주교는 교회의 일치와 연합이 개인의 감정과 창의성보다 앞선다고 본 것이다.

세대를 넘어 오랫동안 사랑받는 찬송가들이 있다. 신자들은 찬송을 부르며 그 가사를 자신의 고백으로 하나님께 올려 드린다. 그들이 부르는 찬송은 하나님께 향기로운 기도가 된다. 아우구스티누스 선생은 바로 그러한 아름다운 그림을 생각했을 것이다. 세대를 넘어 전달된 시편과 찬송을 통해 온 교회가 한마음으로 하나님 앞에 나아간다. 시편은 "하늘의 예루살렘을 향해 순례의 길을 가는 이들의 기도 생활"을 위한 교본이었다.[16] 이처럼 초기 교회의 삶과 신앙에서 시편의 역할은 절대적이었다.[17]

15 히에로니무스가 번역한 라틴어 성경이 북아프리카에 소개되었을 때 신자들은 격렬하게 반감을 표시했다. 히에로니무스의 번역이 원문에 훨씬 충실한데도, 그들의 입술과 마음에 오랫동안 각인된 성경과 다른 번역이 가져온 충격이었던 것이다.

16 Mary T. Clark, "St Augustine's Use of the Psalms", p. 100.

17 종교개혁자 루터에게도 시편은 중요한 책이었다. 그는 비텐베르크 대학 교수로 있으면서 복음을 재발견하는데, 그때 집중적으로 연구한 책들 가운데 시편이 있었다. 시편은 그가 인간에 대한 성경적 관점을 형성하는 데 결정적인 역할을 했다. 그것을 바탕으로 로마서와 갈라디아서에서 죄인이며 또한 은총을 받은 의인이라는 은총의 복음을 발견하기에 이른 것이다. 이후에 루터는 신자들에게 매일 시편으로 기도하기를 권했고, 짧은 해설을 곁들인 시편을 출간하기도 했다.

• 『우신예찬』으로 잘 알려진 **데시데리위스 에라스뮈스**(1469?-1536년)는 네덜란드 출신의 인문주의자로, 언어와 문법 연구에 정통했고 성경을 번역했다. 23세에 수도사가 되었으나 학자로 살기 위해 다시 세상으로 나왔다. 루터의 종교개혁으로 불거진 구교와 신교 사이의 갈등을 중재하기도 했으며, 토머스 모어를 비롯한 유럽의 다양한 지성인들과 교류했다.

『시편 주해』

아우구스티누스 선생이 남긴 수많은 저작 가운데 성경의 책들을 처음부터 끝까지 주석한 경우는 사실 얼마 되지 않는다. 그가 몇 번이나 주석한 창세기도 처음 세 장만 다룰 뿐이고, 두 번 시도한 로마서 주석도 주제를 중심으로 엮었을 뿐 로마서 전체를 주해하지는 않았다. 선생이 책 전체를 주해한 경우는 갈라디아서, 요한복음, 시편밖에 없다. 그중에서 『시편 주해』는 『신국론』의 3배에 이를 정도로 방대한 양으로, 교부 시대에 저술된 시편 전체에 대한 주해로는 유일하게 지금까지 전해진다.

선생은 사제가 된 후 시편 1-32편에 대한 주해를 시작으로 20여 년에 걸쳐 시편 전체를 주해했다.[18] 물론 이것들의 대부분은 그가 히포와 카르타고 등지에서 전한 말씀을 기록한 것이지만, 그중에는 그가 직접 쓴 것도 있고 따로 구술한 것을 속기사가 적은 것도 있다.[19] 이 저작은 별도의 제목이 없었기에 후대에 여러 다른 제목으로 불리다가, •에라스뮈

---

18 Hubertus R. Drobner, *The Fathers of the Church: A Comprehensive Introduction*, tr. Siegfried S. Schatzmann (Peaboy, MA: Hendrickson, 2007), p. 414. 『교부학』(분도출판사).

19 당시 대부분의 저술이 그랬듯 선생은 구술을 통해 저술했다. 구술 기록을 선생이 검토한 후 최종본을 만든 것이다. 고대의 출판과 회람 관습에 대해서는 다음을 보라. Harry Gamble, *Books and Readers in the Early Church: A History of Early Christian Texts* (New Haven, CT: Yale University Press, 1995).

스가 라틴어 제목 '에나라티오네스'(enarrationes)를 붙인다. (글이 아닌) 말로 본문의 의미를 설명한 것을 가리키는 용어다.[20] 요컨대 아우구스티누스의 『시편 주해』는 학자들이 앉아서 쓴 주석서가 아니라, 회중에게 설교를 통해 한 절 한 절의 의미를 풀어 설명하는 방식을 취하고 있다.

초기 교회는 시편을 그리스도에 대한 예언으로 읽었다. 『시편 주해』도 시편의 역사적·문법적 의미보다는 시편이 가리키는 그리스도를 선포하는 것을 목적으로 한다. 아우구스티누스 선생은 시편 전체에서 그리스도를 찾고 발견했다.[21]

우리의 궁극적인 목적은 시편이나 예언이나 율법이 우리 주 그리스도께서 육신을 입으시기 전에 기록되었으나, 그것들을 들을 때 거기서 그리스도를 보는 것이며, 거기서 그리스도를 이해하는 것입니다.[22]

지붕을 뜯고 중풍병자를 예수께 내려보낸 사건(막 2:1-12)을 주해하면서, 선생은 설교자의 직무가 성경의 덮개 혹은 지붕을 열어 그 아래 숨겨진 그리스도를 발견하는 것이라고 말했다.[23] 지붕은 시편의 언어들이며, 그리스도는 그 언어의 덮개 아래 숨겨져 있다. 설교자가 성경 언어의 뜻에만 매달린다면 그 언어가 지시하는 실재에 이르지 못하고, 결국 교인들에게 아무런 영적인 양식과 치료제를 공급할 수 없다. 시편을 포함한 성경을 주해할 때는 언제나 그 안에 감추어진 그리스도를 발견하는

20 『시편 주해』의 전문가인 마이클 캐머런도 에라스뮈스의 견해와 비슷하게 이 작품을 "설교적 주해"로 본다.
21 『시편 주해』, 98.1.
22 『시편 주해』, 99.1.
23 『시편 주해』, 36.3.3.

데까지 이르러야 한다.

한편으로 저는 영적으로 중풍이 든 사람을 봅니다. 다른 한편으로, 지붕으로 가려진 말씀을 봅니다. 그리스도가 그 아래 숨겨져 있음을 저는 압니다. 저는 힘을 다해 본문의 친구들이 칭찬받은 일, 즉 지붕을 뜯어 중풍 든 이를 예수께 내려보낸 일을 하려 합니다. 그리하여 그리스도가 "일어나라, 아들아! 네 죄가 사하여졌느니라"라고 선포하실 수 있도록 말입니다. 주가 죄를 용서해 주시고, 연약한 믿음을 싸매어 주셔서 중풍 병자의 속사람을 고치셨습니다.…여러분이 누구든지, 너무나 연약하고 병약하여 인생의 불행을 생각하다가 선한 행실을 할 마음이 사라졌든지, 혹은 내적인 마비로 인해 약해졌든지, 지붕을 열어서, 할 수만 있다면, 우리가 여러분을 주께 내려보낼 수 있게 해 주십시오.[24]

또한 선생은 『시편 주해』를 통해 그리스도의 음성을 듣고자 했다. 아우구스티누스 선생은 시편이 표면적으로는 선지자들의 목소리이지만, 실질적인 화자는 그리스도라고 생각했다.[25] 하나님의 도성을 향해 순례하는 이들은 반드시 시편에서 그리스도의 음성을 들어야 했다. 그 음성에는 신자들의 상한 영혼을 치유하는 능력이 있었다.

전체 그리스도

아우구스티누스 선생이 유독 시편에서 그리스도의 음성을 찾은 것은 그

---

24 『시편 주해』, 36.3.3.
25 『시편 주해』, 56.13.

리스도가 자주 시편을 통해 말씀하셨기 때문이다. 그리스도는 십자가에 달려 시편 22편에 있는 유기의 외침으로 기도하셨다. 사도들은 시편에서 그리스도에 대한 예언을 보았다. 예를 들어, 사도 바울은 로마서 15:3에서 "그리스도께서도 자기를 기쁘게 하지 아니하셨나니 기록된 바 주를 비방하는 자들의 비방이 내게 미쳤나이다 함과 같으니라"라고 하면서, 시편 69:9의 말씀을 그리스도의 말씀으로 생각했다. 또한 시편의 저자인 다윗이 왕이신 그리스도에 대한 예표로 이해되었기에, 더더욱 시편의 기도는 그리스도의 것으로 이해되었다.

선생에게 시편 읽기의 중요한 원칙을 제공한 사람은 놀랍게도 도나투스파 교회의 신자 티코니우스(330-390년경)였다. 당시 도나투스파 교회는 북아프리카에서 정통 교회보다 수적으로 훨씬 우위였고, 정통 교회와 첨예하게 대립하고 있었다. 티코니우스는 성경 해석에 관한 7개의 원칙을 담은 『일곱 규칙』을 저술했는데, 선생은 『시편 주해』의 가장 중요한 원칙을 그에게서 가져와 독특하게 발전시킨다. 티코니우스의 첫 번째 원칙은 "머리와 몸"으로, 성경의 목소리를 그리스도의 것과 교회의 것으로 구분한다. 초기 교회에서 그리스도가 시편의 기도자라고 생각하는 것은 일반적이었지만, 시편에는 저주 시편처럼 그리스도께 돌릴 수 없는 내용들도 있었다. 티코니우스는 그런 것들을 교회의 연약한 목소리로 생각하고, 그리스도의 음성과 구분할 것을 제안했다.

『시편 주해』 앞부분에서 아우구스티누스 선생은 티코니우스의 원칙을 충실하게 적용하여 그리스도의 음성과 교회의 음성을 엄격하게 구분한다. 그러나 이후에 그는 그리스도가 교회를 그분의 몸으로 삼으신다는 진리를 깊이 숙고하면서, 이 원칙을 새로운 차원으로 발전시켰다. 그리스도가 몸 된 교회의 연약한 목소리를 그분의 것으로 취하시고, 그분의 목소리를 우리의 것으로 주신다는 신학적 통찰에 이른다. 요컨대 머리와 몸 사이에서 "거룩한 교환"이 일어나는 것이다. 선생은 그리스도와 교회가 한 몸이고 분리될 수 없기에, 시편의 실질적인 화자는 머리와 몸을 모두 포괄하는 "전체 그리스도"(totus Christus)라고 생각했다. 때로 그리스도가 말씀하시고 때로 그분의 몸 된 교회가 말하지만, 그 둘은 신비적 연합 안에서 분리되지 않는다.[26] 동시에, 교회는 머리 되신 그리스도의 수준으로 격상되어 전체 그리스도에 포함된다. 기독론과 교회론이 이렇게 유기적으로 결합된다.

> 그리스도는 우리와 떨어져 계셔서 보이지 않지만, 사랑 안에서 우리와 연결되어 있습니다. 전체 그리스도는 그분의 머리와 그분의 몸이므로, 모든 시편에서 그 몸의 음성을 듣는 것과 같은 방식으로 그 머리의 음성을 들읍시다. 그리스도는 우리와 따로 분리되어 말씀하기를 원하시지 않습니다. 그분이 우리와 따로 떨어져 계시기를 원하지 않으시듯 말입니다. 그분은 "볼지어다 내가 세상 끝날까지 항상 너희와 함께 있으리라"고 하셨습니다. 그분이 우리와 함께 계시면, 그분은 우리 안에서 말씀하시고, 우리에 관해 말씀하시며, 우리를 통해 말씀하십니다. 우리도 그분 안에서 말하기 때문입니다. 그리고 우리가 그분 안에서 말한다는 그 이유로 우리는 진리를 말합니다.[27]

따라서 시편의 음성은 그리스도의 것과 교회의 것으로 나누어지지 않는다. 그리스도와 교회는 뗄 수 없는 한 몸이다. 이 연합의 신비에서 그리

---

26 Cameron, *"Enarrationes in Psalmos"* in *Augustine through the Ages*, pp. 290-296.

27 『시편 주해』, 56.1.

스도의 목소리와 교회의 목소리는 동시에 울려 퍼진다.

한 몸 안에 둘이 있다면, 한 목소리에 둘이 있음에 놀라지 마십시오.[28]

이 신비적 연합 가운데 듣는 두 음성은 우리에게 어떤 유익이 되는가?
시편 22:1(라틴어 성경의 21:1)을 선생은 이렇게 주해한다.

십자가에 달려, 그분은 부르짖습니다. 그분은 옛사람의 유한성을 짊어지
시고 옛사람을 취하십니다. 그렇게 우리의 옛사람은 그분과 함께 십자가
에 못 박혔습니다. "오 하나님, 나의 하나님, 나를 보소서, 어찌하여 나를
버리셔서 나의 구원으로부터 멀리 계시나이까?" 나의 구원으로부터 멀
리 계신다고 합니다. 왜냐하면 구원은 죄인에게서 멀리 있기 때문입니다.
"내 죄의 말들"―이 말들은 의로부터 온 말들이 아니라, 나의 죄로부터
온 말들이기 때문입니다.[29]

거룩하신 그리스도가 죄인의 말을 취하여 그분의 기도로 삼아 하나님
께 올리시다니, 이 얼마나 비상식적인가! 죄인의 말은 하나님이 응답하
지 않으나, 그리스도가 그것을 자신의 기도로 올리시면 하나님은 그 기
도에 응답하셔서 구원을 베푸신다. 그리스도가 우리를 위해 탄원하시
고, 부르짖으시고, 간구하신다. 그럼으로써 그분이 취하신 죄인의 음성
을 통해 우리가 하나님께 기도하고, 하나님의 구원과 은혜를 경험한다.
동시에 우리는 그리스도의 의인의 기도를 우리의 것으로 품어서, 우리의

28   『시편 주해』, 142.3.
29   『시편 주해』, 21[1]1-2.

불의를 버리고 그리스도의 의로 옷 입는다.

전체 그리스도 읽기를 통해 아우구스티누스 선생은 시편이 신자들의 상한 영혼을 치유하고 새롭게 한다고 믿었다.[30] 한 교인은 교회에 와서 "내 원수를 죽여 주소서"라고 기도했다.[31] 원수 사랑을 명령받은 우리는 그렇게 기도하는 이들을 꾸짖어야 할까? 저명한 구약학자 월터 브루그만(Walter Brueggemann)은 원수를 갚아 달라는 탄원 시편을 다루면서 이렇게 말한다.

복음 안에서 그리스도인은 "제일 좋은 길"을 안다(고전 12:31). 하지만 그것이 첫 번째 길은 아니다. 나는 원수 갚음의 시편 **이상의**(beyond) 길이 있다고 생각하지만, 그 길은 그것을 **통과하는**(through) 길이지, **돌아가는**(around) 길이 아니다. 왜냐하면 그것은 실제로 계속 우리와 함께 있기 때문이다. 어쩔 수 없이 우리는 원수 갚기를 갈망하는 피조물이다. 따라서 이 가혹한 시편은 우리의 것으로 온전히 받아들여져야 한다. 우리의 분노와 의분이 온전히 소화되고 온전히 표현되어야 한다. 그러면 (그리고 오직 그럴 때) 우리의 분노와 의분이 하나님의 긍휼에 양도될 수 있다. 시편을 통해 이 길을 걸어갈 때, 우리는 하나님이 걸어가신 길을 걷는다. 더 값싸고, 더 쉽고, 더 "교화된"(enlightened) 길은 우리에게 허용되지 않는다.[32]

브루그만의 말은 아우구스티누스 선생의 전체 그리스도 읽기와 맥을 같

---

30   Harmless, *Augustine in His Own Words*, p. 159.
31   『설교』, 211.7.
32   월터 브루그만, 『시편의 기도』, 김선길 역(서울: CLC, 2003), pp. 110-111.

               5. 순례자의 노래

이한다. 성경에 나오는 저주 시편들은 다윗이 극심한 억울함과 분노 가운데 하나님께 탄원한 것들이다. 그런데 그리스도는 그것을 자신의 기도로 삼으시고, 우리에게 원수를 사랑하는 더 나은 의의 길을 여신다. 아우구스티누스 선생의 주해를 따라, 우리는 원수를 향한 분노와 쓰라린 마음을 하나님 앞에 쏟을 수 있다. 그리스도가 그것을 자신의 기도로 하나님께 올려 드리시기 때문이다. 그리고 그 "첫 번째" 길을 통과하여, 즉 그리스도가 우리의 기도를 취하셔서 드리신 아들의 기도를 통해, 비로소 우리는 의인 그리스도의 기도를 우리의 것으로 품을 수 있다. 전체 그리스도 안에서 이처럼 거룩한 기도의 교환이 일어난다.

사망의 골짜기에서 부르는 노래

아우구스티누스 선생은 오랫동안 시편을 주해하면서 히포의 교우들이 그리스도의 음성을 들음으로써 성숙하기를 간절히 기도했다. 더 이상 선생에게 기력이 남지 않게 되었을 때, 평생 해 왔던 저술을 중단하고 사람들과의 만남도 최소한으로 줄였다. 이제 그는 자신을 지으시고 구원하셨으며 심판하실 하나님을 뵐 준비를 해야 함을 잘 알고 있었다. 그러나 무엇을 준비해야 할까? 포시디우스는 이렇게 회고한다.

노주교는 죽음이 가까워져 오자 벽에 참회 시편을 붙여 놓고 밤낮으로 외우면서 많은 눈물을 흘렸다.[33]

---

33 『아우구스티누스의 생애』, 31.2.

1부 행복과 구원

시편의 노래들은 아우구스티누스 선생이 신앙의 걸음마를 하던 때부터 배운 모국어였다. 죽음을 목전에 둔 그는 시편의 노래를 부르며 인생을 마감하려 했다. 그의 어머니가 세상을 떠날 때처럼, 그가 죽으면 그의 형제자매들이 자신의 곁에서 시편의 노래를 부를 것을 그는 누구보다 잘 알고 있었다. 산 자와 죽은 자가 함께 부르는 노래, 그 부활과 새로운 생명의 노래가 바로 시편의 기도였다.

아우구스티누스 선생이 벽에 붙여 놓은 참회 시편들은 그저 죄를 고백하기만을 위한 것이 아니었을 것이다. 그것은 5세기에 부른 "Amazing Grace"(나 같은 죄인 살리신) 같은 것이 아니었을까? 참회 시편들을 통해 아우구스티누스 선생은 티끌만도 못한 자신에게 베푸신 하나님의 은혜를 생각하며 울었을 것이다. 그가 오래전에 썼던 『고백록』은 그의 나이 서른셋까지의 고백이었다. 그 후 몇십 년의 고백은 병상에서 눈물이 되어 하나님께 올라갔을 것이다.

> 그렇게도 오래되었지만 그렇게도 새로운 아름다움이 되시는 당신을 나는 너무 늦게 사랑했습니다. 보소서, 당신은 내 안에 계셨건만 나는 나의 밖에 나와서 당신을 찾고 있었습니다.[34]

그러한 고백을 가능하게 한 언어가 바로 시편이었다. 그 노래들은 사람이 부른 노래였으나 사실은 하나님이 그분의 영감으로 우리에게 부르라고 주신 노래였다. 모든 성도가 이 노래를 순례의 길 위에서 불렀다. 그것은 그리스도의 노래이며 또한 교회의 노래, 전체 그리스도의 노래였다.

---

34 『고백록』, 10.27.38.

시편의 기도와 노래 안에서 선생은 거듭났고, 새로운 생명을 살았고, 순례의 길을 걸어 하나님 앞으로 나아갔다.

1. 극적인 회심 이후 아우구스티누스 선생은 세례받을 준비를 하면서, 카시키아쿰의 별장에서 가족과 친구들과 함께 매일 시편을 읽었다. 그리고 그는 『고백록』에 "그 시편을 읽고 나의 마음은 당신을 향해 얼마나 불탔습니까"라고 적었다. 당신의 마음이 주님을 향해 불타오르게 하는 찬송이 있다면 나누어보자. 가사의 어느 부분에서 위로와 은혜를 받는가? 또는 그 노래는 당신의 믿음의 순례와 어떤 연관이 있는가?

2. 우리는 어떻게 보면 찬송이 "소비되는" 시대를 살고 있다. 때로는 찬송의 가사보다 멜로디가 우리의 마음을 사로잡기도 한다. 선생은 노랫소리 자체에 더 감명받은 자신을 반성하면서, 시편 찬송의 가사조차도 감정에 치우쳐 바꾸지 말 것을 당부했다. 이런 선생의 뜻에서 저자는 "세대를 넘어 전달될 시편과 찬송들을 통해 온 교회가 하나님 앞에 나아가는" 아름다운 모습을 상상해 보았다. 나와 내가 속한 영적 공동체가 부르는 찬송의 가사는 건강한가? 또한 우리는 찬송을 소비하는 데 그치지 않고, 참으로 하나님을 예배하고 있는가?

목회의 일

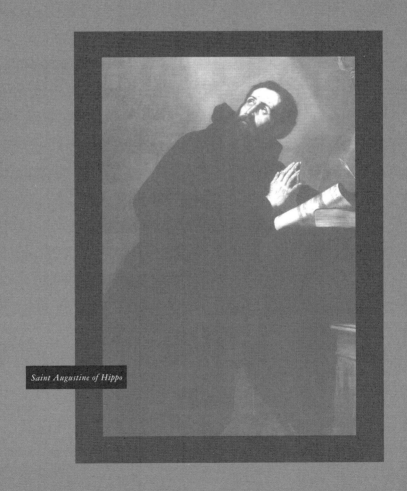

Saint Augustine of Hippo

6. 전부이신 그리스도

우리 주 예수 그리스도의 은혜를 너희가 알거니와 부요하신 이로서 너희를 위하여 가난하게 되심은 그의 가난함으로 말미암아 너희를 부요하게 하려 하심이라. (고후 8:9)

주교의 자리

북아프리카의 여름은 더웠다. 지중해에서 불어오는 습한 바람으로 체감온도는 더욱 높았다. 주의 날에 히포의 예배당에 모인 사람들은 예배 내내 서 있었다. 오늘날과는 정반대로, 주교는 *"주교좌로부터"(*ex cathedra*, 또는 "주교좌에 앉아서") 설교하고 회중은 서서 설교를 들었다. 그의 설교 길이는 일정하지 않아서, 짧게는 30분 걸렸고 때로는 2시간 반 동안 계속될 때도 있었다. 우리에게는 상상도 되지 않는 풍경이다. 물론 주교는 교우들이 자기의 설교를 듣다가 힘들어하는 것을 감지하고, 그들에게 양해를 구하거나 서둘러 설교를 마치기도 했다. 어쨌든, 주교는 앉아서 설교하고 회중은 서서 듣는 광경은 초기 교회에서 하나님의 말씀이 지닌

• '엑스 카테드라'(*ex cathedra*)는 **주교좌로부터** [선포된 말씀]"을 뜻하며, 주교가 (주교좌에 앉아서) 선포한 말씀의 권위를 나타내는 표현이다. 지금은 가톨릭 교회에서 교황이 가진 가르침의 권위를 의미하지만, 원래는 각 교회의 주교가 선포한 말씀의 권위를 가리키는 말이었다.

권위를 상징적으로 보여 준다.

주교좌에서 선생은 무엇을 그리 열심히 전하고자 했을까? 또한 무엇이 그의 설교를 참되신 하나님의 말씀으로 만들었을까? 주교좌에서 가르친다고 다 하나님의 말씀이 되지는 않을 것이다. 아우구스티누스 선생의 설교가 교부 시대 그 누구의 설교보다도 철저하게 그리스도 중심이었다는 것에 대해 학자들은 이견을 달지 않는다.[1] 선생은 복음의 중심이며 구원의 정수인 그리스도를 선포하는 데 전력했다. 그의 목적은 그날의 본문을 주해하는 것이 아니었다. 설교의 목적은 그리스도를 전하는 것이었다. 그리스도가 바로 길이며, 양식이며, 생명이었기 때문이다. 그래서 선생은 본문을 자유자재로 넘나들었다. 그에게 본문은 종착점이 아니었다. 본문을 통해 그는 살아 계신 하나님, 실재이신 그리스도께 가는 길을 찾아야 했다. 그것이 알레고리적 해석인지, 문자적 해석인지는 큰 문제가 아니었다. 설교자가 본문을 얼마나 잘 설명하는지도 궁극적으로 중요한 문제가 아니었다. 설교자는 회중에게 양식이 되시는 그리스도를 공급해야 했다. 나는 바로 그것이 그의 설교를 하나님의 말씀으로 만들었다고 생각한다. 주교좌가 그의 설교를 하나님의 말씀으로 만든 것이 아니다.

---

1   Daniel E. Doyle, "Introduction" in *Essential Sermons* (Hyde Park, NY: New City Press, 2007), p. 13.

앞서 살펴본 대로, 선생은 모든 시편에서 그리스도를 발견했다.[2] 『그리스도교 교양』에서 주장한 것처럼, 성경은 영적인 실재를 가리키는 기호이므로, 설교자는 기호가 지시하는 실재이신 그리스도, 영원한 말씀을 향해 회중을 인도해야 했다. 그것이 아우구스티누스 선생이 생각한 설교였다.[3] 아우구스티누스 선생이 교우들에게 선포하고 소개한 그리스도의 모습은 셀 수 없이 많다. 그중에서 빈번하게 등장하는 몇 가지 중요한 그리스도의 모습, 즉 중보자, 길과 양식, 의사로서의 그리스도를 살펴보자.

중보자

411년 4월, 아우구스티누스 선생은 그의 설교를 이렇게 시작한다.

> 하나님 아버지의 독생자이시며 그를 낳으신 분과 동등하게 영원하시고, 동등하게 보이지 않으시고, 동등하게 불변하시고, 동등하게 전능하시고, 동등한 하나님이신 주 예수께서 여러분을 위해 사람이 되셨습니다. 이것은 여러분이 아는 것이고, 받아들인 것이고, 또한 굳게 믿는 것입니다. 사람의 형상을 취하셨으나 신성을 잃지 않으셨고, 그의 능력은 감추어졌으나 약함은 드러났습니다. 여러분이 아는 바와 같이 그의 태어남은 여러분으로 거듭나게 하기 위함이고, 그의 죽음은 여러분이 영원히 죽지 않게 하기 위함입니다.…[그리스도의] 육신의 참모습이 드러났으니, 십자가에서는 그 약함이, 무덤에서 일어나심에서는 그 불멸성이 나타났습니다.[4]

---

2   5장을 보라. Michael Cameron, *Christ Meets Me Everywhere: Augustine's Early Figurative Exegesis* (New York: Oxford University Press, 2012).

3   8장을 보라.

4   『설교』, 262.1.

8개월 전, 제국의 수도 로마는 사흘간 고트족들에게 유린당한다. 그 충격이 채 가시지 않아서 세상은 어수선하고 요동치고 있었지만, 아우구스티누스 선생은 흔들리지 않는 기초인 그리스도를 더더욱 강력하게 증언했다. 앞에서 인용한 설교에서 보듯, 선생의 설교는 그리스도 중심일 뿐 아니라 견고한 삼위일체론과 기독론의 기초 위에 서 있다. 그는 교회가 첫 3백 년간 다다른 신학적 진리들을, 예컨대 성부와 성자가 동등하다는 것을, 설교를 통해 적극적으로 가르친다. 그리스도에 대한 신학적 진리들을 말하는 것을 부끄러워하지도 꺼리지도 않는다. 왜냐하면 그리스도에 대한 진리야말로 신자의 영적인 삶의 기초이며 생명이기 때문이다.

그리스도가 선생의 설교에서 중심이라는 점은 말할 것도 없지만, 그리스도가 하나님과 사람 사이의 중보자라는 것은 복음의 중심에 있는 진리다. 선생은 자신의 회심을 통해 이를 경험했다.

그러므로 나는 당신을 향유할 수 있는 힘을 얻고자 길을 찾아보았으나 찾지 못했습니다. 그러나 **하나님과 인간의 중보자이신 인간 예수 그리스도**를 받들어 모실 때 비로소 그 길을 찾았습니다. 그는 만물 위에 계셔서 영원히 찬양받으실 하나님이십니다.[5]

이 고백에서 선생이 인용한 디모데전서 2:5("하나님은 한 분이시요 또 하나님과 사람 사이에 중보도 한 분이시니 곧 사람이신 그리스도 예수라")은 선생의 글에 수없이 등장한다. 그리스도의 중보자 되심은 구원에 절대적이다. 중보자 그리스도는 우리를 구원하기 위해 사람이 되셔서 우리에게 오셨다.

---

5   『고백록』, 7.18.24.

사람이시며 하나님이신 그리스도만 우리를 구원하실 수 있기 때문이다. 그리스도가 중보자로서 하신 일은 무엇인가? 한마디로 요약하자면, "거룩한 교환"이다[문자적으로는 "하늘의 교환"(*compensatio coelestis*)].[6]

> 하나님의 죽음 때문에 **거룩한 교환**이 일어났으니, 곧 사람이 죽음을 보지 않도록 하기 위함이었습니다.…그리하여 그리스도는 그분에게 속한 것[즉 신성]으로는 죽음을 가질 수 없었고, 우리는 우리에게 속한 것[즉 인성]으로는 생명을 가질 수 없었습니다. 그러나 우리는 그분의 것으로 생명을 갖게 되었고, 그리스도는 우리의 것으로 죽음을 갖게 되었습니다. 이 얼마나 기막힌 교환입니까![7]

죽을 수밖에 없는 우리를 중보자 그리스도는 그분의 신성으로 입혀 주시고, 우리의 인성을 취하심으로써 우리에게 합당한 저주와 죽음을 스스로 지신다. 그분은 하나님과 사람 사이에서 중재하는 분으로만 계시지 않는다. 우리를 그분의 지위로 끌어올리기 위해 우리의 낮은 자리를 취하신다. 구원의 중심이 바로 성육신으로 인해 일어난 거룩한 교환에 있다. 그것이 바로 복음의 핵심이다. 이 교환은 역설(paradox)의 형태를 띤다. 저명한 신약학자 존 바클레이(John M. G. Barclay)는 바울의 복음 이해가 은혜의 비상응성에 깊이 뿌리내리고 있음을 논증하면서, 그러한 신학 패턴(혹은 "문법")을 이렇게 요약한다.

---

6   교환 개념은 이미 성경에서 자주 등장하는데, 가장 대표적인 본문은 "우리 주 예수 그리스도의 은혜를 너희가 알거니와 부요하신 이로서 너희를 위하여 가난하게 되심은 그의 가난함으로 말미암아 너희를 부요하게 하려 하심이라"(고후 8:9)다.
7   『설교』, 80.5, 강조 추가.

바울의 헬라어 문법이 아주 특이하지는 않지만, 그 신학의 문법은 확실히 독특하다. 우선 바울이 얼마나 자주 역설을 사용하고, 또 얼마나 자주 놀라운 대조 형식을 사용해서 주장을 표현하는지 주목할 만하다.⋯ 이 표현들은 바울 신학의 특별한 형태 혹은 "문법"을 가리킨다.[8]

죽음과 생명이 교환되고, 죄와 의가 교환되고, 가난함과 부요함이 교환되는 이 놀라운 역설이 바울에게 포착된 후 아우구스티누스 선생을 비롯한 수없는 신자들의 마음을 울렸고, 그들이 가진 신학의 문법을 형성하기에 이르렀다. 그리스도가 그분의 생명을 주시고 되찾으신 것은 무엇인가? 이 교환의 다른 편에는 궁극적으로 우리를 하나님처럼 되게 하는 것이 있다. 사탄은 하와를 유혹하면서 금단의 열매를 먹으면 하나님처럼 되리라고 하고 그것을 하나님이 시기하시는 것처럼 속였지만(창 3:5), 사실 하나님은 사람을 하나님처럼 되게 하려는 계획을 갖고 계셨다. 다만 그 신성화(deification, *theosis*)의 길은 세상이 생각한 것과 전혀 달랐을 뿐이다.[9] 사람은 그리스도의 겸손, 약함, 죽음을 통해 하나님처럼 될 것이었다.

겸손이 있는 곳에 권세가, 약함이 있는 곳에 강함이, 죽음이 있는 곳에 생명이 있습니다.[10]

이것이 중보자 그리스도가 그분의 거룩한 교환을 통해 이루시려는 구원의 궁극이다.

---

8   존 M. G. 바클레이, 『바울과 은혜의 능력』, 김형태 역(서울: 감은사, 2021), pp. 260-261.
9   19장을 보라.
10 『설교』, 160.4.

길과 양식

요한복음 14:6에 근거해서 선생은 그리스도가 길이라고 선포했다.[11] 우리
는 사람이 되신 그리스도를 통해 하나님께 이른다.

> 그분이 진리와 생명이신 아버지와 함께 계시기에…그리스도 말고는 진리
> 에 이를 길이 없습니다. 하나님 안에서 영원히 진리와 생명이 되신 하나님
> 의 아들이 인성을 취하심으로써 그 길이 되셨습니다. 사람이신 그분을 통
> 해 걸어가십시오. 그러면 하나님께 이르게 될 것입니다. 그분을 통해 가십
> 시오. 그분에게 이를 것입니다. 그분에게 이를 다른 길을 찾으려 하지 마
> 십시오. 그분이 우리에게 길이 되지 않으셨다면, 우리는 언제나 길을 잃
> 고 헤매야 했을 것입니다. 그러므로 그분은 여러분이 걸어갈 길이 되셨습
> 니다. 저는 여러분에게 그 길을 찾으라고 말씀드리는 것이 아닙니다. 그 길
> 이 스스로 여러분에게 오셨습니다. 그러니 일어나 걸어가십시오.[12]

또한 아우구스티누스 선생이 자주 선포한 것은, 그리스도가 길일 뿐
아니라 그 길의 목적지라는 점이었다. 신자의 삶은 하나님의 도성을 향
해 나아가는 순례다. 하나님의 도성은 하나님이 계시는 곳이며, 그 도성
에 이르는 길은 바로 그리스도다. 그분이 길과 목적지이기에, 순례자에
게 그리스도는 전부가 되신다. 그리스도는 순례자인 신자가 걷는 길이
며, 또한 그 길을 통해 이르고자 하는 목적지다.

---

11 "내가 곧 길이요 진리요 생명이니 나로 말미암지 않고는 아버지께로 올 자가 없느니
    라"(요 14:6).
12 『설교』, 141.4.4.

여러분은 믿기 전에도 달려가고 있었지만, 길을 벗어나 달리면서 목적지에 도달하기는커녕 헤매고 있었습니다. 우리는 달려야 하지만, 길 위에서 달려야 합니다. 길을 벗어나 달리는 사람은 헛되게 달릴 뿐 아니라, 오히려 고생을 위해서 달리는 것입니다.…우리가 달려야 할 길은 무엇입니까? 그리스도가 말씀했습니다. "나는 길이다." 우리는 어떤 고향을 향해 달려야 합니까? 그리스도가 말씀했습니다. "나는 진리다." 여러분은 그분을 통해 달리고, 그분을 향해 달리며, 그분 안에서 쉽니다. 우리가 그분을 통해 달리도록, 그분은 자신을 우리에게 펼치셨습니다. 우리가 먼 곳에서 떠돌고 있었다는 표현은 부족합니다. 우리는 허약해서 움직일 수도 없었습니다. 의사가 환자에게 오셨고, 나그네에게 길이 열렸습니다. 우리는 그분으로 말미암아 구원받았으니, 그분을 통해 걸어갑시다.[13]

길은 삶의 방식을 상징한다. 어떻게 살 것인가에 대한 답이 길이다. 길의 목적지는 삶의 궁극적인 목표를 의미하고, 길 자체는 그 목표를 이루는 방법을 의미한다. 그리스도는 신자가 바라는 최고의 행복에 이르는 길이다. 그분이 육신을 통해 보여 주신 의인의 삶이 바로 신자가 걸어갈 길이다. 길 되신 그리스도를 통해, 그분 안에서 신자는 참된 행복과 생명의 근원이 되시는 하나님께 이른다.

신자는 어떤 양식을 힘입어 이 순례를 지속하는가? 거듭난 신자의 양식은 무엇인가? 선생은 영적인 생명을 가진 우리가 영적인 양식의 힘으로 산다고 생각한다. 그런 의미에서 사람의 양식은 천사의 양식과 같다.

13　『요한 서간 강해』, 10.1.

무엇이 천사의 양식[빵]보다 달콤하겠습니까? "사람이 천사의 양식을 먹었다"고 하였으니[14] 어떻게 주님이 달콤하시지 않겠습니까? 사람과 천사가 다른 양식을 먹는 것이 아니요 곧 진리와 지혜와 하나님의 선하심을 그 양식으로 살기 때문입니다. 그러나 여러분은 천사와 같은 방식으로 그것을 취할 수는 없습니다. 그렇다면 어떻게 취할까요? 기록된바 "태초에 말씀이 계시니라. 이 말씀이 하나님과 함께 계셨으니 이 말씀은 곧 하나님이시니라.…만물이 그로 말미암아 지은 바 되었으니." 그러나 여러분이 어떻게 거기에 다다를 수 있습니까? "말씀이 육신이 되어 우리 가운데 거하시"기 때문입니다(요 1:1, 3, 14). 사람이 천사의 양식을 먹게 하시려고, 천사를 지으신 분은 사람이 되셨습니다.[15]

그리스도가 사람이 되심으로써, 우리가 섭취할 수 있는 영의 양식이 되셨다. 우리는 그리스도 안에 거함으로써, 또한 그분이 우리 안에 거하시게 함으로써, 영의 양식을 섭취한다. 더 실질적으로는 하나님의 말씀의 영적인 실재를 경험하고 맛보는 것이다.[16]

이러한 이해는 성만찬에도 동일하게 적용된다. 성만찬은 그리스도를 우리가 먹고 마실 양식으로 상징한다. 하지만 성찬을 통해 신자가 영의

---

14 이것은 이스라엘이 광야에서 만나를 먹은 것을 언급하는 시편 78:25을 인용한 것인데, 개역개정 성경은 천사가 아닌 "힘센 자"로 번역한다. "그러나 그가 위의 궁창을 명령하시며 하늘 문을 여시고 그들에게 만나를 비 같이 내려 먹이시며 하늘 양식을 그들에게 주셨나니 사람이 **힘센 자**의 떡을 먹었으며 그가 음식을 그들에게 충족히 주셨도다"(시 78:23-25, 강조 추가).

15 『시편 주해』, 134.5. 또한 다음을 보라. "그분은 나를 불러 '내가 곧 길이요 진리요 생명이니'라고 말씀하시고, 내가 약해서 받아먹을 수 없는 하늘의 양식을 우리 인간의 육체와 섞어 주셨습니다. 그것은 곧 '말씀이 육신이 되신 것'이었으니, 만물을 창조하신 당신의 지혜가 연약한 우리를 먹이시려고 젖이 되신 것입니다."『고백록』, 7.18.24.

16 『요한복음 강해』, 26.11.

       6. 전부이신 그리스도

양식을 섭취하는 것은 다만 성찬의 빵과 포도주를 먹고 마심으로써가 아니다. 오히려 그 뒤에 있는 보이지 않는 성례의 은혜가 마음에 깨달아 질 때 영의 양식에 참여하게 된다.[17] 달리 말해, 성례가 지시하고 있는 그리스도의 십자가의 대속의 은혜를 마음으로 받을 때, 신자는 참으로 영적 생명에 필요한 양식을 먹는 것이다. 사람이 되신 그리스도를 통해 영의 양식이 이제 우리에게 주어졌다. 그리스도는 하늘에서 내려온 참된 양식이며, 그분의 말씀을 믿음으로써 우리는 그 영의 양식을 먹는다.

의사 그리스도

아우구스티누스 선생은 온 세상이 죄의 상처로 신음하고 있고, 온 인류는 하나님의 저주를 받을 "죄 덩어리"(massa peccati) 같다고 생각했다. 도덕적·지적·경제적 차이를 불문하고 모든 사람은 죄의 병을 앓는 환자다.

> 인류 전체는 **저주받은 한 덩어리다.** 첫 번째로 죄를 지은 사람과 더불어, 그 사람 안에 뿌리를 두고 있는 그의 후손 전체가 벌을 받았다. 결과적으로, 자비롭고 전혀 가당치 않은 은혜를 힘입지 않고서는 누구도 이 정당한 형벌을 피할 수 없다.[18]

그런 세상과 사람에게 그리스도는 의사이며 동시에 치료제다.[19] 이 역설적인 치유는 감추어져 있다. 치료 과정이 고통스럽더라도 우리는 의사이

---

17 『요한복음 강해』, 26.12.
18 『신국론』, 21.12, 강조 추가.
19 『그리스도교 교양』, 1.14.13.

신 그리스도를 믿고 그분에게 우리의 환부를 내보여야 한다. 그것이 믿음이다.

하나님에 대한 두려움은 의사의 칼처럼 상처를 냅니다. 의사가 종기를 잘라 낼 때 상처를 덧내는 것처럼 보입니다. 그 종기가 몸속에 있을 때 상처는 덜했지만 위험했습니다. 의사가 칼을 들이댑니다. 그 상처는 지금 찢는 아픔보다는 덜 고통스럽습니다. 상처는 돌볼 때가 돌보지 않을 때보다는 더 아픈 법입니다.…사랑을 이끌고 들어갈 수 있도록, [하나님에 대한] 두려움이 그대의 마음속에 자리 잡기를 바랍니다. 의사의 칼은 흉터를 남깁니다. 그러나 이 의사는 상처의 흔적조차 보이지 않게 하는 분입니다. 그러니 그대는 의사의 오른손에 그대를 맡기기만 하면 됩니다.[20]

고대의 의사들은 종종 수술과 치료 과정에서 몸부림치는 환자들에게 맞곤 했다.

의사들은 미친 사람들 때문에 얼마나 고생합니까? 얼마나 많은 욕을 얻어먹습니까? 얼마나 많이 두들겨 맞습니까?…의사는 무엇 때문에 두들겨 맞습니까? [환자의] 병과 허약과 열병 때문입니다. 그는 환자에게 해로운 것을 없앰으로써, [환자가 결국] 감사하는 마음으로 남아 있게 합니다.[21]

선생이 의사의 유비를 통해 전달하려는 실재는 우리를 고치기 위해

20　『요한 서간 강해』, 9.4.
21　『요한 서간 강해』, 8.11.

6. 전부이신 그리스도

고난과 십자가를 마다하지 않으시는 의사 그리스도다. 중병에 걸린 우리는 우리를 고치러 오신 그리스도를 오히려 십자가에 못 박았다. 그분의 연약함과 고난을 통해 치유와 구원이 이루어졌다는 것이 구원의 역설이 아니고 무엇이겠는가?

그리스도의 부서짐이 여러분을 빚으십니다.[22] 그가 부서지기를 원하지 않으셨다면, 여러분은 여러분이 잃어버린 형상을 되찾지 못했을 것입니다. 그러므로 그는 부서진 채로 십자가에 달리셨으나, 그의 부서짐은 우리의 아름다움입니다. 그러니 이 세상에서 우리는 부서진 그리스도를 굳게 붙듭시다. "부서진 그리스도"란 무엇을 의미합니까? "내게는 우리 주 예수 그리스도의 십자가 외에 결코 자랑할 것이 없으니"[갈 6:14]. 그것이 바로 그리스도의 부서짐입니다.[23]

그리스도는 세상이 흔히 생각하는 능력이나 아름다움으로 우리를 구원하시지 않았다. 오히려 선지자의 예언처럼, 그리스도는 미련하고 무능한 십자가를 통해, 부서짐을 통해 우리의 부서진 형상을 회복시키셨다. 사도 바울을 따라, 아우구스티누스 선생은 십자가의 구원이 세상의 길과 과격하게 다르다는 것을 정확하게 집어냈다. 앞서 살펴본 역설이 여기서도 두드러진다. 그 역설 때문에 하나님의 능력과 구원은 감추어져 있다. 믿음으로 보는 사람만 이를 알아보고 구원에 이르게 될 것이다.

이 역설적 치유의 결과는 바로 순종이다. 게에틀링스는 모범과 도움

---

22 라틴어 원문 *Deformitas Christi te format* (the deformity of Christ forms you)는 "form"을 중심으로 대조를 이루는데, 한국어로 옮기기 어렵다.

23 『설교』, 27.6.

(*exemplum et adiutorium*)을 통해 그리스도가 구원 사역을 이루셨다고 말한다.[24] 첫 사람 아담이 실패한 모든 곳에서, 마지막 아담이신 그리스도가 순종의 모범을 보이신다. 동시에 그리스도는 우리의 연약함을 긍휼히 여기셔서, 순종할 수 있도록 돕는 은혜를 베푸신다.

주님은 다만 자신의 피를 흘리신 데 그치지 않고, 자신의 죽음을 치유를 위한 준비에 적용하셨습니다. 그리스도는 죽음에서 다시 사셔서 우리에게 부활의 본보기를 주셨습니다. 그분은 인내로 고난을 당하심으로써 우리가 마땅히 갖추어야 할 인내를 가르치셨습니다. 또한 자신의 부활을 통해 우리에게 인내의 상급을 보여 주셨습니다.[25]

치유된 사람은 더 나아가 그리스도의 치유에 참여함으로써 그리스도의 뜻에 순종할 것이다. 아우구스티누스 선생이 설명하는 선한 사마리아인의 비유(눅 10:30-35)에 따르면, 강도 만난 자를 치료한 사마리아인이 바로 그리스도이고, 치료와 회복을 위해 맡긴 여관이 교회다.

상처 입은 우리는 참의사에게 간청합시다. 여관으로 옮겨져 치료를 받도록 말입니다. 바로 그분이 건강을 약속하시고, 강도를 만나 거의 죽은 채로 길가에 버려진 사람을 긍휼히 여기셨습니다. 그분이 기름과 포도주를 [환부에] 부으셨고, 그분이 상처를 치료하였습니다. 그분이 그 사람을 들어 올려 자기 동물에 태웠고, 그를 여관에 데리고 가서 여관 주인에게 부탁했습니다.…그러므로 형제자매 여러분, 이 시대의 교회도 상처 난 사

---

24 게에를링스, 『교부 어거스틴』, pp. 78-80.
25 『설교』, 175.3.

6. 전부이신 그리스도

람들이 회복되는 곳이며 여행자들의 여관입니다.[26]

이것이 아우구스티누스 선생이 그리스도와 교회를 보는 방식이다. 그리스도의 몸 된 교회는 그리스도의 치유에 참여할 것이다. 이것이 교회의 영광이며, 구원의 궁극적인 결과다.

전부이신 그리스도

성탄절 설교는 아우구스티누스 선생의 설교들 가운데 가장 좋은 본보기라고 한다.[27] 그의 성탄절 설교는 다른 설교들에 비해 짧다(성탄절에 다른 순서들이 많아서였을까?). 선생은 짧은 시간에 성육신의 신비와 은총을 효과적으로 드러내야 했다. 그래서인지 그의 성탄절 설교들은 뛰어난 통찰과 상상력을 보여 준다. 신학적으로 유려하며 감성적이지만, 그렇다고 감상에 빠지지는 않는다. 412년 어간의 성탄절 설교에서 선생은 첫머리를 이렇게 시작한다.

사람을 만드신 분, 그분이 사람이 되셨습니다. 별들의 운행자가 젖먹이 아기가 되기 위함이며, [생명의] 빵이신 그분이 주리기 위함입니다. 진정한 샘이신 그분이 목마르기 위함입니다. 빛이신 그분이 잠들기 위함이며, 길이신 그분이 여정으로 피곤하기 위함입니다. 진리이신 그분이 거짓된 증인들에 의해 무고를 당하시기 위함이며, 산 자와 죽은 자의 심판자가 죽을 운명의 재판장에게 판단을 받기 위함입니다. 의로우신 그분이 불의

---

26 『요한복음 강해』, 41.13.
27 『설교』, 184-196은 성탄절 설교인데, 한결같이 짧다.

한 사람들에게 정죄당하기 위함이며, 연단 자체이신 그분이 회초리를 맞기 위함입니다. 포도송이이신 그분이 가시 면류관을 쓰시기 위함이며, [세상의] 기초이신 그분이 나무에 달리기 위함입니다. 권능이신 그분이 약해지기 위함이며, 영원한 건강이신 그분이 상함을 받기 위함입니다. 생명이신 그분이 죽기 위해 사람이 되셨습니다. 이는 우리를 위해 이러한 치욕과 또한 그와 같은 것들을 당하기 위함이었습니다. 모든 존엄을 빼앗긴 사람들을 자유롭게 하려고, 그분에게는 어떤 악도 마땅하지 않으나, 우리를 위해 그처럼 끔찍한 악을 견디셨습니다. 어떤 좋은 것도 마땅치 않은 우리는 오히려 그분을 통해 이토록 눈부신 선을 받았습니다. 바로 이런 모든 이유 때문에⋯그리스도는 사람이 되셨습니다.[28]

요약하자면, 그리스도는 우리의 빵, 샘, 빛, 길, 진리, 의, 연단, 기초다. 가난하고 부서진 인생을 고치는 데 필요한 모든 것이 그리스도 안에 있다. 그분이 우리의 전부가 되신다. 선생은 원고를 보고 설교하지 않았다. 수사학자로서 오랫동안 훈련된 그는 전할 내용을 암기해서 설교했다. 그럼에도 우리는 선생의 흥분한 목소리를 듣는다. 그리스도가 누구이신지에 대한 묘사는 그의 입을 통해 폭포수처럼 쏟아진다. 이 폭포수의 근원은 그리스도에 대해 선생이 가진 깊은 존경과 사랑이다. 오랫동안 선생은 전부이신 그리스도를 묵상하고 향유하고 섬겼다. 따라서 외워서 설교했다기보다는, 그의 마음을 불태우는 그리스도에 대한 찬송과 고백이 성탄절의 은혜를 나누는 가운데 쏟아져 나온 것이다.

성탄절에 교회에 모인 회중은 아기 예수와 관련한 복음서의 이야

---

28 『설교』, 191.1.

기들을 생각했을 것이다. 그런데 주교는 그들에게 성육신의 의미를 훨씬 깊은 차원에서, 흥분한 목소리로, 경배하는 마음으로 설파한다. 마치 시므온이 아기 예수를 품에 안고 "내 눈이 주의 구원을 보았사오니"(눅 2:30)라고 하듯, 선생은 그리스도가 지극히 낮은 자리로 오셔서 사람이 되어 이루신 구원을 조망하면서 그분의 은혜와 영광을 찬송한다. 회중을 향해 그리스도를 높이라고 하기도 전에, 설교자의 마음에서 그리스도가 높임과 찬송을 받으신다. 설교자의 마음에서 일어난 그리스도를 향한 경탄과 찬송이 회중의 마음에 전염된다. 선생은 설교자이기 이전에 예배자였다. 그리스도는 참으로 그에게 전부였다. 그 높으신 그리스도, 전부인 그분을 우리는 어떻게 섬겨야 할까?

그러므로 이제 우리가 이 소멸할 육체에 있는 동안에 우리의 삶을 개혁함으로써 그리스도와 함께 죽읍시다. 그리고 정의를 사랑함으로써 그리스도와 함께 살아갑시다. 우리가 우리를 찾아오신 그분에게 오기까지, 또한 우리를 위해 죽으신 그분 안에 거하기까지, 우리는 행복한 삶을 받지 못할 것이기 때문입니다.[29]

목회자로서 선생의 궁극적인 임무는 자신의 양무리를 그리스도께 돌아오게 하는 것이었다. 그리스도는 하나님과 사람 사이에 계신 중보자이고, 우리에게 오신 길이고, 그 길을 통해 이르게 될 목적지다. 그분은 우리를 고치시는 의사이고, 우리가 찾을 진리이며, 또한 우리가 먹을 생명의 양식이다. 그분을 잃어버린다면 전부를 잃는 것이며, 그분과 함께 있

---

29 『설교』, 231.5.5.

다면 그분이 우리의 전부가 되실 것이다. 바로 그것이 선생이 끊임없이 그리스도를 증언하고 권한 이유다.

> 그러므로 우리의 목적의 끝은 바로 그리스도입니다. 우리가 아무리 애써도, 우리는 그분 안에서 완전하게 됩니다. 그리스도께 돌아오는 것, 그것이 바로 우리의 완전함입니다. 더더욱 그분을 찾으십시오. 그분이 여러분의 목적지입니다.[30]

30　『시편 주해』, 56.2.

6. 전부이신 그리스도

토의를 위한 질문들 _____

1. 선생은 그리스도가 곧 길이며 그 길의 목적이라고 한다. 바로 이 길에서 신자는 최고의 행복을 누린다. 그리스도가 "중보자"로서 행하신 "거룩한 교환"의 의미는 무엇인가? 예수 그리스도가 인간의 약함을 취하시고 우리에게 그분의 신성을 나누어 주신다는 "거룩한 교환" 개념은 신자들의 영적 삶에 어떤 영향을 끼치는가? 거룩한 교환으로 당신이 순례의 길에서 얻게 될 양식은 무엇인가? 당신의 순례의 길을 구체적으로 묘사해 보고, 공동체와 나누어 보자.

2. "의사"이자 "치료제"로서의 그리스도에 대한 이해는 우리의 신앙생활에 어떤 도전을 주는가? 우리의 죄와 상처를 치유하기 위해 그리스도가 깨지고 상했다는 역설적 진리는, 우리가 그분을 의지하는 믿음과 순종에 어떻게 영향을 주는가? 의사이신 그리스도께 당신의 상하고 곪은 부분을 드러내고 있는가? 혹시 드러내기를 꺼리게 되는 부분이 있는가? 이유는 무엇인가?

7. 내적 교사

너희 선생은 하나요. (마 23:8)

아데오다투스

아우구스티누스 선생의 아들 아데오다투스는 명석한 아이였다. 타가스테로 돌아온 후 선생은 열여섯 살의 아들과 배움에 관한 철학적 토론을 했는데, 이 대화가 나중에 『교사론』이라는 제목으로 출판되었다.[1] 『교사론』은 중세 언어학과 기호학에 지대한 영향을 끼치는데, 어떤 학자들은 선생의 저작 가운데 중세에 가장 많이 인용된 작품이라고 말한다. 이런 깊은 수준의 대화를 아들과 나눌 수 있다는 것이 선생에게는 큰 기쁨이었을 것이다. 아데오다투스는 "하나님이 주셨다"를 뜻한다. 비록 그는 선생이 젊은 시절에 동거했던 여인에게서 낳은 아들이었지만, 선생은 그를

---

1   이 대화는 물론 저술을 위해 어느 정도 편집되었겠지만, 『교사론』이 아버지와 아들의 대화에 기초한다는 것은 아우구스티누스 선생이 스스로 밝힌다. "당신이 아시거니와, 거기서 나의 대화자로서 말한 모든 것은 그 아이가 열여섯 살 때의 생각이었습니다"(『고백록』, 9.6.14). 아데오다투스는 372년에 태어났다.

참으로 하나님의 선물로 고백했다.[2]

그는 나의 죄 가운데서 태어난 내 육신의 아들이었습니다. 그러나 당신
은 그를 좋은 소년으로 만들어 주셨습니다. 그의 나이는 열다섯 살 정도
되었는데, 재능으로는 많은 위대한 학자를 능가할 정도였습니다. 오 나의
주 하나님, 우리의 모든 잘못을 좋게 고쳐 주시는 만물의 창조주여, 나
는 당신이 주신 선물을 당신께 드려 찬양합니다. 사실 내가 이 소년에게
준 것이라고는 죄밖에 없습니다. 우리가 그를 당신의 훈계로 양육하게
된 것도 사실은 누구도 아닌 당신이 친히 우리에게 영감을 주셔서 그렇
게 하신 것입니다. 그러므로 나는 그를 당신이 주신 선물이라고 고백합
니다.[3]

『교사론』을 저술할 당시에 선생은 고향에 공동체를 설립해서 형제들
과 함께 수도 생활을 했다. 이 대화는 부자간의 사적인 대화로 보이지만,
철학적 대화를 통한 배움은 타가스테의 수도 공동체가 하나님을 추구하
고 믿음의 길을 걷는 일에서 매우 중요한 부분이었다. 선생이 나중에 히
포에 설립한 수도원도 지적인 자극과 이를 통한 배움을 적극적으로 장
려했다.[4]

아데오다투스는 『교사론』의 대화가 있은 지 얼마 되지 않아 죽었다.
그의 나이는 불과 열여덟 살이었다.[5] 불과 두 해 전 어머니를 잃은 선생

---

2   아데오다투스의 어머니는 아들을 선생에게 남겨두고 북아프리카로 돌아갔는데, 아
     우구스티누스 선생의 장래를 걱정한 모니카의 개입 때문이었다(『고백록』, 6.15.25).
3   『고백록』, 9.6.14. 또한 『행복한 삶』, 1.6을 보라.
4   아우구스티누스 선생의 수도 공동체에 대해서는 9장을 보라.
5   아데오다투스의 사망 원인에 대해서는 알려진 바가 없다. 북아프리카의 풍토병으로

에게 아들의 죽음은 큰 상실감과 고통을 주었을 것이다. 그가 죽고 나서 선생은 갑작스럽게 안수를 받고 성직으로 부름을 받았다. 아데오다투스가 살아 있었다면 비난과 비아냥이 꼬리표처럼 선생과 아데오다투스를 따라다니며 괴롭혔을 것이다. 4세기의 교부들은 상당수가 금욕적인 삶에 헌신해서 독신으로 살았는데, 아데오다투스는 선생이 젊은 날에 방탕했던 것에 대한 살아 있는 증거였기 때문이다(아마도 그런 이유로 아우구스티누스 선생은 자신이 아들에게 준 것이 죄밖에 없다고 했는지도 모른다). 선생은 하나님의 이 모든 인도하심을 담담하게, 그리고 찬송과 감사 가운데 고백한다.

> 그런데 당신은 일찍이 그의 생명을 이 땅에서 데려가셨습니다. 이제 나는 그의 소년기나 청년기, 혹은 전 생애에 대해 염려할 필요가 없어 아무 불안감 없이 그를 회상하고 있습니다. 우리는 당신의 은총 안에서는 같은 나이였던[6] 그 아이를 데리고 가서 당신의 훈계에 따라 같이 양육받기를 원했습니다. 그리하여 함께 세례를 받고 나니 과거의 그릇된 생활에 대한 우리의 불안이 전부 사라졌습니다.[7]

이제 막 피어난 꽃 같은 아들을 먼저 보내는 것이 얼마나 큰 슬픔을 주었을까? 하지만 선생은 아들의 생명도 죽음도 하나님의 선하신 인도 가운데 일어났음을 믿고 슬픈 마음을 추슬렀다. 그에게 『교사론』은 아들에 대한 기억을 기록한 것으로는 유일하다.

인한 죽음으로 추정할 뿐이다. 선생은 『고백록』을 제외하고는 아들에 대해 어떤 언급도 남기지 않았다. 『교사론』은 아데오다투스에 대한 가장 풍성한 자료를 제공한다.

6   아우구스티누스 선생과 아데오다투스가 같은 날 세례를 받았기 때문이다.
7   『고백록』, 9.6.14.

> • **실재/사물**: 아우구스티누스 선생은 하나님이 영원한 현재 가운데 계시며 불변하시기에 완전한 실재라고 보았다. 반면 창조된 피조물은 사물로서, 시간 안에서 변화하기에 불완전한 존재다. 이에 대해서는 16장을 보라.

언어와 실재

『교사론』은 질문으로 시작한다.

우리가 말할 때, 네가 보기에는, 무엇을 얻자고 하는 것 같으냐?[8]

선생과 아데오다투스가 탐구한 궁극적인 질문은, 하나님에 관한 지식에 어떻게 이르는가 하는 것이다. 보이지 않는 하나님을 어떻게 알 수 있을까? 가르침과 배움을 통해 영적 실재를 아는 것이 가능한가? 이에 대한 답을 찾기 위해 선생과 아데오다투스는 가르침과 배움의 매개체인 언어에 대해 면밀하게 고찰한다. 그러고 나서 말과 언어는 가르치고 상기시키려는 목적을 가진다는 데 동의한다.

언어는 어떤 실재를 우리 내면에서 상기시키는 기호다. '강아지'라는 단어를 들으면 자신이 경험한 어떤 강아지를 머릿속에 떠올리는 것과 같다. 선생과 아데오다투스는 가르침과 배움의 수단이 되는 언어를 그 언어가 지시하는 •실재와 구분한다. 언어는 실재를 표상하는 기호이기에 실재와 동일시될 수 없다. 참된 앎이란 실재에 대한 앎이지, 그것을 지시하는 말을 이해하는 것에 있지 않다. 언어는 애초부터 실재를 담아내기

---

8   『교사론』, 1.1.

에는 턱없이 부족한 그릇이 아니던가!

아우구스티누스 선생이 『교사론』에서 기호와 실재를 구분하는 이유는 기호를 아는 것이 기호가 지시하는 실재를 아는 것은 아니기 때문이다. 기호는 실재를 가리키고 그 실재로 인도한다. 앎은 실재를 대면할 때만 일어난다. 실재를 만나지 못한다면 진정한 의미의 앎은 불가능하다.

그렇다면 기호의 의의는 무엇인가? 말로 배운 지식은 아직 실재를 아는 지식은 아니지만, 최소한 그 실재를 알아볼 수 있게 한다. 어떤 사람이 열대 과일 두리안에 대해서 들었다고 생각해 보자. 큼지막한 과일인데 전체가 암갈색의 두꺼운 가시 같은 것으로 덮여 있다는 것이다. 그가 두리안을 시장에서 본다면, 그것이 두리안이라고 알아볼 것이다. 두리안에 대한 정보가 있기 때문이다. 그러나 그는 두리안을 직접 보고 맛볼 때만 두리안에 대한 온전한 지식에 이른다.

비가시적인 사물도 마찬가지다. 성경에서 배우는 여러 단어, 예를 들어 의, 평화, 은혜, 양자됨 등은 기호와 상징이다. 각각의 단어가 가리키는 실재는 단어 안에서 발견되지 않는다. 따라서 우리가 성경을 읽고 묵상할 때, 지적인 분석을 통해 무언가를 배운다고 느낄 때조차 아직 참되게 아는 것은 아니다. 성경 읽기가 읽는 사람의 관념적 활동으로만 진행된다면, 거기에는 기호들의 조합과 분석을 통한 또 다른 기호와 상징만 있을 뿐이다. 실재를 지시하는 말은 최소한 학습자에게 그 실재를 그려 볼 수 있게 하고, 가령 그 실재를 알아볼 수 있도록 돕지만, 여전히 실재를 대신할 수는 없다.

언어는 우리가 사물을 인식하도록 사물 자체를 보여 주는 것이 아니라,

7. 내적 교사

사물 자체를 찾으라고 권유할 따름이다.[9]

아우구스티누스 선생의 말대로, "기호에 의해 지시되는 사물이 기호보다 더 중요하게 평가되어야 한다."[10] 언어는 상기시킬 목적으로 사용하는 도구다. 언어가 사물 자체를 보여 주지 못하고 다만 그것을 찾으라고 권유한다는 것에 교육의 한계가 있다. 선생이 아무리 열심히 가르쳐도 학생이 진정한 의미의 지식을 획득하게 할 수는 없다. 학생이 학습한 것을 토대로 가르침을 받은 실재에 대한 소원이 생기고, 그것을 찾아 그 실재를 대면할 때 참된 지식에 이른다. 자동차 정비를 이론적으로 배우지만, 직접 자동차로 실습할 때 참으로 지식에 이르게 되는 것과 같은 이치다. 그렇다면 영적 실재를 알기 위해 우리는 어디로 가야 할까?

> 우리가 이해하는 모든 것에 대해 우리가 문의하는 대상은 외부에서 소리를 내어 말하는 사람[교사]이 아니고, 내면에서 지성 자체를 주관하는 진리다.[11]

우리를 실재로 인도하고 그 실재를 알게 하는 분은 진리다. 그리고 진리는 우리 안에 계신다. 앞서 보았듯, 아우구스티누스 선생과 아데오다투스가 목적하는 바는 단순히 사람의 인식 과정을 밝히는 것이 아니다. 이 대화가 궁극적으로 묻는 것은 하나님에 대한 참된 지식에 이르는 길이다. 달리 말하면, 하나님을 알게 되는 과정을 탐구하고 그 하나님께

9 『교사론』, 11.36.
10 『교사론』, 9.25.
11 『교사론』, 11.38.

나아가려 한다.

지금까지의 논의에 의하면, 문자로 기록된 성경도 최고의 **실재**(*res*)이신 하나님을 지시하는 기호라고 할 수 있다. 성경 자체가 하나님일 수도, 하나님의 은혜일 수도 없다. 우리는 성경을 통해 그것이 지시하는 하나님과 하나님의 은총에 "관해서" 배울 뿐이다. 하나님과 하나님의 구원을 참으로 알게 되는 것은 그 실재에 맞닥뜨릴 때다. 아우구스티누스 선생은 진리를 통해 보이지 않는 하나님과 그분의 은총을 참으로 알게 된다고 말하는데, 이 진리는 바로 그리스도다.

> 혹시 우리가 진리에 문의하도록 권유받았을지는 모른다. 문의를 받는 분은 가르치시며 인간 내면에 거하시는 그리스도다.…가시적 사물들에 대해 저 빛에 문의한다는 말을 하는데, 우리가 분별할 능력이 있는 한도 내에서 저 빛이 이런 사물들을 우리에게 보여 주는 까닭이다.[12]

따라서 참된 실재이신 하나님을 알기 위해서는 바깥이 아닌 내면으로 들어가야 한다. 우리 내면에 진리이신 그리스도가 계시기 때문이다. 그리스도는 "내적 교사"(*magister interior*)다.

내적 교사

아우구스티누스 선생과 아데오다투스는 결국 하나님을 아는 유일한 길은 하나님이 자신을 우리에게 계시해 주시는 것이라는 데 합의한다. 그

---

12 『교사론』, 11.38.

리고 그것을 가능하게 하는 분은 바로 우리 안에 계시는 내적 교사, 그리스도다. 참되신 하나님이시며 참되신 사람이신 그리스도는 우리가 성경과 교회의 가르침을 통해 배운 하나님이 누구이신지, 그리고 그분의 구원의 은총이 어떤 것인지를 맛보아 알게 하신다. 모든 선생은 도움을 줄 뿐, 참된 지식에 이르게 할 수 없다. 그들은 언어라는 기호를 통해 하나님의 실재를 가리킬 뿐이다. 실재를 경험하게 하시는 분, 즉 진정한 의미에서 가르치시는 분은 오직 그리스도뿐이다. 그분이 바로 진리 자체다 (요 14:6). 그래서 선생은 자신의 역할과 한계를 이렇게 요약한다.

우리는 설교하고 하나님은 가르치십니다.[13]

사도 바울은 자신과 아볼로가 한 일은 씨를 뿌리고 물을 준 것이며, 자라게 하시는 분은 하나님이라고 했다(고전 3:6-7). 바울은 믿음이 가르치는 자에게 달려 있지 않다는 것을 알았다. 그래서 그는 성령이 그들에게 진리에 대한 지식과 믿음을 주시기를 기도했다. 아우구스티누스 선생은 신자 안에 계신 내적 교사가 일하시는 것을 다음과 같이 설명한다.

우리가 지성으로, 곧 오성과 이성으로 관조하는 사물들에 관해 다룰 때는 진리의 내면적인 빛으로 관상하는 그 사물들을 두고 얘기한다. 속사람이라고 불리는 그 존재가 진리의 비춤을 받고 진리를 향유하는 것이다. 그런데 우리의 말을 듣는 사람은, 비록 본인도 내밀하고 단순한 눈으

13　『설교』, 153.1. 『교사론』이 내적 교사를 그리스도로 지칭하지만, 선생은 다른 부분에서 신자 안에서 진리를 깨닫게 하시는 분이 성령이라고 말하기도 한다. "설교자는 소리이며, 그 소리를 듣고 깨닫게 하시는 분은 성령입니다"(『요한 서간 강해』, 3.13).

로 저것들을 보고 있을지라도, 내 말을 들어서 보는 게 아니라 자신이 관상하여 보는 것이다. 나는 참된 것을 말하고 있지만, 참된 것을 통찰하고 있는 그 사람을 내가 가르치는 것이 아니다. 그가 배운다면, 내 말로 배우는 것이 아니고, 하나님이 내면에서 펼쳐 보이셔서 그에게 드러난 사물들을 통해 배운다.[14]

여기서 "사물들"이란 영적인 실재, 궁극적으로는 하나님과 그분의 은총을 의미한다. 그 하나님을 대면하는 것은 믿음의 눈을 통해서인데, 진리가 빛을 비추어야만 비로소 내적인 눈으로 볼 수 있다. 나를 가르치는 교사는 진리를 가리킬 수 있지만, 그 진리를 실제로 아는 것은 내 안에 계시는 진리, 곧 그리스도를 통해서만 가능하다. 그분이 내 안에서 하나님의 실재를 펼쳐 보이심으로써 나는 그것을 보고 하나님을 안다.

가장 미시적인 차원의 경건 생활에서도 진리이신 그리스도의 가르침이 절대적으로 필요하다. 성경의 독자는 성경의 언어를 통해 영적 실재에 이를 수 있도록 하나님께 간구해야 한다. 그래서 아우구스티누스 선생은 진정한 앎을 추구하는 모든 이에게 이렇게 권한다.

밖으로 나가지 마라. 그대 자신 속으로 돌아가라. 인간 내면에 진리가 거하신다. 그리고 그대의 본성이 가변적임을 발견하거든 그대 자신도 초월하라. 하지만 그대가 자신을 초월할 때, 그대가 초월하는 바는 추론하는 영혼임을 기억하라! 그러니 이성(을 비추는) 광명이 빛나고 있는 그곳을 향해 나아가라.[15]

---

14 『교사론』, 12.40.
15 『참된 종교』, 39.72.

하나님을 알기 위해 우리는 내면으로 들어가야 하고, 또한 내면에서 위로 올라가야 한다. 진리에 대한 앎은 가시적인 사물 가운데서 찾을 것이 아니기에, 우리 영혼의 눈을 내면으로 돌려야 한다. 외부에서 내면으로의 이동이 첫째 단계다. 그리고 우리는 우리 내면 위에 계시는 하나님께 "올라"가야 한다. 그것이 둘째 단계인 "상승"이다. 상승은 어떤 영적인 방법을 통해 일어나는 것이 아니다. 하나님이 주시는 빛과 사랑을 통해 영혼이 정화되면, 하나님을 사랑해서 그분을 찾아 위를 향하고, 그분을 알 것이다.[16]

영혼의 이러한 움직임은 공간적이라기보다는 지향이다. 우리의 예배 전통에서 "마음을 드높이"(sursum corda)라는 말로 예배자의 마음이 하나님을 향하게 하는 것과 같다. 영혼의 정화는 믿음을 통해 일어나고, 하나님을 향한 사랑은 성령이 하나님의 사랑을 우리 마음에 부으심을 통해 위를 향하게 한다(롬 5:5). 하나님을 사랑함을 통해 사랑의 본체이신 하나님을 알고 이해한다. 채드윅의 설명을 들어 보자.

플로티누스와 함께 아우구스티누스는 지식의 대상이 지식의 주체로부터 철저하게 분리된 외적인 존재이기 때문에 지식 행위에 하등의 인격적인 요소가 개입되지 않는다는 생각을 탐탁지 않게 여겼다.…이리하여 무언가가 이해되기 위해서는 사랑이 필요하다는 주제가 신학에 등장한다. 그는 이러한 사실을 다음과 같이 기술하고 있다. 우리가 어떻게 신에 대해 알 수 있냐는 물음은 모두 "우리가 사랑함으로써 무엇을 이해하는가"라는 물음으로 귀결된다(『삼위일체론』, 8.12). "우리는 걸어서 하나님께 다가가는 것이 아니라 사랑함으로써 다가간다"(『서신』, 155.13).[17]

16　4장을 보라.
17　채드윅, 『아우구스티누스』, p. 92.

영혼의 정화와 사랑을 통해 하나님을 아는 이 과정은 현대의 성경 해석이 회복해야 할 지점을 분명하게 보여 준다. 계몽주의 이후 성경 해석학은 합리적·과학적 방법을 과도하게 우위에 두었고, 이로써 성경 해석을 지식의 대상과 분리해서 한 개인의 지적인 활동으로 축소해 버렸다. 그 결과로 해석자 위에 계시는 하나님과의 소통은 주변부로 밀려나고, 우리는 기호의 숲에서 길을 잃고 참된 앎, 즉 영혼의 양식을 공급받지 못한 채 주리게 되었다. 내적 교사에게 배우는 것이 우리에게 절대적으로 필요하고, 그분의 도우심을 통해 성경이 지시하는 실재로 나아가야 한다.

이 모든 논의의 근저에는 결국 학습자가 참된 스승인 내적 교사에게 직접 배울 것이라는 강력한 믿음이 있다. 아우구스티누스 선생은 초기부터 이것을 깊이 깨달았다. 『교사론』과 비슷한 시기에 쓴 『참된 종교』에서 그는 이렇게 말한다.

> 그러므로 종교[기독교]는 하나이시고 전능하신 하나님께 우리를 다시 매는 것이어야 하겠다. 우리의 지성과 진리 사이, 즉 우리가 하나님을 아버지로 인식하는 우리의 지성과 우리로 하여금 그분을 인식하게 만드는 내면의 빛이신 진리 사이에는 어떠한 매개하는 피조물도 놓여 있지 않다. 그러므로 어느 면에서도 그분[하나님]으로부터 다른 점이 없으신 이 진리[그리스도]를 우리는 그분 안에서 그분과 더불어 예배한다. 이분은 만유의 형상이시니, 모든 존재는 그 일자로부터 창조되었고 그 일자에게 향하는 것이다.[18]

---

[18] 『참된 종교』, 55.113.

7. 내적 교사

종교의 본질로 말한 "매는 것"은 신자가 하나님께 붙어 있는 것을 의미한다. 진리이신 그리스도를 통해 하나님을 앎으로써 신자는 하나님께 붙어 있게 된다. 그리고 앞에서 보았듯, 이 앎은 단순히 정보 습득에 그치지 않고 하나님에 대한 사랑을 통해 이루어진다. 궁극적으로 신자는 그리스도를 통해 하나님을 예배하는 자리, 하나님께 우리를 붙들어 매는 자리에 이른다. 바로 거기가 내적 교사이신 그리스도가 우리를 인도하시는 곳이다.

선생의 기쁨

내적 교사이신 그리스도가 참으로 가르치는 분이라면, 이제 우리에게 더 이상 선생은 필요하지 않은가? 그렇지 않다. 그것이 사실이라면 복음을 전하고 가르칠 사람을 하나님이 보내실 이유가 없었을 것이다. 사도 바울은 복음의 진리를 듣기 위해 누군가는 그것을 말하고 가르쳐야 함을 역설한다.

전파하는 이가 없이 어찌 들으리요. (롬 10:14)

교회는 지난 2천 년 동안 수많은 교사를 통해 신자들을 진리로 인도했다. 초기 교회 때도 안디옥에서 많은 이방인이 주께 돌아오자 예루살렘 교회가 바나바를 파송했고, 바나바는 바울을 찾아가 권하여 안디옥에서 1년 동안 함께 가르쳤다. 그 후 안디옥 교회는 계속 성장하여 두 사도 외에도 다른 교사와 지도자들이 생겼다(행 11:22-26; 13:1). 교사는 믿음의 성장에 필수적이다.

앞서 보았듯, 교사는 진리로 인도할 뿐이며, 영혼에게 하나님을 드러낼 분은 진리이신 그리스도뿐이다. 교사의 도움이 필요하지만, 배움 자체는 그리스도의 도우심을 통해 일어난다. 따라서 복음의 교사들은 자신이 가르치는 사람들을 위해 최선을 다해 준비하고, 하나님이 그분 자신에게로 학생들을 인도해 주시기를 기도해야 한다(고전 1:12-24; 엡 3:14-17). 이와 더불어 선생은 한 가지를 더 주문한다. 405년에 선생은 초신자들을 위한 교리 교육을 어떻게 해야 할지를 묻는 카르타고의 데오그라티아스를 위해 『입문자 교리 교육』을 쓴다. 선생이 강조하는 것은 놀랍게도 가르치는 자의 "기쁨"이다.

> 가르치는 신앙의 내용에 대한 어려움은 설명의 시작과 끝이 어디인지 아는가에 있지 않습니다.…오히려 우리가 걱정해야 할 가장 큰 관심사는 어떻게 하면 믿음의 가르침을 주는 자들이 기쁜 마음으로 그렇게 할 수 있는가에 관한 것입니다. 그들이 이 일에 성공하면 할수록 그들은 더 기쁨을 느끼게 될 것입니다.[19]

요점은 교사들이 기쁜 태도로 가르쳐야 한다는 데 있지 않다. 교사가 자신이 가르치는 진리를 향유하고 기뻐한다면, 학생들은 그 기쁨이 그리스도로부터 왔음을 알아볼 것이다. 교사는 학생이 진리를 알게 할 수 없으나, 교사 자신이 그 진리로 인해 행복해하는 것을 본다면 어떤 학생들은 진리로 이끌릴 것이다. 가르치는 자가 보이는 기쁨은 하나님이 그의 행복이 되신다는 증거다. 그 증거를 통해 학생은 진리이신 하나님께 이끌

---

19 『입문자 교리 교육』, 2.4.

린다. 『교사론』은 하나님을 아는 지식에 이른 이의 행복으로 끝난다.

우리는 지상에서 누구를 스승이라고 말해서는 안 되며, 모든 이의 한 분 스승이 하늘에 계시다는 가르침이 신적 권위로 기록되어 있는 터에, 그 말을 우리가 단지 믿기만 할 뿐 아니라 이제 차츰 이해하기 시작했다. "하늘에"라는 말이 무슨 뜻인지는 그분이 직접 가르쳐 주실 것이다. 사람들을 통해, 외적 기호를 이용해 우리에게 가르침을 주는 분도 그분이며, 내면으로 그분에게 전향하라는 교훈을 우리에게 주시는 분도 그분이다. 그분을 사랑하고 아는 것이 행복한 삶이다. 모두가 자기는 행복한 삶을 찾는다고 공언하지만, 정말 그것을 찾아냈다고 기뻐하는 사람은 소수에 불과하다.[20]

사람의 가르침을 듣고 아직 알지 못한 하나님을 믿고 찾으면 참된 행복에 이르게 될 것이다. 그의 안에 계시는 내적 교사가 진리로 인도해 주셔서 하나님의 선하심을 맛보아 알게 하실 것이기 때문이다. 교사나 설교자는 누구인가? 그들은 그리스도를 통해 참된 실재이신 하나님을 맛본 사람들이며, 자신들이 향유하고 있는 하나님을 부족한 언어로나마 지시한다. 학생들은 그들의 기쁨을 보며 그 진리에 이끌린다.

당신이 기뻐하는 것을 설교하면 상대방은 기쁨을 느낀다.[21]

교회의 선생(교부)으로서 아우구스티누스 선생은 우리에게 도전한다.

20 『교사론』, 14.46.
21 『그리스도교 교양』, 4.12.27.

당신은 언어가 지시하는 실재, 궁극적 실재인 진리에 도달하였는가? 아니면 배워서 들은 말을 진리에 대한 경험도 없이 앵무새처럼 되풀이하고 있는가? 당신 안에 진리이신 그리스도를 맛보아 아는 기쁨이 있는가? 이런 교사가 오늘 우리에게 절실히 필요하다.

토의를 위한 질문들 _____

1. 선생과 아데오다투스는 하나님에 대한 참된 지식에 이르는 길은 외부의 스승이 아닌, 우리 내면의 "내적 교사"이신 그리스도라고 말한다. 그리스도는 우리 안에 계시며, 진리로 인도하시는 분이다. 아우구스티누스 선생은 가르치는 자로서 자신의 한계를 어떻게 이해했는가? 그리고 "우리는 설교하고 하나님은 가르치십니다"라는 말이 내포하는 의미는 무엇인지 생각해 보자.

2. 『교사론』에서 선생과 아데오다투스는 "우리는 하나님에 관한 지식에 어떻게 이르는가"를 탐구한다. 그들은 "언어는…사물 자체를 내보여 주는 것이 아니라 사물 자체를 찾으라고 권유할 따름이"기에, 언어로는 하나님을 아는 온전한 지식에 이를 수 없음을 깨닫는다. 그렇다면 선생은 어떻게 하나님을 아는 지식에 이를 수 있다고 하는가? 당신은 어떻게 그 지식을 얻었는가? 더 나아가, 하나님을 "안다"는 것은 무엇인가?

8. 거룩한 짐

예수께서 이르시되 내 양을 먹이라. (요 21:17)

성직의 무게

아우구스티누스 선생이 조언을 구하러 암브로시우스 주교를 찾아간 일이 있었다. 주교는 마침 바쁜 업무들 사이에 생긴 여유시간에 독서하고 있었는데, 그 모습이 선생에게는 강렬한 인상을 남겼다.

> 그의 독신 생활이 나에게는 무거운 짐으로 보였습니다. "그는 어떠한 희망을 품고 있을까? 그의 자리에서 받는 여러 가지 시험을 그는 어떻게 싸워 나가고 있을까? 그는 역경을 당할 때 무슨 위로를 받고 있을까?"… 나는 그에게 묻고 싶은 말이 있어도 묻지 못했습니다. 왜냐하면 그는 많은 사람의 일을 돌보고 있었기 때문에 항상 그와 가까이서 듣고 말할 수 있는 기회를 얻지 못했습니다. 그는 사람이 없어서 좀 한가할 때—그것도 오랜 시간이 아니었습니다만—필요한 정도의 음식으로 육신의 원

기를 회복하거나 독서로 정신을 새롭게 했습니다.···우리는 한참 동안 말 없이 그곳에 앉아 있다가 조용히 떠나곤 했습니다. 그렇게 심취해서 독서하고 있는 그를 누가 감히 방해하려 하겠습니까?[1]

주교의 바쁜 삶은 암브로시우스만의 일상이 아니었다. 4세기 교회에서 성직은 단순히 기도하는 것과 말씀 전하는 것만 할 수 있는 자리가 아니었다(행 6:4; 언제는 그랬을까?). 그리스도인 황제 치하에서 주교는 교회의 책무 외에도 온갖 자질구레한 사회적·법적·행정적 책임과 기대를 만족시켜야 했다.[2] 목회는 바쁘고도 고된 노동의 자리였다. 바울은 목회자의 직분을 "고귀한 일"이라 불렀지만(딤전 3:1),[3] 선생에게 그것은 오히려 "무거운 짐"(sarcina)이었다. 411년 무렵에 주교는 친하게 지내던 로마 관리 마르켈리누스에게 이렇게 쓴다.

제가 밤중에도 다른 중요한 직무를 하느라 쏟는 시간과 노력을 말씀드린다면 아마도 매우 놀라실 것이고, 또한 저를 짓누르는 엄청난 짐들로 인해 저를 매우 측은하게 여기실 것입니다. 이것은 벗을 수 없는 짐들입니다. 바로 이 짐들 때문에 당신이 제게 재촉하며 부탁하신 일들을 지금까지 하지 못하고 있습니다.···혹 여러 가지 쌓여만 가는 책무들 사이에 잠깐의 여유가 생길 때도, 반드시 해야 하는 구제 활동들 때문에 간절히

---

1 『고백록』, 6.3.3.
2 콘스탄티누스 황제 이후에 주교들은 자신들의 교회가 있는 도시의 일반적인 재판을 담당했다(「테오도시우스 법령」, 16.2.12); 포시디우스, 『아우구스티누스의 생애』, p. 89, 각주 84에서 인용.
3 디모데전서 3:1의 개역개정 번역이 "선한 일"로 옮기는 것을 NIV, ESV 같은 영어 성경은 "noble task"(고귀한 일)로 번역하기도 한다.

　　　　　　　　　　　　　　　　　　　　　　　　　　2부　목회의 일

원하는 저술을 하지 못하고 있습니다.[4]

그가 주교로서 지고 있던 짐은 이 세상에서 수행해야 할 여러 가지 책임과 부담만이 아니었다. 삶의 마지막에, 그의 안수를 기념하는 주일 설교에서 아우구스티누스 선생은 다소 비장하게 말한다.

여러분과 우리[성직자들] 사이에 있는 차이는 바로 이것입니다. 여러분은 오로지 여러분 자신에 대해서만 심판을 받게 될 것입니다. 그러나 우리는 우리 자신에 대해서뿐만 아니라 여러분에 대해서도 심판받게 될 것입니다.[5]

마음을 늘 누르고 있던 그 부담감을 누가 헤아릴 수 있겠는가? 그에게 주교의 자리는 단순히 설교하는 자리도 아니며, 깊은 기도 가운데 하나님께 나아가는 수도사의 자리도 아니었다. 성직은 하나님의 백성을 돌보고 영적인 생명을 책임지는 목자의 자리였다. 온갖 고난과 박해를 견디면서도 사도 바울은 온 교회를 위하여 날마다 자신의 마음이 눌린다고 하지 않았던가?(고후 11:28). 하나님이 맡기신 양떼의 형편에 대해 심판을 받을 것을 생각하면 성직의 무게는 그야말로 엄청났다.

4　『서신』, 139.3.
5　『설교』, 339.1. 이것은 아마도 다음의 구절을 염두에 둔 말일 것이다. "너희를 인도하는 자들에게 순종하고 복종하라 그들은 너희 영혼을 위하여 경성하기를 자신들이 청산할 자인 것같이 하느니라 그들로 하여금 즐거움으로 이것을 하게 하고 근심으로 하게 하지 말라 그렇지 않으면 너희에게 유익이 없느니라"(히 13:17).

예기치 않은 부르심

타가스테에 수도 공동체를 세운 후, 선생은 그리스도께 돌아오려는 사람들을 격려하고 수도 공동체로 인도하여 믿음 안에서 세우려 했다.[6] 우연한 기회에 히포에 있는 한 형제가 영적인 고민 가운데 있다는 것을 알게 된 선생은, 그를 그리스도께 인도하고 수도 생활을 하도록 격려하기 위해 히포를 방문했다. 당시 북아프리카에는 교역자가 없는 교회가 많았다. 오늘날과 같은 신학 교육 기관이 없었기 때문에 교역자들이 턱없이 부족했다.[7] 도시에 있는 교회들은 사정이 나았지만, 시골에 있는 교회들은 큰 교회의 사제들과 주교들이 순회하며 돌봐야 하는 형편이었다. 이런 절박한 필요 때문에 교인들에게 붙들려 뜻하지 않게 안수를 받고 그 교회의 성직자가 되는 경우가 종종 있었다.[8] 암브로시우스도 교인들의 갑작스러운 추대로 안수를 받고 주교가 되었는데, 그가 세례도 받기 전이었다![9]

이러한 사정을 잘 알았기에, 아우구스티누스 선생은 교역자가 없는 교회에 방문하는 것을 삼갔다. 히포에는 경험 많은 주교 발레리우스가

6 『설교』, 355.2.
7 이와는 대조적으로 알렉산드리아에서는 3세기 무렵부터 오리게누스의 주도로 신학 교육이 시작되었다. 물론 이것은 목회자를 양성하기 위한 기관이라기보다는 초신자의 교리 교육 과정에 더 가깝다고 할 수 있다. Drobner, *The Fathers of the Church*, pp. 126-128.
8 "Ordination in the Ancient Church (II)", *Restoration Quarterly* 5.1 (1961): pp. 17-32.
9 암브로시우스의 안수에 관해서는 Paulinus of Nola, *Vita Sancti Ambrosii*, 3,6을 보라[*Life of Saint Ambrose: A Translation of the Vita Sancti Ambrosii by Paulinus of Milan*, translated with an introduction by Mary Simplicia Kaniecka (Catholic University of America Press, 1928; Evolution Publishing, 2019)]. 당시에는 세례 후에 짓는 죄에 대한 두려움 때문에 세례를 미루는 신자들이 많았다. 암브로시우스도 그런 경우였을 것이다.

오랫동안 충실하게 교회를 섬기고 있었기에 선생은 안심하고 예배에 참석했다. 하지만 하필 발레리우스는 자신의 후임이 될 사람을 찾고 있었다. 그는 나이가 많았고, 더구나 모국어가 헬라어여서, 라틴어를 사용하는 히포의 교우들에게 설교하는 것이 큰 부담이었다. 그런데 때마침 수사학자였다가 회심하여 수도 공동체를 만들어 살고 있는 젊은이가 교회를 방문한 것이다. 포시디우스는 이 극적인 사건을 이렇게 전한다.

> 그즈음 히포의 가톨릭 교회에서는 거룩하신 발레리우스께서 주교직을 수행하고 계셨다. 하루는 교회가 간절히 필요로 하므로 히포 시를 위해 사제를 한 사람 세워 서품해야 한다고 하나님 백성에게 이야기하며 권고하고 계신 중이었는데, 이미 아우구스티누스께서 사는 방식과 그 가르침을 알고 있던 가톨릭 신자들은 거룩하신 아우구스티누스를 손으로 지목했다. 그분이 마침 회중 가운데 계셨던 것이다.…그리하여 사람들은 그분을 붙잡아, 이런 경우 통상 하던 대로 주교 앞에 천거해 사제로 서품하도록 청했다. 모든 이가 한마음으로 원하며 [그분의 서품이] 이루어지기를 간청하면서 열광하고 소리 지르며 졸라대고 있는데, 그분은 펑펑 울고 계셨다.[10]

히포의 교인들에게 선생의 방문은 우연으로 보이지 않았다. 어쩌면 발레리우스는 회중 가운데 있는 선생을 보고, 하나님의 공급하심으로 여겨 사제 서품에 대한 자신의 바람을 회중에게 내비친 것인지도 모른다. 그들이 아우구스티누스 선생을 붙들어 안수를 줄 것을 기대하면서 말이

---

10 『아우구스티누스의 생애』, 4.1-2.

다. 어떤 계기와 하나님의 인도하심이 있었든지, 선생은 그 자리에서 안수를 받는다. 말년에 선생은 당시의 상황을 이렇게 회고한다.

그러나 여러분에게 말씀드린 대로, 종이 그 주인을 거스를 수는 없는 것이지요. 저는 한 형제를 만나기 위해 이 도시에 왔습니다. 그의 영혼을 얻으려 하였고, 그렇게 되면 이 형제가 우리와 함께 수도원에서 살 수 있으리라고 생각했습니다. 이곳에 이미 주교가 있었기에 나는 별다른 [갑자기 붙잡혀 안수를 받게 되는] 위험을 느끼지 않았습니다. 그러나 나는 붙잡혔고 사제로 세워졌습니다. 그렇게 시작하여 주교의 자리에 이르게 된 것입니다.[11]

뜻하지 않은 하나님의 부르심 앞에서 그는 크게 울었다. 이를 두고 사람들은 그가 별 볼 일 없는 히포에 머물도록 붙들려서 자존심이 상했기 때문이라고 수군거렸다. 오랜 세월이 지난 후 선생은 자신이 흘린 눈물의 의미를 설명하는데, 포시디우스는 그것을 이렇게 옮긴다.

그런데 사실 그 하나님의 사람 아우구스티누스는, 몸소 말씀하셨듯, [자신에게 생긴 일을] 더 심오한 견지에서 깨달으시고, 교회를 이끌고 다스리는 일 때문에 이제 당신의 삶에 얼마나 많고도 큰 위험을 겪게 될지 예견하셨기에 우신 것이었다.[12]

---

11 『설교』, 355.2. 이 설교는 425년에 그의 안수를 기념하기 위한 예식에서 아우구스티누스 선생이 전한 것이다. 아우구스티누스 선생의 안수에 대한 또 다른 묘사에 대해서는 『서신』 21을 보라.
12 『아우구스티누스의 생애』, 4.3. 또한 『설교』, 355를 보라.

아우구스티누스 선생은 결코 자신을 성직에 걸맞은 사람으로 생각하지 않았다. 그러나 교인들에게 붙잡혀 안수를 받을 때, 그는 하나님의 은혜를 생각했을 것이다. 또한 아무리 피하려 해도 벗어날 수 없는 하나님의 집요한 부르심과 예정을 생각했을 것이다. 하나님의 부르심은 이렇게 한 교회, 믿음의 회중에 의해 그에게 이루어졌다. 그의 인생의 어느 한 부분이 그의 완전한 통제 가운데 있었던가? 죄악된 삶에서 죽고 하나님께 돌아오고 나서, 단 몇 년 만에 그의 어머니와 아들, 친구가 차례로 세상을 떠났다. 그들을 보낸 후 그는 마치 가족을 모두 강 건너로 보내고 얍복 나루에 홀로 남겨진 야곱처럼, 자기 마음 안에서 하나님과 씨름했는지도 모를 일이다. 하나님의 부르심은 홀로 남겨진 그에게 예기치 않게 찾아왔다.

히포의 교인들

히포의 교인들은 대도시 밀라노의 교인들과 상당히 달랐다. 이 다혈질의 북아프리카 사람들은 설교 중에 자주 환호하며 박수를 치기도 하고 '아멘'을 연호하기도 했다.[13] 아우구스티누스 선생의 은퇴식은 그런 분위기를 잘 나타낸다. 선생이 후임자로 에라클리우스를 지명하자 교우들은 "하나님께 감사를! 그리스도께 찬송을!"을 23회 연호한다. 그 후 "그리스도여, 우리를 들으소서! 아우구스티누스여, 만수무강하소서!"를 16회, "당신은 우리 아버지이며 우리의 주교입니다!"를 8회 연호한다. 공식적인 행사의 경우에 속기사가 회중의 반응까지도 옮겼기에, 마치 현장 중

---

13 『설교』, 96.4.

8. 거룩한 짐

계를 듣는 것 같은 생동감을 준다.[14] 아우구스티누스 선생의 메시지가 날카롭게 마음을 찌를 때 사람들은 가슴을 쳤다.[15] 그것은 회개의 표시였고, 이를 통해 설교자는 회중의 마음에서 일어나는 일을 알아볼 수 있었다. 그러나 설교에 동의하지 않거나 반발할 때는 심지어 야유를 보내기도 했다.[16] 앞선 장에서 보았듯, 때때로 선생은 교회에 와서 "내 원수를 죽여 주소서"라고 기도하는 사람들을 꾸짖어야 했다.[17] 그것이 북아프리카 신자들의 정서였다. 그들은 만만한 회중이 아니었다.[18]

그들은 아마도 재치 있는 사람들이었으나 깊이가 있지는 않았다. 충동적일 정도로 너그럽고, 예기치 않게 명민하기도 했지만, 그럼에도 불구하고 그들은 성질이 죽 끓듯 하고 불안정한 사람들이었다. 게다가 그들은 철저하게 미신적이었다.[19]

주교로서 아우구스티누스 선생은 누구보다도 말의 영향력을 잘 알고 있었다. 그는 손님들을 잘 맞았고 식탁에서 독서하거나 토론하는 것을 좋아했지만, 식탁에 이런 경고문을 새겨 넣었다.

자리에 함께 있지 않은 사람을 즐겨 헐뜯는 사람은 이 식사를 함께할 자

---

14 『서간』, 213은 아우구스티누스 선생의 후임자를 세우는 전 과정을 교회의 속기사가 기록한 공식 문서다. Harmless, *Augustine in His Own Words*, p. 117.
15 『설교』, 67.1.
16 『설교』, 96.4.
17 『설교』, 211.7.
18 Van der Meer, *Augustine the Bishop*, p. 130.
19 Van der Meer, *Augustine the Bishop*, p. 140.

> • **바실리카 파키스**: 아우구스티누스 선생이 섬긴 히포의 교회는 "평화의 교회"로 불
> 렸다. 12쪽의 **그림**을 보라.

격이 없음을 알아들을 것이다.[20]

한번은 선생이 그 식탁에 앉아 담소를 나누고 있는데, 선생의 동료 주교
가 누군가에 대해 험담하자 선생은 방에 들어가 버리든지 해야겠다며
질책했다.[21] 그 정도로 선생은 교제와 말을 중요하게 생각했다.

어쩌다가 히포의 야외극장에서 무슨 공연이나 행사가 있는 날이면
교회 출석자 수가 줄어들기 일쑤였다(아우구스티누스 선생이 설교하는데도
말이다!).[22] 교회에 오는 사람들 중에는 불신자도 많이 있었고, 예배 중인
데도 뒤쪽에 사람들이 서서 잡담하곤 했다.[23] 히포의 교회 • '바실리카 파
키스'(*Basilica Pacis*)는 앞뒤로 길이가 50미터 정도 되는 건물이었는데, 성량
이 그리 좋지 않던 아우구스티누스 선생은 그들이 내는 소음 때문에 괴
로워했다.[24]

이런 교인들을 한평생 돌본다는 것은 결코 쉬운 일이 아니었다. 어린
아이부터 노년에 이르는 다양한 연령대의 회중, 문맹자와 많은 교육을
받은 사람들이 섞여서 어떤 이들은 열심히 예배드리고 또 어떤 이들은
문가에서 잡담하는 풍경을 그려본다면, 선생이 매일 매일 감당해야 할

---

20 『아우구스티누스의 생애』, 22.6.
21 『아우구스티누스의 생애』, 22.6-7. 포시디우스도 그 자리에 있었다.
22 어느 해에는 히포의 교회 수호성인 축일에 도시의 행사 때문에 교우들이 많이 빠진
　　 것을 두고 주교는 탄식을 하기도 했다. 『설교』, 303.1.
23 Van der Meer, *Augustine the Bishop*, p. 172.
24 설교 중에 아우구스티누스 선생은 자신을 긍휼히 여겨 소리를 내지 말아 달라고 부
　　 탁하기도 했다. 『설교』, 37.1.

8. 거룩한 짐

도전이 만만치 않았음을 쉽게 짐작할 수 있다. 이들을 하나님의 양무리로 가슴에 품고 그리스도께 인도하는 것이 그의 직무였다(벧전 5:2). 이제 그의 목회의 세 측면―설교, 가난과 돌봄, 감독과 징계―을 간략하게 살펴봄으로써 그가 목회자로서 어떻게 살았는지를 스케치해 보자(9-11장에서는 선생의 목회를 더 자세히 소개할 것이다).

설교

사제(*presbyter*)로서의 직무 때문에 아우구스티누스 선생은 조용한 관조의 시간을 가질 수 없었다.[25] 발레리우스는 관습을 깨고 사제에 불과했던 아우구스티누스 선생을 강단에 세웠다. 설교할 수 있는 자격은 오직 주교에게만 있었기 때문에 당시로서는 파격이었다. 더 나아가, 얼마 후 그는 선생을 공동 주교로 세웠다. 선임 주교가 죽지 않은 상황에서 이와 같은 행보는 적지 않은 반발을 일으켰다.[26]

설교의 책무는 아우구스티누스 선생에게 새로운 도전이었다. 학자들은 지금까지 남아 있는 아우구스티누스 선생의 설교들이 그가 평생에 걸쳐 설교한 양의 7-14퍼센트 정도라고 추산한다. 남아 있는 설교가 약 900편이니, 평생에 걸쳐 총 만 번 넘게 설교했을 것이다.[27] 하나님의 말씀을 전하는 것은 만만치 않은 일이었다. 히포의 교우들, 그것도 대다수가

---

25 타가스테의 수도 생활은 키케로 같은 철학자들이 추구하던 "관조의 시간"(*otium*)의 기독교적 실현이기도 했다.

26 발레리우스에 대한 연구를 다음에서 보라. Michael Cameron, "Valerius of Hippo: A Profile", *Augustinian Studies* 40.1 (2009): pp. 5-26; Brown, *Augustine of Hippo*, pp. 132-134.

27 Hubertus R. Drobner, "Chronology of Augustine's Sermon II", *Augustinian Studies* 34 (2003), p. 55.

문맹인 회중이 이해할 수 있도록 성경의 진리를 풀어서 하나님의 양떼를 먹이는 것은 쉬운 일이 아니었다. 그뿐 아니라 그는 성경을 곡해하는 이단들의 해석을 반박하고 바로잡아야 했으며, 성경의 진리에 대한 여러 질문에 답해야 했다. 말씀의 종으로서의 책임을 이행하기 위해 그는 성경 전체에 대한 깊은 지식과 이해를 지녀야 했다. 선생은 자신을 "천국의 제자 된 서기관"으로 생각했다.[28]

> 예수께서 이르시되 그러므로 천국의 제자 된 서기관마다 마치 새것과 옛것을 그 곳간에서 내오는 집주인과 같으니라. (마 13:52)

새것과 옛것은 신약성경과 구약성경을 의미한다. 선생은 마니교 주교인 파우스투스를 반박하면서 이 점을 부각시켰다. 파우스투스는 새것이 왔으므로 옛것은 파기해야 한다고 주장하면서 마니교의 구약성경 혐오를 정당화하려 했다. 이에 대해 아우구스티누스 선생은 구약과 신약 가운데 어느 것도 버릴 수 없다고 하면서, 마니교는 구약성경을 버렸기에 참된 "천국의 제자 된 서기관"이라고 할 수 없다고 반박했다.[29] 그리스도의 참된 종은 구약성경과 신약성경 모두에 능통해야 하는 것이다.

아우구스티누스 선생은 사제가 된 직후에 마니교 주교 포르투나투스와 이틀에 걸쳐 공개 논쟁을 했고, 그 이듬해에 창세기 주석을 쓰다가 중단한다. 그는 사제가 되자마자 마니교에 대항해서 구약성경에 대한 해석학적 논쟁을 벌인 것이다. 발레리우스에게 성경 연구를 위한 안식년을

---

28 『창세기 문자적 주석』, 1.1.1; 『파우스투스 반박』, 4.2, 8.2; 『설교』, 74.1-5; 『신국론』, 20.4.
29 『파우스투스 반박』, 15.2.

요청하기 전에, 이미 그는 구약의 첫 번째 책인 창세기에 대한 해석학적 작업을 진행했다.[30] 구약성경을 어떻게 읽어야 할지에 관해 그는 고린도 전서 3:14에 근거해서 이렇게 설교했다.

구약성경에서 나온 모든 것은 신약성경에 의해 밝혀지고 조명됩니다. 이 것이 바로 여러분이 예수께 나아가야 하는 이유입니다. 그에게서만 [구 약성경을 덮고 있는] 수건이 벗겨질 것이기 때문입니다.[31]

선생은 구약을 바르게 해석하기 위해서는 그리스도에서 시작해서 거 꾸로 구약으로 가야 한다고 생각했다.[32] 구약이 비유적으로 그리스도를 드러내고 있기 때문이다. 따라서 그리스도와 복음에 대한 이해 없이는 구약성경을 바르게 해석할 수 없다. 『재론고』에서 선생은 마니교에 반대 하면서, 창세기의 문자적이고 역사적인 의미를 밝히기 위해 『창세기 문 자적 해설 미완성 작품』을 썼다고 밝힌다.[33] 앞서 선생은 하나님의 말씀 을 영의 양식으로 보았지만, 또한 그것은 영혼의 치료제이기도 했다. 천 국의 제자 된 서기관으로서 구약과 신약의 모든 치료제를 끌어내기 위 해 결정적으로 중요한 것은 하나님의 은혜의 복음을 이해하는 일이었

---

30 그러나 아우구스티누스 선생은 더 이상 나아갈 수 없었다. 자신이 그러한 해석 작업 을 하기에는 아직 준비되지 않았음을 깨달았다(『재론고』, 1.18). 어쩌면 복음에 대한 더 깊은 이해가 필요하다고 생각했는지도 모른다. 아우구스티누스 선생의 안식년 요 청으로 인해 미완으로 끝난 창세기 주석이 『창세기 문자적 해설 미완성 작품』이다. 나중에 그는 세 번째 창세기 주석을 쓰는데, 그것이 바로 그가 처음에 의도했던 창 세기에 대한 문자적 주석인 『창세기 문자적 해석』이다.

31 『설교』, 74.5.

32 채드윅, 『아우구스티누스』, p. 68.

33 『재론고』, 1.18. 여기서 "문자적" 의미는 역사적 실재, 즉 본문이 지시하고 있는 영적 실재인 그리스도와 그분의 구원에 관한 것이다. 이것은 우리에게는 오히려 유비적 의 미로 이해된다.

다.[34] 달리 말해, 설교자가 회중에게 공급할 양식과 치료제는 그리스도와 그분의 은혜였다. 이것이 없이 설교는 아무런 영양가도 약효도 없었다.[35]

가난과 돌봄

아우구스티누스 선생은 주교였지만 수도 공동체의 형제들과 따로 살지 않았다. 그는 형제들과 같은 의복을 입고 같은 음식을 먹었다. 지위가 높다고 해서 특별한 대우를 받으려 하지 않았고, 오히려 형제들과 동등한 것을 당연하게 생각했다.

425년경 히포 수도원의 형제 야누아리우스가 세상을 떠나면서 유서를 남겼는데, 그 내용은 그간 몰래 숨겨둔 재산을 교회에 헌납하라는 것이었다. 아우구스티누스 선생은 이 일로 인해 큰 충격을 받았다. 수도 공동체에 들어올 때 사유 재산을 포기할 것을 서약했음에도 오랫동안 형제들을 속인 것이었기 때문이다. 선생은 수도 공동체의 명예를 실추시킬 이 불미스러운 일을 공개적으로 다루기로 작정했다.[36] 설교를 통해 그는 정한 시한까지 숨겨둔 재산을 다 처분하든지 수도원을 떠날 것을 수도원의 모든 형제에게 명했고, 성직자에게 이 세상의 기준보다 훨씬 높은 기준이 적용된다는 것을 상기시켰다.[37] 그의 수도원은 사도행전의 이상을 따르려 했지만, 그 길에는 불신앙과 탐욕으로 인해 넘어지고 타락하는 형제들이 있었다. 어쩌면 유혹이 강했기에 더더욱 공동체가 함께 가난

---

34 Johannes van Oort, "Augustine, His Sermons, and Their Significance", *HTS Theological Studies* 65.1 (2009); *https://www.scielo.org.za/pdf/hts/v65n1/50.pdf*, p. 10.

35 아우구스티누스 선생의 그리스도 중심적 설교에 대해서는 6장을 보라.

36 이 사건으로 인해 그가 전한 두 편의 설교를 『설교』, 355, 356에서 보라.

37 게에를링스, 『교부 어거스틴』, p. 94.

을 추구한 것인지도 모른다.

수도원적 이상과 달리, 많은 교우에게 가난은 날마다 마주하는 슬픈 현실이었다. 사람이 모이는 곳 근처에 구걸하는 사람들이 있는 것은 히포의 교회에서도 예외가 아니었다. 주교는 거지들 앞을 무심히 지나치는 부자 교인들에 대해 작심하고 경고하기도 했다. 교회가 이렇게 인색하고 마음이 딱딱하다면 그리스도의 사랑을 말할 자격이 있는가? 어느 해에 가뭄이 심하게 들자, 그는 은으로 된 성찬 용기들을 녹여서 판 돈으로 가난한 사람들을 도왔다.[38] 아무리 거룩한 성물이라도 사람의 목숨과 안녕보다 앞설 수는 없었다. 그가 목회의 모델로 여겼던 암브로시우스도 가난한 사람들을 위해 교회의 그릇과 기물을 내다 팔았다. 그리스도의 교회는 처음부터 가난한 사람들을 기억했다(갈 2:10).

아우구스티누스 선생은 스스로 가난한 형제들처럼 됨으로써 그리스도의 자취를 쫓았다. 주교를 사랑하고 존경하던 사람들은 여러 가지 선물을 그에게 보냈는데, 그중에는 지체 높은 이들과 부유한 이들이 보낸 값비싼 선물들도 있었다. 선생은 그런 특별 대우의 위험을 경계했다. 영적 지도자들을 향한 사람들의 주목과 존경이 가져오는 유혹을 그는 잘 알았다. 사람들은 선한 동기에서 지도자들에게 좋은 것을 주지만, 정작 그것을 받는 이는 그로 인해 타락할 수 있기 때문이다. 선생은 공개적으로 자신이 택한 가난의 길, 탐심에 대해 죽는 길을 분명하게 말했다.

나는 여러분이 나 혼자 쓸 선물들을 가져오는 것을 원하지 않습니다.… 예를 들면, 어떤 사람이 나에게 값비싼 예복을 선물할 수도 있습니다. 그

---

38 『아우구스티누스의 생애』, 24.15.

옷은 주교에게 적합할지 모르나 아우구스티누스에게는 적합하지 않습니다. 왜냐하면 나는 가난한 서민의 아들이기 때문입니다. 사람들은 곧 내가 내 아버지의 집에 있었거나 세속적인 직업을 가졌더라면 지닐 수 없었을 값비싼 옷을 입고 다닌다고 말할 것입니다. 아닙니다. 그것은 나에게 어울리지 않습니다. 내 형제가 옷이 없다면 내가 그에게 줄 수 있을 만한 그런 옷을 입어야 한다고 생각합니다. 사제가 입을 수 있는 종류의 옷, 부제나 차부제에게 적합한 옷이라면 나는 기꺼이 입겠습니다. 그런 옷들은 내가 공동체에 허락한 옷이기 때문입니다. 만일 누가 나에게 질 좋은 옷을 준다면, 나는 그것을 팔겠습니다. 이것은 나의 습관인데, 왜냐하면 그런 의복은 공동으로 소유할 수 없지만, 그것을 판 수익금은 공동으로 나누어 가질 수 있기 때문입니다.···값비싼 옷은 나를 오히려 부끄럽게 만듭니다. 그것은 나의 신분에 어울리지 않으며, 우리가 들은 가르침과도 일치하지 않습니다. 그것은 내 체구에 어울리지 않으며, 나의 백발과도 어울리지 않습니다.[39]

이것이 아우구스티누스 선생이 목회자로 산 방식이었다. 그는 자기 말처럼 스스로 가난을 택했다. 필요 이상의 곤궁함을 택한 것이 아니라, 가난한 형제자매와 나누며 살기 위해 그들처럼 된 것이다. 그것이 바로 사도들의 가르침이며 그의 주님이 성육신으로 보이신 길이었다. 영적 지도자로서 선생은 이러한 삶의 길과 정신으로 히포의 교우들을 인도했다.

39   『설교』, 356.13; 줌켈러, 『아우구스티누스 규칙서』, pp. 48-49에서 재인용.

감독과 징계

히포의 수도 공동체는 성직자를 키워내는 교육 기관으로 기능했다.[40] 선생은 사제들과 주교들이 공동생활을 통해 모든 면에서 복음적인 삶의 길을 따라 사는 훈련을 받기를 원했다. 그러기 위해서 이전 생활과 과격하게 단절된 삶을 살아야 했는데, 바로 가난과 금욕의 삶이었다. 소유욕과 정욕은 가장 뿌리 깊은 죄성으로 평생 싸워야 할 대상이었고, 이는 수도원 안에서도 예외가 아니었다. 영적 지도자로서 선생은 교회 안팎의 문제들과 수없이 씨름해야 했고, 때로는 제 살을 잘라 내는 고통을 겪어야 했다. 그것을 채드윅은 훌륭하게 요약한다.

> 설교와 편지를 통해 아우구스티누스는 게으르고 연약한 사제들에게 경고의 메시지를 보냈다. 교회 금고에서 돈을 빼돌린 자, 손님을 접대한다는 명목으로 술에 빠진 자, 영적인 침체 상태에 빠진 여인을 위로한다는 명목으로 경솔하게 끌어안았다가 관계가 더욱 복잡해진 자 등 잡다한 사정에 있는 사제들을 향해 경고를 보냈다. 이들을 행정적으로 훈계할 수밖에 없던 아우구스티누스로서는 커다란 고통과 긴장을 맛봐야만 했다.[41]

그가 기울인 각고의 노력에도, 그의 수도원에서 훈련받은 형제들이 늘 좋은 목회자가 되는 것은 아니었다. 그중에서도 선생을 매우 슬프게 한 사람은 푸살라의 주교가 된 안토니우스였다. 어린 안토니우스의 어머니는 이혼 후 새로운 남편과 어렵게 살고 있었다. 이들은 히포에 와서 교

---

40 10장을 보라.
41 채드윅, 『아우구스티누스』, p. 106.

회의 도움을 받았고, 주교는 이들에게 금욕 생활을 권했다. 놀랍게도 둘 다 그의 말에 순종했고, 자연스럽게 어린 안토니우스는 수도원에서 성장하며 훈련을 받았다. 이후 그는 선생의 추천으로 푸살라의 주교가 되어 떠났다.

그런데 거기서 안토니우스는 주교의 권위를 이용하여 교우들을 경제적으로 착취하고, 땅과 건물을 빼앗고 위협하는 등 엄청난 부정과 비리를 저지른다. 아우구스티누스 선생과 다른 주교들이 그를 면직시키고 수찬 정지를 선고하고 강력하게 제재를 가하자, 안토니우스는 자신의 주교직을 돌려 달라고 로마의 주교에게 상고하면서 사건을 교묘하게 왜곡한다. 이로 인해 선생과 인근의 여러 주교들, 푸살라의 교인들은 분노와 좌절을 겪는다.[42] 이 일은 423년경, 즉 아우구스티누스 선생이 거의 70세에 이른 시점에 일어났다. 푸살라의 교우들이 안토니우스를 훈련하고 파송한 선생에게 단단히 화가 나 있었기 때문에, 선생은 그곳을 방문하여 교우들을 위로하고 중재를 이끌어 낼 수 없었다. 깊이 상심한 그는 주교직을 사임할 생각까지 했다.[43]

아우구스티누스 선생이 목회하는 동안 이런 여러 가지 문제와 도전들이 늘 그를 괴롭혔다. 지금 그는 교회의 위대한 스승이며 서양 지성사와 교회사에서 꺼지지 않는 등불로 추앙되지만, 당시에 그가 매일 겪은 목회의 일상은 수많은 좌절과 어려움으로 점철되었다. 그는 많은 사람을 주께 인도했지만, 또한 많은 사람이 그의 기대와 가르침을 저버리고 세상의 길로 갔다. 그가 노년에 이르기까지 감당해야 했던 성직의 짐은 전

---

42 『서신』, 20은 이러한 일련의 과정과 아우구스티누스 선생의 슬픔을 생생하게 담아내고 있다.

43 『서신』, 209, 교황 셀레스티누스에게 보내는 편지다.

혀 가볍지 않았다. 그러나 그는 그 짐을 매일 신실하게 지고 걸었다. 진리의 말씀으로 교우들을 세우고, 참된 생명이신 그리스도께 나오도록 인도했으며, 스스로 가난해짐으로써 그리스도가 사신 길을 자신의 삶을 통해 보여 주었다. 그리고 그는 형제들이 죄에 빠지지 않도록 경책하고 조언하면서 하나님 나라의 일꾼으로 바르게 세우는 데 온 힘을 다했다. 그렇게 히포의 주교는 끝까지 자신을 쏟아부었다.

토의를 위한 질문들 _____

1. 선생은 한 형제를 자신의 수도 공동체에 초대하려고 히포에 왔다. 그곳에서 선생은 뜻밖에 사제로 안수를 받게 되었는데, 감정을 억누르지 못하고 눈물을 흘렸다. 당신은 예기치 않은, 그리고 감당할 수 없을 것 같았던 하나님의 부르심을 경험한 적이 있는가? 성경에 등장하는 인물들 가운데 준비되지 않은 상태에서 부름을 받은 경우들이 있는데, 예를 들어 모세, 예레미야, 바울이 그렇다. 하나님의 타이밍과 사람을 준비시키시는 것에 대해 생각해 보자. 하나님은 왜 예기치 않은 때에 부르시는가?

2. 선생은 자발적으로 가난을 선택했다. 그는 "어떤 사람이 나에게 값비싼 예복을…옷을 준다면, 나는 그것을 팔겠습니다.…값비싼 옷은 나를 오히려 부끄럽게 만듭니다. 그것은 나의 신분에 어울리지 않으며, 우리가 들은 가르침과도 일치하지 않습니다"라고 고백했다. 프란체스코를 비롯해 교회사의 수많은 믿음의 사람들이 그리스도를 닮는 길에서 자발적인 가난을 택했다. 가난과 그리스도를 따르는 것이 어떻게 연관되는가? 그리스도인에게 "청빈"이란 무엇인가? 복음서가 보여 주는 그리스도의 삶에 비추어 지금 당신을 부끄럽게 하는 것은 무엇인가? 그리스도를 따르기 위해 당신의 삶에서 버리거나 포기해야 할 것이 무엇인지 생각해 보라.

8. 거룩한 짐

9. 천국의 서기관

그러므로 천국의 제자된 서기관마다 마치 새것과 옛것을 그 곳간에서
내오는 집주인과 같으니라. (마 13:52)

성경과 해석자

교회는 그 시초부터 구약성경이 하나님의 계시로서 가진 정경적 지위
를 굳건히 인정했다. 베드로는 오순절 성령 강림 후에 요엘서를 인용하
면서 구약의 약속이 성취됨을 강조했고, 모든 복음서 기자들은 예수 그
리스도가 구약성경에서 약속된 메시아라고 증언했다. 바울도 회심 이
후에 예수를 메시아 라고 논증했는데, 근거는 바로 구약성경이었다(행
17:2-3). •속사도(Apostolic Fathers) 문헌의 유대 그리스도인들은 구약성경
의 가르침을 신실하게 따를 뿐 아니라, 그것이 어떻게 그리스도와 연관되
는지를 훌륭하게 드러내곤 했다. 2세기 교부 사르데스의 멜리톤이 남긴
유월절 설교는 초기 기독교의 가장 오래된 설교 가운데 하나로, 초기 교
회가 구약성경을 해석하는 데 사용한 모형론적 틀을 분명하게 보여 준다.

- **속사도** 혹은 속사도 교부는 사도 시대 이후, 즉 1-2세기에 활동한 저술가들로서 사도들과 직접적인 관계가 있거나 그들로부터 깊은 영향을 받았다고 여겨진다. 디다케, 스미르나의 폴리카르포스, 로마의 클레멘스, 안티오키아의 이그나티우스 등이 있다.

모형은 완성된 것이 아닙니다. 장차 올 것이 모형을 통해 보이도록 존재할 뿐입니다. 예비적 밑그림은 장차 올 것에 대한 것으로, 밀납이나 찰흙, 혹은 나무로 [그 모형을] 만듭니다. 장차 올 것, 즉 모형에 비해 더 크고, 더 강하며, 더 아름답고, 더 정교한 것을 작고 한시적인 모형을 통해 볼 수 있게 하려는 것입니다. 그러나 예표가 지시하는 것이 도래할 때…모형은 더 이상 필요 없어 폐기됩니다. 모형은 그것이 상징하는 원래의 형상 앞에서 사라집니다. 한때 영광스러웠던 것은 더 이상 영광스럽지 않게 됩니다. 참으로 영광스러운 것이 이제 나타났기 때문입니다.[1]

회심 이전에 선생은 모형론적 해석이나 유비적 해석을 들어 보지 못한 것 같다. 그에게 구약성경은 도무지 말이 되지 않는 우화같이 보였다. 그가 합리적이라고 생각한 마니교의 성경 해석에서 벗어나게 된 것은 두 사람, 즉 마니교 주교 파우스투스와 밀라노의 기독교 주교 암브로시우스와의 만남 때문이었다.

마니교에 빠져 있을 때 선생은 여러 가지 철학적 질문들을 갖고 있었다. 마니교 신자들은 파우스투스가 오면 그런 질문들에 명쾌하게 답해

---

1   Melito of Sardis, *On Pascha: With the Fragments of Melito and Other Material Related to the Quartodecimans: Translation*, trans. & ed. Alistair Stewart-Sykes (Yonkers, New York: St Vladimir's Seminary press, 2001), p. 46.

줄 것이라고 했기 때문에, 선생은 이 유명한 마니교 주교를 손꼽아 기다리고 있었다. 그런데 파우스투스와의 만남은 오히려 마니교를 떠나는 계기가 되고 말았다. 파우스투스의 교육 수준이 별 볼 일 없었을 뿐 아니라, 선생의 질문에 제대로 대답하지 못했기 때문이다. 실망한 선생은 결국 마니교와 멀어지게 된다. 그러던 가운데 그는 수사학 교수 자리를 얻어 밀라노로 자리를 옮기는데, 거기서 주교 암브로시우스의 교회에 출석하면서 그의 설교를 듣기 시작한다. 암브로시우스와의 만남과 그의 설교를 선생은 이렇게 회고한다.

> 하나님의 사람인 그는 아버지가 자식을 대하듯 나를 맞아 주었고, 내가 그곳에 온 것을 주교로서 진심으로 환영했습니다. 나는 그를 좋아하게 되었습니다. 물론 처음에는 그가 진리의 스승이라는 점에서 그를 좋아한 것은 아니고—왜냐하면 나는 이미 교회에서 진리를 찾는다는 것을 아주 포기했기 때문입니다—그가 나를 친절하게 대해 주었다는 점에서 그랬습니다. 교인들 앞에서 행한 그의 설교를 나는 주의 깊게 들었습니다. 좋은 동기에서 그런 것이 아니고, 다만 그의 웅변이 평판대로인지, 그리고 그의 말의 흐름이 내가 들었던 대로 유창한지 알아보자는 뜻에서 그랬습니다. 그러므로 나는 그가 말한 내용에 대해서는 무관심하거나 무시해 버리고, 다만 그의 말의 형식에만 주의를 기울였습니다. 그의 설교 형식이 파우스투스의 강연처럼 재미있고 사람을 홀리게 하는 것은 아니었으나, 훨씬 교양이 있고 매력이 있어서 내 마음에 들었습니다. 더욱이 그 내용을 본다면 비교도 되지 않았습니다.…나는 나도 모르게 당신에게 점점 가까이 가고 있었습니다.[2]

---

2   『고백록』, 5.13.23.

교회에서 진리를 찾기를 포기했던 선생이지만, 구약성경에 대한 암브로시우스의 비유적 해석은 그에게 새로운 빛을 던져 주었다. 구약성경의 진리를 볼 수 있는 해석학적 돌파구가 열린 것이다.

> 나는 그때까지 마니교도들의 주장을 반박할 수 없다고 생각했으나, 이제는 기독교 신앙이 합리적 근거에서 옹호될 수 있다고 보게 되었습니다. 특히 구약성경의 한두 구절을 문자적으로 받아들였을 때는 그것이 나를 죽이는 것이 되었지만, 그것을 **은유적으로** 풀어 줄 때 기독교 신앙의 합리적 근거가 더욱 옹호될 수 있다고 나는 생각하게 되었습니다.[3]

처음에는 암브로시우스의 합리적 설명이 선생의 마음을 끌었으나, 결국에는 그가 설교한 기독교의 진리가 그의 마음을 비추기 시작했다. 성직으로 부름을 받은 후 선생은 자신이 암브로시우스의 설교로 인해 진리에 이르게 된 과정을 생각했을 것이다. 하나님의 말씀을 해석하고 전하는 책무가 얼마나 중요하고 무거운 것인지는 그에게 더할 수 없이 명확했다.

3　『고백록』, 5.14.24, 강조 추가. "은유적으로"라고 번역한 단어는 원어로 *spiritaliter*, 즉 "영적으로"라는 뜻이다. 아우구스티누스 선생은 성경의 문자 뒤에 훨씬 깊은 의미가 있다고 생각했다. 그 숨겨진 의미를 발견하기 위한 방법을 은유적 혹은 영적 해석이라고 한다. "먼저 어떤 언사가 본의적인지 표상적인지 발견하는 방법이 확립되어야 한다. 우선 하나님의 말씀 중에서 자구적으로 윤리의 도덕이라든가 신앙의 진리로 수렴되지 않는 것은 표상적 언사임을 알 수 있다는 일반 원리가 있다"(『그리스도교 교양』, 3.10.14).

말씀과 실재

아우구스티누스 선생이 사제가 된 후 직면한 과제는 무엇보다도 회중들에게 하나님의 말씀을 전하는 것이었다. 당연히 선생은 설교를 어떻게 할 것인가에 큰 관심을 가졌고, 주교가 된 후 첫 번째 작품으로 『그리스도교 교양』을 썼다. 이 책은 이후에 설교자들을 위한 안내서로 사용되었다. 선생은 설교를 두 과정으로, 즉 성경 해석과 해석된 진리의 전달로 나누고, 이 해석과 전달에서 가장 중요한 문제는 성경이 지시하는 영적인 "실재/사물"(res, 즉 진리)에 도달하는 것이라고 가르친다(현대의 많은 설교자가 전달 방법과 감동을 이끌어 낼 기술에 관심을 두는 것과 달리!). 본문에서 어떤 교훈과 메시지를 이끌어 낼 것인가는 부차적인 일이다. 성경은 진리를 지시하는 기호(signum)다.[4] 따라서 설교자는 성경 해석을 통해 참된 실재인 삼위일체 하나님께 나아가야 하고, 또한 교우들을 그렇게 인도해야 한다.

> 향유해야 할 사물은 아버지와 아들과 성령, 그리고 동일한 삼위일체이시다.[5]

해석자는 성경을 해석이라는 현미경 아래 고정된 물체처럼 취급해서는 안 된다. 오히려 성경이 지시하는 참된 실재인 하나님께 나아가기를 갈망하면서 자신을 낮춰야 한다. 하나님께 나아가는 길은 어떤 방법을 통해 이를 수 있는 것이 아니다. 하나님은 영이시고 거룩한 분이므로, 해석자는 예배하는 겸손함과 거룩함으로 하나님께 나아가야 한다. 해석은

---

4 아우구스티누스 선생은 하나님이 성경을 통해 말씀하신다는 것을 굳게 믿었다. 『시편 강해』, 85.7. 또한 그는 하나님이 멈추지 않고 우리에게 말씀하신다는 것을 믿었다. 『시편 강해』, 130.14.

5 『그리스도교 교양』, 1.5.5.

9. 천국의 서기관

텍스트를 읽는 어떤 방법론에 관한 것이라기보다는, 하나님을 두려워하는 것에서 시작해서 속사람의 변화와 정화를 통해 참된 지혜에 이르는 영적인 순례이고 정화의 과정이다. 『그리스도교 교양』이 제시하는 지혜에 이르는 7단계는 다음과 같다.[6]

1. 신자는 하나님에 대한 두려움(*timor*)을 통해 그분의 뜻을 인식한다.
2. 그는 경건함(*pietas*)을 따라 겸손하게 되어 말씀에 순종한다.
3. 그는 하나님 사랑과 이웃 사랑의 지식(*scientia*)을 발견하고 하나님의 도우심을 간절히 기도한다.
4. 이제 그는 용기(*fortitudo*)를 얻어 세상을 등지고 하나님을 향한다.
5. 그는 자비의 권유(*concilium*)를 받아들여 탐욕을 버리고 이웃 사랑에 정진한다.
6. 이로써 그의 눈이 정화(*purificatio*)되고 하나님을 본다.
7. 그리하여 마침내 지혜(*sapientia*)에 이른다.

현대의 해석학에서 해석자는 관찰자로서 텍스트에 접근하며, 해석을 위한 일련의 규칙을 연마하는 것으로 해석 준비를 마친다. 이와 대조적으로, 선생은 거룩한 텍스트를 해석하기 위해 먼저 자신을 정화하라고 한다.[7] 부정한 영혼으로는 성경이 지시하고 있는 거룩한 실재에 접근할 수 없기 때문이다.

이 정화의 과정에서 해석학적 역전이 일어난다. 해석자는 오히려 성경에 의해 읽힌다. 달리 말해, 성경은 해석자가 누구이며 어떤 상태에 있

---

6   『그리스도교 교양』, 2.7.9-11.
7   『그리스도교 교양』, 1.10.10; 1.14.13.

는지를 드러내고, 해석자는 텍스트의 권위와 영향 아래 엎드려서 영적인 진리와 실재가 그를 다스리도록 자신을 내어 준다. 이로 인해 해석자의 영혼은 탐욕을 버리고 정화되어 하나님과 이웃을 사랑하는 변혁에 이른다.[8] 앞서 보았듯, 해석의 궁극적 목적은 문자의 의미를 이해하는 것이 아니라 문자가 지시하는 참된 실재를 향유하는(frui) 것이다.[9] 설교자는 성경을 통해 하나님의 진리와 은총을 향유하는 데까지 나아가야 한다. 그것이 해석자에게 참된 행복과 생명을 줄 것이기 때문이다.[10] 그리고 나서야 해석자는 자신이 경험한 실재를 다시금 말로 증언할 수 있다. 실재와의 접촉 없이 성경을 해석하고 전달한다면, 듣는 이에게 아무런 유익이 되지 않는다. 성경의 문자 자체가 영의 양식은 아니기 때문이다.

해석에서 기도로

여기서 성경 해석자는 막다른 골목에 이른다. 성경이 지시하는 실재에 이르는 것은 본질적으로 해석자 자신에게 달려 있지 않다. 실재인 삼위일체 하나님이 자신을 계시해 주시지 않는다면 해석자는 실재에 이르지 못한 채 기호들 사이에서 헤매게 된다. 실재에 이르지 못한 채 다른 말로 설명하는 것은 참된 의미의 해석이 아니다. 성경 해석을 통해 진리인 하나님께 나아가지 못한다면 하나님에 "대해" 말할 뿐 하나님을 만나지도 못하고, 더 나아가 그 실재를 증언하지도 못한다.

이 막다른 골목에서 해석자가 실재에 이르도록 인도하는 유일한 길

---

8   정화의 과정은 믿음을 통해 눈을 뜨고 사랑의 질서를 회복하는 일을 통해 일어난다.
9   『그리스도교 교양』, 1.22.20.
10 『그리스도교 교양』, 1.3.3.

은 기도다. 이것은 뻔한 답 같지만, 주교는 우리가 하나님의 얼굴을 구하면 그분을 찾게 되리라고 굳게 믿었다. 그는 자주 마태복음 7:7을 인용하면서, 하나님은 구하고 찾는 자에게 자신을 드러내실 것이라는 점을 거듭 가르쳤다.

언변의 위력보다는 기도의 경건함으로 자기가 이 일을 해낸다는 것도 의심하지 말아야 한다. 자신을 위해서, 또 들을 상대방을 위해서 기도함으로써 그는 발언자이기에 앞서 탄원자가 되는 것이다. 설교해야 할 시간이 임박하여 혀를 사용하기에 앞서 자신의 목마른 영혼을 하나님께 들어 올릴 것이니, 그렇게 함으로써 스스로 마신 바를 내놓을 수 있고 가득 채운 바를 퍼 줄 수 있는 것이다."

성경을 해석하는 사람은 기도의 사람이어야 한다. 해석은 기술이나 훈련에 달려 있지 않고, 하나님의 은총을 간절히 구하는 겸손에 달려 있다. 설교자는 기도의 길 위에서 해석한다. 그렇다면 이제 해석자는 어떻게 실재에 이르는가? 언어를 통해 실재로 나아가는 길은 2차원과 3차원을 연결하는 다리와 같다. 완전히 다른 차원을 연결하는 다리는 해석자에게 없다. 상징의 차원에서 실재의 차원으로 넘어가는 것은 성육신하신 그리스도를 통해서만 가능하다. 그리스도는 하나님이시면서도 사람이 되심으로써 하나님을 드러내는 표지(sign)가 되셨다. 윌리엄스는 이것을 예리하게 분석한다.

---

11   『그리스도교 교양』, 4.15.32.

"세계 안에서" 하나님을 완전히 투명하게 가리키는 하나의 "표시"…그것은 바로 성육신한 말씀입니다.…예수님의 삶, 죽음, 부활은 세계 역사 속에 있는 사물이지만, 또한 독특한 의미에서 표지이기도 합니다. 예수님의 삶, 죽음, 부활은 하나님의 발언이며, 그래서 우리의 발언처럼 예수님의 삶, 죽음, 부활은 그것들이 가르치는 바, 그것들이 가리키는 바에 의해 정의됩니다. 땅에 있지만 순전히 땅에만 있는 대상으로 생각하고 그런 대상으로 향유된다고 오해할 수 없는 사물이 있습니다. 이 사물[그리스도의 삶, 죽음, 부활]은 '사용'의 대상으로 완전하고 권위 있게 드러나기 때문에, 우리가 역사 안에서 이것을 붙들고 있는 한 궁극적인 [하나님을 즐거워하는] 향유로 우리를 이끌어 갈 수 있고, 이끌어 갑니다.[12]

표지가 가리키는 하나님의 실재로 가는 유일한 길은 바로 우리에게 오신 영원한 말씀이요 사람이 되신 그리스도다. 그리스도의 삶, 죽음, 부활은 하나님이 누구이신지를 온전하게 드러낸다. 모든 성경이 지시하는 그리스도를 해석의 중심에 둘 때, 그리고 해석자가 그분을 붙들고 구할 때, 하나님께 나아가는 길이 열린다.[13] 그래서 아우구스티누스 선생은 기도한다.

오 주님, 나로 하여금 넓은 사랑 안에서 당신의 진리를 먹고 사는 자들과 함께 당신 안에서 연합하여 하나가 되게 하시고, 그들과 함께 당신 안에서 즐기게 하소서. 나로 하여금 그들과 함께 당신의 책의 말씀에 접

---

12 로완 윌리엄스, 『다시 읽는 아우구스티누스: 유한자의 조건과 무한자의 부르심』, 이민희, 김지호 역(고양: 도서출판 100, 2021), pp. 96-97.

13 우리 안에 계시며 진리를 드러내시는 내적 교사로서의 그리스도에 대해서는 6장을 보라.

근하게 하소서. 그리고 우리로 하여금 이 말씀 안에서 당신의 종이 말하고자 하는 뜻을 찾고 그 뜻을 통하여 당신의 뜻을 찾게 하소서.[14]

물론 해석학적 곤경을 기도를 통한 "직통 계시"로 빠져나가려고 하는 것은 아니다. 선생은 해석자가 자기 능력으로 성경을 바르게 해석할 수 없다고 하면서도, 성경이 지시하는 진리가 "가르쳐질 수 있다"고 확신했다. 사막 교부들처럼 글을 배운 적이 없으나 진리에 이른 사람들도 있다. 그러나 그것이 그리스도께 이르는 인간적인 노력을 모두 배제하는 것은 아니다. 진리는 가르쳐질 수 있으며, 진리를 선포할 "천국의 제자된 서기관"은 반드시 필요하다.[15]

해석, 전달, 사랑

지금까지 우리는 성경 해석의 목적이 하나님을 향유하는 데 있음을 말했다. 성경 해석자는 하나님을 사랑함으로써 하나님께 이르러 하나님을 향유한다.[16] 하나님을 향유하는 것은 사람에게 가장 큰 행복을 준다.

---

14 『고백록』, 12.23.32.

15 『그리스도교 교양』, 서문, 4-6. 이 책의 8장을 보라.

16 바울의 삼층천 체험처럼(고후 12장), 하나님과의 신비적 연합은 교회사에서 지속적으로 추구되어 온 지복으로, 아우구스티누스 선생도 사람의 궁극적인 행복은 하나님을 보는 것에 있다고 믿었다. 『그리스도교 교양』, 1.38.42. "믿음 대신에 우리가 보게 될 형상이 오면, 희망 대신에 우리가 도달할 행복 자체가 온다. 그러나 이 둘이 사라질지라도 사랑만은 더욱 증대될 것이다. 아직 보지 못하는 것을 믿어 사랑한다면, 보기 시작할 때는 얼마나 더 사랑하게 되겠는가?…영원한 것은 동경할 때보다 소유할 때 더 뜨겁게 사랑하는 법이다." 하나님을 보는 것(visio Dei)에 대한 갈망은 성경적 뿌리에서 시작되어 기독교 신비주의와 종말론에서 각기 다른 방식으로 추구되어 온 중요한 목표다. 기독교 신비주의를 성급하게 체험 추구의 욕망으로 폄하하지 말자. 신비주의 전통에서는 하나님을 온 마음으로 사랑하여 추구하는 것과 종교적 경험에 대한 욕망을 주의 깊게 분별하려는 건전한 자기 검열이 발전해 왔다.

최대의 상급은 우리가 그분을 향유하는 것이며, 그분을 누리는 모든 사람이 그분 안에서 서로를 향유하게 될 것이다.[17]

또한 성경 해석을 통해 하나님을 알고 사랑할 때, 우리는 비로소 이웃을 바르게 사랑하고 향유할 수 있다. 하나님 사랑과 이웃 사랑은 이렇게 긴밀하게 연결된다.

누가 자기는 성경이나 그 일부를 이해하였다고 생각하면서 자기 지성으로 하나님 사랑과 이웃 사랑의 이중 사랑을 세우지 못한다면 아직 알지 못하고 있는 것이다.[18]

앞서 우리는 성경 해석의 과정이 해석자 자신의 정화와 변혁을 요구한다는 것을 살펴보았다. 해석자는 해석의 과정에서 육적인 것을 추구하는 사랑에서 벗어나 영적인 것을 추구하는 사랑을 갖게 되며, 그 정화의 과정을 통해 사랑의 본체인 하나님께 나아간다. 하나님과 하나님의 은총에 이르면, 그는 하나님을 향유함으로써 행복하게 될 것이다. 하나님을 사랑하며 행복하고, 또한 하나님 안에서 이웃을 사랑하며 행복에 이를 것이다. 해석의 최종적인 목표는 다름 아닌 사랑이다.

사랑은 해석을 평가하는 시금석이다. 나의 해석이 바른지는 그 해석

---

17 『그리스도교 교양』, 1.32.35. 다른 사람을 사랑하는 일에서는 "하나님 안에서"가 중요하다. 물론 사람을 사용해서는 안 되지만, 그렇다고 사람이 그 자체로 하나님과 무관하게 향유할 대상이 될 수는 없다. "내 주체성과 다른 이의 주체성이 늘 존재하도록 생기를 불어넣는 현존으로 관여하시는 하나님이 없으면, 내가 나 자신을 사랑하는 것이 불가능한 것처럼, 다른 사람을 사랑하는 것도 불가능합니다." 윌리엄스, 『다시 읽는 아우구스티누스』, p. 366.
18 『그리스도교 교양』, 1.36.40.

• **칼 바르트**(1886-1968)는 스위스 출신의 목사이자 개혁주의 전통의 신학자로서 신정통주의 신학을 시작했다. 제1차 세계대전 때 자신의 스승들이 독일 국가주의 (나치)를 지지하는 것을 보고 자유주의 신학과 결별했다. 나치에 동조하는 교회를 비판하고 복음적 진리를 바로 세우기 위해 1934년에 「바르멘 신학 선언」을 주도했다. 『교회 교의학』을 비롯한 수많은 저서를 남겼고, 20세기의 교부로 불린다.

이 내 마음과 생각을 움직여서 하나님과 이웃을 더욱 사랑하게 하는지를 통해 가늠해 볼 수 있다. "경계의 목적은 청결한마음과 선한 양심과 거짓이 없는 믿음에서 나는 사랑"이다(딤전 1:5). 따라서 성경 해석이 하나님 사랑과 이웃 사랑으로 인도하지 않는다면, 그 해석은 잘못된 것이다.

따라서 누구든지 계명의 목표는 깨끗한마음과 바른 양심과 진실한 믿음에서 나오는 사랑임을 인식한다면, 또 자기의 성경 이해를 오로지 이 점에 귀결시킨다면, 그는 성경 해석에 안전하게 접근하기에 이를 것이다.[19]

이런 이유로 선생은 성경 해석의 다양성을 인정했다. 성경이 사람의 지혜로 다 헤아릴 수 없는 풍성한 진리를 담고 있기에, 누구의 해석만 맞다고 할 수는 없다. 어떤 해석이든, 그것이 하나님 사랑과 이웃 사랑을 독려한다면 그 해석은 받아들일 만하다.[20]

아우구스티누스 선생의 가르침은 오늘날의 설교자와 회중 가운데 만연한 실용주의 혹은 소비주의를 반성할 것을 촉구한다. 하나님의 말씀

---

19 『그리스도교 교양』, 1.40.44.
20 "사실상 성경은 사랑 외에 아무것도 명하지 않고 욕정 외에 아무것도 단죄하지 않으며 그런 방식으로 인간들의 윤리를 다듬어 간다." 『그리스도교 교양』, 3.10.15.

을 들을 때 그것이 우리 삶에 어떤 "실질적" 도움이 되는가를 찾는다면, 하나님의 말씀의 실재는 사실상 뒷전이 될 것이며 그 실재를 경험하기란 불가능해질 것이다. 해석의 과정 자체가 해석자의 정화와 겸손, 돌이킴을 일으키지 않는다면, 우리는 결국 성경에서 우리가 원하는 것만 찾게 될 것이며, *칼 바르트가 말한 『성서 안의 새로운 세계』는 영영 열리지 않을 것이다.[21] 돌이킴의 출발점은 설교자 자신이어야 한다. 그가 실재를 갈구해야 하며, 실재에 이르러 그것을 향유한 후에 비로소 회중들을 사랑인 하나님께 인도하고 이웃 사랑의 길에 세울 것이다.

그렇다면 설교자가 발견하고 즐거워한 실재를 어떻게 전해야 할까?[22] 고전 수사학을 기반으로 선생은 세 가지를 말하는데, 즉 가르치고, 매료시키고, 설득하는 것이다.[23] 설교자의 가장 큰 책무는 진리가 명확하게 드러나서 회중이 그것을 이해할 수 있도록 가르치고 설명하는 것이다. 그런 다음에 회중의 마음이 진리에 이끌리도록 매력적으로 말해야 한다. 수사적 장치들이 필요하다는 말이다.

물론 선생은 이것이 모든 설교자에게 가능하지 않음을 잘 알고 있다. 어떤 사람에게는 그런 훈련 자체가 결여되어 있고, 또 어떤 사람에게는 태생적으로 그런 은사가 없다. 그래서, 매료하기 어렵다면, 이해시키는 것이 먼저라고 선생은 가르친다. 이해가 설교의 가장 본질적인 기능이기에, 매력적으로 전달할 수 없어도 성실하게 가르치면 된다. 화려한 언변이 있어도 그 전달하는 내용이 명확하게 이해되지 않는다면, 그것은 감정만 자극할 뿐 유익이 되지 않는다. 귀에 즐겁게 또는 세련되게 들리지

21 칼 바르트, 『성서 안의 새로운 세계』, 전경연 역(서울: 대한기독교서회, 1964).
22 『그리스도교 교양』, 4권을 보라.
23 『그리스도교 교양』, 4.12.27.

않아도, 담백하게 진리를 이해시킨다면 그것으로 설교자의 가장 중요한 책무는 완수된다.

전달의 세 번째 요소는 설득이다. 모든 설교의 궁극적 목표는 그리스도가 주님이심을 믿고 온 마음을 다해 그분을 사랑하게 하는 것이며, 동시에 이웃을 내 몸처럼 사랑하도록 설득하는 것이다(무슨 감동을 주는 데 목적이 있는 것이 아니다). 설득은 회중의 마음에 하나님의 실재에 대한 갈망을 일으키는 매우 중요한 과정이다. 선생은 그것의 중요성을 이렇게 말한다.

가르치는 바가 단순히 믿고 아는 것으로 족할 경우에는 그것이 진리라는 것을 고백하는 것 외에는 다른 동의가 요구되지 않는다. 그 대신에 실행해야 할 것을 가르치고 따라서 실행하도록 가르치는 경우에는, 말하는 바를 실행에 옮기지 않는 한 말하는 바가 진리임을 설득하는 것도 헛일이요 말하는 수법이 상대방의 마음에 들게 하는 것도 헛일이다. 그러므로 교회의 연사는 실행에 옮겨야 할 바를 설득할 때는 감화를 주어 가르치고 관심을 끌어 상대를 매료시키는 것만으로는 안 된다. [회중을] 설득하여 정복해야만 한다.[24]

전달의 세 가지 요소도 사랑에 의해 인도된다. 히포의 주교는 설교자로서의 과업이 막중했지만, 그 짐에 눌려 살지는 않았다. 목회자로서 그는 자신의 양무리를 사랑했기에 40년 동안 자신이 맛본 하나님의 실재를 소개했다. 그는 설교자를 여행 안내자에 비유하곤 했다. 안내자가 자신이 인솔하는 여행자들을 사랑해서 그들과 마음이 연결되면, 자신이

24　『그리스도교 교양』, 4.13.29.

즐기고 있는 도시의 구석구석을 보여 주면서 스스로도 그것을 즐기게 될 것이다.[25] 마찬가지로 설교자의 책무는 무겁지만, 교우들에 대한 사랑이 있다면 그것을 즐겁게 감당할 수 있을 것이다. 천국의 제자된 서기관으로서 선생은 영혼의 질병을 치유할 약을 구약과 신약의 말씀들로부터 처방하기도 했고, 주린 자에게 힘을 줄 영의 양식을 주기도 했다. 그는 히포의 교우들을 사랑했기에 천국의 서기관 일을 즐거워했다. 교우들이 그를 사랑하였음은 두말할 나위도 없다. 바른 해석은 사랑의 열매를 맺기 마련이다.

---

25 『입문자 교리교육』, 12.17.

토의를 위한 질문들 _____

1. 저자에 따르면, 성경을 해석하는 독자가 오히려 성경에 의해 자신이 먼저 읽히는 해석학적 역전이 일어난다. 이러한 주장의 근거는 무엇인가? 또한 이에 대한 당신의 의견은 무엇인가? 선생은 목회 초기에 쓴 『그리스도교 교양』에서 참된 지혜에 이르는 7단계를 제시했다. 그가 소개한 각각의 단계를 다시 살펴보면서, 당신은 이 영적 순례의 어디쯤 서 있는지 숙고해 보라. 이 순례의 길에서 마주하게 되는 도전은 무엇이고, 그로 인해 드러나는 당신의 연약함은 무엇인가?

2. 선생이 생각하는 성경 해석의 최종 목표는 무엇인가? 저자는 목표가 해석을 평가하는 시금석이 된다고 말한다. 저자는 해석의 과정이 해석자에게 정화, 겸손, 돌이킴을 불러일으키지 않는다면, 결국 성경 안에서 우리가 원하는 것만을 찾아 해석하게 될 위험이 있다고 경고한다. 성경을 읽을 때 당신이 기대하고 찾는 것은 무엇인가? 당신은 바르트가 말한 새로운 세계를 성경에서 발견했는가? 이번 장에서 받은 도전이 있다면 나누어 보자.

10. 공동생활

보라 형제가 연합하여 동거함이 어찌 그리 선하고 아름다운고. (시 133:1)

새로운 길

회심 이후 아우구스티누스 선생에게 그리스도인이 된다는 것은 지금까지와는 전혀 다른 길을 가는 것을 의미했다. 선생은 로마와 밀라노에 있던 여러 수도 공동체를 방문하면서 새로운 길을 탐색했다. 그는 수도자들이 "그리스도적 사랑과 거룩함과 자유 속에서" 함께 사는 모습에 깊은 감명을 받고 『가톨릭 교회의 관습과 마니교의 관습』을 저술한다. 수도자들이 스스로 사랑 안에서 선택한 섬김과 자유로운 삶을 통해, 그는 자신이 일구어야 할 공동생활이 어떤 것이어야 하는지를 마음에 그리고 있었다.

이 새로운 길을 함께 걷기 위해 선생과 친구들은 이탈리아를 떠나

---

1   『가톨릭 교회의 관습』, 33.70. 밀라노의 수도 공동체는 암브로시우스가 설립했다.

북아프리카로 내려왔다. 이들은 타가스테에 정착해서 선생이 부모로부터 물려받은 집에서 공동생활을 시작하고 자신들을 "하나님의 종"(servus dei)이라고 불렀다. 아데오다투스를 비롯해서 함께 세례를 받은 알리피우스, 그리고 에보디우스와 세베루스 등 10여 명이 수도 공동체에 함께했다. 선생은 초대 교회의 공동 소유를 수도 공동체의 중요한 원칙으로 삼았다.

> 믿는 무리가 한마음과 한 뜻이 되어 모든 물건을 서로 통용하고 자기 재물을 조금이라도 자기 것이라 하는 이가 하나도 없더라. (행 4:32)

포시디우스는 타가스테의 수도 공동체 모습을 이렇게 묘사한다.

> [아우구스티누스 선생은] 돌아오셔서 삼 년 정도 고향에 머무셨다. 그리고 재산을 포기하시고, 당신과 (뜻을 같이하여) 함께 살던 이들과 더불어 금식과 기도와 선행으로써 밤낮없이 주님의 법을 되새기면서 하나님을 위하여 사셨다. 그분은 묵상하고 기도하는 동안 하나님께서 깨닫게 해 주신 것들을 말씀과 저술로써 함께 있는 이들뿐 아니라 멀리 있는 이들에게도 가르쳐 주셨다.[2]

선생은 히포에서 사제로 안수를 받은 후 타가스테의 공동체를 알리피우스에게 맡긴다. 그리고 그는 히포의 교회에 처음에는 평신도를 위한 공동체를, 그리고 나중에는 교역자들을 위한 수도 공동체를 설립한다.[3]

---

2 『아우구스티누스의 생애』, 3.2.
3 아우구스티누스 선생의 수도원에 대해서는 Van der Meer, *Bishop Augustine*, 8장;

그는 수도 공동체에 들어오기 위해 소유 포기와 독신 생활이 필수적이라고 믿었다. 탐심과 정욕에 대해 죽지 않고는 거룩한 삶의 영위가 불가능하다고 본 것이다. 수도원에 들어오는 사람들은 자기 재산을 다 처분하고 수도원의 형제들과 물질을 공유할 것을 서원했다.[4] 급진적으로 보이지만, 그들은 성경이 가르친 길을 함께 걷고자 했다.

사제가 된 뒤 곧바로 그분은 교회 옆에 수도원을 세우시고, 거룩한 사도 시대에 제정된 방식과 규정에 따라 하나님의 종들과 함께 살기 시작하였다. 가장 중요한 것은 그 공동체에서 어느 누구도 무엇이든 자기 소유로 지닐 수 없고, 모든 것은 공동 소유로서 각자 필요한 만큼 나누어 가져야 한다는 것이었다.[5]

공동 소유는 단순히 금욕 훈련을 위한 것이 아니었다. 그것은 사랑의 길을 함께 걷기 위한 연대였다. 예수의 가장 큰 계명인 하나님 사랑과 이웃 사랑이 바로 아우구스티누스 선생과 그의 친구들이 그리스도 안에서 발견한 새로운 길이었다. 그 사랑을 위해 그들은 소유와 정욕에 대한 사랑을 포기했다. 요컨대 수도원의 공동생활은 이 세상을 사랑하던 길

Robin Lane Fox, *Augustine: Conversions to Confessions* (New York: Basic Books, 2015), 28장을 보라.

4 『서간』, 83.3; 『설교』, 355.2; 356.5. 아우구스티누스 선생의 수도원 안에 있던 공동 창고(common room)에 대해서는 『설교』, 356과 Harmless, *Augustine in His Own Words*, p. 105를 보라.

5 『아우구스티누스의 생애』, 5.1. 사유 재산에 대해서는 『수도원 규칙』 서두에도 분명하게 표현된다. "수도원 안에 살고 있는 너희가 지키도록 우리가 정한 규정들은 이러하다. 너희가 하나로 모여 있는 첫째 목적은 한 집안에서 화목하게 살며 하나님 안에서 한마음 한뜻이 되는 것이다." 『수도원 규칙』, 1.1-2. 이것은 사도행전 4:32에 나오는 표현을 인용한 것이다.

10. 공동생활

> • **베네딕투스**(480-548)는 이탈리아 누르시아에서 태어나 로마에서 교육을 받았
> 다. 이후 오마와 나폴리 사이의 몬테 카시노에 머물면서 많은 사람을 전도한다. 그
> 가 지은 『수도원 규칙』은 73장으로 구성되어 있으며, 이후에 중세 서방 교회에서
> 가장 영향력 있는 수도원 규칙이 된다. 그는 살아 있는 동안에는 잘 알려지지 않았
> 으며 심지어 수도회를 설립하지도 않았다.

에서 돌이켜 하나님과 이웃을 사랑하는 길로 행하려는 공동의 결심이
며 믿음의 표현이었다. 그런 의도는 그가 나중에 지은 『수도원 규칙』의
서문에 명확하게 나타난다.

사랑하는 형제들이여, 먼저 하나님을 사랑하고 그 다음 이웃을 사랑할
것이니, 이것은 우리에게 주어진 첫째가는 계명들이기 때문입니다.[6]

아우구스티누스 선생이 『수도원 규칙』을 저술한 이유는 하나님 사랑과
이웃 사랑을 키워나갈 공동체의 환경을 조성하기 위함이었다. 이 규칙
은 •베네딕투스(Benedictus)가 쓴 수도원 규칙보다 100년 이상 앞선 것이
며, 후대의 수도원 규칙서들에 큰 영향을 주었다.[7] 아우구스티누스 선생
의 『수도원 규칙』은 여러 가지 주제를 담고 있으나, 여기서는 하나님 사

---

6   『수도원 규칙』, 서문. 이 서문은 타가스테의 수도원을 맡고 있던 알리피우스가 쓴 것
     으로 추정되는 『수도원 규정서』의 첫머리에 아우구스티누스 선생이 추가한 것이다.
     이것이 후대에 아우구스티누스 선생이 히포의 수도원을 위해 쓴 규칙에 추가된 것이
     다. 따라서 서문은 아우구스티누스 선생의 말이지만 엄밀히는 『수도원 규칙』에 포함
     되지 않는다. 이형우, "옮긴이의 말", 『아우구스티누스 규칙서』, p. 9.
7   채드윅, 『아우구스티누스』, p. 102. "아우구스티누스는 고행을 과도하게 강조하는 것
     에 반대했다. 이른바 '그리스도의 가난'이 추구하는 최고 목표는 검소함과 자율을 통
     하여 이루어지는 명상적 정적이었기 때문이다. 결코 자기를 학대하거나 자연스러운
     감정을 억압함으로써 자신의 건강을 해치는 게 아니었다."

랑과 이웃 사랑을 위해 아우구스티누스 선생이 특별히 강조한 세 가지, 즉 가난, 기도, 상호 교정에 집중하고자 한다.

가난

아우구스티누스 선생의 수도원이 추구한 "재산의 공유는 그리스도의 사랑으로 우리 모두를 결합해 주는 친교의 결과이자 반영"이었다.[8] 가난은 탐욕을 절제하기 위한 부정적인 방지책에 불과한 것이 아니라, 공동체의 형제들이 서로를 평등하게 대하게 만드는 여건이었다. 선생은 "사랑으로 이루어진 일치의 공동체에서는 세속적인 유산 때문에 저절로 갖게 된 계급을 극복해야" 한다고 가르쳤다.[9] 수도원의 가난과 공동 소유가 중요한 원칙이지만, 그것이 형제들 간의 평등을 보장하지는 않았다. 가난은 본질적으로 마음의 문제인 것이다. 그래서 그는 부자와 가난한 자 사이에 끼어들 교만을 경계할 것을 명했다.

> [가난한 사람들은] 밖에서 감히 가까이 대할 수 없었던 사람들과 함께 살게 되었다고 해서 머리를 쳐들지 말고 오히려 마음을 드높여 지상의 헛된 것들을 추구하지 말아야 한다.…그러나 한편, 세속에서 행세하던 자들은 가난한 집안에서 이 거룩한 공동체에 입회한 형제들을 불쾌하게 대하지 말아야 한다. 이들은 부유한 부모의 지위를 자랑하기보다 오히려 가난한 형제들과 함께 사는 것을 자랑스럽게 여기도록 힘쓸 것이다. 재산을 기부하고 들어온 부자도, 수도원에 들어와 무시당하던 사람들에게 존경을 받

8 줌켈러, 『아우구스티누스 규칙서』, p. 47.
9 『설교』, 356.8.

게 된 사람들도, 혹여 교만한마음을 갖지 않도록 주의해야 한다.[10]

아우구스티누스 선생은 공동체의 형제들이 가난을 통해 궁극적으로는 겸손에 이르기를 원했다. 그래서 가난한 자가 그의 가난을 교만하게 자랑한다면, 그런 사람보다는 겸손한 부자가 낫다고 가르쳤다.[11] 수도원의 공동 소유를 통해 마음의 가난을 이룰 수 있다면 서로를 겸손하게 대할 것이며, 그 겸손을 통해 공동체의 형제를 귀하게 여기고 사랑한다면 거기서 하나님을 사랑함이 이루어질 것이었다.

"심령이 가난한"이란 무슨 의미입니까? 그것은 소원의 가난함이요 물질적 수단의 가난함이 아닙니다. 심령이 가난하다면 그는 겸손합니다. 하나님은 겸손한 자의 탄식을 들으십니다. 그리고 그들의 기도를 무시하지 않으십니다.[12]

형제 사랑과 하나님 사랑에서 중요한 조건은 우리가 바라는 세상의 좋은 것들에 대한 소유를 포기하고 내려놓는 것이다. 이런 이유로 아우구스티누스 선생은 가난과 공동 소유의 원칙을 엄격하게 고수했다. 물론 선생이 고수한 가난의 원칙은 가난 자체를 어떤 이상으로 삼는 것이 아니었다. 그것은 심령의 가난을 통해 이웃을 동등하게 대하고, 하나님께 간절해지는 겸손을 일구어 내기 위한 공동체의 합의였다.

물질적인 풍요는 가진 게 없는 사람을 종종 경시하고 하나님께 미지

10 『수도원 규칙』, 1.6-7.
11 『설교』, 85.2.
12 『설교』, 53A.2.

2부 목회의 일

근하게 만들지 않는가? 모두가 경제적으로 풍요롭게 되기를 원하는 오늘날의 상황에서 선생이 가르친 가난은 본능적인 반발을 불러일으킨다. 어쩌면 그것은 우리 안에 깊이 뿌리박힌 물질과 소유의 우상 때문은 아닐까? 심령의 가난함을 통해 형제와 하나님을 낮은 마음으로 사랑하기보다는, 형제는 어떻게 되든 일단 내가 잘 살고 봐야 한다는 세속적 본능이 우리를 주도하고 있기 때문은 아닐까? 그래서 가난에 대한 선생의 가르침은 생경하고 또한 상쾌하다.

기도

아우구스티누스 선생의 공동생활에서 기도가 차지하는 비중은 절대적이었다. 세상에 유착된 마음은 오직 기도를 통해서만 하나님과 이웃에 대한 사랑을 품을 수 있었다. 이런 이유로 기도는 지속되어야 하고 멈추어서는 안 되었다. "기도를 계속하고 기도에 감사함으로 깨어 있으라"(골 4:2). 그것이 기도에 대한 성경적 가르침이었다. 선생은 이 가르침을 여러 방식으로 풀어냈다. 우선 그는 수도 공동체가 정한 시간을 지켜 함께 기도할 것을 가르쳤다.

지정된 기도의 때와 시간을 지켜야 한다.[13]

---

13 『수도원 규칙』, 2.1. 저자를 알 수 없으나 아우구스티누스 선생의 『수도원 규칙』과 함께 전해진 『수도원 규정서』에는 아침기도, 제3시 기도, 제6시 기도, 제9시 기도, 저녁기도, 야간기도 등의 기도 시간을 정한다. 줌켈러는 『수도원 규정서』가 북아프리카에서 기원했을 것이라 추정한다. 아우구스티누스 선생의 수도원 기도 시간도 이와 크게 다르지 않았을 것이다. 줌켈러, 『아우구스티누스 규칙서』, p. 80.

10. 공동생활

끊임없는 기도를 위해서는 먼저 시간을 정해 기도해야 한다. 정해진 시간의 기도는 구약과 신약에 나오는 믿음의 사람들의 삶에서 배운 본이다.[14]

수도 공동체의 삶은 이러한 규칙적인 공동의 기도 위에 세워진다. 그들은 함께 모여 기도한다. 그렇게 함으로써, 내 마음에 기도의 열심이 식을 때 형제들의 열심과 부지런함에 기대어 기도를 이어 간다. 하나님을 사랑하고 이웃을 사랑하는 새로운 길은 끊임없는 기도 없이는 걸을 수 없다. 사랑은 마음의 훈련과 습관 없이 한때의 감정만으로는 이룰 수 없다. 선생은 청년기를 거치면서 사람의 의지가 세상의 쾌락에 얼마나 약한지를 깨달았다. 수도 공동체는 그 연약함을 이기고 참된 사랑의 길로 행하도록 하나님이 주신 선물이다. 시간을 정해 기도에 집중하는 것과 함께, 선생은 기도를 위한 장소도 구별할 것을 가르쳤다.

기도소에서는, 그 말이 뜻하는 바대로, 세워진 목적 외 다른 것을 그 누구도 해서는 안 된다. 이는 혹시 어떤 이가 여유가 있어 정해진 시간 외에 기도하기를 원할 때, 그곳에서 다른 일을 하고 있는 사람으로 인해 방해받지 않기 위해서다.[15]

하나님 앞에 나아가는 것은 가볍게 생각할 수 없는 일이었고, 집중된 노력과 헌신이 필요했다. 그래서 기도소는 기도 외의 다른 어떤 용도로도 사용할 수 없도록 규정했다.

가장 심층적인 차원에서 아우구스티누스 선생은 끊임없는 기도가 하

---

14 예수님은 습관대로 기도하셨다(눅 22:39), 다니엘은 하루 세 번씩 예루살렘을 향해 기도했고(단 6:10, 13), 사도들은 유대교의 전통을 따라 정해진 시간에 기도했다(행 3:1, 10:9).

15 『수도원 규칙』, 2.2.

나님을 향한 마음의 열망이라고 생각했다.

> 만일 우리가 이러한 것들[끊임없이 무릎 꿇고 기도하는 것 등]만이 기도
> 라 한다면, 쉬지 않고 기도하는 것은 불가능합니다. 그러나 이와는 다른
> 끊이지 않고 하는 기도가 있습니다. 내적인 기도, 즉 열망입니다.…이 지
> 속적인 열망은 [하나님을 향한] 여러분의 지속적인 부르짖음입니다. 사
> 랑하기를 중단하면, 여러분은 침묵하게 될 것입니다.…사랑이 식게 하는
> 것은 곧 마음의 침묵입니다. 그러나 불타는 사랑은 마음에서 나오는 엄
> 청난 소리입니다.[16]

선생에게 기도의 본질은 하나님을 향한 사랑이다. 기도가 깊지 않은 이
유는 사랑이 깊지 않기 때문이다. 의무감으로 하는 기도는 지속될 수
도, 깊은 데로 나아갈 수도 없다. 그가 자주 표현하였듯, 우리는 하나님
께 걸어서가 아니라, 사랑함으로써 나아간다. 기도가 하나님 앞에 나아
가는 것이라면, 하나님을 향한 열망과 사랑에 의해서만 온전하게 수행된
다. 달리 말해, 기도에서 우리가 참으로 힘써야 할 것은 말과 표현이 아
닌 사랑이다.

그렇다면 무엇을 위해 기도해야 하는 것일까? 수도원 생활의 이상은
하나님을 추구하여 지복에 이르는 것이었다. 『수도원 규칙』의 처음과 마
지막에서 아우구스티누스 선생은 서로 사랑 가운데 화목하게 사는 것
과 하나님의 아름다움을 추구하는 것이 수도 공동체가 추구할 목표임
을 분명히 한다.

---

16 『시편 주해』, 37.14.

너희가 하나로 모여 있는 첫째 목적은 한 집안에서 화목하게 살며, 하나님 안에서 한마음 한뜻이 되는 것이다.[17]

주님께서 은총을 베푸시어, 너희가 법의 종으로서가 아니라 은총의 지배 아래 자유인처럼 영적인 아름다움을 사모하며, 선한 수도 생활에서 오는 그리스도의 향기를 풍기는 자가 되어 이 모든 규칙을 사랑으로 준수하기를 기원한다.[18]

선생은 평생에 걸쳐 하나님을 추구했다. 젊은 시절에 그리스도께 돌아온 이후로 진리와 생명이신 하나님을 추구하는 데 전력을 다했다. 그가 수도 공동체를 설립한 이유도 세상의 자랑과 명예가 그리스도에 비하면 아무것도 아님을 알았기 때문이며, 한마음으로 하나님을 추구할 믿음의 형제가 필요했기 때문이다. 수도 공동체는 하나님을 바라보고 그분에게 붙어 있는 것을 추구했다. 선생은 형제들이 하나님을 추구하면서 그분의 아름다움을 관상할 수 있기를 바랐다.

누구든지 형제를 진실로 사랑한다면 바로 거기에 하나님이 일하고 계신다. 하나님을 기도 가운데 추구하는 사람은 이웃을 돌보는 사랑의 자리로 나아가게 된다. 하나님의 아름다움은 골방의 깊은 기도 가운데 계시되지만, 또한 가장 평범한 일상에서도 드러난다. 선생의 삶에서 기도와 실천은 균형 있게 유기적으로 통합된다. 그것이 건강한 신학이 보여 주는 모습이다.

---

17   『수도원 규칙』, 1.2.
18   『수도원 규칙』, 8.1.

상호 교정

아우구스티누스 선생은 공동생활을 통해 형제가 서로를 지켜야 한다고 생각했다. 가인이 "내가 내 아우를 지키는 자니이까"라고 하나님께 반문했을 때(창 4:9), 그는 이미 형제됨이 무엇을 의미하는지를 답한 것이다.

> 너희가 외출할 때에는 함께 가며 목적지에 가서 함께 있어야 한다.…만일 너희의 시선이 어떤 여인에게 가게 되더라도 그 시선을 고정시키지 말아야 한다. 만일 너희가 부정한 눈길을 하고 있다면, 깨끗한마음을 지니고 있다고 말하지 말아야 한다. 부정한 눈길은 부정한마음의 표시이기 때문이다. 말을 하지 않아도 눈길로 불순한마음을 서로 알리고 육체의 정욕을 강렬히 즐긴다면, 비록 육체적으로는 온전하더라도 그 태도에서 정결을 잃은 것이다.[19]

주교는 눈길만으로도 욕정이 일어나고, 또한 상대방에게 욕정을 일으킬 수 있음을 경고한다. 이러한 위험 때문에, 외출하는 형제는 함께 있으면서 서로를 정욕과 죄로부터 지켜 주면서 수도원 밖에서 만나는 여러 가지 유혹들을 이길 수 있게 서로를 돌봐야 한다. 누군가 함께 있다는 것 자체가 자기 안에 일어나는 정욕대로 행하지 않도록 보호해 주기 때문이다. 또한 아우구스티누스 선생에게는 형제가 함께 가야 하는 더 중요한 이유가 있는 것 같다. 시편 68:6을 주해하면서 아우구스티누스 선생은 이렇게 말한다.

19　『수도원 규칙』, 4.2-4.

한마음과 한뜻이 된 사람들, 그들이 바로 하나님이 거하시는 거룩한 처소입니다.[20]

하나님은 어떤 특정한 공간에 계시는 분이 아니다. 하나님은 그분을 사랑하는 마음으로 하나가 된 사람들을 거처로 삼으신다. 외출할 때 형제가 함께 간다면, 그들 가운데 하나님이 계셔서 그들의 말과 생각과 행동을 지키고 인도하실 것이다. 또한 그들은 그들 가운데 계시는 하나님 앞에서 살아간다. 형제가 함께 동거함은 서로를 죄로부터 지키고, 또한 하나님께 나아가도록 서로 격려하기 위함이다. 수도원의 공동생활은 바로 사랑의 공동체를 이루어 가는 것이고, 여러 규칙은 이를 위한 토양을 일구는 삶의 방식을 가르쳤다.

『수도원 규칙』은 예방적 차원을 넘어 교정적 차원으로 확장된다. 형제 상호 간에 교정을 하지 않아 형제가 망하면 하나님이 책임을 물으실 것이다. 교정은 형제 사랑의 표현이다.

너희 형제를 지적하여 고칠 수 있음에도 불구하고 침묵을 지킴으로써 멸망하게 내버려둔다면, 너희도 절대로 무죄하지 않다. 만일 너희 형제가 몸에 상처를 입었는데도 그가 치료받기를 두려워하여 숨기려 한다면, 너희가 침묵하는 것은 무자비한 짓인 반면 이를 지적해 주는 것이 오히려 사랑의 행위가 아니겠는가? 하물며 그 마음이 썩어서 더 악화되지 않도

---

20 『시편 주해』, 67.6. 아우구스티누스 선생의 라틴어 성경은 시편의 장 매기기가 지금과 약간 달랐다. 현대의 시편 68편은 아우구스티누스 선생의 시편 67편이다. 또한 아우구스티누스 선생이 주해한 시편 68:6의 라틴어 번역은 "하나님이 한마음이 된 사람들을 [그분의] 집에 거하게 하십니다"로, 오늘날의 번역과 상당히 다르다.

록 알리는 것이 얼마나 더 당연한 처사이겠는가![21]

물론 누군가에게 교정을 받는 것은 기분 좋은 일이 아니며, 관계를 어색하게 만들 수 있다는 것을 선생도 잘 알고 있다. 그러나 참된 사랑은 이러한 위험을 감수해야 한다.

견책을 당할 때 의기소침하고, 반항하고, 대드는 사람을 자주 봅니다. 하지만 후에 하나님과 둘만 있을 때, 그는 자신이 받은 견책을 반추해 봅니다. 그리고 견책을 받은 일 때문에 사람들을 불쾌하게 만들었다는 것을 두려워하는 것이 아니라, 오히려 잘못을 고치지 않기 때문에 하나님을 불쾌하게 한 것을 두려워합니다. 그래서 이후로는 합당하게 견책을 받을 죄를 더 이상 범하지 않습니다. 자신의 죄를 미워하는 만큼, 그 죄에 대해 경계하도록 한 형제를 오히려 사랑합니다.[22]

형제를 지키기 위한 이런 예방적이고 교정적인 규정은 다른 규칙들보다 훨씬 길고 자세하다. 수도 공동체의 목적이 죄와 싸워 하나님과 이웃을 깊이 사랑하는 사람들이 되는 것이고, 그것은 오로지 형제 사이에서 건강한 지지와 교정의 연대를 통해서만 실현되기 때문이다. 말년에 행한 설교에서 선생은 담대하게 말한다.

나와 함께 [수도원에서] 살 준비가 된 사람은 하나님을 소유하게 될 것

21 『수도원 규칙』, 4.8.
22 『서신』, 210.2.

10. 공동생활

입니다.[23]

수도 공동체를 이루어 사는 기쁨은 다른 데 있지 않다. 하나님을 소유하고 그분을 즐거워하는 것이야말로 최고의 행복이다.[24] 수도원의 형제들은 세상의 재물이나 정욕이 아닌, 영원하신 하나님께 그들의 사랑을 모두 드림으로써 하나님을 소유할 것이다. 그리고 그렇게 같은 열심으로 하나되어, 형제가 연합하여 하나님과 함께 살아갈 것이다. 바로 그것이 선생이 그의 수도 공동체를 통해 경험한 참으로 행복한 삶이다.

훈련과 파송

주님은 추수할 것은 많되 일군은 적으니, 그러므로 추수하는 주인에게 청하여 추수할 일꾼을 보내 달라고 기도하라고 명하셨다(눅 10:2). 5세기 북아프리카에는 공식적인 신학 교육 기관이 없었다. 그래서 목회자의 자질이 보이는 사람을 억지로 붙들어 안수를 주는 경우가 왕왕 있었다. 사제로 안수를 받고 교회를 섬기면서, 아우구스티누스 선생은 목회자를 양성하는 것이 얼마나 중요하고 시급한 일인지를 보았다. 그가 히포의 교회 옆에 세운 수도원은 교회의 삶과 유기적으로 연결되었고, 적극적이고 의도적으로 교회를 섬길 종들을 훈련하는 기관이 되었다. 카시키아쿰에서부터 선생은 공동체 안의 지적인 대화와 훈련을 중요한 부분으로 생각했다.[25] 히포의 수도원에서도 지적인 훈련은 매우 중요한 구성 요소

23　『설교』, 355.4.6.
24　1장을 보라.
25　Lane Fox, *Augustine*, p. 382; 『아우구스티누스의 생애』, p. 37, 역자주 14.

였고, 성경과 "유익한 책들"을 읽는 데 지정된 시간이 매일 있었다.[26] 당연히 교회의 도서관은 수도원의 삶에 중요한 부분이었다.

서적은 매일 지정된 시간에 청구할 것이며, 그 시간 외에 청하는 자는 받을 수 없다.[27]

수도원의 형제들은 함께 살며 성장했다. 선생이 쓴 『시편 주해』의 상당 부분은 동료 수도사들이나 사제들과 함께 나눈 말씀이었다. 그가 연구년을 보내며 쓴 갈라디아서 강해와 로마서 강해도 그런 대화와 토론을 통해 작성되었다.[28]

목회자로서의 준비와 훈련은 지적인 차원을 넘어 삶의 모든 면을 포괄해야 했기에, 수도원의 형제들은 함께 살며 복음적인 삶의 방식을 배우고 익혔다. 삶의 방식과 습관은 공동체의 규칙과 그 규칙을 따라 살기 위한 조언과 교정을 통해 각 사람의 삶에서 점차 자리를 잡았다. 물론 수도원에 입회한 사람들 가운데는 동기가 불순한 사람도 있었고, 유혹과 시험에 빠지는 사람도 있었다. 모두가 목회자로 파송된 것도 아니었다. 현대의 신학 교육과 달리 아우구스티누스 선생의 수도원은 삶의 모든 면이 공개되고 그리스도 안에서 함께 사는 법을 배워 가는 전인적인 교육 과정을 추구했다.[29] 포시디우스는 이 수도 생활을 "거룩한 삶의 방

---

26 『수도자들의 노동』, 17.20; 줌켈러, 『아우구스티누스의 규칙서』, p. 149.
27 『수도원 규칙』, 5.10.
28 『로마서 명제적 주석』은 아우구스티누스 선생이 카르타고의 사제들과의 토론에서 나온 질문에 답한 내용을 옮긴 것이다. 『재론고』, 1.23.1.
29 이런 면들을 진지하게 성찰한 여러 기관이 전인적인 신학 교육을 위해 여러 창의적인 방법과 프로그램을 개발하고 있다는 것은 고무적인 현상이다. 아우구스티누스 선생의 수도원을 그대로 따라 할 수는 없는 것이다.

10. 공동생활

식"이라고 불렀다.[30] 이런 삶의 방식을 따라 성숙에 이른 사람들이 각 지역의 목회자로 파송되었다. 복음적인 삶의 방식이 공동체 안에서 증명된 후에야 교회를 섬길 목회자로 보내진 것이다.

선생은 갑작스럽게 붙들려 목회자로 세워졌다. 물론 그는 그것을 하나님의 강권적인 세우심으로 겸허히 받아들였지만, 준비와 훈련 없이 목회의 일을 감당하는 것이 얼마나 어려운 일인지 그는 분명히 알고 있었다. 고향에서 "조용한 생활"을 하려 했던 그의 생각과 달리 하나님은 그를 목회자로 세우셔서 교회의 필요와 하나님 나라의 필요를 보게 하셨고, 선생은 수도 공동체를 통해 응답했다.

어머니 교회가 여러분의 봉사를 요청한다면 높이 올라가려는 야망에서 이를 수락해서는 안 되며, 무위 자작하고 싶어서 임무를 옳게 수행하지 못하는 일이 있어서도 안 됩니다.…교회가 필요로 하는 것은 제쳐 두고 조용한 생활[즉 관상적 삶]을 택하지 마십시오.[31]

선생은 은퇴할 때까지 교회를 섬기고 교회의 미래와 계속해서 확장되어야 할 하나님 나라를 위한 일꾼들을 양성해 냈다. 히포의 수도원에서 훈련받고 파송된 종들도 역시 수도원을 세웠다. 선생으로부터 배운 대로 행한 것이다. 북아프리카의 교회는 그렇게 성장했다.

---

30 『아우구스티누스의 생애』, 11.4.
31 『서간』, 48.2. 이것은 아우구스티누스 선생이 398년에 카프라리아 섬의 수도원장인 유독시우스에게 보낸 서신이다. 아우구스티누스 선생은 그에게 명상적 삶과 교회를 위한 봉사의 삶 가운데 어느 하나에 치우치지 말고 둘 다 지혜롭게 영위할 것을 조언한다.

사실 복되신 아우구스티누스는 요청에 따라 수행과 학식에 뛰어난 거룩하고 존경할 만한 사람 열 분 정도를 매우 중요한 교회를 비롯하여 여러 곳에 보내 주셨는데, 나도 이분들을 알고 지냈다. 이분들도 그 거룩한 삶의 방식으로부터 여러 곳에 퍼진 주님의 교회들로 가면서 수도원을 세웠다. 그리고 하나님 말씀으로 교회를 건설하려는 열망이 커짐에 따라, 사제직을 받을 형제들을 준비시켜 뒷날 다른 교회들의 지도자가 될 수 있도록 하였다.[32]

선생의 수도원은 목회자 양성이라는 큰 공헌을 했지만, 선생에게 형제들과의 공동생활은 그의 모든 신학과 목회가 잉태되고 자란 토양이었다.

특별히 내가 세상의 여러 복잡한 일들로 지칠 때, 친구들의 사랑에 나 자신 전부를 스스럼없이 맡깁니다. 나는 아무 근심 없이 그 사랑 속에서 쉼을 발견합니다. 물론 내가 나 자신을 맡긴 그 사람, 내가 쉼을 발견한 그 사람 안에 하나님이 계심을 느낍니다. 그 안정감 속에서 나는 내일의 불확실성을 두려워하지 않습니다.…"하나님은 사랑이시라. 사랑 안에 거하는 자는 하나님 안에 거하고 하나님도 그의 안에 거하시느니라."[33]

수도 공동체의 형제들은 동역자들, 친구들, 가족이었다. 그들의 사랑 안에 하나님이 계심을 선생은 보았고, 거기서 그의 영혼은 안식을 찾았다.

---

32 『아우구스티누스의 생애』, 11.3-4.
33 『서간』, 73.10.

토의를 위한 질문들 _____

1. 선생은 사제가 된 후 교회 옆에 수도원을 세우고, 사도 시대의 방식과 규범을 따르는 공동생활을 시작했다. 그의 『수도원 규칙』 서문에는 공동체 생활의 분명한 목적이 기록되어 있었는데, 다름 아닌 하나님과 이웃에 대한 사랑이었다. 사랑의 계명을 실천하기 위해 그는 재산의 공동 소유를 선택했다. 공동 소유에 대한 당신의 생각은 무엇인가? 자본주의 사회에서 공동 소유의 길은 어떤 도전을 주는가? 또한 이 정신을 교회에서 현대적으로 적용할 수 있는 길은 무엇인가?

2. 선생은 형제들이 공동체 생활을 통해 서로의 영적인 삶을 돌보고 지키기를 원했다. 이를 위해, 외출할 때 반드시 다른 형제와 동행하게 했는데, 이는 그들을 사사로운 유혹으로부터 보호하려는 의도였다. 또한 그는 "너희 형제를 지적하여 고칠 수 있음에도 불구하고 침묵을 지킴으로써 멸망하게 내버려둔다면, 너희도 절대로 무죄하지 않다"라고 말하며, 상호 교정을 통해 서로를 지키도록 했다. 그러나 그는 "견책을 당할 때 의기소침하고, 반항하고, 대드는 사람을 자주 봅니다"라고 고백하며, 이 과정이 결코 쉬운 일이 아님을 인정했다. 상호 교정이나 견책에 대한 당신의 생각은 무엇인가? 또한 당신의 교회가 "하나님이 거하시는 거룩한 처소"가 되기 위해 어떤 노력이 필요할지 생각해 보라.

3부

교회와 세상

Saint Augustine of Hippo

11. 그리스도의 과부

구하라 그리하면 너희에게 주실 것이요 찾으라 그리하면 찾아낼 것이요
문을 두드리라 그리하면 너희에게 열릴 것이니. (마 7:7)

흔들리는 세상에서 기도하기

410년에 로마가 고트족에 의해 사흘간 유린당한 후에, 공포에 사로잡힌
많은 사람이 이탈리아를 떠나 북아프리카로 건너왔다. 히포에도 피난민
들이 몰려들었다. 그중에는 로마의 귀부인 프로바가 있었다. 그는 미망
인으로, 딸과 조카를 데리고 피난 와 있었다. 전쟁의 공포는 남편 없이
사는 여인들에게 훨씬 더 무섭게 느껴졌을 것이다. 그들은 모두 두려움
가운데 이 고난의 시간이 지나가기를 바랐다.

큰 재난이 일어날 때 사람들은 흔히 두 가지 반응을 보인다. 왜 이런
일이 일어났는지 분노하면서 하늘을 바라보거나, 두려움에 빠져서 평소
에 부르지 않던 신들의 이름을 부른다. 프로바는 두 번째 경우였다. 이
귀부인에게는 남편 없는 것을 제외하고는 큰 어려움이 없었다. 그에게는

믿음이 있었지만 하나님의 이름을 간절히 부를 일은 없었다. 하지만 프로바의 마음은 피난지에서 한없이 낮아져 있었다. 기도해야겠다는 마음이 들었지만 어떻게 기도해야 할지 몰랐다. 진지하게 기도해 본 적도, 또한 기도에 대해 배워 본 적도 없었기 때문이다.

프로바는 서신을 통해 아우구스티누스 선생에게 어떻게 기도해야 할지를 물었다. 선생은 지체 높은 귀부인들에게서 찾아보기 힘든 가난하고 진지한 열심에 대해 프로바를 칭찬했다.[1] 분명히 그것은 하나님이 재난을 통해 주신 기회였다. 세상이 흔들릴 때 하나님은 생각지 못한 사람들의 마음에 복음의 문을 여시는 것이다. 교회는 그 기회를 놓치지 말고 적절하게 인도하고 답을 주어야 한다. 선생은 시간을 들여 어떻게 기도할지를 가르쳤다. 이 편지는 결국 선생이 쓴 유일한 기도 지침서가 되었다.

가난에서 행복으로

재난의 한복판에서 프로바는 그가 의지하던 물질의 부와 사회적 지위는 더 이상 위로와 구원이 되지 못한다는 것을 깨달았다. 아우구스티누스 선생은 프로바의 마음이 낮아져 있음을 보고, 불의한 재판장에게 끈질기게 간청하는 과부의 이야기(눅 18:1-8)를 들려준다. 아마도 그는 프로바가 성경에 등장하는 참 과부의 본을 따르기를 바랐을 것이다. 기도는 자기의 곤경과 가난함을 자각하는 자리에서 시작된다. 나의 실패, 황폐함, 쓸쓸함, 연약함을 보는 사람만이 하나님을 간절히 부를 수 있다. 부할 때, 건강할 때, 높은 자리에 있을 때 보이지 않던 것들이 재난의 때,

---

1   『서신』, 130.1.

병들고 외로울 때 비로소 드러난다. 요컨대 외부의 재난은 내면의 실패와 가난함을 보게 한다. 거기서 우리는 하나님께 간절히 부르짖는다.

아우구스티누스 선생의 신학은 언제나 인생의 가난함과 불행에서 출발한다. 우리는 참된 행복의 모조품을 마치 진품인 줄 알고 산다. 그렇기에 언제나 목마르고 배고프다. 우리는 모두 하나님 앞에서 "거지"다.[2] 선생이 겸손을 가장 큰 미덕으로 꼽은 이유는, 그것이 자신의 깨어짐과 가난함을 정직하게 시인하며 하나님께 나아가게 하기 때문이다. 우리의 인생이 이렇듯 결핍되어 있다면 무엇을 위해 기도할 것인가? 선생의 대답은 너무나 "세속적"으로 들린다.

행복한 삶을 위해 기도하십시오.[3]

선생은 무엇이 참된 행복인지 묻고, 잠언의 한 구절을 인용하면서 건강과 우정을 꼽는다. 이는 분명히 타지에 있는 프로바의 처지를 염두에 둔 것이다. 더 나아가 그는 성경이 말하는 건강은 몸의 건강을 넘어 영혼의 건강을 포괄하고, 또한 우정은 친구를 넘어 원수에까지 이른다고 설명한다.[4] 그것이 영원히 지속된다면 참으로 행복한 삶이라는 것이다.[5]

아우구스티누스 선생은 행복 추구를 세속적인 것으로 정죄하지 않는다. 오히려 그것을 통해 참된 행복을 찾아가도록 이끈다.[6] 거기에 선생

2　『설교』, 61.8. "우리는 하나님의 거지라는 것을 기억하십시오. 그분이 자기 거지들을 돌보시도록, 우리 편에서는 우리 주변의 거지들을 돌아봐야 합니다."
3　『서신』, 130.5.
4　『서신』, 130.13.
5　『서신』, 130.14.
6　주교에게 훨씬 큰 문제는 잘못된 추구가 아니라, 오히려 추구하지 않는 것이었다. 모든 희망과 바람을 잃어버리는 것이 훨씬 큰 문제였다.

　　　　　　　　　　　　　　　　11. 그리스도의 과부

의 위대함이 있다. 한편으로 그는 이 세상 사람들의 본능적인 욕구와 바람을 인정하지만, 동시에 참된 행복에 이를 수 있도록 그 소원을 성경의 진리를 통해 새롭게 한다. 달리 말해, 선생은 그들이 참된 만족에 이르는 길을 찾을 수 있도록 도우려 한 것이다. 하나님은 모든 사람의 마음에 영원을 사모하는 마음을 주셨고, 아름다움과 행복에 대한 본능적인 이끌림을 주셨다. 그리고 참된 행복과 아름다움이 되시는 그리스도를 믿음으로써 행복에 이르게 하셨다. 우리가 기도하는 것은 우리 자신의 궁극적인 행복과 배치되지 않는다. 그것이 아우구스티누스 선생의 굳은 믿음이었다. 하나님은 우리가 행복하기를 원하시기에 지복의 삶인 영생을 주셨다.

그렇다면 이 영생은 무엇인가? 아우구스티누스 선생은 이 영생이 바로 하나님 자신이라고 가르친다. 영생을 가졌다는 것은 곧 하나님을 가졌다는 것이다. 그러므로 우리가 기도하며 궁극적으로 추구하는 것은 결국 하나님이다. 아우구스티누스 선생은 특유의 알레고리적 해석으로, 누가복음 11:5-8에서 자다 일어난 친구에게 요청한 세 덩이 떡이 삼위일체 하나님을 상징한다고 푼다.

여행 중에 갑작스럽게 방문한 친구를 대접할 것이 없던 이 사람은 다른 친구에게 찾아가 빵 세 덩이를 달라고 구합니다. "세 덩이"란 아마도 한 본질의 삼위일체를 상징할 것입니다.[7]

끈질긴 기도의 끝에 우리가 얻게 되는 것은 바로 삼위일체 하나님 자신

7　『서간』, 130.15.

　　　　　　　　　　　　　3부　교회와 세상

이다. 그리고 그것이 바로 가장 복된 삶이다. 기도로 쉬지 않고 끈질기게 구하는 이유는 우리가 기도를 통해 받게 될 상이 이 세상이 줄 수 있는 것을 훨씬 뛰어넘기 때문이다. 하나님을 가진 자에게 무엇이 더 필요하겠는가? 이 세상의 여러 좋은 것에 분산된 마음은 기도를 통해 하나님께 모아져야 한다. 그분이 바로 우리의 행복이 되시기 때문이다. 하나님을 소유한다는 것은 믿음, 소망, 사랑 가운데 거하는 것이다. 삼위일체 하나님과 깊이 교제할 때 우리는 그분을 믿고, 그분을 사랑하며, 그분이 약속하신 바를 바란다. 우리가 하나님을 소유하여 거룩한 사귐 안에 살 때 우리 삶에 믿음, 소망, 사랑이 온전하게 회복될 것이다.

기도는 가난함에서 출발하여 복되신 하나님께 가는 여정이다. 아우구스티누스 선생은 프로바가 이미 시작한 이 여정을 멈추지 않기를 바랐다. 험한 여정을 끝까지 이어 갈 수 있는 단 하나의 이유는, 이 여정의 끝에 있는 것이 모든 어려움과 방해를 무릅쓰고 추구할 만큼 값지고 좋은 것이라는 믿음이다. 삼위일체 하나님이 기도의 여정 끝에 계시기에 우리는 기도를 멈출 수 없고, 가난한 마음으로 끊임없이 하나님을 찾아야 한다.

바른 열망 가꾸기

프로바는 우리가 구하는 것을 하나님이 미리 다 알고 계신다면 왜 기도해야 하느냐고 묻는다. 이에 아우구스티누스 선생은 우리의 소원을 하나님을 추구하는 데 고정하기 위함이라고 답한다. 기도는 내 마음의 소원을 하나님께 아뢰는 것이다. 궁극적인 행복이 무엇인지 알고 그것을 마음으로 갈망한다면, 기도하는 가운데 다른 것을 추구했던 우리의 마음은 온전히 하나님을 향하게 된다. 요컨대 하나님은 기도를 통해 우리 안

11. 그리스도의 과부

에 바르고 참된 열망이 지속되기를 원하신다.

선생이 보기에 인간 존재의 중심은 언제나 그의 원함 혹은 사랑에 있다.[8] 우리가 무엇을 바라고 원한다는 것 자체가 우리를 살아 있고 움직이고 일하게 한다. 그런 의미에서 의욕 상실은 당장 사람의 생명에 치명적이다. 의욕 상실로 인해 나타나는 증상은 모두 죽음을 향해 나아간다. 그와는 반대로, 잘못된 욕망은 인생을 불행의 길로 인도하고 결국 하나님의 영생에서 멀어지게 한다.

선생은 행복한 삶을 위해 기도하라고 한다. 행복한 삶이란 무엇인가? 이 질문은 프로바에게 낯설지 않았을 것인데, 철학의 궁극적인 질문이었기 때문이다. 선생은 행복한 삶이 다름 아니라 하나님께 가까이 있는 것이라고 생각했다. 행복한 삶에 대해 생각할 때 그가 자주 인용한 성경 구절이 있다.

하나님께 가까이 함이 내게 복이라…. (시 73:28)

그리스 철학의 궁극적인 목표는 행복이었고, 아우구스티누스 선생은 참된 행복이 하나님께 가까이하는 것이라고 믿었다. 하나님을 붙드는 것은 다름 아니라 간절한마음으로 그분에게 기도하는 것이었다. 기도와 행복한 삶은 분리되지 않는다. 참으로 기도하는 자는 하나님을 찾는 자이고, 그는 다른 어떤 것이 아니라 하나님을 기도 가운데 추구할 것이다.

행복한 삶이 무엇인지를 성경과 교회를 통해 배우고 그것에 대한 내 마음의 소원을 오롯이 하나님께 향하게 하는 것이 아우구스티누스 선생

8   4장을 보라.

이 생각한 기도의 본질이다. 하나님을 원하지 않으면서 자신의 다른 소원을 위해 하나님께 기도하는 것이 얼마나 이율배반인가? 아무리 유창한 언어로 오랫동안 기도한다고 하나님이 그 기도를 들으실 수 있겠는가? 그래서 아우구스티누스 선생은 쉬지 말고 기도하라는 명령을 끊임없이 말하는 기도가 아니라, 하나님의 영생을 추구하는 마음이 쉼 없이 지속되는 것으로 이해한다. 그렇기 때문에 말을 많이 하는 기도보다는 지속되는 사랑으로 하는 기도가 바람직하다.

> 그러므로 우리의 기도가 말잔치가 되지 않게 합시다. 기도의 소원이 간절하다면 우리는 멈추지 않고 끈질기게 간구해야 합니다. 이런 기도는 종종 말이 아닌 탄식을 통해, 눈물과 통곡을 통해 드려집니다.[9]

흔히 기도는 내가 원하는 것을 얻어 내는 통로로 생각되곤 한다. 그런 기도는 자신의 뜻을 관철시키고 하나님의 보좌를 움직여서 바라던 결과를 얻어 내려 한다. 하지만 아우구스티누스 선생은 기도의 본을 겟세마네의 기도에서 찾았다. 주님은 기도하실 때 자신의 소원을 하나님의 뜻에 맞추셨다. 기도는 하나님을 움직이기 위해 하는 것이 아니다. 오히려 살아 계신 하나님의 뜻에 자신의 소원을 맞추는 것이다.

우리는 과부입니다

아우구스티누스 선생은 프로바에게 쓴 편지의 마지막 부분에서 성경에

---

9   『서신』, 130.20.

등장하는 세 명의 여인, 즉 사무엘의 어머니 한나(삼상 1:2-28), 성전에서 밤낮으로 기도하던 안나(눅 2:36-38), 예수님의 비유에 등장하는 강청하는 과부(눅 18:1-5)를 기도의 모델로 언급한다.[10] 하나님께 소망을 두었다는 점에서 똑같았던 세 여인은 하나님께 간절히 기도한다. 그들은 자신들의 곤고함과 가난함 가운데 하나님을 간절한마음으로 찾는다. 하나님의 부재로 인한 자신의 가난함을 아는 사람은 모두 과부다.

참과부로서 외로운 자는 하나님께 소망을 두어 주야로 항상 간구와 기도를 하거니와. (딤전 5:5)

더 나아가, 신자는 남편이신 그리스도와 몸으로 떨어져 있으면서 그분을보지 못하고 살아가는 과부라고 할 수 있지 않겠는가! 아우구스티누스 선생은 프로바에게 강력하게 권면한다.

그렇다면 기도하십시오. 아직 남편을 보지 못하며 그의 도움을 바라는, 그리스도의 과부처럼! 당신이 매우 부유하다 할지라도, 가난한 여인처럼 기도하십시오![11]

이 서신은 과부 프로바를 위한 것이지만, 신자는 모두 그리스도의 신부로서 영적인 여성성, 특히 과부됨을 공유하고 있다. 앞에서 인용한 디모데전서 5장의 말씀처럼, 신자는 신랑이신 그리스도를 볼 소망으로 끊임없이 기도해야 한다. 아무리 이 세상의 재물이나 권력이 많아도, 그리

10　『서신』, 130.29.
11　『서신』, 130.30.

스도와 떨어져 있다면 우리는 모두 가난한 과부다. 그리스도의 임재를 간절히 바랄수록 우리의 마음은 가난해지고 기도는 절실해진다.

선생은 프로바에게 기도를 권하면서 자신과 교역자들을 위해서 기도해 달라고 부탁한다. 가부장적인 로마 사회에서 선생은 교회 내 여성들의 공헌과 섬김을 인정하고 높여 주며, 그것이 교역자들에게 매우 필요한 섬김이라고 역설한다. 그것은 진심이었다. 선생을 위해 평생 눈물로 기도한 어머니도 그리스도께 신실한 과부였다. 그는 평생 아들을 위해 기도하고 아들을 위해 먼 길을 마다하지 않고 여행한 용기 있는 어머니였다. 어머니가 아들을 위해 울면서 기도한다는 말을 듣고 눈물로 기도한 아들은 망하지 않는다고 주교가 대답한 것은, 자식을 위해 기도하는 모든 어머니에게 두고두고 위로와 격려가 된다.[12] 선생이 젊은 날의 방황에서 벗어나 히포의 주교로 섬기면서 서방에서 가장 중요한 교부가 된 것이 어머니의 기도 덕분이라는 점을 누가 부인할 수 있겠는가? 선생은 우리가 다 그리스도의 과부라고 하면서 어머니를 생각했을 것이다.

이 편지는 한 개인의 질문에 답한 사적인 서신이지만, 후대의 수많은 사람이 이 편지를 기도에 관한 아우구스티누스 선생의 가르침으로 읽었다. 우리가 그리스도의 과부라는 말은 인간 실존에 대해 깊이 생각하게 하고, 가난한 마음으로 하나님을 추구하도록 우리에게 열심을 북돋운다.

연약할 때의 기도

이제 아우구스티누스 선생이 자신의 경험을 통해 가르친 기도에 대한

---

12 『고백록』, 3.12.21.

설교를 들어 보자. 『설교』 20B는 시편 60:11에 대한 것으로, 그가 질병으로 인해 히포를 떠나 요양을 갔다가 돌아와 전한 것이다.[13] 어떤 학자들은 이 설교의 연대를 411년으로 추정하는데, 이 추정이 맞다면 프로바에게 보낸 편지와 이 설교는 거의 비슷한 시기에 작성되었을 것이다.[14] 설교의 서두에 아우구스티누스 선생은 자신의 병을 간략하게 언급하며, 최근의 수술 자국이 아직 완전히 아물지 않았다고 언급하는 것으로 미루어 그가 모종의 수술을 받았음을 알 수 있다.[15] 아우구스티누스 선생은 410년에 건강이 심각하게 악화되어 히포 근처의 한 처소에서 요양해야 했다.[16] 그의 나이 56세였다.

평생 그의 건강은 그리 좋지 않았다. 어렸을 때 죽을 고비를 넘긴 것을 비롯해서,[17] 밀라노에서 수사학 교수를 하고 있을 때는 호흡 곤란과 흉통으로 인해 교수직을 내려놓아야 했다.[18] 그는 카시키아쿰에서 여

---

13 아우구스티누스 선생의 설교는 종종 정해진 본문 없이 하나의 주제를 위해 여러 본문을 짧게 해설하면서 진행된다. 선생은 설교 전에 부른 시편 60편의 찬송에 응답하며 설교를 시작했다(『설교』, 20B.9). 이 장의 마지막 부분에서 보듯, 그가 미리 생각한 주제와 본문에 예배 때 부른 시편 찬송을 즉흥적으로 연결시켰을 것이다.

14 한편 Hill은 이 설교를 발견한 Dolbeau의 의견을 따라 이 설교를 427년 어간, 즉 주교가 세상을 떠나기 몇 년 전에 전한 것으로 볼 수도 있다고 말한다(아우구스티누스 선생은 430년에 세상을 떠난다). 이것이 이 설교가 아우구스티누스 선생이 젊었을 때 보여 준 탄탄한 구성과는 달리 다소 느슨하고, 중간중간에 초점을 벗어나는 등 노년에 보이는 약점이 감지되는 이유다. 참고. *Sermons: Newly Discovered Sermons*, vol. 11, tr. Edmund Hill, ed. John E. Rotelle, The Works of Saint Augustine (Brooklyn, NY: New City Press, 1997), p. 35, n. 1.

15 지금도 그렇지만, 아우구스티누스 선생 당시에 치질 수술은 환자에게 극심한 두려움과 고통을 주었다. 이에 대해서는 13장에 인용된 아우구스티누스 선생의 목격담을 보라. 『신국론』, 22.8.3.

16 *Sermons*, vol. 11, p. 35, n. 1. 남아 있는 기록을 통해 우리는 아우구스티누스 선생이 심각한 건강 문제로 인해 최소한 두 차례(397년과 410-411년) 교외의 빌라에서 장기간 요양해야 했음을 알 수 있다.

17 『고백록』, 5.9.16.

18 『고백록』, 9.5.13.

가를 보낼 때도 여전히 위장병, 흉통, 발성 문제를 호소했다.[19] 397년에 43세의 아우구스티누스 선생은 치질로 인해 상당한 고통을 겪는데, 병상에서 보낸 짧은 서신을 통해 그가 겪은 고통을 가늠해 볼 수 있다.

성령 안에서 우리는 잘 지내고 있습니다.…육신적으로 저는 병상에 누워 있습니다. 치질의 고통 때문에 걸을 수도, 서 있을 수도, 앉아 있을 수도 없기 때문입니다. 하지만 그렇다 한들, 그것이 주의 뜻일진대, 우리가 잘 지낸다는 말 외에 무슨 말을 해야 하겠습니까? 그가 의도하신 것을 원하지 않는다면, 주께서 옳지 않은 일을 행하셨거나 허락하셨다고 생각하기보다는, 차라리 우리가 책망을 받아야 할 것입니다.…그러므로 우리를 위해 기도해 주십시오.[20]

아우구스티누스 선생은 육신의 고통과 연약함을 주님이 주신 것으로 믿고 받아들였다. 그렇다고 그의 건강이 회복된 것은 아니었다. 십여 년이 지난 389년에, 친구 네브리디우스는 선생의 건강이 카르타고에 다녀온 여행으로 인해 눈에 띄게 악화했다고 말한다.[21] 아우구스티누스 선생은 평생 질병과 육신의 연약함을 지고 살아야 했다. 411년에 또 한 번의 수술을 받고 돌아온 후 그가 전한 설교(20B)는 자신의 육신적 어려움과 고통을 배경으로 성찰한 기도에 대한 가르침이다.

선생은 교역자로 섬기면서 프로바를 비롯한 수많은 사람에게 기도에 관해 가르쳤다. 또한 자신이 설립한 수도 공동체의 일원으로서 매일 기

---

19   Van der Meer, *Augustine the Bishop*, p. 620, n. 10.
20   『서신』, 38.1. 앞서 히포의 사제였다가 당시에 키르타의 주교로 있던 프로푸투루스에게 보낸 편지다.
21   『서신』, 10.1.

도 시간을 지키면서 여럿이 혹은 혼자 기도했다. 이 설교는 중년을 넘어선 그가 육신의 질병과 고통 가운데 어떻게 기도했는지를 보여 줄 뿐 아니라 그의 가르침이 그 자신의 삶에서는 어떻게 열매를 맺었는지를 과장 없이 보여 준다.[22] 다른 사람을 가르치기만 할 뿐 정작 자신은 영적 파산에 이르는 성직자들이 많은 우리 시대에 이 얼마나 귀한 본보기인가!

선생은 설교의 첫머리에서 육체의 고난을 당연한 것으로 끌어안는다. 그 이유는 두 가지인데, 첫째는 우리가 모두 죄인이기 때문이며, 둘째는 우리가 의롭다 해도 고난을 통해 연단을 받는 것이 필수적이기 때문이다. 이것은 물론 다른 사람이 겪는 고난이 죄인이기 때문에 당연하다는 식으로 무정하게 말하는 것은 아니다. 혹은 세상의 고난을 체념하듯 받아들이라는 것도 아니다. 자신도 지금 육신의 곤고함 가운데 있지만, 이 세상의 고통이 결국 끝나고 지극히 복된 세상이 그리스도와 함께 도래할 것을 그는 굳게 믿는다. 그 종말론적 소망을 배경으로 그는 고난이 죄악된 세상에서 죄인으로 살면서 피할 수 없는 것이라고 겸손하게 인정한다. 그 누구도 자신에게 아무런 고난이 없어야 한다고 주장할 수 없다. 내가 고통 가운데 있다는 엄연한 현실에서 하나님의 궁극적인 구원을 믿으면서, 소망을 품고 하나님께 눈을 돌려야 한다. 우리가 믿음으로 의롭게 되었을지라도 우리의 힘으로 의롭게 된 것이 아닌 이상, 우리는 끊임없는 연단을 통해 거룩하게 된다. 로마의 함락과 그로 인한 피난 생활이 프로바에게 하나님을 찾을 열망을 일으킨 것처럼, 하나님은 병고를 통해 아우구스티누스 선생이 "육신의 허망한 것을 추구하지 않도록" 하

---

22   아우구스티누스 선생은 자신을 원래 모습보다 과장하는 것도, 사람들이 잘못된 정보에 기반해서 그를 추앙하는 것도 원하지 않았다. 『아우구스티누스의 생애』, 머리말, 6.

3부 교회와 세상

셨다. 주교는 이런 이유로 하나님께 감사를 드린다.

하나님은 들으신다

인생의 고난과 질병은 헤아릴 수 없는 신비다. 그 앞에서 우리의 바람은 종종 무시되고, 직접 몸으로 겪어야 하는 어려움을 통해 우리는 무력하게 된다. 왜 하나님은 이런 고통을 내게 주시는가? 그에 대한 대답은 명확하게 주어지지 않는다. 아우구스티누스 선생은 그런 인생의 대답 없는 고통의 문제를 주변 사람들의 죽음을 통해 수없이 겪었다. 그런데 그 와중에 그는 로마서 8:26을 통해 하나님의 섭리를 발견한다.

> 이와 같이 성령도 우리의 연약함을 도우시나니 우리는 마땅히 기도할 바를 알지 못하나 오직 성령이 말할 수 없는 탄식으로 우리를 위하여 친히 간구하시느니라.

무엇이 우리에게 유익한가? 영적으로 어둡고 성숙하지 못한 우리는 종종 참으로 유익을 주는 것을 택하기보다는, 육신의 정욕을 따라 허망한 것을 추구한다. 하나님은 그것이 우리에게 도움이 되지 않는 것을 아시기 때문에 그런 기도에 응답하지 않으신다. 우리는 하나님이 우리의 기도를 듣지 않으신 것이라고 생각하지만, 사실은 하나님이 우리를 들으신 결과다. 아우구스티누스 선생의 설명을 달리 표현해 본다면, 하나님은 우리를 들으시기 위해 우리의 기도를 듣지 않으셨다고 할 수도 있다. 아우구스티누스 선생은 육체의 가시를 제거해 달라고 한 사도 바울의 경우를 떠올린다. 성령 충만한 사도마저도 자신에게 참으로 유익한 것이 무엇인지 잘 알지 못하고 구했다면, 우리는 어떠하겠는가? 그러나 하나님은 우리의 부적절한 간구에도 우리의 선을 위해 일하신다. 우리의 기도가 외면당한 것처럼 보일 때도 하나님은 우리를 듣고 계신다.

기도가 가능한 이유는 하나님이 우리를 항상 들으신다는 굳은 믿음 때문이다.[23] 또한 그분이 우리의 선을 위해 일하신다는 믿음 때문이다. 그러므로 신자는 기도할 수 있으며, 육체의 고난과 인생의 여러 어려움을 통과하면서도, 또한 응답되지 않는 기도에도 낙심하지 않고 하나님을 바랄 수 있다. 내 눈에 좋은 것이나 당장 필요하다고 여겨지는 것이 오히려 내게 독이 될 수 있기 때문이다. 이것을 받아들이는 것이 겸손이다. 내 판단과 생각을 고집하지 않고 하나님의 처분을 선한 것으로 믿을 때 우리 믿음은 성장한다.

이 지점에서 아우구스티누스 선생은 의사이신 그리스도 비유로 돌아간다. 그는 자주 그리스도를 (영혼의) 의사로 소개했다. 환자는 종종 통증으로 인해 약이 아닌 모르핀을 구한다. 하지만 의사는 환자의 건강을 위한 것만 준다. 환자가 요구하는 대로 준다면 그는 좋은 의사가 아니다. 의사가 환자의 요구를 거절할 때, 환자는 의사를 믿고 그의 치료를 따라야 한다.[24] 우리는 당장의 고통을 피하려고 마취제와 진통제를 구하지만, 의사이신 그리스도는 우리를 고통스럽더라도 건강하게 되는 길로 인도하신다. 결국 이것은 종말론적 소망으로 인도한다. 오늘 육신의 병이 나았다고 해도, 세상이 앓고 있는 깊은 죄의 질병이 고쳐지지 않는 한 모든 사람은 여전히 질병 가운데 있는 것이다. 따라서 오늘 내 몸의 질병이 나았다고 해서 행복해지는 것이 아니다. 어떤 의미에서는 병이 나아

23　『설교』, 20B.3.
24　『설교』, 20B.4.

3부　교회와 세상

서 오히려 나는 하나님이 궁극적으로 주실 참다운 치유와 회복에 대한 소망을 망각할 수도 있다.

종말론적 시야

아우구스티누스 선생은 중년 이후에 여러 질병으로 점점 더 쇠약해졌다. 질병은 선생에게 고통을 주었지만, 또한 그리스도가 이루실 완전한 회복, 즉 몸의 부활을 소망하는 계기가 되었다. 죽은 지 나흘이 지났을 때 나사로의 시신에서는 이미 부패한 냄새가 났다. 나사로의 누이들은 부활에 대한 예수의 말씀을 믿기 어려웠지만, 예수의 기도와 명령 후에 나사로는 무덤에서 자기 발로 나왔다. 살아난 나사로는 이후 영원히 살았는가? 그렇지 않다. 그는 결국 죽었다. 오늘 하나님이 우리의 간구에 응답하셔서 잠시 잠깐 삶이 연장되거나 고통이 경감된다고 하더라도, 우리는 여전히 죄와 죽음의 권세 아래 살아간다. 여전히 울어야 하고 고통을 피할 수 없다. 하나님이 죄와 죽음을 세상에서 완전히 멸하시기까지 세상은 고통 가운데 있다. 신자는 고통을 통해 하나님이 약속하신 마지막의 약속을 받아들인다.

선생의 건강은 요양을 통해 다소간 호전되었지만, 연약한 몸을 이끌고 목회와 저술을 병행해야 했다. 그가 43세였던 397년에 받은 수술은 어쩌면 그에게 몸의 질병과 고통을 피할 수 없을 것이라는 직감을 갖게 했을지도 모른다.[25] 그의 바람과 달리 건강은 점점 나빠지기만 했을 수도 있을 것이다. 하지만 몸의 고통 가운데서도 마음은 살아 계신 하나님이

---

25   아우구스티누스 선생의 건강에 대해서는 Van der Meer, *Augustine the Bishop*, pp. 235-241를 보라.

마지막에 이루실 몸의 부활과 새로워진 세상을 바라본다. 그 소망을 위해 기도할 것이며, 그 기도는 그리스도 안에서 온전히 이루어질 것이다. 그렇다면 이 땅에서 건강을 잃어버린다고 해도 손해가 되지 않을 것이다. 선생은 이제 회중의 마음을 욥의 이야기로 돌린다.

> 그러나 악마는 하나님께 욥을 시험하겠다고 청했고, 하나님은 거절하지 않으셨습니다. 여기에 심오한 신비가 있습니다. 깊이 생각해 볼 중요한 문제입니다. 사도[바울]는 육체의 가시를 제거해 주시기를 간구합니다만 그의 요청은 응답되지 않습니다. 악마는 그 의로운 사람을 시험하기를 구하고, 그의 요청은 응답됩니다. 그 의로운 사람이 악마에게 시험당하도록 넘겨졌으나, 그것은 사도에게 어떤 해도 입히지 못했고, 악마에게 어떤 선도 가져다주지 않았습니다.[26]

우리의 기도를 거절하시든 응답하시든, 하나님은 우리에게 선을 이루신다. 그러므로 기도 응답 자체에 실망할 일이 아니다. 그것은 아우구스티누스 선생 자신이 겪고 있는 육신의 고통과 연약함을 어떻게 받아들일 것인지와 밀접하게 연관되어 있다. 지금 내가 겪고 있는 고통을 하나님의 선이라는 더 큰 틀에서 바라본다면, 나는 그 고통을 인내할 수 있고 또한 하나님의 궁극적인 선을 기대하며 기도할 수 있다. 설교의 마지막 부분에서 선생은 설교 전에 부른 시편 60편으로 돌아온다.

> 우리를 도와 대적을 치게 하소서 사람의 구원은 헛됨이니이다. (시 60:11)

---

26 『설교』, 20B.7.

여기서 구원에 해당하는 라틴어 '살루스'(*salus*)는 건강을 의미하기도 한다. 선생은 이에 착안하여 사람의 건강은 헛되며, 참된 건강(또는 구원)은 하나님이 주시는 것이라고 역설한다. 바로 그런 참된 건강이 영생이다. 비록 그것은 대부분 사람에게는 감추어져 있으나, 구하는 자는 찾을 것이다. 선생은 교우들에게 영생의 소망을 품고 우리가 모두 겪고 있는 고통을 하나님의 다루심으로 받아들이면서 인내하자고 권면한다.

> 더 큰 구원이 우리 눈에 볼 수 없는 것이며, 그럼에도 불구하고 하나님이 반드시 이루실 것이라면…하나님의 엄격한 다루심 아래 우리를 낮추고 그의 막대기를 불평하지 맙시다. 기꺼이 그의 치료와 처방을 인내로써 참으면, 하나님의 임재를 완전한 건강 가운데 즐거워할 것입니다. 그리고 마침내 우리는 하나님이 우리에게 주신 것이 무엇인지 완전하게 알고, "사망아 너의 승리가 어디 있느냐 사망아 네가 쏘는 것이 어디 있느냐"[고전 15:55] 할 것입니다.[27]

선생은 교우들에게 양해를 구하고 다소 짧은 설교를 마친다. 교우들은 그들의 목자의 메시지를 오랫동안 그리워했을 것이고, 북아프리카 특유의 열정적인 사랑으로 그를 맞이했을 것이다. 그러나 그는 아직 완전히 회복되지 않았고, 오랫동안 설교하는 것을 자제해야 함을 잘 알고 있었다. 육신의 연약함은 그가 원하는 만큼 교우들과 말씀을 나누는 것을 막았다. 그는 담담히 그 한계를 받아들였다. 사람의 마음 안에 계시며 역사하시는 하나님을 믿고 기도할 수 있기 때문이다.

---

27 『설교』, 20B.11.

11. 그리스도의 과부

심지어 사람의 설교가 끝난 후에도 성령은 듣는 이 안에 머물러 계십니다.[28]

맡겨진 일을 건강 때문에 제대로 수행하기 어려울 때도, 선생은 하나
님을 의지하며 기도했다. 좋지 않은 건강을 포함한 모든 상황을 하나님
이 선을 위해 주신 것으로 여기고, 하나님의 인도하심과 능력을 믿었다.
기도에 대한 그의 가르침이 더욱 크게 울리는 이유가 거기에 있다.

---

28   『설교』, 293.1.

토의를 위한 질문들 _____

1. 선생은 "행복한 삶을 위해 기도하십시오"라고 가르쳤다. 더 나아가, 행복한 삶에 대해 말할 때는 "하나님께 가까이 함이 내게 복이라"(시 73:28)라는 말씀을 자주 인용했다. 당신은 무엇을 위해 기도해 왔는가? 기도를 통해 궁극적으로 이루거나 얻으려는 것은 무엇인가? 또한 저자는 기도가 자신의 곤경과 가난함을 자각하는 자리에서 시작된다고 말한다. 선생은 설교에서 "우리는 하나님의 거지라는 것을 기억하십시오"라고 전하면서, 청중이 자신의 결핍을 자각하도록 이끌었다. 당신의 기도가 시작되는 지점은 어디인가? 하나님 앞에서 당신은 어떤 처지와 신분으로 기도하고 있는가?

2. 저자에 따르면 인생의 고난과 질병은 헤아릴 수 없는 신비이며, 하나님이 우리의 기도를 거절하시든 응답하시든 결국 선을 이루신다. 선생은 욥의 시험을 묵상하면서, "의로운 사람이 악마에게 시험당하도록 넘겨졌으나, 그것은 사도에게 어떠한 해도 입히지 않았고, 악마에게 어떤 선도 가져다주지 않았습니다"라고 강조하고, 모든 상황에서 하나님의 선을 기대하며 기도할 것을 권면했다. 고난, 고통, 질병은 그리스도인이라도 피할 수 없는 현실이다. 당신에게 허락된 고통은 무엇인가? 그 고통 속에서 당신이 발견한 하나님의 선이 있는가?

11. 그리스도의 과부

12. 지성인을 그리스도께로

하나님 아는 것을 대적하여 높아진 것을 다 무너뜨리고 모든 생각을 사로 잡아 그리스도에게 복종하게 하니. (고후 10:5)

세속 사회 안의 교회

380년에 테오도시우스 황제의 칙령으로 기독교는 로마 제국의 국교가 된다. 기독교가 제국의 보호를 받게 된 것이다. 그럼에도 교회를 향한 박해는 계속되었다. 국교의 지위가 개개인의 마음을 바꾸어 그리스도인이 되게 하는 것은 아니었다. 지성인들 사이에서는 그리스·로마 문화와 전통을 복원하려는 시도가 지속적으로 일어났다.

세속주의는 로마 사회를 비롯한 어느 사회에서나 기본값이다. 한 사회에 기독교가 들어가 몇 세기 동안 교회가 세워지고 전도의 역사가 일어났다고 해도, 그 땅의 아이들이 그리스도인으로 태어나는 것은 아니다. 기독교 가정에서 태어난 아이들도 가정의 기독교 문화와 사고방식을 흡수하며 자라지만, 그 심령이 거듭나서 참된 그리스도인이 되는 것은

> • **테르툴리아누스**(160-220년경)는 카르타고 출신의 법률가이며 기독교 저술가 및
> 변증가로, 직설적이고 열정적인 필치로 유명하다. 『호교론』, 『순교자들에게』, 『나
> 라들에게』를 비롯한 여러 작품을 남겼다. "삼위일체"라는 말을 처음으로 사용한
> 사람이기도 하다. 생애 마지막에 몬타누스주의에 경도된 것으로 보인다.

별개의 문제다. 북아프리카의 교부 *테르툴리아누스의 말대로, 그리스도
인은 태어나는 것이 아니고 만들어진다. 기독교 국가이든 세속 국가이든
상관없이 교회는 기독교에 호의적이지 않은 세속 사회 안에서 살아가게
되어 있다.

아우구스티누스 선생은 기독교가 제국의 국교인 상황에서 주교로
일했지만, 온 세상이 기독교 세계가 된 것은 아니었다. 한 사회의 문화
와 가치 체계가 바뀌는 데 상당한 시간이 걸릴 뿐 아니라, 도시와 떨어
진 시골에서는 기독교에 대한 반발이 훨씬 강했다. 399년에 히포에서 약
400킬로미터 떨어진 내륙 도시 수페스에서 폭동이 일어났다. 그 도시의
그리스도인들이 헤라클레스의 상을 파괴했는데, 이에 격분한 주민들이
60명의 신자를 살해했다.[1] 도시의 지도자들은 이 끔찍한 살상에 대해서
는 죄를 묻지 않은 채, 아우구스티누스 선생에게 편지를 써서 파괴된 신
상에 대해 그리스도인들이 배상해야 한다고 주장했다. 분노에 찬 아우
구스티누스 선생은 이렇게 답한다.

당신들이 당신들의 신은 헤라클레스라고 주장한다면, 우리는 돈을 모아
석수장이에게서 신을 하나 사드리겠소이다. 대신 당신들은 우리에게서

---

[1] 아마도 수페스의 그리스도인들은 399년에 발효된 호노리우스 황제의 이교 신전 및
    신상 철폐에 관한 법령의 공식 집행이 시작되기 전에 신상을 파괴한 것으로 보인다.

앗아간 생명을 되돌려줘야 할 것이오. 당신들이 그 수많은 생명을 되돌린다면, 그때에야 당신들의 헤라클레스가 복원될 것이오![2]

약 10년 후인 408년에 히포에서 100킬로미터 떨어진 칼라마에서 한 무리가 교회 앞에서 이교 의식을 행했다. 칼라마의 주교와 교인들이 이에 항의하며 저지하려 하자 사람들은 이들을 향해 돌을 던지기 시작했다. 교회가 공권력에 호소해도 재차 교인들과 교회 건물을 겨냥한 투석이 이어졌고, 급기야 방화로 인해 교회가 불타고 성직자 한 사람이 목숨을 잃었다. 아우구스티누스 선생은 이 일이 칼라마 고위 공직자들의 묵인 하에 벌어진 것으로 의심했지만, 피해를 당한 교우들과 교회를 방문하여 위로하면서 영원한 피난처를 의지하라고 권면하는 것 외에는 달리할 수 있는 일이 없었다.[3] 로마 제국이 기독교 국가가 된 후에도 교회는 여전히 세속주의의 거센 저항과 공격을 받으며 살아가야 했다. 이런 종류의 크고 작은 폭력 사태는 오랫동안 지속됐다. 히포는 비교적 큰 도시였기 때문에 앞의 사례와 같은 일이 일어나지는 않았다. 아우구스티누스 선생이 싸운 대상은 그보다는 지성인들 사이에 있는 세속주의였다.

기독교 신앙과 철학의 관계에 대해 테르툴리아누스는 "예루살렘과 아테네가 무슨 상관이 있는가?"라고 단정했다.[4] 이 말은 직설적인 북아프리카의 정서를 드러내는지도 모른다. 그 자신이 수사학자이며 법률가로서 소위 세속 문학과 철학을 공부했음에도 불구하고, 테르툴리아누스는 철학이 기독교 신앙에 더해 줄 수 있는 것을 거의 보지 못했다. 같은 북

2 『서신』, 50.
3 『서신』, 91.8-9.
4 테르툴리아누스, 『이단 반박』, 7.

아프리카 사람이지만 아우구스티누스 선생에게 이 문제는 그리 단순하지 않았다. 그는 『그리스도교 교양』에서 이렇게 자신의 견해를 밝힌다.

> 문학의 신이 메르쿠리우스라고 한다고 해서 문학을 안 배울 필요는 없고, 그들이 정의나 덕에 신전을 바쳤고 마음으로 닦아야 할 것을 돌로 새겨 예배하였다고 해서, 정의와 덕을 회피해서는 안 된다. 무릇 선하고 진실한 그리스도인은 어디서든지 진리를 발견하면 자기 주님의 것으로 이해할 것이며 그 진리를 취하고 인정해야 한다.[5]

철학을 비롯한 세속 문화를 부정한 것으로 여기고 배척해서는 안 된다는 것이 아우구스티누스 선생의 입장이다. 세상의 모든 것을 선한 것과 악한 것으로 간단하게 양분한다면 우리는 심각한 문제에 봉착하게 될 것이다. 우리가 선이라고 생각한 것에서 악이 발견되면, 그것을 부정하고 피하느라 결국 그리스도인들이 설 자리는 점점 작아질 것이다. 또한 우리가 악이라고 생각한 것에서 약간의 선이 보일 때, 그것을 애써 부정하는 편협함에 빠져들 위험도 있다. 아우구스티누스 선생에게 모든 진리는 하나님으로부터 온 것이었다. 그 기원이 하나님께 있다면, 그것이 누구에 의해 발견되고 선전되었든지, 하나님께 감사하고 알맞게 사용하면 된다. 이를 통해 세속 문학 안에 있는 하나님의 선물과 은총을 발견할 뿐만 아니라, 비그리스도인들이 추구한 진리, 선, 아름다움을 인정하고 함께 즐거워할 수 있는 여유가 생긴다.

---

5   『그리스도교 교양』, 2.18.28.

이와 흡사하게 이방인들의 모든 학문에는 허위적이고 미신적인 찌꺼기와 무용한 수고를 끼치는 무거운 짐들이 있어서…혐오하고 피하여야 마땅하지만, 진리에 봉사하는 데 더 적합한 교양 학문들도 갖추고 있으며 매우 유익한 도덕 원리들을 포함하고 있다.…이것들은 그들에게 있는 금과 은 같은 것인데, 그들이 만든 것이 아니라 어디에나 산재해 있는 신적 섭리의 광석에서 캐낸 것이다. 그런데도 마귀들을 추종하는 데 부당하게 남용되곤 한다. 무릇 그리스도인은…그들한테서 이를 빼앗아 와서 복음을 선포하는 유익한 용도에 쓰지 않으면 안 된다. 그들의…제도는 현세 생활에 필수적인 것으로 인간 사회에 적응되어 있는 만큼, 우리는 이것을 받아들이고 그리스도교적 용도로 전환시켜야만 한다.[6]

출애굽한 이스라엘은 애굽 사람들에게서 금과 은을 취해 광야로 나왔다. 애굽 사람들은 그것으로 신상과 장식품을 만들었으나, 이스라엘 사람들은 성막을 지었다. 금과 은 자체는 중립적이지만, 이것을 어디에 사용하느냐에 따라 거룩함과 부정함이 갈린다. 그리스도인은 부정한 욕망에 의해 남용되었던 문화와 제도를 새롭게 할 책임이 있다!

물론 이것은 한 도시나 국가를 기독교화하는 것을 의미하지는 않는다. 아우구스티누스 선생은 정치적 힘을 사용해서 사회를 기독교화하려는 시도가 무익하며, 더 나아가 폐해를 끼친다는 사실을 잘 알고 있었다. 기독교가 국교가 되었다고 해서 로마가 거룩해진 것은 아니었다. 오히려 복음이 한 영혼에게 증언되어 하나님의 은총의 빛 가운데서 구원이 일어날 때, 참으로 한 사람과 한 공동체가 거룩해진다. 그래서 그리스

---

6   『그리스도교 교양』, 2.40.60.

도인은 한편으로 이 세상의 제도와 문화를 받아들이고, 다른 한편으로는 그것들이 하나님의 영광을 드러내도록 변혁시키는 지혜를 발휘해야만 한다. 애굽을 하나님의 도성으로 만들자는 것이 아니라, 애굽의 문화와 진리를 하나님께 영광이 되도록 사용하자는 것이다. 그렇다면 어떻게이 세상의 철학과 지식을 복음의 진리를 위해 사용할 수 있을까? 또한철학과 지식을 갖고 있는 기독 지성인들의 부르심은 무엇일까?

철학의 한계

413년 무렵에 아우구스티누스 선생은 아프리카의 관구 대리였던 마케도니우스와 여러 차례 서신을 주고받는다. 그는 필생의 대작 『신국론』을 집필하고 있었는데, 첫 세 권을 마케도니우스에게 서신과 함께 보낸다. 편지 내용으로 볼 때 마케도니우스는 명목상의 그리스도인이었던 것으로보인다. 그런데 『신국론』의 첫 세 권을 읽고 그는 하나님 나라를 갈망하게 되었다.

> 저는 당신의 영혼이 하나님의 천상의 공화국을 갈망하고 있음을 [마케도니우스의 편지를 통하여] 읽을 수 있었습니다.[7]

많은 로마 지성인들이 그리스도인이었으나, 실질적인 삶의 길은 여전히그리스·로마 문화와 철학에 의해 인도되고 있었다. 그들을 그리스도께

---

7   『서신』, 155.1. 여기서 아우구스티누스 선생은 하나님 나라 대신에 "하늘의 공화국"
     (*divinae illi coelestique reipublicae*)이라는 말을 사용한다. 후자가 마케도니우스에게
     훨씬 와닿는 개념이기 때문이다. 이것도 마케도니우스가 아직 신실한 신자가 아님을
     반영하고 있는 듯하다.

인도하기 위해 선생은 지성인들이 숭상하던 철학의 한계와 오류를 드러내고, 성경이 계시하는 참된 행복에 이르는 길을 보여 주어야 했다. 『신국론』은 세상의 길과 믿음의 길이 각각 영원한 형벌과 영원한 행복으로 인도한다는 것을 설득하려 한 변증적 저작이다. 지성인들의 마음을 붙잡고 있는 여러 철학자의 권위를 무장 해제하기 위해, 선생은 키케로와 플라톤을 위시한 다양한 그리스·로마 문화의 사상적 권위자들과 더불어 행복의 길에 대해 논쟁한다. 그는 마케도니우스가 『신국론』의 첫 세 권을 읽고 기독교 신앙에 대해 훨씬 더 진지하게 생각하고 완숙한 믿음에 이르기를 바랐다. 더 나아가 마케도니우스의 주변에 있는 로마 귀족들과 지성인들도 그의 책을 돌려 보고 그들이 따르고 있는 철학의 길 혹은 세속적인 영광의 길에서 떠나 믿음의 길에 들어서기를 바랐다. 지성인들의 교만이 그들을 망치는 경우를 수없이 보았기에, 선생은 마케도니우스를 그런 위험으로부터 구하고 싶었다.

사실, 날카롭고 뛰어난 재능을 가진 많은 사람이 훨씬 심각하게 길을 잃어버렸습니다. 그들이 자신들의 능력을 의지하고 하나님께 신실한마음으로 그들에게 길을 보여 주시도록 구하지 않았기 때문입니다.[8]

마케도니우스를 비롯한 로마 지성인들은 모두 존경받는 철학자이며 유능한 정치인이었던 키케로를 숭앙했고 그의 압도적인 영향력 아래 있었다. 그들은 키케로의 저술을 읽으며 자랐고, 그 덕분에 덕성이 행복에 이르는 길이라는 것을 최소한 지식으로는 알고 있었다. 그렇다면 지혜를

---

8   『서신』, 155.5.

추구한 키케로는 행복했는가? 키케로는 『투스쿨룸 대화』에서 인생의 여러 장애와 행복의 관계에 대해 논한다. 그는 눈이 먼 사람과 귀가 들리지 않는 사람을 예로 들면서 하나의 감각을 잃어도 다른 감각을 통해 행복을 가질 수 있다고 한다. 선생은 마케도니우스에게 묻는다.

그러나 만약 보이지도 않고 들리지도 않는다면 어찌할까요? 이에 대해 키케로는 그가 행복할 수 있다고 감히 말하지 못합니다. 대신, 그는 두 가지 장애에 더하여 몇 가지 심각한 육체적 고통이 중첩된 경우를 상정합니다. 그러고는 이 여러 종류의 고통이 그 사람을 죽이지 않는다면, 차라리 그가 자결을 하여 무의식의 항구에 이르러야 할 것이라 말합니다.[9]

키케로 같은 현인마저 여러 불행이 겹치면 자살을 선택하는 것이 낫다고 생각한다면, 과연 이 불행한 세상에서 참된 행복에 이를 수 있는 사람은 누구인가? 철학자들이 가르치는 행복의 길은 신뢰할 만한가? 달리 말해, 철학을 통한 행복 추구는 사실상 허구다. 키케로가 인정하듯 세상은 참으로 불행하며, 덕스럽든지 의롭든지 스스로의 덕을 통해 행복해질 사람은 없다. 세상의 불행은 그리 녹록하지 않다![10] 스스로의 힘과 노력으로 행복해질 수 없다는 것을 인식한 지점에서 (즉 철학이 실패한 곳에서) 믿음의 길이 시작된다. 그것이 아우구스티누스 선생이 마케도니우스를 철학자들의 오류로부터 건져 내려 한 방식이다.

그렇다면 그리스도인들은 행복한가? 그리스도인들이 현세에서 완전한 행복에 이른 것은 아니다. 행복에 이르기까지 가야 할 길은 멀고, 신

9   『서신』, 155.3.
10   『서신』, 155.2, 5.

자 자신의 힘으로 행복을 이루는 것도 아니다. 행복은 하나님께 붙어 있으므로 하나님이 주시는 선물이다. 철학과 믿음이 똑같이 행복을 추구하지만, 그 행복이 자신에게 달려 있는지 아니면 하나님께 달려 있는지에 차이가 있다. 똑똑한 사람들이 더욱 크게 불행해지는 이유는 하나님을 의지하지 않고 자신을 의지하기 때문이다. 행복은 하나님을 가까이하는 것이다(시 73:28). 그래서 신자는 장차 하나님이 주실 행복을 바라며 오늘의 어려움과 고통을 인내한다. 선생은 로마서 12:12로 그것을 확증한다. "소망 중에 즐거워하며 환난 중에 참으며 기도에 항상 힘쓰며."[11] 물론 그리스도인들은 아직 완전한 행복에 이르지 못했다. 그럼에도 그들은 기쁨 가운데 있는데, 그들에게 참된 행복을 주실 하나님을 믿으면서이 믿음으로 약속된 것을 여기서 미리 맛보기 때문이고, 더 나아가 그 소망으로 오늘의 어려움을 작게 여기기 때문이다.

따라서 우리가 행복해지기 위해서는 스스로 덕을 연마하고 추구할 것이 아니라, 행복을 주시는 하나님을 진실하게 섬기는 경건(pietas, '피에타스')을 추구해야 한다. 아우구스티누스 선생은 마케도니우스가 신자인데도 "믿음"(fides) 대신에 "경건"이라는 말을 사용한다. 로마 문화에서 '피에타스'는 종교적인 차원을 넘어 모든 사회적 관계 안에서 기대되는 의무를 충실히 행하는 것이었다.[12] 선생은 '피에타스'를 사용함으로써, 마케도니우스가 신의를 지키고 그 앞에 경건하게 살아야 할 궁극적인 대상이 하나님이라는 것을 암시한다. 그 경건이 없이는 누구도 행복에 이르지 못한다. 선생은 이 모든 것을 간략히 요약한다.

---

11 『서신』, 155.4.
12 Everett Ferguson, *Backgrounds of Early Christianity*, 3rd ed. (Grand Rapids, MI: Eerdmans, 2003), p. 172.

여기서는 참된 경건을, 거기서는 영원한 행복을![13]

이로써 선생은 마케도니우스를 철학자들이 가르친 덕을 통한 행복에서 하나님을 믿는 믿음을 통한 행복으로 인도한다. 행복은 그가 자기를 연마하여 만들어 내는 것이 아니라, 하나님을 의지하고 예배함으로써 받는 선물이다. 이 둘은 완전히 다른 길이다.

덕의 갱신

그렇다면 덕은 아무짝에도 쓸모없는 탁상공론인가? 아우구스티누스 선생은 덕에 대한 논의를 개인적 차원을 넘어 사회적 차원으로 확대한다. 개인과 사회의 행복은 궁극적으로 같은 뿌리에서 나오기 때문이다. 고대의 철학자들에게도 행복은 개인적 차원으로 축소되지 않았다. 플라톤, 아리스토텔레스, 키케로 등이 전개한 정치 철학은 결국 한 사회가 어떻게 행복에 이르는지에 대한 논의였다. 이들은 모두 개인적 차원의 행복이 덕의 추구를 통해 오듯, 사회도 덕에 기초해서 행복에 이른다고 생각했다. 바로 거기서 소위 *사추덕(四樞德, four cardinal virtues)이 나온다. 네 가지 중추적인 덕인 지혜(*prudentia* 혹은 *sapientia*), 용기(*fortitudo*), 절제(*temperantia*), 정의(*iustitia*)를 기반으로 개인과 사회가 행복에 이른다. 그것이 로마 지식인들이 여러 세기에 걸쳐 가르친 행복론이다.

선생은 하나님을 섬김 없이 덕을 수단으로 삼아 행복을 추구하는 것의 오류를 지적하지만, 그럼에도 이 네 가지 덕을 무시하거나 내팽개치

---

13 『서신』, 155.7.

> • **사추덕**은 플라톤의 『향연』(*Symposium*)에 등장할 정도로 유래가 깊다. 그리스 철
> 학자 플라톤과 아리스토텔레스뿐 아니라, 세네카와 키케로 같은 라틴 철학자들도
> 사추덕을 윤리의 중심으로 생각했다. 유대인 철학자 필론과 알렉산드리아의 클레
> 멘스, 그리고 아우구스티누스 선생에 이르기까지 사추덕은 덕 윤리의 기초로 받
> 아들여졌고, 인간 본성이 참되게 드러날 수 있는 통로로 생각되었다.

지 않는다. 세속 철학이 발견한 덕들은 사실 하나님이 주신 것이다. 덕 자체가 나쁘거나 무용하지 않다. 다만 그 덕이 경건, 즉 하나님과의 관계 안에서 기대되는 것들을 만족시키는 데 봉사할 때 비로소 행복으로 우리를 인도한다.

고대의 철학자들에게 덕은 한 개인이 스스로 절제와 훈련을 통해 이르게 되는 내적 품성이었다. 그런데 선생은 사추덕을 하나님과의 관계를 통해 새롭게 구성했다. 모든 덕과 진리의 원천이 하나님께 있으므로, 이 네 가지 덕은 근본적으로는 하나님에 대한 사랑의 표현이다. 이런 맥락에서 선생은 덕과 관련해서 이렇게 주장한다.

마땅히 사랑해야 할 것을 사랑하는 것을 제외하고는 그 어떤 덕도 존재하지 않습니다.[14]

여기서 "마땅히 사랑해야 할 것"은 두말할 것도 없이 하나님이다. 또한 사랑한다는 것은 하나님께 가까이 있는 것이며, 마음과 뜻을 다해 그분을 붙잡는 것이다. 요컨대, 사추덕은 하나님을 지혜롭게(prudently), 용기

---

14 『서신』, 155.13.

있게(tenaciously), 정결하게(in purity), 합당하게(rightly) 붙드는 것이다.[15]

이렇게 재해석된 혹은 갱신된 덕은 사람이 되신 그리스도 안에서 완전하게 드러난다. 그리스도야말로 철학자들이 도달하지 못한 완전한 덕을 이루신 분이다. 그분은 지혜로 마땅히 사랑할 하나님을 사랑하셨고, 용기를 갖고 고난을 이기고 사랑하셨고, 중용을 따라 유혹에 치우치지 않고 사랑하셨고, 의를 통해 자기를 높이지 않고 겸손하게 사랑하셨다. 이렇게 해서 그분은 완전한 지혜, 중용, 용기, 정의를 보여 주셨다. 한 개인과 사회는 그리스도를 통해 이 덕에 참여하고 행복에 이른다. 그리고 그분을 사랑하고 합당하게 섬길 때 행복은 선물로 주어진다.

기독교 신앙에서 하나님을 사랑하는 것과 그분이 우리 곁에 두신 이웃을 사랑하는 것은 동전의 양면과 같다. 당연히 사추덕은 내적으로는 하나님을 사랑하는 마음의 자세를, 외적으로는 이웃을 사랑하는 마음의 자세를 의미한다. 우리가 위로 하나님을 합당하게 사랑하고, 또한 우리 곁의 이웃을 합당하게 사랑한다면, 과연 그 사회가 불행할 수 있겠는가?

고대 철학자들이 그린 행복한 사회에 대한 모든 논의는 이 지점에서 뿌리로부터 변혁된다. 덕은 하나님과 이웃을 사랑하는 사람들에게서 나타나는 아름다운 특질이다. 덕을 추구한다면서 나 자신의 욕망이 궁극적인 사랑의 대상이 된다면, 거기에는 욕망만 존재할 뿐 참다운 덕이란 존재하지 않는다. 선생은 욕망을 이루기 위해 절제를 이룬 로마 역사의 위인들을 알고 있다. 일견 대단해 보이지만, 그들의 절제는 철저히 세속적이며 그들 자신과 사회를 행복하게 하지 못한다. 자기만족을 위해 하나님과 이웃을 이용하는 것이기 때문이다.

---

15 『서신』, 155.12.

의의 길

선생의 말대로 덕이 하나님을 사랑해서 그분을 붙들려는 것이라면, 우리는 덕을 통해 하나님께 가까이 갈 것이다.

> 우리는 우리의 발로 걸어서 하나님께 이르는 것이 아니라 우리의 인격을 통해 하나님께 갑니다. 그러나 우리의 인격은 우리가 무엇을 알고 있는가로 평가되지 않습니다. 오히려 우리가 무엇을 사랑하는가로 평가됩니다.[16]

지식이 아닌 사랑이 우리의 인격을 좌우한다. 따라서 그가 정의한 대로, 합당하게 사랑해야 할 것을 사랑하는 것이 덕의 갱신을 위한 기초다. 여기서 선생은 "하나님의 의" 개념을 소개한다.

> 부패함으로 인해 우리는 하나님의 의로부터 멀리 떨어져 있습니다. 그러나 우리가 마땅한 의로운 것을 사랑할 때, 하나님의 의가 우리를 회복합니다. 그러고 나면, 이제 의롭게 되어 우리는 의로운 것을 단단히 붙들 수 있게 됩니다.[17]

플라톤을 비롯한 서양 철학자들은 한결같이 한 나라의 성쇠가 의에 달려 있음을 주창했다. 로마 제국은 강력한 힘을 자랑하면서 스스로 정의의 기초 위에 있다고 믿었다. 아우구스티누스 선생은 『신국론』에서 유

16　『서신』, 155.13.
17　『서신』, 155.13.

• **알렉산더 대왕**(BC 356-323년)은 고대 마케도니아의 왕으로, 20세에 왕위에 올라 치세 내내 정복 전쟁을 했다. 그 결과 아시아와 북아프리카를 포함한 대제국을 건설했고, 페르시아도 점령했다. 16세에 아리스토텔레스에게서 배웠고, 그리스 문명을 전파하는 데 지대한 공헌을 했다. 바빌론 원정을 갔다가 31세에 죽었는데, 그의 사후에 마케도니아는 내전으로 분열되었다.

명한 일화를 소개한다. °알렉산더 대왕이 해적 두목을 붙잡아 왜 바다에서 남을 괴롭히는 일을 저지르느냐고 문초하자, 이 해적은 당당하게 대답한다. "그것은 당신이 전 세계를 괴롭히는 이유와 똑같소이다. 나는 작은 배 한 척으로 하기에 해적이라 불리고, 당신은 대함대를 거느리고 다니면서 그 일을 하기에 황제라고 불리는 것뿐이오!" 선생은 이렇게 일갈한다.

정의가 없는 왕국이란 거대한 강도 떼가 아니고 무엇인가? 강도 떼도 나름대로는 작은 왕국이 아닌가? 강도 떼도 사람들로 구성되어 있다. 그 집단도 두목 한 사람의 지배를 받고, 공동체의 규약에 의해 조직되며, 약탈물은 일정한 원칙에 따라 분배한다. 만약 어느 악당이 무뢰한들을 거두어 모아 거대한 무리를 이루어서 일정한 지역을 확보하고 거주지를 정하거나, 도성을 장악하고 국민을 굴복시킬 지경이 된다면 아주 간편하게 왕국이라는 이름을 얻게 된다. 그런 집단은 야욕을 억제해서가 아니라 야욕을 부리고서도 아무런 징벌을 받지 않는다는 사실만으로도 당당하게 왕국이라는 명칭과 실체를 얻는 것이다.[18]

---

18 『신국론』, 4.4.

『신국론』에 상당한 감동을 받은 마케도니우스는 이후에 『신국론』 4권에 등장하는 이 이야기와 아우구스티누스 선생의 비판을 읽었을 것이다. 로마의 행정관인 그에게 이것은 어떻게 들렸을까? 그는 선생이 로마 제국이 사실상 불의한 강도 떼와 별다를 것이 없다고 비판하며, 그런 나라에 행복이 가능하지 않다고 주장하는 것을 이해했을까? 또한 로마가 아닌 하나님 나라가 참된 행복을 줄 나라라는 것을 그에게 권하고 있음을 간파했을까? 그가 추종한 제국과 하나님 나라가 전혀 다른 기초 위에 서 있으며, 어느 쪽을 택할지를 선택하라는 도전이 있음을 그는 깨달았을까? 그는 그 갈림길에서 어느 쪽을 택했을까?

선생은 편지에 이 모든 요점을 담아 마케도니우스에게 보냈다. 그러면서 우리가 사랑하는 사람들을 하나님께 인도하자고 마케도니우스에게 촉구한다.[19] 여기서 하나님 사랑과 이웃 사랑, 그리고 자신을 사랑하는 것이 모두 일치한다. 우리가 귀하고 높은 것을 무시하고 열등하고 낮은 것을 추구할 때 의를 잃어버린다. 의는 어떤 것을 마땅한 방식으로 사랑하는 것이기 때문이다. 무엇을 마땅히 사랑할 것인가? 하나님이다. 하나님을 그분의 위엄과 권위에 마땅한 방식으로 사랑할 때, 그분의 뜻을 받들어 그분이 명하신 대로 이웃을 사랑할 때, 의가 회복될 것이다.

더 나아가 선생은 모든 사람이 우리의 이웃이라고 하면서, 지속적으로 로마를 괴롭히고 있는 고트족까지 결국 하나님께 돌아오기를 바란다고 한다![20] 공직에 있는 마케도니우스가 이런 과격한 덕의 갱신을, 그리고 국가주의를 벗어난 온 인류에 대한 사랑을 어떻게 받아들였을지 우리는 알 수 없다. 하지만 선생은 로마 지성인들이 금과옥조로 여기던 그

19　『서신』, 155.14.
20　『서신』, 155.13.

　　　　　　　　　　　　　　12. 지성인을 그리스도께로

들의 정치 철학과 행복론이 사실은 지극히 세속적이며 복음과 날카롭게 대립하고 있다는 것을 드러냈고, 그렇게 함으로써 지성인들이 그들의 권위와 지위를 바르게 사용하도록 인도하기를 바랐다.

선생이 수많은 위대한 저작을 남겼기에, 우리는 그가 매일 씨름한 일이 히포의 성도들을 돌보는 것이었음을 망각할 때가 많다. 사실 선생은 전업 작가도, 연구실에서 하루 종일 책과 씨름하던 신학자도 아니었다.[21] 그는 영혼을 돌보는 목회자였다. 그 자신이 지성인이었고, 그도 젊은 시절에 진리의 길에서 많은 질문과 회의 가운데 방황했기에, 그는 지성인들에게 특별한 관심을 갖고 있었다. 선생은 기독교 신앙에 대한 관심과 의심 사이에 있는 지성인들이 묻는 수많은 질문에 서신을 통해 답하면서 그들을 진리의 길로 인도하려고 노력했다.

선생이 마케도니우스에게 보낸 서신은 지성인들을 그리스도께, 하나님 나라로 인도하기 위한 선생의 치열한 지적 노력을 생생하게 보여 준다. 선생은 당대의 문화와 철학이 갖고 있던 허구를 날카롭게 꿰뚫어 보고 있었고, 그것을 맹신하면서 사실상 복음과 반대의 길에 서 있던 많은 기독 지성인들과 그들의 친구들을 위해 수고롭게 일했다.

지성인은 흔히 자신이 받은 교육과 훈련 때문에 교만해지고, 그것이 세상의 전부이며 진리라고 맹신하기 쉽다. 그래서 국가를 우상화하고, 철학을 진리인 양 붙들고 살며 그 렌즈를 통해 기독교 신앙이 가르치는 것을 오해한다. 그들에게 집중된 사회적 자본은 자칫 더 큰 차원의 불의를 행하는 데 이용되고, 그들과 사회를 불행으로 인도하기도 한다. 무엇이

---

21 아우구스티누스 선생도 그 일에 최선을 다하려고 했다. 그렇기에 그는 자신이 그렇게도 좋아하는 저술 활동을 밤늦게 할 수밖에 없었다. 그의 책무가 무겁고 할 일이 너무나 많았기에, 해가 진 후에야 영원한 것을 묵상하고 저술을 계속해 나갈 수 있었다. 『서신』, 139.3; 『아우구스티누스의 생애』, 24.11.

참된 의이며 덕인지 모르고 세상이 가르친 대로 추구하기 때문이다.

오늘 우리 사회의 지성인들을 복음의 진리로 깨울 사람은 누구인가? 그들의 언어와 사고방식을 사용하여 그리스도의 복음이 이 세상의 행복이나 덕과 전혀 다른 것을 가르치고 있음을 드러낼 선지자는 어디에 있는가?

토의를 위한 질문들 _____

1. 저자는 언제나 교회가 기독교에 우호적이지 않은 세속 사회에서 존재
   해 왔다고 주장한다. 당신에게 세속 사회는 어떤 모습으로 나타나는
   가? 이 장의 핵심 성경 구절인 고린도후서 10:5을 다시 읽어 보라. 선
   생이 의도한 바 사회의 제도와 문화를 기독교적 용도로 전환시킨다는
   것을 당신은 어떻게 이해했는가? 세속 사회에서 살아가는 우리는 그리
   스도인으로서 세속 사회의 문화와 사고방식을 어떻게 받아들여야 하
   는가? 더 구체적으로, 내가 마주하는 세속성 앞에서 그리스도인으로
   살아간다는 것은 어떤 모습이며 무엇을 요구하는지 생각해 보자.

2. 선생은 "날카롭고 탁월한 재능을 가진 많은 사람이 훨씬 심각하게 길
   을 잃어버렸습니다"라고, 당대 지성인들의 오류를 지적한다. 또한 저
   자는 지성이 교육과 훈련을 받으면서 쉽게 교만해지고, 그러한 지식을
   진리로 맹신하는 경향이 있다고 경고한다. 당신은 현대 지성인들이 어
   떤 모습을 보인다고 생각하는가? 선생은 먼저 신앙을 통해 이해에 이
   르러야 한다고 주장하면서, "이해하기 위해 믿는다"(*Credo ut intelligam*)는
   입장을 분명히 한다. 지성인들이 그리스도께 돌아오게 하기 위해 필요
   한 것은 무엇인가? 또한 당신은 그 과정에서 어떤 역할을 할 수 있다
   고 생각하는가?

3부 교회와 세상

13. 기적

표적과 기사가 거룩한 종 예수의 이름으로 이루어지게 하옵소서. (행 4:30)

하나님의 임재

교회를 교회로 만드는 것은 삼위일체 하나님의 임재다. 하나님이 교회를
성전으로 삼아 거하지 않으시면, 교회는 그 본성과 생명을 잃을 것이다.
설교는 그저 예수의 이름으로 전달하는 윤리 강론이 되고, 기도는 대상
없는 독백으로 전락할 것이다. 초기 교회의 유대 그리스도인들이 유대교
의 뿌리 깊은 유대 중심주의를 깰 수 있었던 것은 하나님의 아들을 그
들의 메시아로 믿고 성령을 받았기 때문이다. 세례 요한이 예수께 그분
이 참으로 메시아인지 물었을 때, 예수는 "맹인이 보며 못 걷는 사람이
걸으며 나병환자가 깨끗함을 받으며 못 듣는 자가 들으며 죽은 자가 살
아나며 가난한 자에게 복음이 전파된다 하라"고 대답하셨다(마 11:5). 이
런 능력의 표징들이 메시아의 도래와 임재를 나타냈다. 그뿐 아니라, 예
수는 자신의 말을 못 믿겠거든 자신이 하는 일을 보고 믿으라고 사람들

에게 말씀하셨다(요 14:11).

기적이나 초자연적인 현상이 없어도 복음이 전파되어 사람들이 돌아오지만, 그럼에도 불구하고 하나님의 초자연적인 역사가 자연스럽게 기대되었다. 예를 들어, 에티오피아 내시는 빌립의 설명을 통해 복음을 받아들인 것이지만, 그에 앞서 빌립은 성령의 초자연적인 인도하심 가운데 광야 길로 내려갔고 거기서 성령이 지시하신 대로 내시를 만났다. 게다가 내시가 세례를 받은 후에, 성령이 빌립을 "빼앗아 가셔서" 내시는 그를 더 이상 보지 못한다(행 8:39). 또한 바울은 갈라디아 사람들에게 그들이 성령을 받은 것은 율법을 지켰기 때문이 아니라 믿었기 때문이었음을 상기시킨다(갈 3:2). 이는 바울과 갈라디아 교인들이 대부분 성령을 경험했다는 것을 의미한다. 바울은 고린도 교인들에게도 그들이 신령한 일에 대해 무지하기를 원하지 않는다고 하면서, 초자연적인 은사를 열심히 추구하라고 명한다. 더 나아가 바울이 성령을 우리가 받을 완전한 구원의 보증금이라고 말할 때, 성령은 그저 구체적인 경험 없이 믿어야 하는 대상이 아님이 분명하다. 성령은 경험되는 실재였다. 예를 들어, 바울은 예언에 대해 고린도 교회에 가르치면서, 교회에서 예언을 하면 불신자들의 마음에 있는 것이 드러나 그들이 "하나님이 참으로 너희 가운데 계신다"고 고백하지 않겠느냐고 말한다(고전 14:24-25).

하나님은 보이지 않는 분이시며 영이시지만, 그분의 역사와 임재는 가시적인 실재를 통해 드러난다. 어떤 사람이 그리스도의 영에 의해 예언할 때 하나님이 아니고서는 누구도 알 수 없는 것들이 드러나고, 하나님이 이것을 말하게 하셨음을 인정할 수밖에 없다. 장로들이 와서 기도할 때 병이 낫고 귀신이 나가는 것을 보면서, 신자와 불신자가 모두 하나님의 임재와 역사에 찬송을 드리게 된다. 베드로가 죽은 도르가를 살렸을 때, 바울이 3층에서 떨어져 죽은 유두고를 살렸을 때, 사람들은 자기들을 불쌍히 여기시고 은혜를 베푸시는 살아 계신 하나님을 경험한다.

하나님의 임재와 역사가 없다면 교회가 생명을 이어 갈 수 있을까? 보이지 않는 하나님을 믿을 수는 있으나 하나님의 역사와 임재가 전혀 나타나지 않는다면, 즉 하나님이 실존하심을 드러내는 증거가 없다면 어떻게 믿겠는가? 그뿐 아니라 그리스도는 믿는 자들에게 초자연적인 역사가 일어날 것이라고 하셨고, 심지어 사도들은 하나님의 표적과 기사가 일어나기를 간구했다(막 16:17-18; 행 4:29-30). 바람은 보이지 않지만, 나뭇가지가 흔들리는 것을 보고 바람이 불고 있음을 안다. 이것을 누가 부정하겠는가?

기적을 보다

우리는 근대 이전의 사람들이 미신과 허황된 이야기를 쉽게 믿었다고 흔히 생각하지만, 그들이 남긴 기록들을 보면 지식인들이 초자연적인 현상에 대해 상당히 비판적이었음을 발견한다. 초기 기독교의 비판자들은 복음서의 기적 이야기들에 대해, 특히 부활에 대해 한결같이 비판적이었다.[1] 요나가 물고기 뱃속에 들어갔다는 이야기는 아이들을 위한 동화 정도로 폄하되었고, 오병이어의 기적이나 예수가 바다 위를 걸으신 것도 조롱거리가 되기 십상이었다. 성경의 기적들은 속임수나 마술 등으로 왜곡되기도 했고, 교육받지 못한 예수의 제자들과 여자들이 꾸며 낸 이야기로 무시되기도 했다. 심지어 그리스도인들 사이에서도, 이적과 기사의

---

1   Ferguson, *Backgrounds of Early Christianity*, p. 593.

유익을 부정하지 않더라도 성숙한 신자들에게는 더 이상 필요 없는 것으로 평가 절하하는 경향이 있었다. 이 점에서 기독교 저작은 두 가지의 매우 상반된 경향을 보인다. 4세기에 아타나시우스는 『성 안토니우스의 생애』를 저술하면서 수많은 기적과 초자연적인 현상을 포함시킨 반면, 젊은 날의 아우구스티누스 선생은 하나님이 보이는 것에 대한 집착을 끊게 하시려고 더 이상 기적을 행하시지 않는다고 주장했다. 390년경에 쓴 『참된 종교』에서 선생은 이렇게 말한다.

알다시피 우리 선조들은 현세적 사물에서 영원한 사물로 자기들을 고양시키는 단계에서 가시적인 기적들을 따랐고, 또 (그 단계에서는) 달리 어쩔 수도 없었다. (그들이 기적을 보고 믿음으로써) 후손들에게는 기적이 더 이상 필요 없게 하려는 뜻에서였다. 가톨릭 교회가 온 천하에 퍼지고 세워진 다음에는 그런 기적들이 우리 시대까지 지속되도록 허용하지 않았다. 그 이유는 영혼이 늘 가시적인 것을 찾지 않게 하려는 것이[다].[2]

아우구스티누스 선생은 밀라노에 있을 때 암브로시우스가 목회하던 교회에서 일어난 기적들을 보고 들었고,[3] 어머니 모니카와 함께 오스티아에서 신비한 경험도 했지만,[4] 그에게 기적은 큰 의미를 갖지 못했다. 그는 그리스·로마 세계의 여러 비판적 지식인들과 마찬가지로 합리성을 근거로 세상을 보고 있었다. 초자연적인 실재를 중요하게 여겼지만, 기적

---

2 『참된 종교』, 25.47.
3 Paulinus of Nola, *vit. Amb.*, p. 14. 아우구스티누스 선생 자신도 기도로 인해 치통이 낫는 경험을 한다. 『고백록』, 9.4.12.
4 『고백록』, 9.1.23-26.

에 관심을 기울이는 것은 참된 믿음에 해가 된다고 생각했다.[5] 그러나 선생의 삶 후반으로 가면서 기적에 대한 초기 입장은 변화를 겪는다. 그의 설교 가운데 그가 보거나 들은 이적에 대한 언급이 많아졌음은 물론이고,[6] 심지어 최후의 대작인 『신국론』 마지막 장들에서 선생은 무려 20개가 넘는 기적 사례들을 언급한다.[7] 그중에는 자신이 직접 목격한 기적도 여럿 있는데, 그 가운데 하나를 살펴보자.

선생은 밀라노에서 세례를 받은 후 고향 타가스테로 돌아오는 길에 카르타고에 들렀다. 마침 부총독의 법률 고문 출신인 이노켄티우스가 심한 치루로 인해 수술을 앞두고 있었다. 그는 이미 몇 차례의 수술을 받았으나 남아 있는 종양으로 인해 큰 고통을 당하고 있었다. 또다시 수술을 해야 한다는 말에 그는 울음을 터뜨리며 저항한다. 의사들은 그가 수술하지 않으면 생명에 지장이 있을 수도 있다며 수술을 권하고, 그는 이러지도 저러지도 못하고 자신의 신세를 한탄하며 절망한다. 그러다 결국 여러 사람의 권유를 받아들여 수술을 받기로 결정한다. 수술 전날 여러 신도와 성직자가 그를 방문하고 함께 기도하는데, 선생도 바로 그 자리에 있었다.

지난번의 고통 때문에 엄청난 공포가 그를 덮쳐 자신은 틀림없이 의사들 손에 죽으리라는 생각까지 했다. 이들은 그를 위로하고 하나님을 신뢰하고 그분의 뜻을 남자답게 받아들이라고 훈계했다. 그러고 나서 우리 모두가 기도에 들어갔다. 우리가 습관대로 무릎을 꿇거나 땅에 엎드려

---

5   아우구스티누스 선생의 기적에 대한 초기 입장과 후기 입장의 대조에 대해서는 『참된 종교』, p. 47와 『재론고』, 1.13을 비교해 보라.

6   『설교』, 320-324.

7   『신국론』, 22.8.

있는데, 그는 누가 세차게 밀어뜨린 것처럼 땅에 엎어지더니 기도를 올리기 시작했다.

그가 어떤 모습과 어떤 감정으로, 얼마나 심한마음의 동요를 보이며, 얼마나 많은 눈물의 강을 이루며, 얼마나 신음하고, 그의 사지를 모두 떨면서 흐느끼고 숨이 거의 멎을 듯하면서 기도를 올리던 모습을 누가 무슨 말로 형용할 수 있겠는가? 다른 사람들은 과연 기도를 했는지 그렇지 않으면 그들의 주의가 온통 이런 광경에 쏠렸는지는 나도 모르겠다. 적어도 나는 도무지 기도를 할 수가 없었다. 마음속으로 짤막하게 이런 말씀만 드렸다. "주님, 이런 기도를 안 들어주신다면 대체 어떤 기도를 들어주신다는 말입니까?"…그 사람은 사람들더러 아침에 임석해 달라고 애원했고, 사람들은 그에게 마음을 침착히 가지라고 권유하고 나왔다.

두려운 날이 밝았고, 하나님의 종들이 약속대로 임석했으며, 의사들이 들어왔고, 그 시각에 필요한 것들이 모조리 마련되었다. 모두가 놀라 바라보는 가운데 무시무시한 쇠붙이가 펼쳐졌다. 더 권위 있는 사람들이 위로하면서 그의 약한 담력을 북돋아 주는 동안 그는 침대에 눕혀져 수술을 집도할 사람의 손에 내맡겨졌다. 붕대가 풀렸다. 의사는 들여다보면서 칼을 들고서 찬찬히 그 누종을 찾았다. 눈으로 살펴보고 손가락으로 만져보고 온갖 방도로 해 보았다. 거기서는 매우 딱딱한 수술 자국을 발견했을 따름이다. 그때의 기쁨이라니! 모든 이가 기뻐서 눈물을 흘렸고, 자비롭고 전능한 하나님께 그들의 입에서 쏟아져 나온 찬미와 감사의 기

도는 나의 필설로 형용할 수가 없다.[8]

분명히 이 기적은 젊은 아우구스티누스 선생에게 놀라운 경험이었고 무려 30년이 지난 후에도 기억될 정도로 충격적이었으나, 기적에 대한 그의 태도를 바꾸지는 못했다. 그러나 『신국론』의 마지막 장들을 써 내려갈 무렵 노년이 된 선생은 기적과 하나님의 초자연적인 역사를 적극적으로 수용했다. 그와 가까운 동역자들도 그들의 교회와 지역에서 일어난 초자연적 역사에 대해 증언했고, 어떤 기적들은 교회의 성례 가운데 회중들이 보는 앞에서 일어나기도 했다.

> 희극 배우 출신인 쿠루비스 사람 하나는 중풍만 아니라 생식기의 기형적 무게로 고생했는데, 세례받을 때 둘 다 낫고 괴로움에서 벗어났다. 몸에 한 번도 병을 앓은 적이 없는 것처럼 성한 몸이 되어서 재생의 샘[침례탕]에서 올라왔다. 쿠루비스 사람 말고, 또 어디서 들었든 이 얘기를 들은 극소수의 사람을 빼고 누가 이 일을 알고 있을까? 우리는 [이 일을] 신빙성을 의심할 수 없는 사람들에게서 들었지만, 이 일을 들은 아우렐리우스 주교가 우리에게 명하였기에, 우리는 그 사람을 카르타고로 오게 해서 만나 보았다.[9]

선생이 기적을 적극적으로 수용하게 된 것은 420년경 북아프리카에 *스데반의 유물이 들어오면서 발생한 수많은 기적 때문이다.[10] 소위

---

8   『신국론』, 22.8.3.
9   『신국론』, 22.8.6.
10   스데반의 유물이 북아프리카에 들어온 경위에 대해서는 Van der Meer, *Augustine the Bishop*, pp. 475-476를 보라.

"첫 번째 기적의 물결"은 히포를 포함하여 그 주변 지역에서 상당히 포괄적으로 나타났다.[11] 젊었을 때 기적에 대해서 미심쩍어하던 선생은 생애 후반부에 속출하는 치유와 이적을 보고 들으면서 훨씬 긍정적인 입장으로 선회했다. 『신국론』에서 언급된 수많은 기적 사례는 실제로 "수집된" 기적 이야기의 작은 부분에 지나지 않았다.

> 내가 이 책을 집필할 무렵에는 이미 간행된 문서들이 70여 권이나 되었다. 그 대신 칼라마에는 기념 경당(*memoria*)이 먼저부터 있었고 기적이 훨씬 빈번하게 일어나고 있었으므로, 그것을 기록한 문서들의 숫자도 비교도 안 될 만큼 월등하게 많다.[12]

여기서 보듯 아우구스티누스 선생은 히포와 인근의 기적 사례들을 수집하고, 증인들의 직접 증언이나 기록을 통해 그것을 공식적인 문서(*libellus*)로 남겼다. 각 증인은 자신이 증언한 것에 대해 서명해야 했으며, 기록된 것은 교회에서 읽히고 주교의 도서관에 비치되었다.[13] 그는 기록된 기적 이야기를 설교 때 회중에게 읽어 주기도 했다.[14]

실재의 문제

『신국론』의 기적 이야기 가운데 아우구스티누스 선생의 교회에서 온 회

---

11 Serge Lancel, *St. Augustine*, tr. Antonia Nevill (London: SCM Press, 2002), p. 468.
12 『신국론』, 22.8.21.
13 Brown, *Augustine of Hippo*, p. 418.
14 예를 들어, 『설교』, 322는 설교 전체가 기적 이야기다.

중이 보는 데서 일어난 기적은 여러 면에서 중요한 의미를 가진다. 당시 히포에는 이미 스데반의 유물이 들어와 있었고, 이를 위해 기념 경당이 건립되었다. 그곳을 방문하기 위해 많은 사람이 각지에서 찾아들었다. 어느날 카파도키아 출신의 두 남매가 히포를 찾아온다. 이들은 부친의 사망 후 "하나님의 벌을 받아" 사지를 떨게 되었다고 한다. 선생은 자신이 직접 경험한 이 사건을 생생하게 기록한다.

그 흉측하기 이를 데 없는 몰골 때문에 자기네 시민들의 눈초리를 감당할 길이 없어서 그들은 각자 가고 싶은 대로 떠나 로마의 거의 모든 지역을 방랑하고 있었다. 그 가운데 두 사람, 곧 파울루스라는 남자 형제와 팔라이아라는 누이가 우리에게 이르렀다.…그들은 부활절을 보름 앞두고 왔는데, 날마다 교회로 찾아왔으며 지극히 영광스러운 스데반의 기념 경당을 다니면서 하나님이 자기들을 용서하고 이전의 건강을 되돌려 주십사 기도하는 것이었다.…마침내 부활절이 왔고, 바로 그 주일 아침에 기념 경당에 다니는 사람들이 함께 있는 가운데 젊은이는 기도를 드리면서 순교자가 있는 거룩한 처소의 철책을 붙들었다. 그러자 갑자기 엎어지더니 마치 잠자는 사람처럼 누워 있었다. 전에는 잠을 자면서도 몸을 떠는 것이 버릇이었는데 그때는 몸을 떨지 않았다.…그런데 보라! 그는 일어섰고, 다 나아서 몸을 떨지 않았으며, 성한 몸으로 당당히 서서 자기를 쳐다보고 있던 사람들을 둘러보는 것이었다! 그러니 누가 하나님 찬미하기를 마다하겠는가?[15]

---

15 『신국론』, 22.8.23. 이 치유의 기적 이야기는 『설교』, 321에 다시 등장한다.

13. 기적

때마침 선생은 교우들과 행렬을 지어 기념 경당으로 가고 있었고, 기적을 본 사람들이 연이어 그에게 달려와 기적적인 치유의 소식을 전해 주었다. 선생은 두 남매를 만나 그들의 내력을 상세하게 듣고 기적이 일어난 경위를 기록했다. 그리고 다음 날 두 남매를 설교단 아래 세우고는 기록한 것을 회중에게 읽어 주었다. 교인들은 병이 나은 오라비와 여전히 몸을 떨고 있는 누이를 보면서 "오빠에게는 무엇을 두고 축하해야 할지, 누이를 위해서는 무엇을 두고 기도해야 할지 알아보았다." 낭독이 끝나고 회중이 교회를 떠난 후 그 누이는 스데반의 기념 경당에 갔고 똑같은 일이 그에게 일어난다. 그가 경당의 철책을 붙드는 순간 잠들고 몸이 회복된 것이다.

사람들은 말 아닌 소리로 하나님을 찬미하며 좋아서 뛰고 있었다. 우리의 귀가 감당하기 힘들 정도로 고함을 지르며 환희하고 있었다. 환호하는 사람들의 마음에 있던 것은 그리스도께 대한 믿음, 스데반의 피를 흘리게 한 그 믿음이 아니고 무엇이었겠는가?[16]

사람들은 유물로 인한 기적을 순교한 스데반이 부활해서 그의 믿음으로 일으킨 것이라고 생각했다. 그렇기에 선생은 모든 기적이 결국 그리스도가 육신으로 부활하셔서 승천하셨음을 믿도록 돕는 (간접적인) 증거라고 선포했다.[17] 기적 사례들을 공적으로 확증하고 기록으로 남긴 이유는 그 사례들이 부활에 대한 교회의 믿음과 복음 증언에 중요한 역할을 했기 때문이다. 기적을 통해 기독교 신앙이 "살아 계신" 하나님에 관한 것임

16 『신국론』, 22.8.23.
17 『신국론』, 22.9.

을 신자는 물론이거니와 불신자들에게도 효과적으로 드러낼 수 있다고 선생은 생각했다. 북아프리카에 나타난 일련의 기적들은 이 장의 서두에서 언급한 하나님의 임재와 연관된다. 순교자의 유물을 통해 일어난 기적은 살아 계신 하나님의 실재를 입증해서 사람들이 믿음에 이르도록 도울 수 있었다.

성인의 유물과 관련된 기적의 경험은 신학적 해석을 통해 중세 교회 성례전 신학의 일부를 형성하게 된다. 성찬의 떡과 잔이 영적인 실재를 매개하는 것처럼, 성인의 유물은 하나님의 치유하고 고치는 능력을 매개하는 것으로 받아들어진다. 반면 개신교는 하나님의 임재를 매개할 어떤 고정된 물적 실체도 인정하지 않는데, 자칫 그 매개물을 우상화할 위험 때문이다. 개신교의 예배와 경건에서 가시적인 사물의 역할은 최소한으로 축소된다. 말씀이 하나님의 임재와 역사를 거의 독점적으로 매개하기 때문이다(물론 이런 맥락에서 볼 때 보수적인 개신교 신자들은 성경을 하나님의 살아 있는 말씀과 동일시할 위험이 있다). 성경에는 엘리사의 뼈에 닿은 시신이 살아나거나(왕하 13:21), 바울의 몸에서 가져간 손수건이나 앞치마에 닿은 사람의 병이 낫는 등 하나님의 치유 역사에 매개가 된 것들이 등장하지만(행 19:12), 그런 매개물도 항상 하나님의 임재와 능력을 매개하는 것은 아니다. 개신교는 그리스도가 제정하신 세례와 성만찬의 성례 외에는 어떤 사물도 하나님의 임재를 늘 매개하는 것으로 생각하지 않으며, 그런 이유로 성인의 유물에 대한 관심을 철저하게 배격한다.[18] 결국 중세를 지나서 천 년 이상 교회가 믿어 온 (혹은 기념해 온) 성인의 유물

---

18 예를 들어, 개혁주의 신학자 바빙크는 성경이 산 자와 죽은 자 사이의 어떤 교제나 연결도 부정하고 있다는 점을 들어 유물과 그것의 존숭에 반대한다. 더 나아가, 그런 관습으로 인해 가톨릭 교회가 우상숭배에 빠졌다고 말한다. 헤르만 바빙크, 『개혁과 교의학』, 김찬영·장호준 역(서울: 새물결플러스, 2015), p. 1189.

은 개신교 안에서 자리를 잡지 못했다.

개신교 신앙에서 하나님의 임재와 역사에 대한 갈급함은 어떻게 해소되는가? 앞서 논의한 바와 같이, 하나님의 임재와 능력이 (그것이 초자연적일 필요는 없다 해도) 나타남 없이 기독교 신앙은 공허해진다. 물론 그 임재와 능력은 그리스도의 십자가와 빈 무덤에서 완전하게 드러났다. 그럼에도 성령은 그분의 교회에 살아 계신 하나님의 임재와 능력을 보여주는 일들을 계속해서 해 오셨다.

하나님의 임재와 능력은 어떻게 드러나는가? 개신교인에게 하나님의 임재와 능력은 성례전 신학이 상정하듯 어떤 성례적 사물을 통해 지속적으로 드러나지 않는다. 개신교 전통은 말씀의 자리를 훨씬 포괄적이고 전적으로 인정함으로써, 사실상 불안정한 자리에 서게 된다. 즉 성찬에서 드러나듯, 개신교는 하나님의 임재와 능력을 상시로 매개할 가시적 실체(예를 들어, 가톨릭 교회의 성체) 없이 하나님의 임재를 추구하며, 성도의 삶 가운데 하나님이 개입하시고 역사하시기를 끊임없이 구한다. 성체가 모셔진 곳에 감으로써 하나님의 임재를 경험한다고 믿는 가톨릭 신자와는 매우 다른 처지인 것이다.[19]

기적에서 믿음으로

아우구스티누스 선생은 『신국론』의 기적 이야기를 통해 무엇을 의도했을까? 『신국론』은 세상이 말하는 행복이 아닌 기독교 신앙이 가르치는

---

19 가톨릭 교회 안에서도 성찬의 효력이 얼마나 지속되는지에 대한 질문이 제기된다. 그러나 이 세상의 어떤 물질도 하나님의 임재를 지속해서 담보하지 못한다는 점을 유의해야 한다. 하나님은 그 어떤 것에도 매여 있지 않으시다. 우리가 하나님의 임재와 역사를 보려면, 우리 자신을 하나님이 기뻐하시는 제사로 드려야 한다.

길이 참된 행복에 이르게 한다는 점을 설득하려고 쓴 책으로, 그 마지막 부분에서 선생은 기독교 신앙이 가르치는 궁극적인 행복을 천국과 부활을 통해 제시한다. 『신국론』의 기적 이야기들은 부활이 결코 허무맹랑한 얘기가 아님을 논증하는 가운데 등장한다. 플라톤주의 철학에 깊이 영향받은 당시의 지성인들에게 육체의 부활은 행복 추구와 결코 양립할 수 없었다.[20] 그러나 선생은 우리가 육체의 부활을 통해 참으로 행복에 이르게 됨을 역설한다.

그리스도가 육신으로 부활했음과 육신을 갖고 하늘로 승천했음을 목격하지 못한 사람들은 자기가 보았노라고 하는 사람들을 믿었는데, 단지 말을 해서만 믿은 것이 아니고 기적적 표징들을 행하기 때문에 믿었다.…하지만 그리스도의 부활과 승천을 설교하는 사람들의 말을 믿게 하려고 그리스도의 사도들을 통해 기적들이 행해졌음을 그들이 믿지 않는다면, 우리에게는 이 한 가지 크나큰 기적으로 충분하다. 아무런 기적이 없는데도 온 천하가 부활과 승천을 믿는다는 사실 말이다![21]

요컨대, 아우구스티누스 선생이 기적에 대한 자신의 생각을 바꾼 이유는 기적이 그리스도의 부활을 믿는 믿음에 이르게 하는 기능을 한다는 점을 새롭게 발견했기 때문이다. 선생은 창조 세계의 일상적인 질서를 하나님의 섭리에 대한 최상의 현현으로 보았다. 기적은 "잘못을 범하는 인류에게 훈계와 교훈을 주기 위한 섭리적 목적"을 갖고 있었다(물론 회개

---

20   이에 대해서는 17장을 보라.
21   『신국론』, 22.5.

라는 내적 변화와 신앙보다 더 큰 기적이 없다는 것을 강조했지만).[22] 선생은 이 세상을 하나님의 표징이 가득 찬 책으로 읽었다.[23] 자연 현상이든 초자연 현상이든 세상의 모든 일에서 그는 하나님의 일하심을 보았고, 자신의 회중도 그것을 알아보도록 인도했다. 가시적인 일들은 보이지 않는 하나님의 일하심과 그분의 구원을 드러내는 표징이다. 더군다나 초자연적인 현상은 우리 신앙의 가장 중요한 내용인 그리스도의 부활과 신자의 부활을 지지한다.

> 이 모든 기적은 그리스도가 육신으로 부활했고 육신으로 승천했다고 선포한 믿음을 증언하는 것이 아니고 무엇인가? 순교자들은 믿음의 증인들이었다.…이 믿음을 위하여 그들은 고난을 놀랍게 견디었으며, 그 결과 그들의 기적에서 저런 능력이 나타났다. 만일 육신으로 부활하여 영생에 들어가는 일이 먼저 그리스도에게서 실현되지 않았다면, 또는…예언된 것처럼 그리스도의 백성에게서도 부활과 영생이 실현되지 않는다면, 무슨 까닭으로 부활을 선포하는 이 믿음을 위해서 죽임을 당한 순교자들까지 이런 기적을 행할 수 있는가?…이 기적들은 부활로 영생을 얻는다는 이 믿음을 선포한다.[24]

선생은 순교했으나 부활한 스데반이 신자들을 위해 스데반의 유물로 인해 일어난 기적을 일으켰다고 보았다. 우리는 선생이 유물 자체가 아닌 죽은 자(스데반)의 부활을 증언하는 데 초점을 맞추고 있음을 유의해야

---

22 채드윅, 『아우구스티누스』, p. 124.
23 Van der Meer, *Augustine the Bishop*, p. 557.
24 『신국론』, 22.9.

한다. 그의 궁극적인 목적은 기적을 통해 육체의 부활이라는 기독교 신앙의 가장 중요한 가르침을 믿게 하려는 것이었다. 선생은 의심하는 지성인들과 기독교 반대자들이 이 기적 이야기들을 읽고 들으면서 그리스도의 부활을 믿을 수 있기를 바랐다. 믿음은 "동의하며 사고하는" 것이기 때문이다.

> 믿음에 앞서 생각이 온다는 것을 누가 보지 못하겠습니까? 그 누구도 믿어야 할 것을 생각하기 전에는 믿을 수 없습니다.…모든 믿을 것은 생각의 과정을 거친 후에야 믿어집니다. 더구나 믿음조차도 사실은 동의하며 생각하는 것과 다름없습니다.[25]

아우구스티누스 선생은 펠라기우스 논쟁을 통해 믿음의 시작과 완성 전체가 하나님의 선물임을 역설했다. 반면 펠라기우스주의자들은 믿기로 결정하는 것만큼은 적어도 사람의 책임이라고 (그러므로 그 믿음을 공로로 인정해야 한다고) 주장했다. 선생은 하나님이 기적을 통해 우리를 놀라게 하시고(그리하여 우리가 가진 "합리성"의 한계를 깨달아), 기독교 신앙에 대해 "동의하며 생각하게" 도우신다고 믿었다. 이런 이유로 그는 기적을 하나님의 뜻에 맞게 사용하려 했다. 그것이 아우구스티누스 선생이 젊은 날의 비판적인 입장에서 선회해서 기적을 적극적으로 수용하고 말하게 된 이유다. 그가 앞서 말한 것처럼, 가장 놀라운 기적은 수많은 사람이 기적 없이도 복음을 들음으로써 믿음에 이르게 되었다는 것 아니겠는가!

---

25 『성도의 예정』, 2.5. 참고. 『서신』, 227; Lancel, *St. Augustine*, pp. 469-470.

토의를 위한 질문들 _____

1. 초자연적 현상에 대한 태도는 초기 교회와 현대 교회에서 어떻게 다른가? 초기 교회는 성령의 역사와 기적을 통해 하나님의 임재를 강하게 경험하면서 복음을 전파했다. 그러나 현대 교회는 더 이상 기적을 신앙의 본질적인 요소로 여기지 않는 경향이 있다. 기적이 신앙에 끼치는 영향과 중요성에 대해 오늘날 교회는 어떻게 접근해야 하는가? 기적이 사라진 신앙은 어떤 도전에 직면할 수 있는가?

2. 선생이 젊은 시절의 저서 『참된 종교』에서 말하는 바에 따르면, "교회가 온 천하에 퍼지고 세워진 다음에는 [조상들이 경험한] 기적들이 우리 시대까지 지속되도록 허용하지 않았다. 그 이유는 영혼이 늘 가시적인 것을 찾지 않게 하려는 것이[다]." 이에 대한 당신의 의견은 무엇인가? 가톨릭 교회는 성인의 유물을 통해 하나님의 초자연적 역사를 경험했으며, 이를 신앙의 중요한 부분으로 여겼다. 반면에 개신교는 이것을 우상화의 위험으로 보고 거부하면서, 오직 말씀에 의한 하나님의 임재를 강조한다. 이런 신학적 차이는 교회의 신앙생활과 예배 방식에 어떤 영향을 끼쳤는가? 오늘날에도 이러한 차이가 여전히 중요한 신앙적 논쟁의 주제인가?

14. 교회의 벽이 그리스도인을 만드는가

너희도 성령 안에서 하나님이 거하실 처소가 되기 위하여 그리스도 예수 안에서 함께 지어져 가느니라. (엡 2:22)

●빅토리누스(Gaius Marius Victorinus)는 철학자이자 수사학자로, 로마의 명망 있는 지식인이었다. 성경과 여러 기독교 관련 서적들을 혼자 읽고 연구하던 그는 기독교의 가르침에 깊이 영향을 받는다. 어느 날 친구이자 밀라노의 주교였던 심플리키아누스에게 자신이 그리스도인이라고 말하는데, 심플리키아누스는 그를 교회에서 보기 전에는 그리스도인으로 인정할 수 없다고 답한다. 그러자 빅토리누스가 묻는다.

교회의 벽이 그리스도인을 만드는가?[1]

예수의 가르침을 성경과 다른 책들을 통해 배우고 받아들인다면, 그는

---

1   『고백록』, 8.2.4.

• **빅토리누스**는 4세기 로마의 문법학자, 수사학자, 신플라톤주의 철학자다. 아리스토텔레스의 저작을 라틴어로 번역한 것으로 알려져 있다. 늦은 나이에 그리스도인이 되었고, 이후 니케아 공의회 삼위일체 교리의 정당성을 옹호하는 글을 쓰기도 했다.

그리스도인이라고 말할 수 있지 않은가? 어쩌면 빅토리누스는 밀라노 교회의 그 누구보다도 기독교 신앙에 대한 깊은 이해에 도달했는지도 모른다. 그는 심플리키아누스의 말을 이해할 수 없었다. 도대체 교회가 무엇을 한다는 말인가? 교회 안에 들어가면 무슨 계시라도 받는다는 것인가? 이 유명한 질문에 심플리키아누스가 어떻게 대답했는지 아우구스티누스 선생은 밝히지 않는다. 그런데 빅토리누스의 질문은 우리에게도 적실하게 들린다. 도대체 교회란 무엇인가?

방주와 어머니

교회가 무엇인지를 설명하기 위한 비유가 여럿 있다. 성경은 교회를 그리스도의 몸과 건물, 신부에 비유한다. 각각의 비유는 교회의 독특한 기능이나 본성을 드러낸다. 몸은 그리스도와 교회 사이, 그리고 각 지체 사이의 유기적인 연합을 드러낸다. 각기 다른 기능을 하지만 한 생명에 참여하고 있기에 한 몸이라고 불린다. 몸의 한 부분이 병들면 온몸이 고통을 함께 겪는 것처럼, 한 지체가 실족하면 교회 전체가 슬퍼한다(고전 12:26). 비슷하게 보이는 건물 비유는 그리스도가 지체 사이의 관계에 핵심적인 연결고리라는 것을 드러내고, 교회가 사도의 증언과 고백 위에 세워짐을 강조한다(엡 2:20-22). 그리스도의 신부는 유비로서 두 측면을 부각하는

• **플리니우스**는 로마 제국의 법률가, 저술가, 관료였다. 그는 총 247편의 서신을 남겼는데, 로마 황제와 지방 행정관의 관계를 보여 주는 등 역사적 가치가 높은 사료로 평가된다. 로마 역사가 코르넬리우스 타키투스의 친구이기도 했다.

데, 즉 교회는 신랑이신 그리스도와 한 몸을 이루면서 깊은 유대와 친밀함을 누리고(엡 5:22-33), 동시에 신부로서의 순결과 거룩함을 추구한다(고후 11:2; 계 19:7-8).

교부들도 교회에 대한 상징을 여럿 사용했다.[2] 그중 대표적인 상징인 방주와 어머니를 살펴보자. 방주는 노아의 홍수 이야기에서 가져온 상징이다. 하나님이 세상을 심판하실 때 방주 안에 있던 노아의 가족만 살아남았듯, 교회는 신자들이 세속 사회에서 하나님의 백성을 보호하는 방주의 역할을 했다. 교회를 통해 신자는 세상에서 하나님이 택하신 자로서의 정체성을 확인하고, 형제자매의 지지를 받으며 믿음을 지켰다. 교회는 신자를 세상의 죄와 유혹으로부터 보호하는 방주였다.

112년경 소아시아 비시니아의 총독 °플리니우스(Gaius Plinius Caecilius Secundus, 61-113년)는 그리스도인들을 무슨 명목으로 처벌해야 하는지를 트라야누스 황제에게 문의한다. 그가 보낸 편지에 초기 그리스도인들의 모임에 대한 간략한 묘사가 등장한다.

그들은 정해진 날 새벽에 모여 그리스도를 신으로 고백하는 어떤 신조를 외웁니다. 그러고 나서는 도적질이나 강도질, 또는 간음을 하지 않기

---

2   초기 교회의 여러 상징에 관한 연구로는 다음을 보라. Ramsey, *Beginning to Read the Fathers* pp. 105-108; Everett Ferguson, *Understandings of the Church* (Minneapolis, MN: Fortress Press, 2016), pp. 1-20.

• **키프리아누스**(200-258년경)는 북아프리카 카르타고의 주교였다. 귀족 가문에서 태어나서 고등 교육을 받았다. 246년 무렵에 중년의 나이에 회심하여 재산을 가난한 사람들에게 나누어 주고 신앙생활에 전념했다. 몇 년 후 카르타고의 주교로 안수받았다. 대략 249년에 데키우스 황제의 박해를 피해 도망했고, 이로 인해 비난을 받았다. 이후 이단 교회에서 받은 성례에는 효력이 없다고 주장해서 로마 주교와 갈등을 빚었다. 258년에 일어난 박해로 순교했다.

로 맹세합니다. 또한 말한 것에 신실하고 다른 사람의 돈을 떼어먹지 않기로 맹세합니다.[3]

플리니우스가 심문한 그리스도인들 가운데는 여자 노예도 있었다. 이들은 새벽에 모여 예배하고, 타락한 세상에서 그리스도의 제자로 거룩하게 살 것을 서로 다짐했다. 그리스도인들이 새벽에 가진 모임인 교회는 기독교를 박해하는 세상 한복판에서 방주와 같았다. 같은 맥락에서 •키프리아누스는 "교회 밖에는 구원이 없다"고 선언했다.[4] 이것은 교회에 대한 굳은 신념으로 초기 교회에서 공유되었다.[5] 복음의 말씀이 선포되고, 거듭남의 세례가 베풀어지며, 생명의 양식인 성찬을 나누는 교회 밖에서 어떤 구원을 찾을 수 있다는 말인가? 물론 방주의 상징은 세상과 교회를 지나치게 이분화하고, 그로 인해 교회의 사회적 역할을 방치하게 한

---

3   플리니우스, 『서신』, x.96. J. Stevenson ed., *A New Eusebius: Documents Illustrating the History of the Church to AD 337*, revised ed. (London: SPCK, 1987), pp. 18-19.
4   키프리아누스, 『서신』 185.50.
5   G. S. M. Walker, *The Churchmanship of St. Cyprian*, Ecumenical Studies in History, no. 9 (Richmond, VA: John Knox Press, 1969); David E. Wilhite, *Ancient African Christianity: An Introduction to a Unique Context and Tradition* (London: Routledge, 2017).

다는 비판도 있지만, 초기 교회에서 이 상징은 교회의 구원하는 기능을 분명하게 드러냈다.

이제 어머니로서의 교회를 살펴보자. 성경은 신자를 아기에 비유하고, 그가 믿음 안에서 성장하기 위한 필수조건으로 말씀의 젖을 말한다(고전 3:2; 히 5:12-13; 벧전 2:2). 초기 그리스도인들은 교회를 신자들에게 말씀의 젖을 먹이는 어머니로 생각했다. 바울은 교회를 돌보는 수고를 어머니가 아이를 낳고 돌보는 수고에 비유하곤 했다(갈 4:19; 고전 3:2).

로마 사회에서 그리스도인들은 로마인도 유대인도 아닌 "제3의 인종"으로 불리며 조롱을 받았다.[6] 그러나 거기에는 어느 정도의 진리가 있었다. 로마인이나 유대인과 달리 "그리스도인은 태어나지 않고 만들어지기"때문이다.[7] 모든 그리스도인은 인종과 출신 배경이 다를지라도 어머니 교회를 통해 태어나고(세례) 자라고 성숙해진다(교육과 돌봄). 어머니라는 말은 상징이 아니라 오히려 실재가 아닐까? 교회는 자녀들을 낳아 길러서 이 세상에는 없는 제3의 인종으로 만들어 내는 믿음의 어머니였다.

초기 교회의 이 두 가지 상징은 빅토리누스의 질문에 답한다. 교회의 벽은 방주처럼 죄악된 세상과 죄의 권세로부터 신자를 보호하고, 하나님께 집중할 수 있는 영적인 환경을 제공한다. 그 벽 안쪽은 마치 어머니의 품과 같아서 신자들은 교회에서 말씀과 성례를 통해 그리스도를 향해 자란다. 물론 세상의 주인이신 그리스도는 교회 밖에서도 역사하시지만, 그분의 백성을 교회에 맡기셨다. 영적인 생명이 어디서 어떻게 시작되었든지, 그 생명이 보전되고 성숙하기 위해 교회에 속하는 것은 필수적이다. 그런 의미에서 교회의 벽은 그리스도인을 만든다.

---

6   테르툴리아누스, *To the Nations*, 1.8.9-13.
7   테르툴리아누스, 『호교론』, p. 18.

그렇다면 교회의 벽 안에 있으면 모두 그리스도인인가?

알곡과 가라지

303년에 있었던 디오클레티아누스 황제의 박해로 인해 교회 안에는 수많은 배교자가 생겨났다. 기독교에 대한 이해가 깊어지면서 로마 제국이 교회를 박해하는 방식도 훨씬 정교해졌다. 디오클레티아누스의 박해는 교회의 존립에 결정적인 성직자들을 집중적으로 색출하고 박해했다. 키프리아누스도 박해 가운데 피신해야 했다. 또한 박해자들은 성경이 가진 권위를 알아채고, 성경을 제출하도록 위협했다(지금과는 달리 당시의 성경은 필사한 것이었다). 많은 성직자와 교인이 성경을 군인들에게 넘겨주었고, 박해에 굴하지 않은 사람들은 이들을 "넘겨준 자들"(*traditores*)이라고 불렀다(배신자를 뜻하는 영어 단어 traitor가 여기서 왔다).

디오클레티아누스 박해가 끝나자 배교자들이 교회로 돌아왔는데, 이로 인해 문제가 생겼다. 그들이 마치 아무 일도 없었다는 듯 돌아온 것을 마땅하지 않게 여기는 정서가 있었고, 특히 배교한 성직자들이 집전하는 성례가 효력을 갖는지에 대한 논쟁이 일어났다. 결국 이 문제 때문에 교회가 분열되기에 이른다. 배교자들을 거부하는 사람들이 따로 설립한 교회는 그들의 지도자 도나투스의 이름을 따라 도나투스파 교회로 불린다. 도나투스파에 가담한 교회들은 스스로를 순결한 교회라고 주장했다. 그들은 배교한 성직자들과 교인들이 교회를 더럽힌다고 생각했고, 오염을 막고 순결을 지킨다는 명목으로 교회 분열을 정당화했다. 교회는 그리스도의 "순결한 신부"가 되어야 했기 때문이다. 이런 상황에서 성례의 효력과 교회의 거룩함은 도나투스 논쟁의 핵심적인 문제였다

(이 두 가지 문제는 조금 뒤에 다루어 보자).

도나투스 논쟁은 교회 분열이라는 큰 상흔을 남겼다. 세월이 흘러 교회가 합법적 지위를 부여받고 급기야 제국의 종교가 되면서, 교회 안에는 상당수의 문화적 그리스도인이 생겨나기 시작했다. 히에로니무스는 로마 교회의 영적인 나태와 타락을 보고 큰 실망과 탄식을 금할 수 없었다. 어쩌면 빅토리누스가 던진 질문은 이런 사회적 환경에서는 당연한 것이었는지도 모른다. 그리스도인이 되는 것은 어려운 일이 아니었고, 게다가 지성인이라면 혼자 성경을 읽고 이해하는 것이 제대로 훈련받지 못한 목회자들이 성경을 이해하고 가르치는 것보다 나을 수도 있었기 때문이다.[8]

아우구스티누스 선생도 주교가 된 후에 히포의 도나투스파 교회와 끊임없는 긴장과 충돌을 겪어야 했다. 선생의 교회론은 이런 환경에서 형성되었다. 그에게 교회는 지상에 존재하는 하나님 나라의 체현물이었다. 교회는 수많은 연약함과 허물에 둘러싸여 있는 철저히 현실적인 공동체였지만, 동시에 종말에야 비로소 완전히 임할 "하나님의 도성"과 동일시되기도 했다. 요컨대 선생의 교회론에는 현실주의와 종말주의, 이 두 지평이 교차한다.[9] 두 차원의 융합이 과연 가능한가? 혹은 유익한가?

나는 교회에 대한 선생의 입장을 "종말론적 현실주의"로 본다(이것은 비단 교회론에 국한되지 않고 그의 신학 전반에 걸쳐서 보이는 특징인데, 이에 대해서는 다음 장에서도 살펴볼 것이다). 선생의 현실주의는 종말론에 근거한다. 종말은 현실에 실망한 이들의 도피처가 아니다. 오히려 종말은 장차 올

---

8 물론 기독교가 국교가 된 상황에서도 로마 사회에는 강력한 반(反)기독교 정서가 지식인층을 중심으로 계속되었다.
9 15장을 보라.

회복과 완성을 소망하는 가운데 현재를 신실하게 살아갈 동력이 된다. 종말이 현실에서 부분적으로 임했고 또한 계속 임하고 있으므로, 현실에 여러 어려움이 있으나 소망을 잃지 않는다. 종말론적 현실주의는 선생의 교회론에서 다양한 모습으로 드러난다.

첫째, 교회는 섞여 있는 몸이다(corpus permixtum).[10] 교회의 벽 안에 있다고 참된 신자는 아니다. 오히려 교회의 벽 안에는 신자와 비신자가 섞여 있다. 도나투스파 교회가 주장하는 것처럼 순결한 교회를 이루는 것은 이 세상에서 불가능하다. 동시에 이 불완전함은 고정된 것이 아니다. 하나님께 나아갈 수도 있고 뒤로 물러설 수도 있는, 변화 가능성이 있다. 그래서 아우구스티누스 선생의 교회론은 경계보다는 지향에 무게를 둔다. 교회의 벽 안과 밖이라는 물리적 경계로 교인과 세상에 속한 사람을 구분할 수는 없다. 교회 안에 알곡과 가라지가 섞여 있다. 이들은 당장 구분되지 않으며, 가라지가 알곡으로, 알곡이 가라지로 변하는 것이 모두 가능하다. 따라서 누구를 향해 살고 누구를 사랑하는가 하는 사랑의 지향이 중요하다. 선생은 교회 안의 가라지와 알곡 모두에게 호소한다.

"아들을 부인하는 자는 아무도 아들과 아버지를 모시고 있지 않습니다. 아들을 믿는다고 고백하는 사람이라야 아들과 아버지를 모십니다"(요일 2:23). 이 말씀은 알곡인 여러분에게 주는 말씀입니다. 가라지인 사람들은 잘 듣고 알곡이 되기를 바랍니다. 각각 자기 양심을 살펴보십시오. 세상의 연인이라면 변화되십시오. 그리하여 그리스도의 연인이 되십시오.[11]

10   아우구스티누스 선생은 이 개념을 도나투스파 신학자인 티코니우스에게서 빌려와 발전시킨다. 『그리스도교 교양』, 3.32.45.
11   『요한 서간 강해』, 3.10.

최종적으로 어느 편에 서게 될지는 오늘 분별되지도, 결정되지도 않는다. 끝까지 믿음을 지킬 수 있도록 "견인의 은혜"가 있어야만 마지막에 하나님 나라에 설 것이다. 그때까지 우리는 부단히 마음을 하나님께 향하고 확정해야 한다. 교회의 벽 안에 있다고 안심할 것도 아니고, 세례를 받았다고 마음을 놓아서도 안 된다. 오히려 매일 하나님의 얼굴을 구하고 마음과 삶이 주를 향해야 한다.

둘째, 아우구스티누스 선생은 교회가 그리스도의 몸이라는 성경의 증언(고전 12:27)을 신학적 통찰을 통해 "전체 그리스도"라는 독특한 개념으로 발전시킨다.[12] 머리와 몸 전체가 한 사람을 이루듯, 머리인 그리스도와 몸인 교회가 전체 그리스도를 이룬다는 것이다. 교회의 지위는 머리인 그리스도로 인해 엄청나게 격상된다. 그리스도는 교회를 그분의 몸으로 삼으셔서 완전하게 하신다. 교회는 자신의 생명과 거룩, 의와 평화를 머리인 그리스도로부터 받는다. 철저히 연약함과 허물 가운데 있는 현실 교회는 그렇게 해서 그리스도와 더불어 종말론적인 교제를 이 땅에서 누린다. 종말론과 현실주의가 융합된다. 이것은 신학적인 발상이 아니라, 그리스도 안에서 하나님이 드러내신 구원의 경륜이다. 그리스도가 현실 교회를 그분의 몸으로 받으시는 것은 교회가 하나님의 선한 창조이며, 그분이 교회를 완전하게 하실 강력한 의지와 능력을 갖고 계시기 때문이다. 따라서 아우구스티누스 선생의 교회론은 교회를 향한 그리스도의 종말론적 비전에서 희망을 발견한다.

셋째, 교회는 하나님의 도성을 향한 순례의 길 위에 있다. 교회가 현세에서 유동적이지만, 그것은 이럴 수도 있고 저럴 수도 있는 무작위적

---

12 5장을 보라.

인 우연을 의미하지 않는다. 하나님은 이 순례하는 공동체에 하나님의 사랑을 부으셔서 하나님의 도성을 사모하는 마음을 주신다. 바로 그 사랑이 교회를 강권하고, 그 사랑으로 인해 신자의 마음은 하나님을 향해 타올라 동료 신자들과 함께 순례의 길에 오른다. 세속적 현실주의는 이상이 이루어지지 않으리라는 체념에 근거해서 현실적인 타협을 선택한다. 이와 대조적으로, 아우구스티누스 선생은 이 세상에서 순례하는 교회를 하나님이 이끌고 계심을 믿는다. 그래서 히포의 교인들 안에서 보는 죄와 허물에도 불구하고, 주교는 이들이 결국 하나님의 도성에 이르리라는 희망을 놓지 않는다. 현실은 종말론의 소망을 통해 새롭게 이해된다.

능력과 거룩함

이제 도나투스파 교회가 제기했던 두 가지 문제로 돌아가 보자. 배교했던 성직자가 베푼 세례나 성찬에 과연 영적인 효력이 있는가? 또한 이들이 섬기는 교회는 거룩한가? 이를 교회의 능력과 거룩함이라는 두 가지 문제로 정리해 보자. 아우구스티누스 선생은 교회의 능력과 거룩함의 근거가 교회 자신이 아니라 그리스도에게 있다고 답한다. 교회와 신자가 가진 그 어떤 것도 하나님으로부터 받지 않은 것이 없다.[13] 교회에 어떤 능력이 있다면, 교회가 경건하기 때문이 아니다. 교회의 머리인 그리스도가 교회의 성례를 통해 거듭나게 하시고, 영적인 양식을 공급하시며, 치유하신다. 교회는 다만 위임된 권위를 행사할 뿐, 교회가 가진 권위와 능력의 참된 주인은 그리스도다.

---

13   아우구스티누스 선생은 고린도후서 4:7을 통해 이 통찰을 얻는다. 그리고 바로 그 통찰을 그의 은총론을 위한 견고한 기초로 삼는다. 3장을 보라.

교회의 거룩함도 사람의 정결함과 의로움에 근거하지 않는다. 교회가 거룩한 이유는 거룩하신 그리스도가 교회를 그분의 몸으로 삼으셨기 때문이다. 즉 교회의 거룩함은 그리스도의 거룩함에 근거한다. 선생은 교회를 솔로몬 앞에 나아온 두 창녀에 비유한다(왕상 3:16-28). 참된 사랑을 가진 창녀든지 시기와 악의를 가진 창녀든지, 사실은 둘 다 창녀다![14] 같은 신분의 두 여인이 차이를 보이는 이유는 자신의 의로움이나 경건 때문이 아니다. 그리스도가 함께하시는 것이 차이를 만든다. 교회는 한 집에 사는 두 창녀처럼, 하나님 앞에서 어떤 공로도 주장할 수 없다. 그럼에도 그리스도는 창녀처럼 천한 우리를 그분의 집에 거하게 하시며 신부로 삼으신다.[15] 그것이 교회가 겸손할 수밖에 없는 이유다.

도나투스주의자들은 배교한 교회와 교제하면 부정하게 된다고 여겼다. 그래서 배교한 교인들과 성찬도 나눌 수 없었다. 그들은 배교자들보다 "거룩한" 사람들이었다. 그러나 아우구스티누스 선생은 그들의 신학적 사유가 그리스도와 그분의 은총에 뿌리내리지 못한 것을 보았다. 교회의 거룩함과 순결함은 그런 식으로 침해되지 않는다. 그리스도는 회개하고 돌아오는 죄인들을 끝없이 용서하시고 자기의 몸으로 받아들이신다. 교회는 그리스도 안에서, 오직 그리스도 안에서만 거룩하다.

박해가 일어났을 때 배교한 사람들 가운데 많은 이가 연약함과 두려움 때문에 성경을 넘겨주고 배교했다. 그리스도는 그들을 부정하다고 내치실 것인가? 아니다. 그들이 회개하고 돌아올 때, 오히려 그리스도는 그분의 거룩한 흰옷으로 그들을 덮어 거룩하게 하실 것이다. 그리스도가 그

---

14 『설교』, 10.5-7.
15 Tarcisius J. van Bavel, "Church", in *Augustine Through the Ages: An Encyclopedia*, Allan Fitzgerald, ed. (Grand Rapids, MI: Eerdmans, 1999), p. 171. 이것과 관련해서 5장을 보라.

14. 교회의 벽이 그리스도인을 만드는가

들을 기꺼이 받아들이신다면, 우리도 그들을 받아들여야 한다. 406년에 한 설교에서 선생은 도나투스파 교회가 주장하는 분파주의적 순결을 비판하면서, 교회가 "가라지"를 받아들인다는 것을 반복해서 강조한다.

> 우리가 교정할 수 없는 사람들에 대해서…**우리는 그들을 받아들입니다.** 마치 알곡 사이의 잡초처럼, 타작마당의 밀 사이에 섞여 있는 지푸라기처럼, 말씀과 성례의 그물에 잡힌 좋은 고기들 틈의 나쁜 고기들처럼 말입니다. **우리는 그들을 받아들입니다.** 그들 때문에 알곡을 뽑아내지 않도록 합니다. **우리는 그들을 받아들입니다.**…**우리는 그들을 받아들입니다.**[16]

선생은 도나투스파 교회가 경멸한 "넘겨준 사람들"을 쫓아낸다고 해서 교회의 순결이 지켜지지 않음을 분명히 한다. 오히려 그렇게 함으로써 도나투스파 교회는 사랑을 잃어버리고 분열을 조장한다. 현실에 임한 종말론적 지평을 통해 아우구스티누스 선생은 지상의 교회에 있는 불완전과 불순을 겸손하게 인정한다. 이는 하나님의 능력이 가라지 같은 우리를 알곡이 되게 하실 것이라는 믿음이며, 동시에 그리스도가 그분의 거룩하심으로 그리스도의 몸인 교회의 허물을 가려 주실 것이라는 믿음이며, 마지막으로 사람을 심판하고 판단하실 분이 하나님이라는 믿음이다.

이것은 두 가지 결과를 낳는다. 첫째, 교회의 능력과 거룩함이 전적으로 그리스도를 의지한다면, 그 누구도 자기를 다른 이보다 높게 여길 수 없다. 우리는 모두 그리스도 앞에서 겸손할 수밖에 없다. 그 누구도 다른 이를 판단하고 정죄할 수 없으며, 자기를 다른 이보다 의롭다거나 거

---

[16] 아우구스티누스 선생은 이 편지에서 "우리는 그들을 받아들입니다"라는 말을 반복한다. 『서간』, 105.5.16, 강조 추가.

룩하다고 주장할 수 없다. 둘째, 이 겸손은 도나투스파 교회가 보인 분열을 극복하고 사랑의 연합을 이룰 근거가 된다. 그리스도의 은총에 깊이 의지할 때만, 교회는 가라지와 잡초처럼 보이는 사람들을 받아들이고 그들과 연합할 수 있다.[17]

406년 부활절 축제 기간에 아우구스티누스 선생은 그리스도교의 본질과 그리스도인의 삶에 대해 가르치기 위해 요한1서를 강해했다. 그는 도나투스파 교회가 기독교 신앙의 가장 중심에 있는 사랑을 어떻게 버렸는지를 지적하면서, 그것을 은총에 대한 깊은 이해가 결여된 결과로 보았다. 분열의 문제는 도덕적 문제이기에 앞서 신학적 문제였다.

교회에는 온갖 문제가 많았고, 이로 인해 선생은 종종 깊이 탄식했다. 그러나 그는 탕자 같았던 자신을 돌이켜 거룩한 성직을 맡기신 하나님이 히포의 교우들도 똑같이 인도해 주실 것을 믿었다. 그것이 아마도 그가 스트레스와 좌절 가운데서도 끝까지 목회를 감당할 수 있었던 이유일 것이다.

가라지를 품으라

아우구스티누스 선생은 북아프리카에서 유명한 설교자이며 교사, 또 저술가였다. 카르타고의 주교 아우렐리우스는 수시로 그를 초청해서 자신의 교우들을 위해 설교를 부탁했다. 401년에 선생은 초청을 받아 카르타고에서 설교하게 되었는데, 마침 교회에는 매우 민감한 문제가 있었다. 세례를 받기로 한 은행가 파우스티누스가 하필 시장 선거에 출마할 계

---

17 선생이 도나투스파 교회와 화해를 이루기 위해 한 노력에 대해서는 다음을 보라. 채드윅, 『아우구스티누스』, pp. 134-135.

획이었던 것이다. 사람들은 파우스티누스의 동기를 의심했다. 그리스도인들에게 표를 얻기 위해 마음에도 없는 세례를 받으려 한다는 비난이 일었다. 어쩌면 바로 그것이 아우렐리우스가 아우구스티누스 선생을 초청한 이유였는지도 모른다. 세례를 받겠다는 파우스티누스와 그를 비난하는 성도들 사이에서 주교는 매우 난처한 처지였을 터였다. 아우구스티누스 선생은 교인들의 비난에도 불구하고 파우스티누스에게 세례를 주는 것이 맞다고 역설한다. 그의 주장을 요약하면 다음과 같다.[18]

1. 우리는 사람의 마음을 판단할 수 없다. 동기는 감추어져 있다.
2. 회심의 진실성은 인생 끝에 드러날 것이다.
3. 그러므로 지금은 그의 말을 믿고 그를 받아들이자.
4. 그리고 그를 사랑해 주고, 가르치고, 그를 위해 기도하자.

이와 같은 결론은 선생의 정치적이거나 목회적인 임기응변이 아니다. 이 결론은 그의 교회론에 깊이 뿌리내리고 있다. 우리 가운데 누가 자신이 순수한 동기로 그리스도를 믿고 돌아왔다고 할 수 있겠는가? 선생 자신도 진리에 대한 관심으로 교회에 간 것이 아니었다. 암브로시우스의 수사학적 기교가 어떤지 보러 갔던 것이다. 그런데 엉뚱한 동기로 들은 설교를 통해서도 그는 기독교 신앙을 받아들였다. 설령 우리가 잘못된 동기로 하나님의 교회에 간다고 해도, 하나님은 그것을 통해 은총을 베푸실 수 있다. 잘못된 동기로 교회를 찾은 것조차 하나님의 인도하심 가운데 일어난 일이라는 것을 나중에 알게 되지 않는가? 하나님의 인도하

<hr>

18 『설교』, 279.

심은 신비의 영역에 속해 있다. 교회에 들어온 사람의 동기를 판단할 권한이 우리에게는 없다. 믿음의 본 모습은 결국 끝에 드러나게 될 것이다. 오늘 믿음이 있어 보여도 끝까지 그것을 붙잡지 못한다면 헛것이며, 오늘 믿음이 겨자씨처럼 미미해도 인내로 견디면 마지막에 큰 열매를 맺고 주님을 기쁘게 할 것이다. 그것이 선생이 말년에 쓴 『견인의 은총』에서 주장한 바다.

이제 파우스티누스의 문제에 대해 교회는 무엇을 해야 할까? 선생은 동기를 판단하지 말고, 세례를 받겠다는 그의 말을 믿고 형제로 받아들이라고 권한다. 더 나아가 그를 사랑해 주고, 진리를 가르치고, 참된 믿음에 이르도록 기도하라고 한다. 교회 안팎에 무성한 뒷담화보다는 그것이 그의 영혼에 훨씬 유익한 봉사가 될 것이다.

로마의 지식인 빅토리누스의 눈에 어쩌면 교회는 더럽고 냄새나며 북적이는 병원처럼 보였을지도 모른다. 실제로 온갖 불순한 동기로 교회를 찾아오고 교회를 이용하려는 사람이 많았다. 그들과 한 몸이 된다는 것, 그들과 한 가족이 된다는 것이 그에게는 마뜩하지 않았을 수도 있다. 교회가 자신의 품 안에 있는 영혼들을 위해 기도하고 섬김으로써 장차 맺게 될 구원의 열매는 빅토리누스의 눈에 아직 보이지 않았다. 그러나 아우구스티누스 선생은 가라지를 알곡 되게 하신 하나님의 능력과, 가라지 같은 신자들을 위해 교회가 하는 기도의 능력을 믿었다. 그 자신이 바로 하나님의 은총을 통해 믿음에 이르렀고, 어머니의 기도를 통해 구원에 이르렀기 때문이다.[19]

빅토리누스는 심플리키아누스 주교의 말을 진지하게 받아들였다. 그

---

19 『고백록』, 3.12.21.

는 교회에 출석하고 세례 교육을 받았으며 온 회중 앞에서 신앙고백을 했다.[20] 교인들이 그의 이름을 연호하며 축하했음은 말할 것도 없다. 그리고 그는 교인들이 보는 가운데 중생의 물에 몸을 씻어 거듭났다. 이처럼 로마의 많은 지성인이 하찮게 보이는 교회를 통해 영혼의 질병에서 고침을 받았고, 나아만처럼 재생의 샘에서 새로운 삶을 얻었다. 교회가 요단강처럼 누추하게 보였을지라도, 그리스도는 바로 그 교회의 벽 안으로 들어온 수많은 사람을 구원해 내셨다.

---

20   『고백록』, 8.2.5.

토의를 위한 질문들

1. 그리스도인이 되는 것과 교회는 어떤 관련성이 있는가? 교회에 다녀야만 그리스도인이 되는가? 오늘날 교회에 나가지 않으면서도 예수님을 믿는다고 하는 사람들이 늘고 있는데, 이들의 신앙이 결여한 것은 무엇인가? 그 결여한 부분은 우리의 믿음에서 얼마나 중요한 부분인가? 이른바 가나안 교인 현상은 어디서 왔다고 생각하는가? 교부들이 교회를 방주와 어머니로 비유하면서 교회의 중요성을 설명했다면, 당신에게 교회는 무엇이며 당신의 믿음에서 교회가 어떤 역할을 한다고 말할 수 있는가?

2. 교회 안에 있다고 모두가 그리스도인이라고 생각해서는 안 될 것이다. 선생은 교회 안에 알곡과 가라지가 함께 존재한다는 것을 인정했다. 그는 "이 말씀은 알곡인 여러분에게 주는 말씀입니다. 가라지인 사람들은 잘 듣고 알곡이 되기를 바랍니다. 각각 자신의 양심을 살펴보십시오. 세상의 연인이라면 변화되십시오. 그리하여 그리스도의 연인이 되십시오"라고 설교했다. 선생은 기독교가 제국의 종교가 되면서 생긴 문화적 그리스도인이나 배교 후 다시 돌아온 신앙인들, 혹은 도나투스파에 속한 사람들에게 참된 그리스도인이 되라고 호소하는 것 같다. 만약 당신이 히포의 주교라면, 교회 안의 가라지를 어떻게 가르치고 인도하겠는가?

15. 바벨론의 평화

너희는 내가 사로잡혀 가게 한 그 성읍의 평안을 구하고 그를 위하여 여호
와께 기도하라. (렘 29:7)

제국과 종교

영원한 도성(*civitas aeterna*), 이것이 로마의 이름이었다. 사람들은 로마가
신들에 의해 세워지고 보호되고 있다고 믿었다. 로마는 강력했고 결코
망할 수 없는 나라였다. 아니, 로마는 온 세상이었다. 로마의 정치와 종교
는 이런 믿음을 통해 견고하게 연결되어 있었다. 한 나라의 흥망성쇠는
신들에게 달린 것으로 믿었고, 정치적 안정을 위해서는 종교적 지지가
필요했다.

로마는 거대한 제국이었다. 수많은 정복 전쟁을 통해 지중해 연안의
많은 나라와 민족을 자신의 정치적 권위 아래로 흡수했다. 제국의 정치
적 안정을 위해 가장 중요한 것은 다양한 인종과 문화적 배경을 가진 이
들이 로마 제국의 가치를 받아들여 동화되는 것이었다. 그 가치의 중심

에 종교(혹은 신화)가 있었다. 로마는 피정복민들에게 로마의 시조 로물루스를 신으로 가르치면서 그것을 고백하도록 강요했다. 이에 대해 아우구스티누스 선생은 풍자적으로 촌평한다.

키케로는 가장 박식한 사람들 가운데 하나이며 모든 사람 가운데 언변이 가장 훌륭한 인물인데, 로물루스의 신성이 믿음의 대상이 된 것을 놀랍다는 투로 말한다. 그러나 로물루스 신화가 만들어진 당시에 작고 막 태동하던 국가였던 로마 외에 누가 로물루스를 신으로 믿었다는 말인가? 그 뒤 후손들은 선조들한테서 받아들인 바를 보존할 필요가 있었고, 마치 어머니 젖을 빨아 먹듯 온 국가가 미신을 흡수하며 자랐다. 그 후 거대한 제국이 되자, 마치 더 높은 장소에서 아래로 흘러 퍼지듯 꼭대기로부터 로마가 지배하는 다른 민족들에게도 자기네의 종교를 퍼뜨렸던 것이다. 이민족들도 로물루스가 신이라고 했지만, 그를 신으로 믿어서가 아니고 말로만 그렇게 한 것이었다.… [로마의] 비위를 건드리지 않으려는 뜻이었다.[1]

고대인들에게 "회심"은 일종의 역사 학습이었다.[2] 자기가 이전에 믿던 신들의 이야기를 포기하고, 새로운 신화와 역사를 받아들이는 것이었다. 신들이 그들의 삶과 세상에 미치는 영향은 절대적이었다. 세상은 신들을 제외하고는 결코 이해되지도, 설명되지도 않았다. 당연히 역사적인 전환점이나 큰 정치적인 변화는 신의 뜻과 경륜이라는 틀 안에서 이해되었다.

1   『신국론』, 22.6.1.
2   Arnaldo Momigliano, "Pagan and Christian Historiography in the Fourth Century A.D.", in *The Conflict Between Paganism and Christianity in the Fourth Century*, ed. Arnaldo Momigliano (Oxford: Clarendon Press, 1963), pp. 79-99.

- **유세비우스**(260?-339년)는 카이사레아의 주교였다. 기독교가 박해당하다가 관용되는 전환기를 경험하면서 기독교 제국의 역사 신학을 발전시켰으며, 이를 바탕으로 사도 시대부터 콘스탄티누스 시대까지의 교회 역사를 기록한 『교회사』를 썼다. 스승 팜필루스와 함께 오리게네스를 변호하는 다섯 권의 책을 썼다. 삼위일체 논쟁에서 아리우스를 지지하는 입장에 섰다가 출교당하기도 했으나, 이후에 니케아 공의회의 결정을 받아들였다.

제국과 하나님 나라

그리스도인들 사이에서도 예외가 아니었다. 대표적인 예가 바로 4세기 초에 로마 황제가 된 콘스탄티누스와 그의 지지자 •유세비우스(Eusebius)다. 그리스도 부활 후 300년간 교회는 로마 제국 안에서 크고 작은 박해를 겪었다. 박해가 없을 때도 기독교는 "불법적 종교"로서 아무런 법적 지위를 갖지 못했으며, 로마 사회에서 입지도 매우 취약했다. 그런 열악한 상황에서도 교회는 꾸준히 로마 제국의 내부를 잠식해 들어갔다. 콘스탄티누스는 독실한 기독교 신자였던 어머니의 종교적 영향을 받았겠지만, 황제가 됐을 때 이미 그리스도인이었는지는 여전히 논쟁거리다. 지금 우리의 관심은 그가 겪은 것으로 전해지는 한 사건이다.

콘스탄티누스는 황제의 권력을 잡는 데 결정적이었던 밀비우스 다리 전투를 앞두고 환상을 본다. 그가 본 것은 그리스어 알파벳 X(키)와 P(로)가 겹친 문양이었는데, "이 문양으로 싸우라"는 음성도 함께 듣는다. 두 글자는 그리스도의 그리스어 Χριστός(크리스토스)의 첫 두 글자였다.[3] 콘스

---

3   유세비우스, 『콘스탄티누스의 생애』, 1.26-29; Stevenson, *New Eusebius*, p. 283.

탄티누스는 그 문양을 자신의 군기(*labarum*)와 병사들의 방패에 새기기도 록 명령하고, 결국 전투에서 정적 막센티우스를 이기고 황제로 등극한다.

이 내용을 후대에 전한 사람은 카이사레아의 주교이며 현존하는 최 초의 교회사를 저술한 유세비우스다. 고대 전쟁에서 승패를 점치는 것, 신들의 호의를 바라고 그들이 주는 어떤 징조를 찾는 것은 동서양을 막 론하고 나타나는 현상이다. 콘스탄티누스가 그리스도의 이름으로 싸움 에서 승리하고 황제가 되었다는 유세비우스의 해설은 하나님이 그를 황 제로 세우셨다는 믿음을 퍼뜨리기에 안성맞춤이었다. 그것이 정치 종교 적 "공작"의 결과인지, 아니면 실제로 콘스탄티누스가 그런 신비한 과정 을 통해 참된 신자인 황제가 되었는지는 하나님만 아시겠지만, 최소한 그 이후의 행적으로 보아 그가 자신을 하나님의 부르심을 받들고 있는 종으로 생각했음은 부정하기 어렵다.[4]

유세비우스는 로마 역사상 첫 그리스도인 황제가 나타난 사건을 하 나님 나라가 이 땅에 도래하는 신호탄으로 해석했다. 콘스탄티누스가 하나님의 종으로서 로마 제국을 기독교 국가로 만들고(국교화는 테오도시 우스 황제에 의해 380년에 이루어진다), 그의 정치적·군사적 힘을 배경으로 온 세상을 그리스도의 권위 아래로 모으게 되리라고 내다본 것이다. 그 것은 로마 제국의 팽창과 함께 하나님 나라가 도래하는 비전이었다. 유 세비우스는 콘스탄티누스 황제를 찬양하는 일련의 글들을 썼는데, 로 마 황제를 하나님의 사자로 그리는 특유의 제국 신학이 노골적으로 드 러난다. 300년 동안 고난과 박해 가운데 있었던 그리스도인들에게 콘스

---

4 이에 대한 최근의 논의를 다음에서 보라. Peter J. Leithart, *Defending Constantine: The Twilight of an Empire and the Dawn of Christendom* (Downers Grove, IL: IVP Academic, 2010).

　　　　　　　　　　　　　　　　　3부 교회와 세상

탄티누스는 분명 하나님이 보내신 "고레스"처럼 보였을 것이다(사 44:18; 45:21). 누가 그것을 아주 부정할 수 있겠는가? 특히 콘스탄티누스 직전 황제였던 디오클레티아누스의 대대적인 박해를 경험한 사람들은 더욱 그렇게 생각했을 것이다.

유세비우스가 가졌던 꿈은 콘스탄티누스 사후 퇴색한다. 로마 제국은 전성기를 지나 쇠락의 길을 걷기 시작했다. 제국 내부에서 수많은 정치적·경제적·도덕적·군사적 문제들이 터져 나왔고, 밖에서는 고트족이 끊임없이 침략해 왔다. 410년에 로마는 야만족으로 무시하던 고트족에게 사흘간 약탈당한다. 많은 사람이 죽고 약탈과 방화, 강간이 온 도시를 공포에 빠뜨렸다. 그리스도인과 비그리스도인 모두에게 그 충격은 이루 말할 수 없이 크고 깊었다.[5] 히에로니무스는 온 세상이 무너진 것처럼 탄식했고, 많은 귀족이 북아프리카로 피난했다.

아우구스티누스 선생에게 로마는 더 이상 영원한 도시가 될 수 없음이 분명해졌고, 하나님 나라의 신호탄이 될 수 없음은 더욱 분명했지만, 그것은 로마의 약함 때문이 아니라 악함 때문이었다. 주교로서 그는 많은 로마 관리와 접촉했다. 그들 가운데 도나투스주의 문제를 해결하기 위해 파견된 호민관 마르켈리누스는 매우 신실한 그리스도인 관료였는데, 선생은 그와 꽤 깊은 신앙적인 교분을 쌓았고 『신국론』을 그에게 헌정했다. 믿지 않는 로마의 지성인들을 전도하려던 선생과 마르켈리누스의 노력과 기도, 토론과 대화가 『신국론』을 쓰게 된 동기였기 때문이다.[6]

불행히도 마르켈리누스는 정치적 암투 속에서 내란 음모의 누명을

---

5   Van der Meer, *Augustine the Bishop*, p. 159.

6   아우구스티누스 선생은 마르켈리누스와 함께 볼루시아누스를 전도하려고 애쓴다. 『서신』, 132, 135, 137.

쓰게 된다. 선생은 모든 인맥을 동원해서 구명 운동을 벌이지만 마르켈리누스는 처형된다(413년). 그의 누명은 처형 후 뒤늦게 벗겨진다. 이 사건을 통해 선생은 로마 정치 권력의 불의한 실상을 치가 떨릴 만큼 생생하게 경험한다. 결국 이 사건은 그에게 세속 정치에 대한 깊은 불신과 염증을 남긴다. 그리스도인 황제 치하에서조차 로마는 결코 의로운 나라가 아니었다.

그 충격과 자각 때문이었을까? 『신국론』의 첫 다섯 권에서 선생은 로마의 부도덕성과 불의를 신랄하게 비판한다. 로마의 "영광스러운 과거"가 실제로는 얼마나 불의로 점철되어 있는지를 폭로함으로써 선생은 "영원한 로마"라는 우상을 깨뜨리려 했다. 제국의 우상이 무너진 자리에 하나님의 도성에 이르는 길을 선포하기 위해, 그는 무려 16년에 걸쳐 『신국론』을 썼다. 불의한 정치적 암투에 휘말려 무고하게 희생된 신실한 친구 마르켈리누스를 생각하면서, 로마의 지성인들에게 제국의 우상을 버리고 하나님 나라에 들어오라고 호소하려 한 것인지도 모른다.

바벨론과 니느웨

유세비우스의 제국 신학이 만들어 낸 기독교 승리주의의 환상이 깨졌다면, 교회는 이제 국가를 어떻게 봐야 할까? 유세비우스 이전에는 비판적 종말론의 틀을 통해 로마를 보곤 했다. 기독교를 박해하는 로마 제국은 이미 성경에서 "바벨론"으로 불렸고(벧전 5:13; 계 18:2-3), 요한계시록 13장에 등장하는 짐승과 동일시되기도 했다. 박해 아래서 많은 그리스도인이 로마 제국을 하나님 나라와 교회를 대적하는 사탄의 권세로 본 까닭이다. 여러 그리스도인 작가들은 하나님의 심판이 로마에 임할 것을 공공연하게 예견했다.[7] 로마 제국에 대한 이러한 비관적 상징은 콘스탄티누스 이후에 로마의 박해를 받게 된 도나투스파 교회에서도 지속되었다.[8]

아우구스티누스 선생은 로마에 비판적이었으나, 로마를 바벨론으로 보는 단선적 사고에 동의하지 않았다. 로마 제국은 분명 불의한 권력이지만, 그렇다고 종말론에서 말하는 바벨론과 동일시할 수는 없었다. 이것은 아우구스티누스 선생의 현실주의적 사고 때문이 아니라, 오히려 그가 종말과 현세의 차이를 분명하게 인식했기 때문이다. 만약 로마를 요한계시록의 바벨론과 동일시한다면 로마 제국에는 더 이상 아무런 희망이 남지 않게 된다. 또한 로마 제국과 그리스도의 교회는 영원한 원수가 된다. 그러나 선생은 달리 보았다. 현세는 시간과 함께 모든 것이 불안정하고 유동적인 시기다. 가라지가 알곡이 되기도 하고 알곡이 가라지가 되기도 하는 것은 종말이 오기 전, 바로 현세에서 가능한 일이다. 아니, 더 적극적으로 말하자면, 현세는 바로 그런 회개와 갱신을 위해 우리에게 주어진 기회의 시간이다.[9] 교회는 그 기회의 시간을 이용해서 땅의 도성에 속한 사람들을 하나님의 도성으로 인도해야 한다. 교회가 해야 할 일은 믿지 않는 세상에 바벨론이라는 딱지를 붙여 희망을 고사시키는 것이 아니라, 그들이 하나님의 도성으로 피할 수 있도록 길과 문을 예비하는 것이다. 한때 교회를 잔멸시키던 사도 바울도 결국 그리스도의 종이

7   히폴리투스, 『적그리스도에 대하여』, 36; 빅토리누스, 『요한계시록』, 8.2, 9.4. 로마를 바벨론으로 본 초기 기독교의 입장에 대해서는 다음을 보라. Gerard J. P. O'Daly, *Augustine's City of God: A Reader's Guide* (New York: Oxford University Press, 1999), pp. 53–56.

8   Tyconius, *Exposition of the Apocalypse*, ed. David C. Robinson, trans. Francis X. Gumerlock, The Fathers of the Church, vol. 134 (Washington, DC: The Catholic University of America Press, 2017), p. 132.

9   14장을 보라.

되지 않았던가!

앞선 장에서 보았듯 아우구스티누스 선생의 현실주의는 종말론적 희망의 지평 위에 펼쳐진다. 교회의 궁극적인 목표는 하나님의 도성에 이르는 길을 증언하고, 그리스도의 나라가 완전히 임하기까지 그분의 파수꾼이 되어 복음을 증언하는 것이다. 비관적인 종말론은 거룩한 것과 세속적인 것을 절대적으로 분리해서 세속 영역을 적대적으로 대하는 오류에 빠지곤 한다. 그러나 선생은 현실이 가지는 불확정성을 정확히 인식하고 결정론적 확신이나 비관주의에 빠지지 않았다. 오히려 누가 끝까지 믿음에 남아 있을지는 그의 생애 끝에 가서야 알 수 있다는 유보적인 입장을 견지했다. 믿음을 지키고 선한 싸움을 마치는 것은 우리의 능력과 의지에 달려 있지 않고, 하나님이 주시는 견인의 은사에 달려 있기 때문이다.[10] 시간 안에서 모든 존재는 흔들리고 있으며 불안정하지만, 그것은 동시에 기회다. 거기에 희망이 있다. 선생은 혼돈하고 공허한 땅에 질서와 생명을 주시는 하나님의 창조의 선함을 굳게 믿고 있다. 하나님이 지으신 것은 아무리 타락해도 어느 정도의 선을 갖고 있다. 따라서 그것을 사탄의 수중에 떨어진 것으로 한마디로 잘라 말하거나 적대시할 수 없다. 하나님은 자신이 지으신 것을 포기하시지 않는다!

바벨론이 적절한 표상이 아니라면, 로마 제국을 이해하도록 돕는 대안적인 표상은 무엇일까? 아우구스티누스 선생은 그것을 니느웨에서 찾았다. 니느웨는 이스라엘의 적국 앗수르의 수도였다. 선지자 요나는 니느웨로 가서 말씀을 전하라는 하나님의 명령을 어기고 정반대 방향으로 가지만, 하나님께 붙들려 결국 니느웨에서 하나님의 말씀을 선포한

---

10   『견인의 은총』을 보라.

다. 놀랍게도 니느웨 사람들은 그가 선포한 진노의 소식을 듣고 회개한다. 그리고 그것을 지극히 못마땅하게 여긴 요나에게 하나님이 마지막으로 하신 말씀은 충격적이다.

> 하물며 이 큰 성읍 니느웨에는 좌우를 분변하지 못하는 자가 십이만여 명이요 가축도 많이 있나니 내가 어찌 아끼지 아니하겠느냐. (욘 4:11)

좌우를 분변하지 못하는 사람들과 육축에 대해 하나님은 자비와 긍휼을 품고 계신다. 하나님이 그들을 지으셨기 때문이다. 로마는 요한계시록의 멸망할 바벨론이 아니라, 하나님과 원수가 되었으나 하나님의 긍휼하심 가운데 회개의 기회를 부여받은 니느웨로 재인식된다.

> 하나님이 어떻게 죄인들을 무너뜨리는지, 단지 화를 내서만이 아니고 또한 자비를 베풂으로써 어떻게 무너뜨리는지 조금만 주의를 기울여 본다면, 주님이 저런 말씀으로 예고한 바가 이루어졌음을 누가 부인하겠는가? 죄인들이 무너지는 방법은 두 가지다. 하나는 소돔처럼 자기 죄로 벌을 받는 것이고, 다른 하나는 니느웨처럼 회개함으로써 죄가 소멸되는 것이다. 그러니 하나님이 예언하신 바가 그대로 이루어진 것이다. 악한 니느웨는 무너졌고, 선한 니느웨가 세워진 것이다. 성벽과 가옥들은 그대로 선 채로, 망할 행실들을 보이던 도성은 무너진 셈이다.…이를 예언하신 분은 어떻게 하면 그 말씀이 더 나은 방향으로 성취되어야 할지를 알고 계셨다.[11]

---

11   『신국론』, 21.24.4.

교회는 바로 그 니느웨의 한복판에서 복음을 외치면서 하나님의 원수들이 회개하고 돌아오도록 기도해야 할 선지자적 사명을 받들어야 했다. 『신국론』에서 아우구스티누스 선생은 땅의 도성에 있는 장래 하나님의 백성을 본다. 선생은 하나님이 410년의 재난 가운데 로마가 완전히 무너지지 않도록 하신 것은 로마가 참회하고 잘못을 바로잡게 하기 위함이라고 하면서,[12] 마치 선지자처럼 말한다.

그리스도의 구속받은 가족, 그리고 왕이신 그리스도의 순례하는 도성은 지금까지 내가 개진한 이 모든 지론을 이용하여 자기 적들에게 응수해야 할 것이다.…다만 그 적들 가운데 미래의 우리 시민들이 숨어 있다는 점을 기억해 둘 일이다. 그러므로 그들을 상대할 때 하나님의 도성을 공격하는 반대자라도 참고 견딤으로써 그들을 결국 신앙을 고백하는 사람으로 맞이하는 것도 무익한 일로 여기지 말 것이다.[13]

이것이 선생의 종말론적 현실주의가 보여 주는 역동성과 긴장이다.

바벨론에서 살아가기

아우구스티누스 선생의 신학은 방대하고 역동적이어서 종종 양극단에서 옹호되거나 배척되곤 한다. 예를 들어, 라인홀드 니부어는 선생을 서구 정치학 역사에 등장한 첫 번째 현실주의자로 평가하면서 홉스나 마

---

12 『신국론』, 1.34.
13 『신국론』, 1.35.

키아벨리 같은 정치 철학자들 사이에 둔다.[14] 반대로 선생은 지나치게 종말론적이라는 평가를 받기도 하는데, 플라톤주의의 영향으로 그가 이 세상의 현실적인 문제들을 가볍게 여기고 종말론으로 환원시키는 경향이 강하다는 것이다.[15]

선생의 "정치 철학"에 대해 이런 상반된 평가가 있는 것은 그가 이 세상의 현실을 시간과 영원이라는 두 가지의 렌즈를 통해 보기 때문이다. 이 세상은 시간 안에 속한 한시적인 실재이며, 다가올 영원한 세상에 대한 유비로 존재한다. 예를 들어, 시간 안에서 국가는 자국민을 보호하고 평화와 질서를 유지하는 한시적 결사체다. 동시에 그것은 장차 올 영원한 하나님 나라를 어렴풋이 (때로는 정반대의 모습으로) 보여 주는 유비로 존재한다. 우리가 현실에서 나라를 경험하지 않으면, 하나님의 "나라"가 무엇인지 그려 볼 수도 없을 것이다.

아우구스티누스 선생의 위대함은 로마 제국에 대한 두 가지 상반된 차원을 융합하는 것에서 드러난다. 현실적 차원에서 국가는 어느 기준으로도 완전하지 않고, 심지어 자신을 지키기 위해 때로는 더 큰 악을 행하기도 하지만, 하나님의 경륜 가운데 질서를 유지하고 평화를 지키는 방식으로 제한적인 선을 행한다(롬 13:4). 종말의 차원에서 보자면, 국가는 장차 올 진정한 나라를 지시하는 지상적 표지다. 타락한 정권이라 할지라도 정치 권력은 완전한 권세인 하나님 나라를 모본으로 한다는 의미에서 불완전하게나마 하나님 나라와 그리스도의 의를 지시한다. 우리는 세상 나라를 통해 하나님이 우리에게 말씀하신 그 나라를 어렴풋이

---

14   Reinhold Niebuhr, "Augustine's Political Realism", in *Christian Realism and Political Problems* (New York: Charles Scribner's Sons, 1953), p. 121.

15   한나 아렌트는 아우구스티누스 선생의 종말론적 경향을 비판한다. 윌리엄스, 『다시 읽는 아우구스티누스』, p. 210.

이해한다. 동시에, 이 세상 나라와 불의한 권력 아래서 고통당하면서 우리는 참된 하나님 나라와 완전한 의의 통치를 갈망한다. 인류 역사는 어찌 보면 완전한 나라를 건설하기 위한 시행착오의 연속이다. 실패와 좌절의 역사는 하나님 나라가 이 땅에 이루어지기까지 계속될 것이다.

세속 국가에 대한 아우구스티누스 선생의 다중적 접근은 예레미야 29장에 대한 그의 해석에서 통합된다.[16] 예레미야는 바벨론에 잡혀간 포로들에게 장문의 편지를 써서 그 땅에서 번성하고 그들이 잡혀간 도시의 평화를 위해 기도하라고 한다. 하나님은 70년 후에 그들을 돌아오게 하실 것이다(렘 29:7). 하지만 70년 후에 돌아올 것이라는 말씀은 현실적으로는 희망이 아닌 절망을 주지 않았을까? 70년이 채 차기도 전에 사람들은 바벨론에서 나그네로 죽을 것이기 때문이다. 어쩌면 예레미야가 그 땅에서 집을 짓고 농사를 짓고 가정을 꾸리고 살면서 바벨론의 평화를 위해 기도하라고 한 것은 지극히 현실적인 조언으로 들리기까지 한다.

아우구스티누스 선생은 유배된 이스라엘에서 세상 속에 있는 교회를 보았다. 교회는 자기 나라가 아닌 곳에 사는 나그네와 같다. 교회는 세상에 살지만, 세상에 속하지는 않는다. 그렇다면 이 땅에서 나그네로 지내는 70년 동안 교회는 무엇을 해야 하는 것일까? 선생은 하나님이 자기 백성을 열방 가운데 유배시키심으로써 복음이 전파되게 하셨다고 말한다. 아우구스티누스 선생의 현실주의는 어쩌면 바로 이러한 부르심에 대한 신학적 통찰에서 기인했는지도 모른다.

---

16 아우구스티누스 선생의 예레미야 29장 해석을 다음에서 보라. 『파우스투스 반박』, 12.36; 『설교』, 51.14; 『시편 주해』, 125.2; 『예비신자 교리교육』, 21.37; 『신국론』, 19.26.

바벨론 유수에 대해 그 비유적인 의미는 명확하다. 생각건대, 그 안에 간사한 것이 없는 참된 이스라엘 사람들이 이방인들의 왕국에 사도들의 복음을 갖고 들어간 것이다.[17]

선생은 바벨론 유수를 이스라엘의 죄에 대한 심판이라는 역사적 차원을 넘어, 교회의 열방 선교라는 예언적 차원에서 새롭게 이해한다.[18] 이런 지평에서 교회는 자기가 사는 세속 도시의 평화를 위해 기도한다. 그 평화는 구약의 샬롬, 즉 하나님과 사람, 온 창조 세계가 바른 관계 가운데로 돌아와 누리는 평화로운 상태다. 그리스도가 다스리시고 온 열방이 그를 경배하며 순복하기까지 이 평화는 오지 않는다. 교회는 이 세상의 평화를 위해 기도하지만(딤전 2:1-4), 그것은 한시적이고 제한적인 현세의 평화를 넘어 종말론적 평화를 위한 것이다. 그 평화는 그리스도의 이름을 선포하고 경배하는 자리에 임한다. 아우구스티누스 선생은 예레미야 29장을 통해 교회가 이 세상에서 다만 하나님의 도성을 향한 순례를 넘어, 열방을 그리스도와 그분의 의의 나라로 돌이키는 일로 부름을 받았다고 선포한다. 그것이 현실주의와 종말론의 긴장을 연결하는 방법이다. 교회를 통해 모든 나라에 복음이 전파될 때, 그제야 하나님의 도성인 새 예루살렘이 도래할 것이다.[19]

신자는 이 세상에서 하나님의 백성으로서 순례하면서 세상의 불의와 폭력에 마음이 상한다. 그 아픔과 눈물이 본향인 하나님의 도성에 대

---

17 『파우스투스 반박』, 12.36.

18 이에 대해서는 Jangho Jo, "Reclaiming Happiness of the City and the Soul: Augustine's Engagement with Cicero and Porphyry in the *City of God*" (PhD diss., Baylor University, 2014), 6장을 보라.

19 『서간』, 199.46-51.

한 갈망을 깊게 만든다. 종말론적 소망은 오늘 나그넷길의 설움을 이기고 낯선 땅에서 그리스도의 복음을 증언하도록 인도한다. 70년이 차서 주님이 오시면, 순례의 울음은 영원한 구원의 영광으로 바뀔 것이다(시 30:12-13, 칠십인역).

종말과 현실

종말론은 흔히 현세를 벗어나서 (흔히 "하나님 나라"로 불리는) 다른 세상을 추구하는 것으로 오해받아 왔다. 그래서 기독교 역사의 여러 이단이 잘못된 종말론에 사로잡혀 현실 세계로부터 도피해서 자기들만의 공동체를 만들고 심판을 기다리기도 했고, 심지어는 집단 히스테리에 빠지기도 했다. 선생의 신학이 종말론에 경도되었다고 말하는 사람들이 사용하는 "종말론"이라는 용어도 잘못된 종말 이해를 담고 있다. 성경의 예언자들이 보여 주는 종말론은 언제나 현실 개혁적이다. 그들은 먼 미래의 일을 눈앞의 현실을 보듯 선포했고, 그들이 본 종말론적 환상과 하나님의 말씀에 근거해서 오늘 길과 행위를 바르게 하라고 촉구했다. 하나님이 선지자들을 통해 임박한 종말을 선포하신 본뜻은 그 메시지를 듣고 회개하고 하나님께 돌아오게 하려는 것이었다. 그것이 종말론적 메시지의 본질이다.

그렇다면 현실주의는 어떠한가? 아우구스티누스 선생에게 현실적이라는 말은 현실과 타협한다는 의미가 아니다. 만약 그런 의미라면 그의 현실주의는 필연적으로 이 세상에 대한 절망을 수반할 것이다. 이 세상은 타협이 아니고서는 견디기 어려운 불행과 죄 가운데 있기 때문이다. 우리가 이 책의 서두에서 살펴보았던 바와 같이, 선생에게 이 세상은 그 누구도 행복에 도달할 수 없을 만큼 불행으로 가득 차 있다. 젊었을 때 선생은 키케로에게 매료되어 지혜를 얻고자 하는 열망을 불태웠다. 대문호이며 정치가, 철학자였던 키케로를 숭상해서 그의 저작을 탐독하고 수많은 구절을 암송했다. 그런데 선생은 그의 생애 마지막에 『신국론』을 쓰면서 키케로를 새롭게 만난다. 키케로는 사랑하던 딸의 죽음 후에 공직에서 물러나 별장에 칩거하면서 인생의 의미와 불행에 대해 깊이 숙고했다. 선생이 청년 때 만났던 키케로와 달리, 노년의 키케로에게는 세상의 불행을 맞설 힘이 없어 보인다. 사람의 덕성은 세상에 첩첩이 쌓인 악과 불행의 짐을 감당할 만큼 강하지 않다.

> 제아무리 언변이 유창하더라도 현세 생활의 비참함을 일일이 열거하기에 충분한 언변을 지녔다고 할 수 있을까? 키케로도 『딸의 죽음에 관한 위안』에서 자신의 문학적 기량을 다 바쳐 인생의 비참함을 얼마나 절절히 탄식했던가?[20]

현실주의는 체념과 절망에 기반한 전략이다. 그만큼 세상의 악이 크다는 방증이다. 이러한 체념적 현실주의를 넘어설 수 있는 길은 바로 기독교 신앙이 준 종말론적 소망이다. 그 소망이 없다면 우리는 불행 가운데 남겨질 것이다.

> 누군가 현세의 생명을 통해 영원한 생명의 목적으로 귀결시키고 지극한 열정과 지극한 믿음으로 저 생명을 사랑한다면, 지금도 행복할 수 있다

---

20   『신국론』, 19.4.

는 말이 틀린 말은 아닐 것이다. 물론 지금 누리는 현실 때문이 아니라 미래에 대한 저 소망 때문에 행복하다는 것이다. 지금 누리는 이 현실은 미래에 대한 소망이 없으면 거짓 행복일 뿐 아니라, 크나큰 비참일 따름이다.[21]

아우구스티누스 선생이 현실주의자라면, 종말을 믿기 때문에 그렇다. 즉 이미 우리 가운데 종말을 끌고 들어오셔서, 심지어 세상의 악도 자신의 선을 위해 사용하시는 하나님과 그분의 종말론적 완성을 믿기 때문이다. 이처럼 선생의 현실주의는 체념이 아닌 믿음에 기반하며, 하나님의 경륜의 때에 대한 순응 가운데 자기의 역할을 신실하게 감당하려 한다. 신자는 하나님의 도우심 가운데 살아가고, 하나님은 그들의 불완전한 인생을 통해 자신의 선을 이루신다. 이것이 죄와 불행의 무게를 이길 힘을 준다. 어찌 보면 모순되는 종말론과 현실주의의 두 극단을 아우구스티누스 선생은 훌륭하게 통합하고 있다. 그리고 이 융합을 통해 교회는 바벨론에 끌려간 포로들처럼 평화를 위해 일하면서 자신이 살고 있는 도시가 하나님께 돌아오는 니느웨처럼 되기를 기도한다.

이제 질문은 우리에게 되돌아온다. 우리의 현실주의는 충분히 종말론적인가? 혹은 우리의 종말론은 충분히 현실 개혁적인가?

---

21   『신국론』, 19.20.

토의를 위한 질문들 _____

1. 초기 그리스도인들은 로마 제국을 바벨론과 동일시하면서 적대적인 존재로 보았으나, 콘스탄티누스 황제 이후 기독교가 제국의 공식 종교가 되면서 그 시각은 급격히 변했다. 유세비우스는 콘스탄티누스를 하나님이 세우신 황제로 찬양하고, 기독교 제국의 탄생을 하나님 나라의 도래로 해석했다. 그러나 선생은 이러한 승리주의를 경계하면서 세상 권력과 하나님 나라가 구분되어야 한다고 주장했다. 오늘날 기독교는 정치적 권력과 어떻게 관계를 맺어야 하는가? 정치적 권력을 통해 신앙을 확산하는 것이 정당한지, 아니면 교회는 정치로부터 독립된 위치에서 세상의 빛과 소금 역할을 해야 하는지 논의해 보자.

2. 선생은 로마 제국을 단순히 악의 상징인 바벨론으로 보지 않고, 오히려 회개의 가능성이 있는 니느웨로 재해석했다. 이와 같이 그는 세속 권력을 완전히 배척하지 않고, 하나님이 주신 갱신과 회개의 기회를 보았다. 오늘날 우리는 어떤 국가나 제도를 바벨론으로 규정하면서 적대시하고 있지 않은가? 혹은 회개의 가능성을 간과하게 만드는 니느웨는 어디인가? 현대 사회의 정치적·사회적 상황에서 교회가 어떻게 회개의 메시지를 전하면서 긍휼의 역할을 할 수 있을지 논의해 보자.

4부

종말과 영원

Saint Augustine of Hippo

16. 현존과 영원

주의 목전에는 천 년이 지나간 어제 같으며 밤의 한 순간 같을 뿐임이니이다. (시 90:4)

시간

하나님은 세상을 창조하기 전에 무엇을 하고 계셨는가? 예나 지금이나 사람들이 던지는 질문은 비슷하다. 어찌 보면 경박하고 미련스러운 이 질문에 대한 아우구스티누스 선생의 답변은 깊다. 선생은 창세기 1:1의 첫머리에 나오는 문구 "태초에"(*in principio*)의 의미를 파고들어,[1] 시간과 영원이 전혀 다른 차원의 실재라는 것을 밝힌다. "태초에"란 시간을 포함한 모든 피조물이 창조된 시점을 가리키기에, 태초 "전에"라는 표현은 말이 되지 않는다. 시간의 영역 안에서만 이전과 이후라는 표현이 유의미하다.

---

1   『마니교도 반박 창세기 해설』, 1.2.3.

시간의 시작 전에는 시간이란 존재하지 않았음을 우리는 알아야 한다. 따라서 하나님이 아직 무언가를 만들지 않았던 때에 어떤 시간이 존재한다고 말할 수 없다. 실제로 하나님이 모든 시간의 창조주라면, 그분이 만들지 않은 시간이 어떻게 있을 수 있겠는가?[2]

대부분의 사람이 영원을 시간의 무한정한 지속으로 생각하지만, 영원은 시간을 초월해 모든 것이 현재로 지속되는 하나님의 존재 양식이다. 하나님은 영원 가운데 계시면서 시간을 창조하셨다. 시간과 역사는 존재하는 모든 것이 살아가는 가장 큰 틀이기에 철학과 종교에서는 매우 중요한 문제다. 시간을 정의하고 이해하는 방식이 그 안에서 일어나는 것의 운명과 성격을 결정한다. 예를 들어, 플라톤주의 철학은 시간과 역사를 순환하는 것으로 보았다. 한 세대가 끝나면 또 다른 세대가 시작되고, 역사는 영고성쇠(榮枯盛衰)를 끝없이 반복한다. 플라톤주의 철학자들은 영혼이 불멸한다고 생각했기에 죽음 이후에 영혼이 어디로 가는지는 중요한 문제였다. 플라톤은 영혼이 다른 모양으로 다른 세대에 태어난다고 생각했다. 불교의 윤회와 비슷한, 이른바 영혼의 순환(transmigration)을 고안해 낸 것이다.

아우구스티누스 선생은 성경을 따라 시간의 시작과 끝을 믿었다. 영혼은 피조물이기에 어떤 시작점을 갖고, 이 세계의 마지막에는 어떤 특정한 처소(천국과 지옥)에 머물게 될 것이 분명했다. 육신이 태어났다가 죽기를 반복하면서 영혼이 영원히 떠돌아다니는 것이 아니다! 이렇듯 선생은 창세기의 첫 구절만으로도 다른 모든 종교와 철학이 가르치는 것

---

2   『마니교도 반박 창세기 해설』, 1.2.4.

•**마르틴 하이데거**(1889-1976)는 20세기 초중반에 활동한 대표적인 독일 실존주의 철학자다. 에드문트 후설(Edmund Husserl)의 제자이며 『존재와 시간』을 비롯한 여러 저서를 남겼고, 그의 영향을 받은 사람들 가운데 한나 아렌트가 있다. 나치 당원으로서 나치에 협력한 죄로 제2차 세계대전 후 활동이 금지되었다.

과 과격하게 다른 기독교의 실재관을 보여 줄 수 있었는데, 바로 시간과 영원의 문제였다.

아우구스티누스 선생이 『고백록』 전체에서 가장 치열하게 씨름한 것은 인간의 실존이다. 인간 실존은 그 자체를 들여다본다고 이해할 수 있는 것이 아니다. 하나님이 사람을 창조해서 시간 안에 살게 하셨고, 마지막에는 영원한 생명을 주실 것이다. 실존은 시간과 영원의 두 지평에서 봐야 한다. 달리 말하면, 하나님에 대한 지식과 사람에 대한 지식은 서로 깊이 연결되어 있기에, 시간 안에 있는 우리의 실존은 영원을 통해서만 바르게 이해된다.

현존

아우구스티누스 선생의 시간과 존재에 대한 사유에 진지하게 반응한 철학자는 •하이데거다. 그의 대표작 『존재와 시간』은 서구 철학사에서는 드물게 인간 존재의 유한성을 진지하게 분석하고 성찰한다. 그리스 철학은 무시간적이고 고정된 존재 개념을 상정했지만 하이데거는 시간 속에서 사멸하는 피조물의 유한성이 존재에 대한 이해를 근본적으로 바꾼다는 점을 갈파했으며, 그 결과로 "현존재"의 개념을 소개했다. 여기서 제임스 스미스의 말을 들어 보자.

16. 현존과 영원

하이데거는 그가 "현존재"라고 부르는 낯선 괴물, 즉 그의 자아 개념에 대한 분석을 통해 이 모든 이야기를 풀어갔다. 추상적인 "자아"나 모호한 "주체"를 이야기했던 이전 철학자들과 달리 하이데거는 "거기 있음"을 뜻하는 현존재를 다뤘다.[3]

실존 철학에서 시간은 영원에 대비된 개념이고, 필연적으로 유한성을 전제한다.[4] 유한성의 실존적 표현은 죽음이다. 유한성과 죽음을 배경으로 존재를 숙고할 때, 그동안의 모든 철학적 인간관은 처음부터 다시 쓰일 필요에 봉착한다. 이것이 하이데거가 20세기에 던진 충격이고, 이 충격 배후에 아우구스티누스 선생이 있다.[5]

선생의 질문은, 시간이 과거와 현재와 미래로 구분된다면 이 세 가지 시간의 양태는 어떤 식으로 존재하는가에 대한 것이다. 그는 자신이 이 질문을 하는 사이에 이미 질문이 과거가 되었음을 발견한다. 과거는 다만 기억의 형태로 내 의식 속에 존재한다. 그에 반해 미래는 기대의 형태로 내 의식 안에 머문다.

이 세 가지[과거, 현재, 미래]의 시간이 어떤 면에서 우리의 영혼 안에 존재하고 있습니다. 즉 과거 일의 현재는 기억이고, 현재 일의 현재는 직관이며, 미래 일의 현재는 기대입니다.[6]

---

3 스미스, 『아우구스티누스와 함께 떠나는 여정』, p. 54.
4 하이데거는 시간 자체는 영원하고, 시간성이 유한하다고 주장한다.
5 아우구스티누스 선생과 하이데거의 관련성에 대해서는 다음을 보라. Craig J. N. de Paulo, ed., *The Influence of Augustine on Heidegger: The Emergence of an Augustinian Phenomenology* (Lewiston: Edwin Mellen Press, 2006). 또한 스미스, 『아우구스티누스와 함께 떠나는 여정』, pp. 51-57.
6 『고백록』, 11.20.26.

그렇다면 내가 지금 살고 있는 이 "현재"란 무엇인가? 현재는 어떤 지속됨 없이 끊임없이 과거가 되어 흘러간다. 우리는 사실상 순간을 이어 살고 있는 것이다. 우리 존재가 시간 안에서 딛고 서 있는 "현재"는 계속 흘러가는 지극히 불안정한 땅이다. 거기서 아우구스티누스 선생은 인간의 존재가 얼마나 가볍고 위태로운지를 발견한다. 그것이 선생이 도달한, 시간 속에서 분열되어 있는 인간 실존이다.

만일 현재가—시간이 되기 위해서는—반드시 과거로 지나가는 것으로만 존재하면, 우리가 어떻게 그것이 현재 "있다"고 말할 수 있습니까? 그것은 현재라는 시간의 존재 이유가 지나가 없어져 버리는 데 있다는 말이 아닙니까? 그러면 시간이란 비존재(*non esse*)로 흘러 지나가는 것으로만 있다고 말할 수 있는 것이 아닙니까?…그러나 나는 알 수 없는 질서인 이 시간 속에서 산산이 분열되어(*dissiliatio*) 있습니다.[7]

만일 아우구스티누스 선생이 산산이 분열된 현재를 필사적으로 붙잡으려 했다면, 그는 20세기의 어떤 실존주의 철학자나 예술가처럼 심각한 우울증과 염세주의에 빠졌을지도 모를 일이다. 시간 안에서 끊임없이 무로 사라지는 존재란 참을 수 없이 **가볍고** 허망하기 때문이다. 우리의 실존이 그렇게 허무하다면, 그것을 과연 "존재"라고 부를 수 있을까?

이러한 위기에서 그의 실존을 구출한 것은 바로 하나님의 영원이다. 그는 미미하고 산산이 부서진 그를 창조하고, 그에게 존재를 부여하고, 시간 안에 흩어진 그를 모으신 분이 영원하신 하나님이라는 것을 발견한다.

---

7   『고백록』, 11.14.17, 11.29.39.

내 생명은 시간 속에서 헷갈려(*distensio*) 없어져 가고 있습니다. 그러나 인자이신 내 주 안에서 당신의 오른손이 나를 붙드셨습니다. 그는 하나이신 당신과 여러 모양과 많은 것으로 쪼개 떨어진 우리 사이에 계시는 중보자이십니다.[8]

그리스도는 너무나 다른 두 존재인 영원하신 하나님과 유한한 사람 사이에서 중보하신다. 그래서 시간 속에서 산산이 조각난 우리를 영원한 현재 가운데 계신 하나님 안으로 모으시고 붙드신다. 선생은 초라하고 흩어진 존재의 허무함 속에서 그를 붙들고 계신 영원하신 하나님의 손을 깨닫는다. 시간 안에 사는 모든 것을 그 손이 지탱하고 계신다.

당신은 최고의 존재와 최고의 생명 그 자체이시므로 당신에게는 존재와 생명이 떨어져 있지 않고 하나입니다.…당신 안에는 오늘이란 현재가 지나가지 않습니다. 그러나 우리의 오늘은 당신 안에서 지나간다고 생각할 수 있습니다. 왜냐하면 모든 시간이 당신 안에 있고, 또한 당신이 지탱해 주시지 않으면 오늘이 지나가지도 못하기 때문입니다.…당신의 연대는 항상 오늘입니다.[9]

영원하신 하나님이 붙드시기에, 내 존재는 순간을 살면서도 공허함으로 돌아가지 않는다. 영원하신 그리스도가 사람이 되심으로써, 사람의 허무한 존재와 인생이 영원에 참여할 수 있게 된다. 하나님만 영원한 현재 가운데 계시는 참된 존재이시기에, 시간 속에서 분열된 나는 하나님의 영

---

8 『고백록』, 11.29.39.
9 『고백록』, 1.6.10.

원한 현재 안에서 비로소 존재의 자리와 의미를 찾는다. 이것이 부활 신앙이다. 하나님이 죽은 자 가운데서 우리를 붙드시며 일으키실 것이라는 믿음이다. 그 부활 신앙의 이면에는 순간을 이어 사는 불안한 우리에게 영생을 허락하시는 하나님이 계신다.

존재와 선

아우구스티누스 선생의 실존 이해에서 기초를 이루는 것은 하나님의 선한 창조다. 모든 존재는 하나님이 무로부터 지으신 선한 피조물이다. 모든 피조물 안에서 두 가지의 대조적인 진리가 발견된다. 첫째, 앞서 살펴본 대로, 피조물은 본질적으로 순간을 이어 가는 불안하고 연약한 존재다. 타락으로 인해 하나님과 분리된 후에는 더욱 그 상태가 비참하고 허무하게 되었다. 둘째, 그럼에도 하나님이 모든 것을 선하게 지으셨기 때문에, 존재에는 하나님이 부여하신 선이 있다.

> 사물들의 어떤 서열을 통해 드러나듯, 큰 것도 작은 것도 선한 모든 것은 하나님에 의해서가 아니면 존재하지 못한다. 그러니까 모든 자연 본성, 그것이 하나의 자연 본성인 한, 선이다. 그리고 일체의 자연 본성은 최고이시며 참되신 하나님에 의해서가 아니면 존재하지 못한다.[10]

그것이 미물이든 사람이든 모든 창조된 존재에는 하나님이 부여하신 선이 있다. 그 상태가 어떠하든지, 존재 안에 있는 선은 존재를 정당화한

---

10 『선의 본성』, 1.

다. 따라서 없어져도 괜찮은 존재는 없다. 선한 창조의 부분으로서 모든 것은 존재할 이유를 가진다. 존재에 하나님이 부여하신 선은 하나님의 영광(그분의 선하심)을 드러낸다. 바닷가에 뒹구는 아무런 쓸모없어 보이는 조개껍질도 아름다운 문양과 빛깔로 창조주의 선하심을 드러낸다. 그 선(혹은 아름다움)을 통해 피조물과 창조주는 연결되고, 하나님과 사람은 분리될 수 없는 관계를 맺는다.

불행하게도 근대 세계에서 신학적 차원의 선은 경제적 차원의 효용으로 대체되었다. 사람의 효용이 존재의 근거가 될 때, 존재는 불안해지고 "쓸모없는"것들은 존재할 가치를 잃는다. 그러나 창조를 통해 보면, 피조물의 존재는 하나님과의 관계 안에 놓인다. 그리고 존재 안에 있는 선은 창조주를 드러낸다. 거기에 존재의 이유와 영광이 있다.

이런 관점에서 보면, 근대 유럽에서 나타난 이신론(deism)은 가장 타락한 형태의 신관이다. 이신론의 신은 세상을 만들고는 멀리 물러나 있다. 세상은 신이 만들어 놓은 자연법칙을 따라 움직인다. 신은 더 이상 세상에 개입하지 않고, 세상은 신과 독립적으로 움직인다. 이신론은 세계를 내적 작동 원리에 따라 움직이는 거대한 시계처럼 보았다. 그런데 여기에 맹점이 있다. 피조물을 시계처럼 생각하는 순간 존재가 영원할 것 같다는 착각에 빠지고, 존재가 시간 안에서 점차 소멸할 뿐 아니라 매 순간 하나님의 붙드심에 의해 보존되고 있다는 것을 망각한다. 세계와 하나님 사이에 어떤 의미 있는 관계도 존재하지 않는 것처럼 보인다.[11] 이신론적 세계에서 존재는 그 창조주와 보존자의 손을 떠나 고아처럼 외

---

11 기독교의 강력한 적대자이며 신플라톤주의 철학자인 포르피리우스조차 신이 이 세상에 구원으로 이르는 길을 남겨 놓지 않았을 리 없다고 생각했다. 『고백록』, 11.29.39.

롭고 어둡다. 존재는 자신 외에 그 무엇도 드러내지 않는다. 하나님이 부여하신 선은 은폐되고 잊힌다.

아우구스티누스 선생이 성경을 통해 알게 된 하나님은 이신론의 신과 같지 않다. 이 세상에 존재를 부여한 신이 자신이 만든 세상을 내버려 둔다는 것은 그분의 본성에 어긋나기 때문이다. 창세기 1-2장을 해설하면서 아우구스티누스 선생이 보는 하나님은 하나님으로부터 떨어져 방황하는 창조 세계를 다시 자기에게로 모으시는 분이다. 피조물은 창조주 하나님을 향해 살 때만 참으로 존재로서의 선과 행복에 이를 수 있다. 그래서 『고백록』은 이와 같은 기도로 시작한다.

당신은 우리 인간의 마음을 움직여 당신을 찬양하고 즐기게 하십니다. 당신은 우리를 당신을 향해(*ad te*) 살도록 창조하셨으므로, 우리의 마음이 당신 안에서(*in te*) 안식할 때까지는 쉴 수 없습니다.[12]

사람을 비롯한 피조물은 그 자체로 완전하지 않다. 하나님만 완전한 존재이시기에, 우리는 모두 완전한 존재이신 하나님과 비존재 사이의 어디쯤 위치한다(달리 말해, 우리는 덜 된 존재다!).

"나는 존재하는 자로다"[출 3:14]. 하나님은 최고의 존재다. 다시 말해, 최고로 존재하는 분이다. 그러니까 불변하는 분이다. 하나님은 자신이 무로부터 창조한 사물들에게 존재를 부여했다. 그러나 자신이 존재하듯 최고 존재를 부여한 것은 아니다. 어떤 사물들에게는 더 큰 존재를 부여

---

12 『고백록』,1.1.1.

16. 현존과 영원

하고, 어떤 사물들에게는 더 작은 존재를 부여했다.[13]

하나님을 향해 있지 않으면 피조물은 비존재로 추락한다. 하나님을 향해 살 때 하나님이 주신 존재와 선을 온전히 누릴 수 있다. 우리의 존재와 선은 완전한 존재이며 완전한 선이신 하나님께 기대어 온전해진다. 하나님에게서 멀어질수록 우리의 선도, 존재도 점점 희미해진다.[14] 따라서 피조물이 궁극적으로 도달할 자리는 다름 아닌 "하나님 안"이다. 영원자 안에 거하는 피조물, 그것이 아우구스티누스 선생이 『고백록』의 처음 부분에서 말한, 안식을 찾은 피조물의 자리다.

영원

앞서 말했듯, 아우구스티누스 선생에게 영원은 시간이 끝없이 연장되는 상태가 아니라 시간을 초월해 계시는 하나님의 존재 양식이다. 하나님의 선하심, 아름다우심, 의로우심, 사랑은 시간을 초월해서 영원한 현재로 존재한다. 영생은 이러한 하나님의 현존에 의지해서 사는 것이다. 적극적인 의미에서는 "참여"라고 할 수도 있겠으나, 궁극적으로는 전적인 의존을 통해 하나님의 생명으로 사는 것이다. 하나님에게는 과거와 현재와 미래가 동시적으로 존재하며 그 어떤 것도 시간의 흐름에 따라 흘러가 버리지 않는다. 하나님은 영원한 현재 가운데 계신다.

---

13 『신국론』, 12.2.
14 C. S. 루이스는 그의 소설 『천국과 지옥의 이혼』(*The Great Divorce*, 홍성사)에서 천국의 시민들은 매우 무거운 존재로, 지옥의 사람들은 무게가 없이 희미해지는 유령 같은 존재로 묘사한다.

그러나 당신은 항상 같으시고 당신의 세월은 무궁합니다. 당신의 세월은 가지도 않고 오지도 않습니다만, 우리의 세월은 가고 오면서 모든 순간 이 다 와서 지나가 버립니다. 당신의 모든 세월이 동시적으로 함께 있음 은 그 세월이 항상 머물러 있기 때문입니다. 당신의 세월은 흘러 지나가 지 않아서, 오는 시간이 가는 시간을 밀쳐냄이 없습니다. 당신의 세월은 "하루의 날"이지만, 그날은 지나가는 매일이 아니고 항상 "오늘"입니다.… 당신의 오늘은 영원입니다.[15]

아우구스티누스 선생은 하나님이 "빛이 있으라"고 말씀하셨을 때 하 나님의 영원한 말씀이 어떻게 선포되었는지를 묻는다. 분명 그 말씀은 사람의 발성 기관을 통해 나온 소리와는 전혀 다를 것이다. 사람의 말은 말해진 순간에 더 이상 존재하지 않고 그 소리가 없어지지만, 하나님의 영원하신 말씀은 결코 소실 없이 영원히 지속된다. 즉 말씀은 시간을 초 월해서 언제나 현재형으로 세상에 선포된다.

그 말씀은 영원히 말해지고 있으며, 그 말씀으로 말미암아 모든 것이 말 해지고 있습니다. 그 말씀은 하나의 말이 시작되었다가 끝나고 다른 말 이 계속되어 나중에는 다 끝나 버리는 것과 같이 말해지는 것이 아닙니 다. 그 말씀 안에서는 모든 것이 동시에 영원히 말해집니다. 그렇지 않다 면 당신의 그 말씀은 시간과 변화의 지배를 받게 되어 참으로 영원하고 불멸한 존재가 아닌 것이 됩니다.[16]

15   『고백록』, 11.13.15.
16   『고백록』, 11.7.9.

16. 현존과 영원

선생이 도달한 하나님의 말씀의 영원성은 아타나시우스가 말한 것을 연상시킨다. 아타나시우스는 그리스도의 신성을 옹호하면서, 하나님의 로고스가 성육신 가운데서도 여전히 온 우주를 보존하고 있다고 가르쳤다.[17] 하나님의 말씀은 태초부터 온 세상 위에 영원한 현재로 선포되고 있다. 빛이 있으라는 말씀은 없어지지 않고, 여전히 이 세상에 들려지고 있다. 그로 인해 우리는 몇 천 년 전이나 지금이나 여전히 이 빛을 즐긴다. 온 세상을 창조하신 하나님의 영원한 말씀은 그렇게 온 세상을 붙들고 있다. 거꾸로 말하면, 세상이 존재를 이어 갈 수 있는 이유는 창조를 일으킨 말씀이 지나가지 않고 영원히 현존하기 때문이다.

오늘의 의미

우리의 유한한 인생이 하나님의 영원 앞에서 보잘것없는 것이라면, 100년이 채 되지 않는 인생은 대체 무슨 의미를 갖는가? 아우구스티누스 선생은 이 질문에 직접적으로 대답하지 않았으나, 우리는 그의 대답을 『신앙편람』(*Enchiridion*)을 통해 유추해 볼 수 있다(헬라어 '엔키리디온'은 핸드북을 뜻한다). 이 작품은 하나님을 어떻게 예배하는 것이 적절한 것인지에 대해 간략하게 설명해 달라는 라우렌티우스의 부탁으로 저술되었다.

　성경 전통을 따라 선생은 성도의 지상 삶을 믿음, 소망, 사랑으로 압축한다. 신자는 보이지 않는 하나님을 믿음으로 따라가고, 하나님이 약속하신 것에 대한 소망을 갖고 낙심하지 않고 앞으로 나아간다. 그런데 마지막에 부활이 일어나면, 하나님을 뵐 것이기에, 믿음은 더 이상 필요

17　아타나시우스, 『성육신에 관하여』, 17.

없게 된다. 또한 하나님이 약속하신 것이 모두 이루어질 것이므로, 소망도 그 역할을 다하고 퇴장할 것이다. 오직 사랑만 영원히 남는다. 지상에서 시작되어 부활 이후에도 여전히 남는 것, 달리 말해, 현세에서 시작되어 영원에 들어갈 것은 사랑뿐이다.

이 사랑은 하나님이 사람 안에 궁극적으로 회복하실 성품이며 본질이다. 그분이 바로 사랑의 본체이시기에, 우리 안에 그분의 본질인 사랑을 회복하려 하신다. 비록 부족하고 연약해도 오늘 우리가 사랑한다면, 그 사랑은 영원과 맞닿아 있다. 그 사랑은 영원하시고 완전한 사랑이신 하나님으로부터 온 것이기 때문이다.[18] 우리의 사랑이 영원하신 하나님께 잇닿아 있을 때, 오늘이라는 보잘것없는 시간은 영원한 차원으로 승화된다. 그 사랑은 사라지지 않을 것이며, 영원히 남을 것이다. 바울을 따라(고전 9:24-25; 딤후 2:5), 아우구스티누스 선생은 한 설교에서 이렇게 말한다.

이 세상은 경기장(*theatrum*)이고, 하나님은 관객이십니다.[19]

여기서 '테아트룸'은 극장보다는, 검투 혹은 전차 경주가 열리던 경기장을 의미한다.[20] 신자의 삶은 목숨을 걸고 치러야 하는 경기와 같다. 하나님이 경기를 지켜보시며 응원하신다. 검투사가 자기를 향해 환호하는

---

18 17장을 보라.

19 『설교』, 178.8.

20 Michael P. Foley, "Augustine on the Use of Liberal Education for the Theater of Life", *Arts of Liberty* 2:1 (2014): p. 26 n. 29. Foley는 아우구스티누스 선생이 '테아트룸'을 통해 경기장을 의미한다는 점을 지적하면서도, 그것을 극장으로 확대해 이해한다.

16. 현존과 영원

관중에게 승리로 보답하듯, 신자는 믿음의 경기를 통해 하나님을 기쁘시게 한다.

얼핏 추상적이고 낭만적으로 들리는 믿음, 소망, 사랑은 신자의 삶에서 땀과 눈물과 피를 흘리며 치러야 하는 경기이며 싸움이다. 영원 가운데 계신 하나님은 순간에 불과한 인생의 싸움을 지켜보신다. 그리고 신자가 믿음으로, 소망으로, 사랑으로 사느라 얻게 되는 상처를 하나님은 기억하신다. 선생은 우리가 부활할 때 그 사랑의 상처들이 몸에 남아서 도리어 영광이 되리라고 생각했다.[21] 전능자의 영원 앞에서 우리 인생이 순간 같을지라도, 신자가 하나님을 사랑하고 의지해서 선한 싸움을 마치면, 그의 수고를 영원하신 하나님이 기억해 주실 것이다. 그것 때문에 오늘 우리가 치르는 이 싸움이 영원한 의미가 있다. 이것이 우리가 영원을 바라면서도 오늘의 현존을 소중하게 여기는 이유다.

---

21 이에 대해서는 18장을 보라.

1. 선생에게 시간은 창조된 세계의 일부이며, 영원은 시간을 초월한 하나
   님의 존재 방식이다. 반면 우리에게 과거와 미래는 기억과 소망의 형태
   로 존재할 뿐이고, 현재는 끊임없이 지나간다. 그렇다면 시간 속에서
   사는 존재인 우리는 영원을 어떻게 경험하고 느낄 수 있는가? 시간의
   한계 속에서 영원을 체험하는 것이 가능한가? 순간을 이어 사는 것
   같은 우리를 영원하신 하나님이 기억해 주신다는 것, 허망한 우리 인
   생이 영원하신 하나님 안에 거한다는 것이 어떤 위로를 주는가?

2. 선생의 주장에 따르면 인간은 본질적으로 하나님의 사랑을 갈망하며,
   하나님의 사랑은 영원히 지속된다. 반면에 현대 사회는 종종 사랑을
   일시적인 감정이나 선택으로 본다. 그렇다면 우리가 일상에서 느끼는
   사랑과 선생이 말한 영원한 사랑은 어떤 차이가 있는가? 이 사랑을 우
   리의 삶에서 실천하는 방식을, 그리고 영원의 관점에서 사랑의 의미를
   되새길 수 있는 방식을 논의해 보라.

17. 삼위일체 하나님의 형상

이는 자기를 창조하신 이의 형상을 따라 지식에까지 새롭게 하심을 입은
자니라. (골 3:10)

삼위일체의 신비

삼위일체 교리는 기독교의 하나님이 다른 종교의 신들과 전혀 다른 분
이라는 사실을 드러낸다. 예를 들어, 힌두교에는 수없이 많은 신이 있는
반면, 이슬람교는 알라가 오직 한 분이라고 가르친다.[1] 그런데 기독교의
하나님은 삼위일체라고 하는데, 이는 하나님이 한 분이시면서 또한 세
인격으로 계신다는 말이다. 이것은 수학적으로 말도 안 되는 모순처럼

---

[1] 기독교와 이슬람교의 신관에 대해서는 다음을 보라. 나빌 쿠레쉬, 『누가 진짜 하나님
    인가? 알라인가, 예수인가: 무슬림이었던 구도자, 이슬람교와 기독교의 증거를 조사
    하다』, 박명준 역(서울: 새물결플러스, 2018), pp. 69-109. 기독교의 삼위일체와 이슬
    람교의 유일신관을 조화시키려는 입장도 있다. 미로슬라브 볼프, 『알라: 기독교와 이
    슬람의 신은 같은가』, 백지윤 역(서울: IVP, 2016), pp. 171-198. 흥미롭게도, 이슬람
    교도였던 쿠레쉬는 알라가 기독교의 하나님과 전혀 다른 신이라고 주장하는 데 반
    해, 기독교 신학자인 볼프는 공통점에 주목한다.

들리지만, 그만큼 기독교의 하나님이 그 어떤 종교의 신과 달리 독특하다는 점은 분명하다. 뒤에서 보겠지만, 하나님이 삼위일체라는 것은 우리에게 영광스러운 복음이며 신비 중의 신비다.

아우구스티누스 선생은 45세의 중년 나이에 이 신비를 탐구하기 위해 『삼위일체론』 저술에 착수했다. 이 소식은 사람들 사이에서 화제가 되었고, 많은 사람이 그의 책이 나오기를 애타게 기다렸다(삼위일체 교리가 이해하기 어렵고, 종종 과도할 정도로 철학적이라는 점을 생각해 볼 때, 당시 사람들의 이런 반응은 놀랍기만 하다). 그런데 책이 나올 때까지 기다리지 못한 사람들이 중간에 완성되지도 않은 원고를 빼돌려서 출간하는 사건이 발생했고, 선생은 크게 화를 내면서 집필을 중단해 버렸다.[2]

초기 교회 300년간 삼위일체 교리는 삶과 죽음이 갈리는 심각하고 중요한 문제였다. 글자 하나 차이로 이단으로 정죄되고 박해와 유배를 당하는 일이 비일비재했다. 개인적인 신상 문제를 떠나, 충분히 숙고되지 않은 글과 표현이 교회와 독자에게 가져올 혼란은 실로 중차대한 것이었다(선생의 집필 중단은 작가적 완벽주의가 발동한 것으로만 설명할 수는 없다). 집필이 중단된 것을 안타깝게 여긴 여러 사람의 권유로 선생은 다시 펜을 들었고, 마침내 419년에 『삼위일체론』을 완성했을 때 그의 나이는 65세였다.[3] 선생은 카르타고의 주교 아우렐리우스에게 이 작품을 헌정하면서 이렇게 소회를 밝힌다.

---

2 이 사건은 아우렐리우스에게 보내는 『서신』, 174에 등장한다. 집필이 얼마 동안 중단되었는지는 알 수 없다.

3 그는 한 서신에서 "나는 생각을 발전시키면서 글을 쓰고, 글을 쓰면서 생각을 전개시킨다"라고 밝혔는데, 실제로 『삼위일체론』과 『신국론』 같은 대작들은 10년 넘는 기간에 걸쳐 썼다. 선생은 낮에는 목회의 일로 바빴기 때문에 주로 밤 시간을 이용해서 저술했는데도 어마어마한 양의 저작을 남겼다.

• **단일성과 동등성**: 삼위일체 논쟁은 그리스도와 하나님의 관계에 대한 논쟁으로, 4세기 초에 본격적으로 일어났다. 알렉산드리아의 존경받는 장로였던 아리우스는 그리스도가 하나님과 같은 신적인 본질(단일성)을 공유하지 않고, 따라서 하나님과 동등하지도 않다고 주장했다. 이 문제를 해결하기 위해 공의회가 325년에 니케아에서 소집되었다. 니케아 공의회는 그리스도가 하나님과 동일한 본질(호모우시아)이시며 성부 하나님과 동등하시다고 결론을 내린다. 니케아 신조의 배후에는 나중에 알렉산드리아의 주교가 된 아타나시우스가 있었다.

삼위일체이시며 지존하시고 참되신 하나님에 관하여 제가 젊었을 때 책을 쓰기 시작했는데, 늙어서야 출판하게 되었습니다.[4]

『삼위일체론』은 선생이 심혈을 기울인 작품으로, 총 15권으로 구성된다. 전반부인 첫 일곱 권에서는 이전 시대 삼위일체 논쟁의 중요한 주제들을 다룬다. 이를테면 각 위격의 •단일성과 동등성을 밝히고(1권), 보내심을 받은 성자와 성령이 그들을 보내신 성부와 동등하다는 것을 논증하고(2-4권), 아리우스파를 반박하면서 성부와 성자가 같은 실체라는 것을 밝히고(5권), 그리스도가 하나님의 지혜와 능력이시라는 것을 논한다(6-7권). 삼위일체 교리의 전통적인 주제와 이슈를 요약하는 전반부의 논의를 기반으로 후반부 여덟 권(8-15권)은 삼위일체 하나님의 흔적을 창조 세계 안에서 찾으려 하는데, 다른 어떤 피조물보다도 하나님의 형상으로 지음 받은 사람의 내면, 즉 지성에서 그 흔적을 찾으려 한다. 여기서 "하나님의 형상"은 다름 아닌 삼위일체의 형상을 의미한다. 이런 이유로 선생은 사람 안에서 이 형상을 드러내는 삼위성(triad)을 추적한다.

---

4 『서신』, 174. 아우구스티누스 선생은 이후에 누가 필사하든지 이 서신을 『삼위일체론』의 서문으로 포함시켜 주기를 부탁한다.

이는 오늘날 "하나님의 형상"이 연상시키는 것과는 상당한 차이가 있다. 우리 선조들은 삼위일체 교리를 매우 중요하게 여겼을 뿐 아니라, 이 진리가 우리의 사람됨에 직접적으로 연결되어 있다고 믿었다.

『삼위일체론』은 방대하고 깊이가 있는 저작이다. 이번 장에서는 아우구스티누스 선생의 삼위일체 이해에서 중요한 두 측면을 살펴보는 것으로 만족하도록 하자. 하나는 사랑을 통해 삼위일체의 본질을 탐구하는 것이며, 다른 하나는 인간 지성 안에서 삼위일체의 형상을 찾으려는 시도다. 이 두 가지는 선생이 서방 삼위일체론에 끼친 중요한 공헌이다.

하나님은 사랑이시다

교회는 삼위일체를 가르치기 위해 여러 유비를 사용해 왔다. 이를테면 성부, 성자, 성령을 나무의 뿌리, 줄기, 열매에 비유하거나, 등불과 거기서 나오는 빛과 열에 비유하는 등의 시도가 있었다. 이런 가시적인 유비가 어느 정도 이해를 돕는 것을 부인할 수 없지만, 그 한계와 의도하지 않게 생기는 오해도 만만치 않았다. 세상의 어떤 유비가 삼위일체 하나님의 신비를 온전히 드러낼 수 있겠는가?

아우구스티누스 선생은 『삼위일체론』의 후반부 첫머리인 8권에서 유비 대신에 삼위일체의 본질을 통해 삼위일체를 이해하려 한다. 즉 성부, 성자, 성령의 신비한 연합을 사랑하는 자, 사랑받는 자, 그리고 둘 사이의 사랑으로 본 것이다.[5]

---

5   여기서 사랑이 "존재"인 이유는 그것이 마음의 어떤 상태가 아니라, 대상에게 자신을 내어 주는 것이기 때문이다. 이런 의미에서 선생에게 사랑은 존재의 중심이다.

사랑이 달리 무엇이겠는가? 사랑은 사랑하는 자와 사랑받는 자를 묶어 주며 또한 묶어 주려 하는 어떤 생명이다. 그리고 이것은 심지어 외적이고 육적인 사랑에서도 그렇다. 그러나 우리가 보다 순결하고 명확한 원천으로부터 이해할 수 있도록, 육적인 것을 밟고 서서 영적인 곳으로 오르자. 우리의 영이 친구를 사랑할 때, 그의 영을 사랑하는 것 외에 무엇인가? 그러므로 여기에도 셋이 있으니 사랑하는 자, 사랑받는 자, 그리고 [그들의] 사랑이다.[6]

선생은 "하나님은 사랑이시라"(요일 4:8)는 성경의 계시에 기반을 두고, 삼위일체 하나님의 내적 교제의 본질을 사랑으로 보았다. 이것은 그리스도의 세례를 연상시킨다(마 3:13-17). 주님이 물에서 올라오실 때, 아버지는 그에게 "이는 내 사랑하는 아들이요"라고 말씀하신다. 아들은 그 말씀과 함께, 성령을 통해 아버지의 사랑을 받으신다. 이 사랑의 관계는 받기만 하거나 주기만 하는 관계가 아니다. 성령 안에서 아들은 아버지를 사랑하고, 아버지는 아들의 사랑을 받으신다. 아버지와 아들 가운데 계시는 성령은 양자를 완전한 사랑과 연합으로 이끄신다. 삼위일체의 본질은 세 위격 사이의 사랑이다. 그것은 타자를 위해 나를 주고, 나를 주어 타자를 높이는 것으로 표현된다. 그것이 아우구스티누스 선생이 도달한 삼위일체의 본질이다.

하나님이 사랑이라면, 사랑할 대상이 당연히 영원 전부터 존재해야만 한다. 사랑할 대상 없이 (영원히) 홀로 존재하는 유일자는 사랑할 수 없기 때문이다. 삼위일체의 내적 교제가 영원한 사랑의 주고받음이라는

6   『삼위일체론』, 8.10.14.

17. 삼위일체 하나님의 형상

통찰은, 하나이면서 여럿으로 계시는 하나님의 본질이 사랑이라는 것을 드러낸다. 하나님은 언제나 사랑이었고 앞으로도 그럴 것이다. 아버지와 아들과 성령이 영원히 사랑의 교제 가운데 계시기에, 하나님은 세상을 그처럼 사랑하시고 아들과 성령을 세상을 위해 내어 주신다. 또한 아들도 삼위일체의 내적 사귐을 따라 자기 자신을 세상에 내어 주시고, 하나님이신 성령도 자기를 낮추어 자신을 선물로 주신다(행 2:38).

더 나아가, 아우구스티누스 선생은 하나님이 사랑이라는 진리에서 시작해서 "사랑이 하나님이다"(dilectio Deus est)라는 놀라운 결론에 이른다. 그의 설명을 들어 보자.

> 그러면 조금 전에 들은 "사랑은 하나님에게서 옵니다"라는 말씀과, 방금 들은 "사랑은 하나님입니다"라는 말씀을 어떻게 조화시키겠습니까? 하나님은 성부와 성자와 성령이십니다. 성자는 하나님에게서 나오신 하나님이시고[God from God], 성령도 하나님에게서 나오신 하나님이십니다. 이 세 분은 한 분이신 하나님이시지 세 하나님이 아닙니다. 성자가 하나님이시고, 성령이 하나님이시며, 성령이 그 안에 내주하시는 이가 사랑이니, 참으로 사랑은 하나님이십니다. 그러나 하나님으로부터 났기에 하나님이십니다.[7]

---

7 『요한 서간 강해』, 7.6. 최익철은 아우구스티누스 선생 문장의 주어와 술어를 의도적으로 바꾸어 번역함으로써 아우구스티누스가 요한1서 4:8을 반복한 것처럼 이해하지만, 이는 아우구스티누스 선생의 의도를 잘못 파악한 오역으로 봐야 한다. "사랑이 곧 하나님이다"라는 말은 아무 사랑이나 하나님이라는 말이 아니다. 오히려 하나님의 본질은 사랑이기에, 사랑이 행해지는 곳에는 언제나 하나님이 일하고 계신다는 말이다. Lewis Ayres, "Augustine on God as Love and Love as God", *Pro Ecclesia* 5.4 (1996): pp. 470-487.

하나님의 본질은 사랑이다. 사랑은 하나님에게서 나오기에, 사랑도 역시 하나님이다. 여기에는 그의 삼위일체적 사고가 깔려 있다.『삼위일체론』의 전반부에서 아우구스티누스 선생은 그리스도가 하나님의 지혜와 능력이라는 말씀(고전 1:24)을 설명하며, 근원으로부터 나온 것이 근원보다 열등하지 않다고 주장한다. 그리스도는 하나님에게서 나셨으나 하나님과 동등하시며, 성령도 역시 하나님에게서 나오셨으나 하나님과 동등하시다.

앞서 보았듯, 선생은 성령을 성부와 성자 사이의 사랑이라고 생각했다. 그가 수없이 인용한 로마서 5:5은 하나님의 사랑이 성령을 통해 우리 마음에 부어졌다고 한다. 얼핏 성령이 사랑을 전달하는 통로라는 것처럼 들리지만, 사실 성령은 하나님의 사랑 자체다. 사랑이 하나님이신 것이다. 선생은 성령을 사랑의 샘이라고 하면서, 그 샘에서 마시라고 설교한다.

> 성령이 사랑 안에 계심을 깨달읍시다.…성령이야말로 성경에서 말하는 샘이십니다.…하나님의 성령은 이 샘에서 마시라고 여러분에게 권고하십니다. 하나님의 성령이 그분 자신을 마시라고 여러분에게 권고하시는 것입니다.[8]

사랑의 샘에서 마시라는 것은, 우리 존재가 하나님의 본질인 사랑으로 채워지게 하라는 말이다. 하나님이 사랑이시며, 삼위일체의 교제도 역시 사랑이기에, 그분을 믿는 자, 그분의 삼위일체의 교제에 초대된 자는 사

---

8   『요한 서간 강해』, 7.6.

• 한국어로 **지성**으로 번역하는 라틴어 '**멘스**'는 영어로는 mind라고 옮기는데, 이는 지적인 이해에 국한되지 않고 기억, 이해, 의지를 모두 포괄하는 사고 전체를 가리킨다. 아우구스티누스 선생은 바로 거기서 사람과 하나님이 만난다고 생각했다. 그런 의미에서 보자면, '멘스'를 속사람 혹은 영혼이라고 볼 수도 있다.

랑하는 자가 되며, 또한 그렇게 되어야 한다. 아버지와 아들과 함께하는 사귐을 통해 그는 하나님의 사랑을 받고, 또한 그 사랑으로 사랑할 것이기 때문이다. 앎과 행함이 여기서 긴밀하게 연합된다. 삼위일체를 아는 지식은 우리의 존재 양식을 하나님의 존재 양식인 사랑으로 변화시킨다.

영혼의 내적 정합성

사랑하는 자, 사랑받는 자, 그리고 그 둘의 공통의 사랑이라는 삼위일체 설명은 서방 기독교 신학에서 삼위일체를 이해하는 표준적인 방식으로 자리를 잡는다(최소한 지금까지 나는 이 설명보다 더 나은 것을 보지 못했다). 그런데 아우구스티누스 선생은 거기서 『삼위일체론』을 끝내지 않는다. 그는 이제 책의 중간인 8권에 와 있을 뿐이며, 아직도 일곱 권이 남아 있다! 무엇을 더 하려는 것일까?

선생은 『삼위일체론』의 후반부(8-15권)를 사람 안에 있는 삼위일체의 흔적─삼위성─을 찾는 데 할애한다.[9] 이 가운데 삼위일체에 대한 "심리

9   삼위성에 대한 논의는 신플라톤주의 철학에서도 보인다. "포르피리우스는 플로티누스의 철학으로부터 존재의 연쇄의 정상에 우리의 오감을 뛰어넘는 신적인 존재와 생명과 지성의 삼위일체(triad)가 있다는 생각을 이끌어 낸다. 이 삼위일체는 서로 연결되어 있으면서 단일체를 구성하고 있지만, 우리는 그들 사이의 차이도 분별해 낼 수 있다." 채드윅, 『아우구스티누스』, p. 45.

적 유비"로 알려진 것이 두드러진다. 선생은 기억, 이해, 의지에서 삼위일체의 흔적을 찾았다. 이 세 가지 기능이 서로 구분되면서도 단일한 *지성(mens)을 구성한다는 점에서 삼위일체를 유비적으로 보여 준다고 본 것이다.

그럼에도 지성 안에 있는 삼위일체의 흔적은 사랑의 관계를 통한 설명보다 탁월해 보이지 않는다. 하나님의 세 위격이 모두 구분된 인격인데 반해, 이런 유비들은 세 인격 사이의 인격적 관계를 담아내기에는 분명 한계가 있다. 선생이 이것을 충분히 알고 있었지만 굳이 사람 안에 있는 삼위일체의 흔적을 찾으려고 한 이유는, 그것을 추구하는 과정에서 지성이 하나님의 형상으로 회복되는 길이 드러나기 때문이다. 하나님은 삼위일체의 형상을 따라 사람을 만드셨고, 인간의 지성은 이를 잘 반영한다. 그러므로 기억, 이해, 의지가 삼위일체적으로 작동할 때, 지성은 삼위일체의 형상을 회복하게 된다. 지성이 삼위일체적으로 작동한다는 것에 대해 선생은 이렇게 설명한다.

다만 [신앙의 말씀으로] 가르치고 명령하고 언약하는 바를 사랑하는 경지까지 도달한 경우가 아니면, 아직은 [온전히] **내적 인간의 삼위성**에 따라서 살고 있다고 말하거나 생각해서는 안 된다. [신앙의 말씀이 의미하는 바를] 간직하고 사유한다고 하더라도, 그것을 거짓말로 간주하고서 반박하려고 애쓰는 일도 있기 때문이다. 그러므로 의지가 기억으로 간직한 바와 거기서 유래하여 사유의 정곡에 각인된 바를 한데 결합하고 의지 자체가 제3의 요소가 되면 일종의 삼위일체가 갖추어지기는 하지만, 정작 그것을 거짓말로 간주하여 [사랑하지 않고] 싫어한다면 그는 **그 삼위일체에 따라서 살지 않는 것이다.** 다만 [신앙의 언어가] 참이라고 믿고

거기서 사랑할 바를 사랑한다면 그는 내적 인간의 삼위일체에 의거하여 살고 있는 것이다.[10]

"내적 인간의 삼위성"에 대한 선생의 설명에 따르면, 무언가를 기억하고 이해하지만 그것을 원하고 사랑하지 않는다면 그의 영혼은 분열되어 있다. 예를 들어, 건강을 위해서는 규칙적으로 운동하고 기름진 음식을 절제해야 한다는 것을 잘 알고 있지만, 그와 정반대로 소파에 누워 튀김을 먹는 것을 내 의지가 선택한다면, 그의 지성(기억, 이해, 의지)은 분열되어 있는 것이며 내적 삼위일체에 따라 살지 않는 것이다. 이러한 불일치는 심지어 의지 안에서도 일어난다. 로마서 7장에서 바울은 자신 안에서 두 의지가 싸우는 것을 묘사하면서 탄식한다(롬 7:19). 아우구스티누스 선생의 표현대로 우리 영혼은 시간 안에서 흩어져 순간을 이어 살아가는 불안한 존재로서,[11] 기억과 이해와 의지 사이의 내적 정합성을 결여한 상태로 산다.

지성의 내적 정합성은 어떤 모습일까? 인간에게 기억이란 존재의 기반이다. 지속하는 기억이 없다면 이해는 존속하지 않는다. 이해는 기억을 통해 존속한다. 더불어, 이해는 의지를 통해 온전해진다. 참된 이해는 관찰에 의해 얻은 지식에 그치지 않는다. 지식은 지식의 대상을 알고자 하는 의지를 통해 획득된다. 그런데 지식은 거꾸로 원함을 일으키기도 한다. 예를 들어, 사과를 알고 싶은 마음 때문에 사과에 대한 지식을 추구하지만, 동시에 사과에 대한 지식은 그것을 원하게(예를 들어, 먹어 보고 싶다든지 향기를 맡고자 한다든지) 만들기도 한다. 지식과 원함이 이렇게

---

10 『삼위일체론』, 13.20.26. 강조 추가. 원문에서는 '삼위성'과 '삼위일체' 모두 *trinitas*다.
11 16장을 보라.

연결될 때 나와 지식의 대상 사이는 좁혀지며, 나는 관찰자로서 대상을 아는 것을 넘어 대상을 사랑하게 된다. 바로 그때 우리는 대상을 참으로 알게 된다. 사랑에 의해 두 대상이 결합할 때 깊은 앎, 온전한 이해에 도달한다. 달리 말해, 자신이 기억한 것을 이해하고 더욱이 그 이해한 것을 사랑할 때, 영혼의 내적 정합성이 이루어지고 지성은 삼위일체의 형상을 회복한다.

그런데 지성이 땅의 것을 궁극적인 대상으로 삼는다면, 그것은 결코 완전해지지도, 하나님의 형상으로 회복되지도 않는다. 분열된 영혼이 내적 정합성에 이르게 되는 길은 삼위일체 하나님에 대한 관상뿐이다. 관상은 지성이 오롯이 하나님께 집중하는 것으로, 전심으로 하나님을 기억하고 이해하며 사랑하는 것이다. 이를 통해 지성은 삼위일체 하나님의 형상을 회복하고 새롭게 된다.[12]

새 사람

지금까지 아우구스티누스 선생이 수행한 작업은 델피 신전의 신탁인 "너 자신을 알라"를 연상시킨다. 믿음의 길 초기부터 선생은 하나님을 알고 영혼(anima)을 아는 지식을 간절히 추구했다.[13] 이 두 가지 지식은 삼위일체 안에서 통합된다. 하나님에 대한 지식의 본체는 바로 삼위일체이며, 사람에 대한 지식은 삼위일체의 형상을 따라 지음을 받았다는 사실 안에 숨겨져 있기 때문이다. 따라서 나 자신을 알기 위해서는 시간 안에서 분열된 영혼을 분석할 것이 아니라, 삼위일체 하나님을 관상해야

---

12   윌리엄스, 『다시 읽는 아우구스티누스』, pp. 362-363.
13   『독백』, 1.2.7.

한다. 오직 삼위일체 하나님의 형상을 통해서만 하나님이 의도하신 사람의 참된 모습, 자신에 대한 참된 지식에 이를 수 있다. 이런 이유로 『삼위일체론』의 후반부는 영혼 안에서 삼위일체의 흔적을 발견하고, 삼위일체의 형상을 회복하는 내적 순례를 담고 있다.[14] 하나님은 우리를 삼위일체의 형상으로 회복시키시고, 새로운 사람이 되게 하셨다. 이것을 이해하지 못하고서는 우리 자신에 대한 참된 앎이 불가능하다. 우리 자신의 참된 모습은 오늘에 있지 않고 그것이 완성될 종말에 있으며, 하나님의 삼위일체 안에 감추어져 있기 때문이다.

> 앞에서는 "하나님을 따라 창조된…새로운 인간을 입으십시오"[엡 4:23-24]라고 했고, 여기서는 "새 사람을 입으십시오. 이 새 사람은 자기를 창조하신 분의 형상을 따라 새로워집니다…"[골 3:9-10]라고 했다. 저기서는 "하나님을 따라"라고 했는데, 여기서는 "자기를 창조하신 분의 형상을 따라"라고 했다.…그러니까 지성[mens]의 쇄신이나 재형성은 "하나님을 따라" 혹은 "하나님의 형상을 따라" 이루어진다.[15]

앞서 우리가 살펴본 대로, 우리 지성이 삼위성을 따라 행하는 것은 하나님을 기억하고, 이해하고, 사랑하는 것이다. 지성의 모든 기능으로 삼위일체 하나님을 관상할 때, 우리에게 지혜가 주어진다.[16] 지혜를 통해

---

14 Levering은 『삼위일체론』이 하나님을 향해 상승하는 삶으로의 초대장이라고 말한다. Levering, *The Theology of Augustine*, p. 186.

15 『삼위일체론』, 14.16.22.

16 『삼위일체론』, 15.3.5. "이 지성은 자신의 형상대로 사람을 창조하신 분의 형상을 따라 하나님에 관한 지식으로 새로워진다. 그리하여 영원한 사물[즉 하나님]에 대한 관상이 이루어지는 곳에서 지혜를 터득하기에 이른다."

사람이 영이신 하나님을 알면 내면의 변혁이 일어난다.

> 물론 쇄신은 회심하는 한순간에 이루어지지 않는다.…첫 번째 치유[세
> 례]는 상처의 원인을 제거하는 일인데, 이것은 모든 죄의 용서로 이루어
> 진다. 두 번째 치유는 상처 자체를 낫게 하는 일인데, 저 형상의 쇄신 가
> 운데 서서히 이루어진다.…그러므로 "하나님에 대한 지식으로", 곧 "진리
> 의 의로움과 거룩함으로" 나날이 진보하여 새로워지는 사람은 자기 사
> 랑을 현세적인 것에서 영원한 것으로, 가시적인[visible] 사물에서 가지적
> 인[intelligible] 사물로, 육적인 것에서 영적인 것으로 옮겨가며 앞의 사
> 물들에 대한 탐욕을 줄이면서, 사랑으로 뒤에 말한 사물들에 자신을 붙
> 들어 매고자 열심히 노력한다. 그리고 하나님의 도우심을 입을수록 이
> 일에 더 많은 발전을 보인다.…그리하여 하나님에 대한 완전한 관상에
> 이르면 바로 이 형상 속에 깃든 하나님과의 비슷함이 완전한 경지에 이
> 를 것이다.[17]

선생이 인용문 마지막 부분에서 인정하듯, 내적인 변혁에는 하나님의 도
우심이 절대적으로 필요하다. "나를 떠나서는 너희가 아무것도 할 수 없
다"(요 15:5).[18] 선생의 말에서 지식과 사랑은 유기적으로 연결된다. 하나님
에 대한 지식은 사랑을 일으키고, 그 사랑은 다시금 하나님을 더욱 온전
하게 알도록 인도한다. 하나님에 대한 지식은 어떤 교리적 지식을 넘어
하나님을 사랑하여 찾는 마음을 일으킨다. 사랑은 이끌림이다. 그것은

---

17 『삼위일체론』, 14.17.23.
18 『삼위일체론』, 14.17.23. 여기서 선생은 요한복음 15:5을 인용한다.

늘 사랑의 대상이 있는 곳으로 우리를 이끈다.[19]

이번 장의 시작 부분에서 보았듯, 성부와 성자 사이에서 성령은 상호 간의 사랑이 되셔서 아버지를 아들에게로, 아들을 아버지에게로 이끄신다. 그리하여 아버지와 아들은 서로를 완전히 안다. 우리도 하나님에 대한 지식을 통해 사랑에 이르고, 그 사랑 안에서 하나님을 더 온전하게 알게 된다. 우리가 삼위일체 하나님을 아는 것의 완성은 어디에 있는가? 그것은 어떤 기가 막힌 비유를 통해, 혹은 훌륭한 분석과 논증을 통해 삼위일체의 본질과 작동 방식을 이해하는 데 있지 않다. 하나님에 대한 지식은 궁극적으로 하나님을 사랑하는 것에서 완성에 이른다. 삼위 하나님을 이해하지만 그분을 원하고 추구하지 않는다면, 그 지식은 불완전할 뿐 아니라 불경하다(롬 1:20). 아우구스티누스 선생은 사랑의 길을 통해 하나님에 대한 지식이 완전해지기를 바라면서, 『삼위일체론』의 마지막에서 이렇게 기도한다.

> 나는 당신을 탐구했고, 내가 믿는 바를 오성(*intellectus*)으로 뵙고자 열망했으며, 그러느라 많은 토론을 하고 많은 수고를 기울였습니다. 주 나의 하나님, 내 유일한 희망이시여, 빌건대 내가 기진하여 당신을 탐구하기 싫어하는 일이 없게 항상 열렬히 당신 얼굴을 찾게 해 주십시오.···당신을 기억하게 해 주십시오. 당신을 이해하게 해 주십시오. 당신을 사랑하게 해 주십시오.[20]

선생은 자신의 사랑조차 스스로 완전히 통제할 수 없음을 누구보다도

---

19 4장을 보라.

20 『삼위일체론』, 15.28.51.

잘 알고 있다. 자기의 원함과 의지에 대해 그가 할 수 있는 일은 우리 마음에 하나님의 사랑을 부어 주시는 성령을 의지하여 기도하는 일뿐이다 (롬 5:5). 사랑은 존재의 중심이며, 사랑은 오직 참된 존재이시며 참된 사랑이신 하나님으로부터만 나온다. 하나님의 사랑이 부어지는 것 외에 우리 영혼이 갱신될 방법이 없다. 하나님을 온 마음으로 사랑할 때 하나님을 참으로 알게 될 것이며, 그 사랑이 지성, 곧 우리의 내적 사람을 쇄신하여 온전하게 할 것이다.

『삼위일체론』은 이해하기 어려운 내용으로 가득하다. 그럼에도 선생은 다만 몇몇 지적인 사람들을 위해 이 책을 쓰지 않았다. 모든 신자는 하나님의 섭리와 인도하심 가운데 그분을 향한 순례를 하고 있다. 이 순례는 삼위일체 하나님을 향한 영혼의 바라봄이며, 그 길 위에서 신자는 하나님을 참으로 알고, 또한 자기 자신을 그분 안에서 알게 될 것이다. 선생은 삼위일체 하나님을 향한 순례의 길을 격려하며 이렇게 설교하곤 했다.

하나님은 사람을 그분의 형상대로 지으셨습니다. 삼위일체 형상이 삼위일체 하나님의 그 어떤 흔적을 지녔는지는 여러분 자신 안에서 찾으십시오.[21]

이해하기 어렵다고 한쪽으로 밀어둔 삼위일체 하나님에 관한 가르침을 오늘 진지하게 숙고해야 하는 이유가 여기에 있다.

---

21   『설교』, 52.6.17

토의를 위한 질문들 _____

1. 하나님이 사랑이라는 성경의 증언을 형이상학적으로 생각해 보면, 그분이 영원 가운데 홀로 계실 수 없다는 결론이 나온다(사랑을 혼자 할 수는 없으므로). 기독교의 하나님은 세 위격이며, 아버지와 아들이 서로 사랑하고 성령이 그 가운데서 서로를 향한 사랑이 되는 관계를 맺고 계시다. 하나님이 사람을 하나님을 닮은 존재로 지으셨다는 것이 암시하는 바는, 사람의 존재가 혼자일 수 없으며 관계 안에서만 온전해진다는 것이다(하나님은 아담을 지으시면서 사람이 홀로 있는 것이 좋지 않다고 하신다!). 이것은 당신이 맺고 있는 관계에 대해 무엇을 가르치는가?

2. 선생은 삼위일체의 흔적을 사람 안에서 찾고, 그것이 기억, 이해, 의지/사랑이라는 것을 발견한다. 하나님이 기억과 이해와 사랑의 대상이 되실 때, 비로소 나의 내면은 하나님이 의도하신 내적 정합성을 얻는다. 선생은 삼위일체론의 마지막에 하나님을 기억하고 이해하며 사랑하게 해 달라고 기도한다. 우리 지성의 각 부분이 하나님으로 채워진다면 어떤 변화가 생기는가? 그것은 참된 하나님의 형상인 그리스도에 대해 무엇을 암시하는가?

18. 부활

이 말씀을 하시고 손과 옆구리를 보이시니 제자들이 주를 보고 기뻐하더라. (요 20:20)

철학의 도전

아우구스티누스 선생은 회심 전에 심플리키아누스를 찾아가 영적인 상담을 받는데, 선생이 플라톤주의자들의 책을 읽는다고 하자 그는 칭찬했다. 그 책들에 "하나님과 그분의 말씀이 여러 면으로 언급되어" 있기 때문이었다.[1] 밀라노에는 플라톤주의 철학을 신봉하는 그리스도인 지성인들이 많았다. 4세기에는 그리스도인 지성인들 가운데 플라톤주의의 영향을 받지 않은 사람이 없다고 할 만큼 플라톤주의 철학이 막강한 영향력을 행사했다. 엄밀히 말해 선생과 그의 동시대인들이 받아들인 것

---

[1] 『고백록』, 8.2.3. 아우구스티누스 선생이 읽은 플로티누스나 포르피리우스의 저작은 빅토리누스가 라틴어로 번역한 것이었는데, 그는 로마의 수사학자였다가 나중에 그리스도인이 된다. 빅토리누스에 대해서는 14장을 보라.

• **포르피리우스**(234-302/5)는 신플라톤주의 철학의 창시자인 플로티누스의 제자로, 스승의 가르침을 정리한 『엔네아데스』를 편집했다. 기독교를 비판하는 글들을 남겼고, 아우구스티누스 선생 당시의 지성인들에게 지대한 영향을 끼쳤다.

은 신플라톤주의로, 이전의 플라톤주의 전통에 비해 상당히 신비화 혹은 종교화되어 있었다(전자가 후자의 전통에 서 있기에, 이 책에서는 구분이 필요한때 외에는 두 명칭을 혼용한다). 신플라톤주의의 대표적인 철학자는 신플라톤주의 철학의 아버지로 불리는 플로티누스와 그의 제자 •포르피리우스다. 포르피리우스는 스승의 가르침을 정리하고 편집한 책 『엔네아데스』를 냈는데, 아우구스티누스 선생이 읽은 "플라톤주의자들의 책들" 가운데도 그 책이 있었을 것이다(선생 당시에는 신플라톤주의를 플라톤주의와 구분하지 않았다).

포르피리우스는 기독교에 대해 매우 비판적이었다.[2] 그의 철학과 기독교 교리는 여러 면에서 날카롭게 상충했다. 예를 들어, 포르피리우스는 우리의 영이 몸에 갇혀 있으며 구원을 위해서는 모든 육적인 것을 피해야 한다고 가르쳤고, 금욕적인 생활을 강조했다.[3] 신플라톤주의 철학의 영과 몸에 대한 가르침은 젊은 아우구스티누스 선생이 겪고 있던 정욕과 선의지 사이의 갈등을 명확하게 설명했다. 회심 이전에 선생은 몸 자체가 문제라고 생각했다. 물질에 속한 몸의 무게가 영을 위로 오르지 못

---

2 아우구스티누스 선생은 그를 "기독교 신앙의 신랄한 대적자"로 표현했다(『설교』, 241.7). 포르피리우스의 저작으로 추정되는 기독교 비판서에 대해서는 Robert M. Berchman, *Porphyry against the Christians* (Leiden/Boston: Brill, 2005)를 보라.

3 라틴어로는 *Omne corpus fugiendum*이라고 표현하는데, 아우구스티누스 선생은 『신국론』에서 이 명제를 가지고 (이미 죽은) 포르피리우스와 논쟁한다. 『신국론』, 22.26; 13.16-17.

하도록 아래로 끌어내린다고 본 것이다. 이처럼 신플라톤주의 철학은 지성인들이 갖고 있던 내면의 문제를 합리적으로 설명해 주면서 엄청난 반향을 일으켰다. 선생은 종종 설교 중에 플라톤주의자들의 가르침을 언급하곤 했는데, 그의 교우들 가운데도 플라톤주의를 신봉하는 지성인들이 있었기 때문이다.

이 땅에서 철학자로 불리우는 자―예컨대 피타고라스, 플라톤, 포르피리우스, 혹은 다른 철학자들―에게 당신은 왜 철학을 하느냐고 물으면, 그는 "행복한 삶 때문에"라고 대답합니다. 그렇다면 언제 그 행복한 삶에 이르게 되느냐고 물으면, 그는 "내가 이 땅에서 육체를 벗어 버렸을 때"라고 대답합니다.[4]

409년경 카르타고의 사제 데오그라티아스는 아우구스티누스 선생에게 편지를 보내, 불신자 친구가 제기한 여러 질문에 대해 어떻게 답해야 할지를 묻는다. 질문들은 몸의 부활을 비롯해 요나가 정말로 물고기 배 속에 있었는지, 하나님에게 어떻게 아들이 있을 수 있는지, 그리스도가 왜 수많은 시간이 지난 후에야 오셨는지 등 까다로운 것들이다. 이 질문들은 성경과 교회의 가르침에 대해 의구심을 가진 지성인들이 제기한 것으로, 대부분 포르피리우스에게서 온 것이었다.[5] 플로티누스와 포르피리우스가 죽은 지 100년이 되었는데도 여전히 지성인들 사이에서 신플라톤주의의 영향력은 막강했다. 선생은 데오그라티아스에게 이런 질문을 던지는 사람들을 피하지 말고, 최선을 다해 답을 주라고 한다. 이 질문

4　『설교』, 241.6.
5　『서신』, 102.28.

들은 지성인에게는 자연스럽게 떠오르는 질문이며, 교회는 이 질문에 답을 주고 기독교의 진리를 설명해 줄 책임이 있기 때문이다.

선생은 데오그라티아스가 문의한 종류의 질문들과 평생 씨름했다. 그는 이런 질문들이 지성인이 기독교 신앙을 받아들이는 데 상당한 걸림돌이 된다는 것을 알고 있었기에, 최선을 다해 대답하려고 애썼다. 그런 노력의 정점에 그가 16년에 걸쳐 쓴 대작 『신국론』이 있다. 선생은 『신국론』에서 여러 철학자의 기독교 비판과 질문에 답하고, 동시에 철학자와 지성인이 추구하는 행복의 길이 궁극적인 행복을 주지 못함을 보여 주었으며, 또한 기독교 신앙의 길이 참된 행복에 이른다는 점을 논증했다. 『신국론』을 쓰기까지 선생은 수없이 많은 지성인의 물음에 답했는데, 이것이 『신국론』을 쓴 배경이 되었다. 그 모든 질문 가운데 가장 영향력 있고 중요한 질문이 바로 육체의 부활에 관한 것이었다. 『신국론』의 마지막 부분에서 선생이 부활에 대해 신플라톤주의와 치열한 논쟁을 벌이는 것은 우연이 아니었다.

주교의 반박

아우구스티누스 선생은 사제가 된 후 본격적으로 성경을 연구하고 가르치면서 신플라톤주의와 기독교가 양립할 수 없는 지점들을 명확하게 인식하고, 신플라톤주의의 가르침들을 비판하기 시작했다.[6] 플라톤주의의 가르침 가운데 받아들일 수 없는 대표적인 것은 세 가지였다. 첫째, 플라톤주의 철학은 영혼의 불멸을 믿었기에 사후에 영혼이 윤회한다고 가

6　『재론고』, 1.17; Frederiksen은 이러한 변화가 바울 서신에 대한 집중적인 공부 때문이라고 본다.

르쳤다. 둘째, 플라톤주의 철학은 이 세상의 궁극적인 원리 혹은 기원을 일자(the One)라고 가르쳤는데, 이는 삼위일체 교리와 충돌했다. 셋째, 이들은 물질을 악하게 생각했기 때문에 성육신이나 몸의 부활을 믿지 않았다.[7]

이 가운데 선생이 가장 적극적으로 논쟁한 문제는 영혼과 몸의 연관성과 물질에 관한 문제로, 이는 기독론과 깊이 관련되었다. 신플라톤주의는 인간 육체를 영혼의 상승을 가로막는 거추장스러운 짐으로 보았다.

지상의 물체들은 필히 자연적 중력이 땅에 잡아 두거나 땅으로 끌어당기기 때문에 천상에 있을 수 없기 때문이다.[8]

따라서 구원을 위해서는 일체의 물질과 육체성을 피해야 했다. 기독교가 가르치는 그리스도의 성육신과 몸의 부활은 말도 안 되는 것이었다. 마땅히 피하고 억눌러야 할 몸을 하나님이 스스로 취하고 심지어 몸을 갖고 부활한다는 것은, 플라톤주의 철학을 신봉한 이들에게는 있을 수 없는 일이었다. 몸의 부활이란 "악한 것이며, 신에게는 어울리지 않는 것"이었다.[9] 육체는 영을 잡아 두는 감옥으로, 금욕적인 생활을 통해 철저히 부정해야 했다. 몸을 비롯한 물질세계에 대한 신플라톤주의의 견해는 매우 부정적이었고, 이는 결국 기독교의 성육신과 부활 교리와 정면으로 충돌했다.

여기서 철학과 종교가 모두 우리가 마주한 현실에 대해 어떤 설명을

7　　채드윅, 『아우구스티누스』, p. 59.
8　　『신국론』, 13.18.
9　　『신국론』, 22.25.

18. 부활

제공하고 있다는 점에 주목할 필요가 있다. 아우구스티누스 선생이 마
니교에 빠진 것도, 이후 플라톤주의에 경도된 것도 자신이 씨름하고 있
던 문제들에 대해 수긍할 만한 설명을 어느 정도 제공했기 때문이었다.
그 설명은 세상과 우리 자신을 어떻게 봐야 할지에 관한 세계관을 내포
하고 있었다. 마치 플라톤주의의 설명이 영과 육체를 대적 관계로 보고
몸과 물질세계에 대한 경멸을 일으킨 것처럼 말이다. 철학은 세상뿐만
아니라 성경을 이해하는 데도 영향을 주었다. 철학이 전제로 삼는 세계
관을 통해 보면, 성경이 다르게 해석될 수밖에 없었다.

아우구스티누스 선생은 성경과 신플라톤주의의 가르침들을 비교하
면서, 몸 자체가 아니라 타락으로 인해 몸에 생긴 정욕과 부패성(perish-
ability)이 문제라는 것을 드러낸다. 이로 인해 성경을 해석하는 방식에도
큰 차이가 생긴다. 예를 들어, •지혜서 9:15("썩어 없어질 육체는 영혼을 내리
누른다")은 흔히 신플라톤주의 철학의 가르침을 지지한다고 여겨진다. 그
러나 선생은 "썩어 없어질"이라는 말에 주목해서 죄 아래 있는 육체가
하나님의 뜻을 따르려는 영혼을 방해하는 것으로 해석했다.[10] 결국 이런
차이는 인간과 세상을 보는 견해와 태도에 엄청난 차이를 가져왔는데,
예를 들어, 플로티누스는 자신이 육체를 가졌다는 사실 자체를 부끄러워

---

10 『신국론』, 13.16.1.

했다. 그에게 물질세계는 타락의 온상으로만 보였고, 참된 구원은 이러한 현상계를 탈출하는 것이었다. 신플라톤주의자들은 그들이 신이라고 생각한 일자와의 신비적 합일을 추구했다. 플로티누스는 자신이 이런 신비한 합일을 경험했다고 주장했다.[11]

이들과 달리 아우구스티누스 선생은 인간을 영혼과 육체로 구성된 이성적 실체로 보았다.[12] 몸을 이성과 함께 사람을 구성하는 중요한 부분으로 격상시킨 것이다. 물론 선생은 영혼이 몸에 대해 주도권과 수위권을 갖고 있다고 보았지만, 그럼에도 결코 몸을 죄악시하거나 벗어나야 할 악한 장애물로 보지 않았다. 그가 몸을 긍정적으로 받아들일 수 있는 이유는 두 가지 때문이다. 즉 몸이 하나님이 선하게 창조하신 선물이기 때문이며, 지금은 죄 가운데 타락해 있으나 그리스도의 부활체에서 드러났듯 결국 회복되어 아름다움과 영광을 되찾을 것이기 때문이다. 선생은 플라톤주의를 따르는 사람들에게 몸에 대한 성경의 전혀 다른 이해를 이렇게 가르치곤 했다.

[현세의 불완전성에도] 불구하고 몸은 그 자체의 아름다움, 지체가 서로 연결된 방식, 또한 여러 다른 감각들의 다양함, 직립한 자세 등 여러 감탄할 만한 성질들을 갖고 있습니다. 더욱이 몸은 궁극적으로 완전히 썩지 않고, 완전히 불멸하며, 그 움직임에서 완전히 민첩하고 생기 있게 될 것입니다.[13]

---

11 *Porphyry on the Life of Plotinus*, p. 23.
12 『삼위일체론』, 15.7.11.
13 『설교』, 241.7.

요컨대 하나님의 선한 창조와 부활의 소망은 몸을 긍정적으로 받아들이게 한다. 이는 세계 인식에서도 마찬가지다. 이 세상은 불에 타서 없어지고, 신자는 죄가 없는 저 멀리 있는 "하늘나라"로 다 이주하는 것이 아니다. 하나님은 자신이 선하게 지으신 것을 버리거나 포기하지 않으시고, 원래 의도하신 피조물의 영광과 아름다움을 회복시켜 주신다. 바로 그것이 아우구스티누스 선생이 발견한 창조주 하나님의 성품이다. 하나님은 자신이 지으신 것이 타락했다는 이유로 버리지 않으시고, 오히려 자기 아들과 성령을 보내셔서 회복시키신다. 아우구스티누스 선생은 한때 정욕의 요구를 거부할 수 없는 지경에 이르렀다. 그러나 하나님은 은혜를 부어 주심으로써 성령을 따라 살 수 있는 능력을 그에게 허락하셨다. 은혜 아래서 몸이 비로소 성령께 순종할 수 있게 된 것이다.

몸의 부활

선생이 부활에 대해 확신 있게 주장할 수 있는 이유는 그리스도의 부활 때문이다. 그리스도가 부활의 첫 열매가 되심으로써 모든 사람에게 장차 일어날 부활을 미리 보여 주셨기에, 우리는 그것을 억지로 "상상"할 필요가 없다.[14] 그리스도의 부활은 하나님이 몸을 포함하여 온 세상을 선하고 아름답게 지으셨다는 것을 드러내는 강력한 증거다. 또한 죄로 인해 부서진 창조 세계를 원래 부여하신 영광과 아름다움을 넘어서도록 회복시키실 것이라는 약속이다. 그리스도의 부활은 세상 및 물질세계에 대한 플라톤주의자들의 견해가 잘못되었다는 것을 분명하게 드러낸다.

---

14 부활체에 대한 선생의 자세한 논의는 『신국론』, 13.22-24를 보라.

1세기에 그랬듯 아우구스티누스 선생의 시대에도 부활은 적지 않은 논란을 일으켰다. 선생은 『신국론』의 마지막 권에서 사람들이 던진 질문들을 인용한다. 사람이 부활하면 몇 살로 부활하는가? 유산된 아이는 태어나지도 않고 죽었는데, 여전히 부활하게 되는가? 바다에 빠져 죽은 후 물고기 밥이 된 사람은 과연 온전한 모습으로 부활하는가? 장애를 갖고 태어난 사람은 어떤 모습으로 부활하는가? 부활 때 우리의 모습은 변하는가? 우리가 갖고 있던 모든 상흔은 부활 때 다 사라지는가? 그렇다면 예수는 왜 손과 옆구리에 여전히 상흔을 갖고 계셨는가? 이 질문들은 부활에 대한 가르침을 받은 이들이 갖게 되는 타당하고 자연스러운 질문들이다. 이런 질문들에 대해 적절한 답을 주지 않고 덮어놓고 믿으라고 한다면, 지성인들은 믿음에 이를 수 없을 것이다.

　　아우구스티누스 선생은 "창세 전에 하나님이 무엇을 하고 계셨나?"라는 질문에 대해 "너와 같이 엉뚱한 질문을 하는 사람을 위해 지옥을 만들고 계셨다"라는 식으로 답하는 것은 적절하지 않다고 생각했다. 선생은 그리스도의 부활을 통해 우리가 어떤 모습으로 어떻게 부활하게 될지를 생각했다. 우리는 모두 그리스도의 장성한 분량에 이를 것이다 (엡 4:13). 이는 부활의 나이가 대략 그리스도가 부활하신 나이 정도일 것이라는 추측을 가능하게 한다. 그리스도는 인생의 가장 절정, 즉 장성함의 완성에 이른 때에 죽으시고 부활하셨다. 따라서 어린아이는 장성한 모습으로 부활할 것이고, 노년에 죽은 신자들은 청년의 모습으로 부활할 것이다. 중세 신학의 유명한 선생인 토마스 아퀴나스도, 아우구스티누스 선생의 추론을 따라, 사람이 33세로 부활한다고 대답했다. 물론 여기서 중요한 것은 33세라는 나이가 아니라, 예수가 이르신 "장성한 분량"이다. 그것은 단순히 신체적인 성장의 정점을 넘어, 사람의 존재가 모든 면에서 가장 아름답고 원숙하게 된 상태를 의미한다. 우리는 모두 그런 모습으로 부활할 것이다.[15] 또한 아우구스티누스 선생은 기형과 장애에 대해, 어떤 장인이 동상을 만들 때 기형으로 만들지 않는다고, 설령 기형적인 부분이 중간에 나타난다 해도 그것을 결국 아름답게 고칠 것이라고 답한다.

하물며 전능한 장인[하나님]에 대해서는 어떻게 생각해야 하겠는가?…이 가련한 인생에 어울리더라도 성도들의 저 미래의 행복에서는 혐오 받을 기형들이라면, 그래서 신체적 실체에 비록 자연스러운 것일지라도 보기 흉한 혹 같은 것이라면, 실체의 아무런 감소 없이 제거되지 않겠는가? 그러니 마른 사람들이나 살찐 사람들이나, 저 부활 때 여기서 그런 모습이 될 수 있었으면 했던 모습과는 달리 나타나면 어쩌나 하고 두려워할 필요가 없다.…부활 때는 부분들의 불균형이 초래하는 기형이 전혀 없을 것이다.[16]

하나님의 창조가 보시기에 좋았고 선했다면, 그분이 우리에게 주실 부활과 새 창조는 얼마나 더 선하겠는가? 그것이 아우구스티누스 선생의 생각이다. 선생은 몸이 없어질 것이라고 말하지 않는다. 오히려 몸의 아름다움이 회복될 것에 대해 말한다. 그 근거는 하나님이 지으신 모든 것이 선하고 아름답다는 그의 깊은 믿음이다. 첫째 창조의 선함에 대한 믿음은 새 창조를 소망 가운데 기대할 수 있게 한다. 그것은 아름다움과 영광이 어우러진 하나님의 새로운 세상이다. 그저 영적인 아름다움에

15 『신국론』, 22.15.
16 『신국론』, 22.19.

그치지 않고, 하나님이 지으신 모든 것이 그분이 의도하신 선과 아름다움을 회복하는 지복의 상태다.

부활체의 상흔

장차 우리는 어떤 몸을 받는가? 아우구스티누스 선생은 성도가 입게 될 새로운 몸에 대해, 그리스도의 부활과 하나님의 선하심에 대한 믿음을 기반으로 추론한다. 그리스도는 변화산에서 용모가 변화되었고, 그분의 옷에서는 광채가 났다. 그리고 모세와 엘리야는 그분이 돌아가실 것을 말했다(눅 9:30-31). 분명히 이는 그리스도가 부활 후 받으실 영광이 변화산에서 미리 나타난 것이다. 의인들이 아버지의 나라에서 해와 같이 빛날 것이라고 하시지 않았는가!(마 13:43) 부활한 성도들의 몸은 모든 면에서 완전할 것이다. 그렇다면 부활하신 그리스도는 왜 십자가의 상흔을 지니고 계셨는가? 박해로 인해 성도들의 몸에 남겨진 고문의 흔적들은 어떻게 될 것인가? 이 지점에서 부활체에 대한 선생의 생각은 정점에 도달한다.

> 복된 순교자들에 대한 사랑에 우리가 얼마나 감복하기에 순교자들이 그리스도의 이름을 위해 받았던 상처의 흔적을 하늘나라에서도 순교자들의 몸에서 보고 싶어 하는지 나는 모른다. 그렇지만, 아마 그것을 보게 될지도 모른다. 그 상흔은 그 몸에 기형이 아니라 영예(*dignitas*)가 될 것이다. 비록 몸에 있지만, 몸의 아름다움으로서가 아니라 덕목의 아름다움으로서 빛을 발할 것이다.…새로운 세상에서 저 소멸하지 않는 몸에 영광스러운 상처의 표지가 나타나는 것이 합당하다면, 상흔들이 나타날

지도 모른다. 단지 지체들을 절단하려고 상처 내고 도려낸 상흔들은 나타나겠지만, 그 지체들은 잃지 않고서 되돌려 받을 것이다.[17]

순교자들이 받은 상처가 부활체에 남을 것인가에 대한 질문은 결국, 부활하신 그리스도의 몸에 있던 상흔을 통해 조심스럽게 추측된다. 믿음을 위해 이 땅에서 받은 육체의 끔찍한 상처는 사라져도, 그 흔적은 남을 것이다. 그 상흔들은 그리스도를 사랑한 결과로 받은 고난과 박해의 흔적들이기에 부활의 몸에 남을 것이다. 마치 바울이 말한 "예수의 흔적"처럼 말이다!(갈 6:17) 하나님은 그들의 사랑의 수고와 고난을 영원히 잊지 않으신다. 그뿐 아니라, 아우구스티누스 선생은 더 나아가 그 상처를 다른 신자들이 보게 될 것이며, 그 상처가 드러내는 사랑의 아름다움과 믿음의 고결함에 감동하여 하나님께 찬양을 올려드릴 것이라고 말한다.[18] 죄와 고통의 상처들은 치유되고 온전하게 되어도, 하나님을 위해 받은 사랑의 상처들은 흔적으로 남아 하나님과 그의 백성들에게 기억될 것이다.

플라톤주의의 이데아 세계에는 몸이 설 자리가 없다. 더구나 상흔의 자리는 결코 없을 것이다. 그것은 혐오스러운 것이며, 피해야 할 것이기 때문이다. 플라톤주의의 가르침에 의하면 이 세상의 기억들은 몸과 함께 사라질 것이다. 영원한 이데아 세계에서 그런 순간의 기억들은 무가치하게 된다. 반면에 기독교 신앙이 약속하는 부활의 자리, 최고의 영예가 주어지는 자리에는 사랑의 상처, 몸에 받은 그 흉터와 상흔들이 남는다. 그것을 보고 신자들은 서로 환희의 눈물을 흘리게 될 것이다. 자신

17   『신국론』, 22.19.
18   『신국론』, 22.26.

들의 수고와 아픔을 기억해 주시는 하나님을 경배할 것이며, 고통 가운데 믿음을 지킨 믿음의 동료들을 칭찬하고 깊이 사랑하게 될 것이다.

몸에 남은 상처들이 오히려 가장 깊은 차원의 아름다움을 갖게 된다는 것은 얼마나 깊은 믿음의 역설인가? 그 상처들이 보는 이들의 마음에 하나님과 이웃에 대한 사랑을 불러일으킨다는 것은 또한 얼마나 복된 사회의 모습인가? 이 상흔들에서 우리가 보게 될 것은 순교자의 불굴의 투지와 의지보다는, 순교자 안에 하나님의 사랑을 부어 주셔서 그들로 하여금 하나님을 위해 목숨을 아까워하지 않게 하신 사랑의 하나님이다.

아우구스티누스 선생은 『신국론』의 마지막 부분에서 하나님을 보는 것에 대해 논하지만, 영이신 하나님을 어떻게 보는 것인지에 대해서는 명확한 답을 주지 않는다. 그가 고백하는 대로 그것은 분명히 그의 경험과 지혜를 넘어서는 일이다. 그러나 우리는 영이신 하나님을 육체로는 보지 못하지만, 하나님이 하시는 사랑의 일들을 통해 하나님을 보게 될 것이다. 하나님은 사랑이시기 때문이다. 마치 제자들이 부활하신 그리스도를 그 얼굴과 형상으로는 알아보지 못했으나, 그들을 사랑하셨기에 그 몸에 얻으신 손과 옆구리의 상흔을 보고 알아보았듯 말이다.

어쩌면 우리도 그리스도처럼 부활 후에 얼굴로 서로를 알아보는 것이 아니라, 사랑의 수고가 남긴 흔적으로 알아볼지도 모른다. 이 모든 논의와 추측은 육체를 경시했던 플라톤주의 철학에서는 도저히 꿈도 꿀 수 없는 것이었다. 더군다나 영원한 나라에서도 몸의 상처가 마치 훈장처럼 남아서 사랑을 기억하고 드높이게 한다니 말이다! 그것이야말로 기독교 신앙이 인도하는 완전하고 회복된 세상에 대한 비전이 아니겠는가? 그 상흔을 부활체에 남기기로 결정한 것은 우리가 아니다. 하나님이 우리에게 부활체를 주시면서 남기실 것이며, 그 상흔을 일으킨 사랑을 하나님이 기억하실 것이다. 바로 그런 이유로 기독교 신앙에서 몸은 한 사람의 인생이 담기는 화폭과 같다.

> 누구든 생명을 내적 감관으로 알지 육안으로 아는 것이 아니다. 그렇지만 다른 사람들의 생명은, 역시 비가시적임에도, 어디까지나 그의 육체를 통해 그 생명을 본다.[19]

몸은 결국 우리 인생이 추구한 믿음, 소망, 사랑을 드러낼 것이다. 그것을 기억하고 높여 주실 분은 바로 하나님이다. 영혼의 지극한 행복을 위해 필요한 것은 몸으로부터의 탈출이 아니라 오히려 부패하지 않는, 하나님이 기억해 주시는 몸을 갖는 것이다.[20]

여덟째 날

『신국론』의 마지막은 부활과 만물의 회복, 그리고 하나님을 보는 지극한 행복을 그린다. 선생의 목적은 기독교의 소망이 약속하는 행복을 생생하게 묘사해서, 그의 독자들이 이 행복에 마음이 끌려 기독교 신앙을 받아들이고 그리스도께 돌아오게 하는 것이다. 이를 위해 그는 『신국론』 11-22권에서 인류의 역사를 일곱 시대로 나누고, 각 시대에서 교회로 대표되는 하나님의 도성과 땅의 도성 사이에서 일어난 충돌과 각각의 길을 묘사한다. 그의 구분에 따르면, 여섯째 시대는 그리스도의 부활부터

---

19 『신국론』, 22.29.
20 『신국론』, 22.26.

재림까지의 시대다.[21]

이 시대(aetas)가 지난 다음에는 일곱째 날처럼 하나님이 쉬실 것이다. 하나님은 일곱째 날(우리가 그 일곱째 날이 될 테니까)을 자신 안에서 쉬게 만드실 것이다.…이 일곱째 시대가 우리의 안식일이 되리니, 그날의 끝은 저녁이 아닐 것이고 오직 주님의 날, 영원한 여덟째 날이 될 것이다.[22] 실상 주님의 날은 그리스도의 부활로 성화된 날이며, 단순히 영의 안식뿐 아니라 또한 몸의 안식을 예표한다. 그때 우리는 쉬면서 볼 것이다. 보면서 사랑할 것이다. 사랑하면서 찬미할 것이다. 끝없는 끝에 이루어질 일이 바로 이렇다! 우리의 끝이란 끝이 결코 없는 나라에 도달하는 것이 아니고 또 무엇이겠는가?[23]

영원한 여덟째 날! 그것은 그리스도가 부활하신 주일이다. 안식일이 제7일이니, "안식 후 첫날"인 주일은 여덟째 날이 된다. 이 여덟째 날은 더이상 지나가지도, 끝나지도 않을 것이다. 왜냐하면 더 이상 밤이 있지 않을 것이고, 하나님이 해가 되실 것이기 때문이다.

그러나 그보다 더욱 중요한 일이 있다. 이 여덟째 날 우리는 부활한 몸을 입을 것인데, 이제 우리의 의지가 더 이상 몸의 정욕과 싸우지 않게 될 것이다. 달리 말해, 신자의 자유의지는 이제 완전히 변화되어 더이상 죄를 지을 수 없게 될 것이다. 아우구스티누스 선생은 이것이 자유의 박탈이 아님을 역설한다.

---

21 『신국론』, 22.30.5.
22 원문의 표현은 "여덟째 날"(octauus aeternus)이다. 번역자 성염은 무슨 이유에서인지 이것을 "일곱째 날"로 옮겼다.
23 『신국론』, 22.30.5.

거기서는 죄가 사람들을 즐겁게 해 줄 수 없다고 해서 성도들이 자유의지를 지니지 않는 것이 아니다. 의지가 죄짓는 즐거움으로부터 훨씬 자유로운 데서 한 걸음 더 나아가 죄짓지 않는 즐거움, 그것도 돌이킬 수 없는 즐거움을 향해 해방되었기 때문이다. 인간이 처음에 올바로 창조되었을 때 인간에게 주어진 최초의 자유의지는 죄를 짓지 않을 수 있었으나, 또한 죄를 지을 수도 있었다. 그 대신 이 최후의 자유의지는 그보다 훨씬 강하게 되어, 그 자유의지로는 죄를 지을 수 없을 것이다. 이것은 분명히 하나님의 선물로 되는 것이지 자연 본성의 가능성으로 되는 것은 아니다. 왜냐하면 하나님이라는 것과 하나님께 참여한다는 것이 다르기 때문이다. 하나님은 본성상 죄를 짓지 못하시며, 그분에게 참여하는 자는 죄짓지 못하는 능력을 하나님에게서 받는다.…최초의 자유의지가 인간이 죄를 안 지을 수 있는 자유의지였다면, 최후의 자유의지는 인간이 죄를 지을 수 없는 자유의지로 주어질 것이다.[24]

부활이 가져온 의지의 회복과 그로 인한 자유와 영광을 그는 이렇게 요약한다.

그러므로 하나님의 도성에서 의지는 모든 사람에게 단일하면서도 한 사람 한 사람에게 자유로운 의지이리라. 모든 악으로부터 해방된 의지이며 모든 선으로 충만한 의지일 것이다. 지치지 않고 영원한 기쁨의 유쾌함을 향유하는 의지이며, 죄과는 잊어버리고 죄벌도 잊어버린 의지일 것이다.[25]

---

24 『신국론』, 22.30.3. 하나님의 은총으로 인한 의지의 종말론적 회복은 3장에서 언급한 펠라기우스 논쟁에서 아우구스티누스 선생의 입장을 훨씬 심층적으로 이해하게 해 준다.
25 『신국론』, 22.30.4.

젊은 날에 그가 번민했던 분열된 의지는 마지막 날에 하나님의 은총의 능력으로 완전한 자유 가운데 언제나 선을 추구할 수 있는 능력을 받게 될 것이다.[26] 더 이상 그의 육체의 정욕이 그의 마음으로 원하는 선과 거룩함을 추구하지 못하게 하지도 않을 것이며, 그가 원하는 대로 행해도 선을 이루는 완전한 자유 가운데 살게 될 것이다. 그 얼마나 영광스러운 삶인가! 이러한 여덟째 날의 소망으로, 신자는 그리스도의 부활과 재림을 고대하며 순례의 길을 이어 가는 것이다.

---

26   "아우구스티누스는 은총과 순종, 자유와 구속이라는 거짓 이분법을 해체한다. 그는 근대에 이르러 우리가 잊어버린, 전혀 다른 자유의 개념을 갖고 있기 때문이다. 그것은 곧 허용이 아니라 능력으로서의 자유, 은총을 입어 능력을 얻게 된 자유, 무언가를 위한 자유이다." 스미스, 『아우구스티누스와 함께 떠나는 여정』, p. 111.

토의를 위한 질문들 _____

1. 부활 이후의 몸이 어떤 모습일지에 대해 성경은 명확하게 말하지 않는다. 우리가 할 수 있는 것은 상상뿐이다. 그럼에도 그 상상은 하나님의 선하심과 창조의 아름다움에 대한 믿음을 기반으로 한다. 그래서 우리는 부활체에 대해 이런저런 걱정을 할 필요가 없다고 선생은 말한다. 선하신 하나님이 우리를 아름답게 회복하실 것을 믿기 때문이다. 그것은 죽음을 앞둔 이들이나 오랜 병마로 인해 아름다움과 활기를 잃어버린 가족의 모습에 슬퍼하는 이들에게 소망을 준다. 당신의 삶에서 믿음에 근거한 종말론적 상상이 필요한 부분은 어디인가?

2. 부활하신 그리스도의 몸에 있던 상흔은 그분이 바로 주님이시라는 것을 알려 주는 표식이었다. 완전한 몸이어야 할 부활체에 상흔이 남아 있는 이유는 그것이 사랑의 흔적이기 때문이다. 선생이 생각하기에 악에 대한 기억은 사라질 것이나, 사랑의 기억은 남을 것이다. 달리 말해, 새 하늘과 새 땅이 열리는 날에 우리의 기억은 온전히 치유를 받아, 더 이상 죄와 불의로 인한 고통스런 기억은 남아 있지 않을 것이다. 그런데 기억의 치유는 불완전하게나마 지금도 일어난다. 은혜를 받고 나서 자신의 과거를 새롭게 해석하는 눈이 열리는 것이다. 마치 요셉이 자신을 애굽에 보낸 것은 형제들이 아니고 하나님이라고 고백하였듯이 말이다. 과거에 대한 재해석을 통해 경험한 치유와 위로가 있다면 나누어 보자.

19. 하나님의 얼굴

여호와와 그의 능력을 구할 지어다 그의 얼굴을 항상 구할지어다.

(시 105:4)

지극한 행복

성경은 온통 복 이야기로 가득하다. 하나님이 사람을 만드시고 나서 가장 먼저 하신 일은 복을 주시는 것이었다(창 1:28). 아담의 타락 이후 죄로 부서진 세상을 회복하려고, 하나님은 아브라함을 불러내시며 그에게 세상의 복이 되리라고 약속하신다(창 12:1-3). "아브람아, 두려워 말라. 나는 너의 방패요 너의 지극히 큰 상급이니라"(창 15:1, 개역한글).[1] 하나님은 아브라함에게, 하나님 자신이 바로 아브라함이 받을 최고의 상, 즉 가장 큰 행복이라고 말씀하신다. 이스라엘 열두 지파의 아버지 야곱은 복

---

1 NIV와 ESV를 비롯한 많은 영어 번역 성경은 이 구절의 후반부를 "너의 상급이 지극히 클 것이다"로 번역한다. 하나님의 말씀에 아브라함이 "주 여호와여 무엇을 내게 주시려나이까?"라고 질문한 것으로 보아 "너의 상이 클 것이다"라고 번역한 것이 문맥에 좀 더 어울리는 것으로 보이지만, 두 가지 번역이 모두 가능하다.

을 받으려고 형과 아버지를 속이지만, 나중에는 하나님과 씨름하며 복을 달라고 간구한다(창 32:26). 하나님은 출애굽한 이스라엘 백성들과 언약을 맺으시고 율법을 주시는데, 그것을 지키면 복을 받을 것이라고 하신다. 복을 위해 율법을 주신 것이다(신 30:15-16). 이스라엘의 기도 책인 시편은 복 있는 자에 대한 선언으로 시작한다(시 1:1). 예수는 천국 백성의 특징을 팔복으로 요약하신다(마 5:3-12). 요한계시록 마지막 장에서 예수는 "자기 두루마기를 빠는 자들은 복이 있으니"라고 선언하신다(계 22:14).

복에 대한 이러한 강조는 비단 성경에만 나타나는 것이 아니다. 고전 철학은 인간이 행복을 추구하고 불행과 악을 피하는 존재라고 이해한다. 철학은 행복하게 되는 길을 탐구하고, 종교도 역시 사람이 누릴 수 있는 가장 높은 차원의 행복을 추구하고 가르친다. 행복의 정의는 다를 수 있으나, 행복하고자 하는 열망은 시대와 장소를 가리지 않고 온 세상이 공유하는 것이다.[2] 아우구스티누스 선생은 행복에 대한 열망을 신학적으로 설명한다.

우리는 죄를 지어서 경건함도 행복도 간직할 수 없었지만, 행복을 잃어버렸으면서도 행복에 대한 원함(*voluntas*)만은 잃지 않았다.[3]

행복을 잃었으나 그것에 대한 소원은 남아 있기에 찾아 헤매는 것이 인간 실존이다. 젊은 날에 아우구스티누스 선생은 행복을 찾기 위해 여러 철학과 종교 사이에서 방황하다가, 신플라톤주의 철학자들이 가르친 길

2   1장을 보라.
3   『신국론』, 22.30.3.

을 통해 신비한 체험을 하기에 이른다.[4]

이리하여 이성은 눈 깜짝할 순간에 존재 자체(*quod est*)에 도달하게 되었습니다.[5] 그때 나는 창조된 것들을 통해 당신의 보이지 않는 것들을 알게 되었습니다. 그러나 그것들을 계속해서 바라볼 수는 없었습니다. 나는 다시 나의 약함으로 물러나 일상의 세계로 되돌아왔습니다. 그 아름다운 기억과 그에 대한 동경을 몸에 지니고 있는 것뿐이었으니, 마치 음식은 먹지 못하고 냄새만 맡은 것과 같았습니다.[6]

이 신플라톤주의적 신비 체험은 순간적인 "도달" 이후에 바로 원상태로 돌아온 것이었기에, 행복이 아닌 아쉬움과 깊은 갈망만을 남겨 놓았다. 1장에서 언급한 바 오스티아에서 어머니 모니카와 경험한 신비 체험과 이 경험 사이에는 중요한 차이가 있다. 오스티아에서 아우구스티누스 선생은 하나님의 지혜를 잠깐 "맛보았다"고 하는 데 반해, 여기서는 냄새만 맡았을 뿐 맛을 보지는 못한다. 신플라톤주의의 진리 경험은 진리에 대한 끌림을 주었을 뿐, 영혼의 양식이 되지는 않았음을 암시한다. 아우구스티누스 선생은 회심 이후 행복은 하나님을 소유하는 것이라고 생각

---

4 채드윅은 플라톤주의 철학에 대한 아우구스티누스 선생의 태도를 이렇게 요약한다. "신플라톤주의의 존재론은…아우구스티누스 저작 전체를 꿰뚫고 있다. 다만 그는 신플라톤주의의 존재론 일부를 자기 나름대로 조금 수정했을 뿐이다. 아우구스티누스는 언제나 자신의 신앙에 근거해서 신플라톤주의의 주장을 수정해서 받아들였다. 아니, 신플라톤주의의 전통이 가톨릭 교회가 가르치는 신조와 모순되지 않는 한 신플라톤주의를 버릴 하등의 이유가 없었다고 하는 편이 더 나을 것이다." 채드윅, 『아우구스티누스』, p. 59.

5 선한용이 "존재 자체"로 번역한 *quod est*는 플로티누스가 영혼/정신의 상승을 통해 추구한 일자(the One) 혹은 신을 말한다.

6 『고백록』, 7.17.23. 1장을 보라.

한다.[7] 그의 저작 전반에서 하나님을 소유하는 것은 하나님을 향유하는 것, 또는 하나님을 보는 것과 함께 지복의 상태를 의미한다.

최대의 상급은 우리가 그분을 향유하는 것이며, 그분을 누리는 모든 사람이 그분 안에서 서로를 향유하게 될 것이다.[8]

410년에 로마가 충격적으로 함락된 후, 56세의 아우구스티누스 선생은 흔들리는 세상에서 종말론적 행복을 더욱 깊이 생각하고 거기에 마음을 집중한 것 같다. 410년 이후 그의 중요한 작품에는 어김없이 하나님을 보는 것이 상당한 비중으로 등장한다. 413년에 그가 파울리나라는 여성에게 보낸 『서신』 174는 「하나님을 보는 것」(De vivendo deo)이라는 별도의 제목으로 돌아다녔다.[9] 415년에 완성된 그의 대작 『창세기 문자적 주석』의 마지막 12권은 하나님을 보는 것에 온전히 집중한다.[10] 또한 419년에 완성된 『삼위일체론』의 후반부 8-14장은 보이지 않는 하나님을 알아보기 위한 길을 제시하고 있고, 마지막 15권에서 (불완전하게나마) 이 세상에서 하나님을 보는 것에 대해 논한다.[11] 마지막으로 426년에 완성

7　『행복한 삶』, 2.11. 1장을 보라.

8　『그리스도교 교양』, 1.32.35.

9　『서신』, 147.

10　아우구스티누스 선생은 11권까지 창세기 본문에 대한 주석을 하다가, 12권에서는 창세기 주석이 아닌 바울의 삼층천 체험을 분석한다. 선생은 환상을 세 가지로, 즉 육체적·영적(spiritual)·오성적(intellectual) 환상으로 분류한다.

11　『삼위일체론』, 15.21-23. "우리에게 언약된 대로 '얼굴과 얼굴을 마주' 보는 관상의 경지에 이르면, 비물체적일 뿐더러 최고로 불가분하며 불변하는 저 삼위일체라고 하더라도, 지금 우리가 [삼위일체의] 모상(imago)─그 모상은 다름 아닌 우리인데─을 보고 있는 것보다는 훨씬 명료하고 더 분명하게 보게 될 것이다. 하지만 지금 '거울을 통해 수수께끼로' 보는…사람들은 지성을 모상으로 간주하고서 바라보는 사람들이다.…아직은 '얼굴과 얼굴을 마주' 볼 수 없는 까닭에 모상을 바라보고, 그 모상을 통해서 추측하면서 다른 무엇을 보려고 노력하는 사람들이다. 사도 역시 '지금은 우

된 그의 필생의 대작 『신국론』의 마지막 장들은 부활이 일어나고 신자가 이르게 될 하나님을 보는 행복을 자세히 묘사한다.[12] 이렇듯 생애 후반부로 갈수록 선생의 마음은 하나님을 보는 것에 집중한다. 그것이 불안한 세상에서 하나님이 우리에게 주실 가장 완전한 행복이기 때문이었을까?

하나님을 보는 것

종말에 일어날 하나님을 보는 지복의 상태에 대해 성경은 만족할 만큼 설명하지 않는다. 그 얼마 되지 않는 성경적 근거를 바탕으로, 선생은 우리가 받을 지복이 어떤 것인지를 그려 낸다.

성도들이 영적인 몸으로 [하나님의 나라에서] 무엇을 할 것이냐고 묻는다면, 나는 이미 본 것처럼 얘기하지 않고 믿고 있는 바를 얘기하겠다. 내가 시편에서 "나는 믿었노라. 그래서 나는 말했노라"라고 읽은 그대로다.[13]

예수는 일곱 형제의 아내가 된 여인이 부활 때 누구의 아내가 되느냐는 질문에 "부활 때에는 장가도 아니 가고 시집도 아니 가고 하늘에 있는 천사들과 같으니라"(마 22:30)라고 대답하셨다. "천사와 같이 된다"는 어떤 상태를 의미하는가? 하나님을 영원히 관상하는 상태다.[14] 주님

리가 거울을 본다' 하지 않고 '거울을 통해 본다' 했으니까 말이다[고후 13:21]." 『삼위일체론』, 15.23.44.

12 『신국론』, 22.29-30.

13 『신국론』, 22.29.2. 물론 성경의 증언을 기초로 한 믿음을 의미한다. 시편 116:10-11의 옛 라틴어 번역이다.

14 『신국론』, 22.29.1.

이 또한 다음과 같이 말씀하셨기 때문이다.

삼가 이 작은 자 중의 하나도 업신여기지 말라 너희에게 말하노니 그들의 천사들이 하늘에서 하늘에 계신 내 아버지의 얼굴을 항상 뵈옵느니라. (마 18:10)

부활한 성도들은 천사들처럼 하나님의 얼굴을 매일 보게 될 것이다. 물론 여기서 "얼굴"은 다만 하나님의 현현을 상징한다. 마태복음 5:8, "마음이 청결한 자는 복이 있나니 그들이 하나님을 볼 것임이요"를 근거로 선생은 하나님을 보기 위해서는 마음이 정화되어야 한다고 가르친다.

희망에 차 힘을 온전히 되찾고 원수 사랑에까지 도달한다면 그는 여섯째 단계로 오르는데, 여기서는 자기 눈을 **정화하여**…그 눈에 하나님이 보인다. 이 세상에 대해 죽는 만큼 하나님을 뵈옵고, 이 세상으로 사는 만큼 하나님을 보지 못하게 된다.[15]

신자는 정화된 눈으로 참된 아름다움이신 하나님을 볼 것이다.

주님이 친히 말씀하십니다. "행복하여라, 마음이 깨끗한 사람들! 그들은 하나님을 볼 것이다." 그러므로 형제 여러분, 우리는 "어떠한 눈도 보지 못하고, 어떠한 귀도 들은 적이 없으며, 사람의 마음에 떠오른 적이 없는 것들을" 보도록 부름을 받았습니다. 우리는 지상의 온갖 아름다움을 훨

---

15   『그리스도교 교양』, 2.7.11, 강조 추가.

씬 뛰어넘는 것을 보게 될 것입니다.…모든 아름다움을 초월하는 아름다움[즉 하나님]을 뵈옵는다는 것입니다. 바로 이 아름다움에서 다른 모든 아름다움이 나옵니다.[16]

선생은 성경의 계시에 일치하는 철학의 가르침들을 이용해서 하나님을 보는 지복의 상태에 대한 고찰을 이어 간다. 내적으로 보는 것과 아름다움은 신플라톤주의 철학에서도 중요한 주제였다. 플로티누스는 그의 『엔네아데스』에서 눈이 정화되어 영적인 아름다움을 보는 길을 이렇게 가르친다.

원래 우리가 온 나라, 거기에 우리 아버지가 계신다. 어떻게 거기로 갈 것인가? 어떻게 [이 물질적 세상을] 빠져나갈 것인가? 발로 갈 수 있는 곳이 아니고, 무슨 탈것이나 배로 갈 수 있는 곳도 아니다. 이 모든 것을 포기하고 돌아보지도 말라. 다만 눈을 감고, 눈길을 돌려 다른 방식으로 보라. 누구나 갖고 있으나 몇몇 사람만 할 수 있는 그런 방식으로! 이 내적 시야는 무엇을 보는가?…영혼은 무엇보다도 삶의 아름다운 길들을 보도록 훈련되어야 한다.[17]

부활의 때에 신자들은 하나님을 보고 기뻐할 것이다. 아우구스티누스 선생이 믿은 대로 (또한 플로티누스가 가르친 대로) 하나님은 최고의 아름다움이시다. 그 하나님은 우리가 감당할 수 없는 지극한 아름다움을 우리

---

16 『요한 서간 강해』, 4.5.

17 Plotinus, *Ennead*, 1,6.8-9. 이 주제와 관련해 아우구스티누스 선생과 신플라톤주의의 차이에 대해서는 Louth, The Origins of the Christian Mystical Tradition, pp. 132-158를 보라.

19. 하나님의 얼굴

눈앞에 드러내실 것이다. 우리는 듣고 믿었던 그 하나님을 결국에는 보게 될 것인데, 그것이 어떤 경험일지 우리의 제한된 언어와 지식으로 다 그려 낼 수도, 상상할 수도 없다. 다만 하나님보다 더 아름다운 어떤 존재가 있을 수 없고, 하나님보다 더 선한 존재가 있을 수 없기에, 하나님을 볼 때 우리는 지극한 선과 아름다움을 볼 것이다. 그것이 아우구스티누스 선생이 그려 낸 지복의 경험, 즉 하나님을 보는 것이다.

> [부활의 때에] 거기서는 눈으로 하나님을 볼 것인데, 우리의 눈이 지성과 흡사한 어떤 탁월한 능력을 갖게 되어 비물체적 자연 사물도 감지하게 될 것이다. 어떠한 본보기조차 들기 힘든 사물, 성경의 증언으로도 예를 들어 설명하기 어렵거나 아예 설명할 수 없는 사물마저 그 눈으로 감지하게 될 것이다. 그것이 아니라면 더 이해하기 쉬운 방식으로는, 하나님이 우리에게 알려지고 보일 때, 우리 각자 안에서 영으로 하나님을 보는 것이다. 하나님이 다른 사람 안에서 보이고, 하나님 자신 안에서 보이고, 새 하늘과 새 땅에서 보이고, 그때 존재하는 모든 피조계 안에서 보이는 것이다. 그때는 물체들을 통해 모든 물체 안에서 하나님이 보이고 영적 몸의 눈들이 어디로 향해 어디까지 그 시력이 미치든 거기서 하나님을 볼 것이다.[18]

우리가 부활 때 누리게 될 지복은 하나님의 영광을 모든 곳에서 보는 것이다. 전도자의 말처럼 눈은 보아도 족함이 없고 귀는 들어도 차지 않으나(전 1:8), 하나님을 보면 이 모든 갈망은 넘치도록 채워질 것이며, 그

---

18 『신국론』, 22.29.6.

제야 우리 영혼에 완전한 평화와 만족이 올 것이다.

테오시스

하나님을 보는 것은 내게 만족을 주는 데 그치지 않고 나를 완전히 변화시킬 것이다.[19] 직접적인 근거가 되는 두 구절의 말씀이 하나님을 보는 것에 관한 선생의 숙고를 인도한다.

사랑하는 자들아 우리가 지금은 하나님의 자녀라 장래에 어떻게 될지는 아직 나타나지 아니하였으나 그가 나타나시면 **우리가 그와 같을 줄을** 아는 것은 그의 참모습 그대로 볼 것이기 때문이니. (요일 3:2)[20]

우리가 다 수건을 벗은 얼굴로 거울을 보는 것같이 주의 영광을 보매 **그와 같은 형상으로 변화하여** 영광에서 영광에 이르니 곧 주의 영으로 말미암음이니라. (고후 3:18)

하나님을 볼 때 그분의 신성이 우리를 새롭게 하고, 우리는 하나님의 신성에 참여할 것이다. 이것을 테오시스(*theosis*), 즉 하나님같이 되는 것[신화(神化, deification)]이라고 한다.[21] 흔히 오해하는 바와 달리, 테오시스는 사람이 하나님이 된다는 말이 아니다. 동서방의 교부들 가운데 그 누구도

---

19 16장을 보라.
20 이 구절에 대한 아우구스티누스 선생의 설명은 『요한 서간 강해』, 4.5-6에서 보라.
21 Olivier Clément, *The Roots of Christian Mysticism: Text and Commentary*, 2nd ed. (Hyde Park, NY: New City Press, 1993), pp. 263-269. 신화가 myth와 혼동될 여지가 있으므로 이 장에서는 테오시스로 통용한다.

사람이 원래 지음을 받은 인성을 넘어 하나님의 본성을 갖게 된다고 생각한 이는 없었다. 아담의 타락을 설명하면서 아우구스티누스 선생은 테오시스를 이렇게 설명한다.

우리를 속이는 자로부터 "너희가 신들처럼 되리라"는 말을 듣고서 우리가 우리에게 하나님이 되고 싶어함으로써, 오히려 참된 하나님으로부터 멀어졌다. 우리를 하나님처럼 만들어 주실 그분을 저버림으로써가 아니라 그분에게 참여함으로써 우리가 하나님처럼 되었을 텐데! 하나님 없이 우리가 과연 무엇을 했던가! 그분의 노여움을 받아 소멸한 일 외에 무엇을 했던가![22]

사탄의 거짓말과 달리, 하나님은 우리를 하나님처럼 만드실 것이다! 하나님처럼 된다는 것은 하나님의 형상이 완전하게 회복되어, 존재와 선을 전적으로 하나님께 의존함으로 인해 하나님의 신성에 참여하는 것이다. 전적인 의존이란 우리를 하나님같이 되게 하려고 사람이 되신 그리스도를 의지하는 것이다. 아타나시우스는 우리가 성령을 입게 하려고 그리스도가 육체를 입으셨다고 가르쳤다.[23] 이 그리스도를 통해, 그분을 믿는 자들은 하나님의 자녀가 되고 하나님의 생명으로 살게 된다(그리스도의 신성과 우리의 인성 사이의 거룩한 교환이 일어난다). 테오시스란 하나님의 형상으로 변하는 것이다.[24] 그것은 첫 사람이 추구한 것과 달리(혹은 칸트가 선언한 것과 달리!) 독립적이고 자율적인 존재가 되는 것이 아니라, 존재와

---

22 『신국론』, 22.30.4.
23 아타나시우스, 『성육신에 관하여』, 8.
24 Clément, *The Roots of Christian Mysticism*, p. 263.

선의 근원이신 하나님께 완전히 의지함으로써 그리스도의 형상으로 온전히 변화되는 것이다.[25]

하나님의 얼굴을 뵙게 되면, 피조물에 불과한 우리는 하나님의 신성에 압도되어 "그와 같이 될 것이다." 하나님의 선과 의는 매우 풍성하고 강력해서, 피조물의 불완전함과 부정함을 덮을 것이다. 마치 혈루증 앓던 여인이 거룩하신 그리스도를 만짐으로써 정함을 입었듯 말이다!(막 5:25-34; 눅 8:43-48; 마 9:20-22) 구약의 율법에 의하면 혈루증 환자가 만진 사람은 부정하게 된다(레 15:19, 25). 그러나 부정한 여인이 거룩하신 그리스도를 만졌을 때, 정반대로 그의 부정은 그리스도의 거룩함으로 인해 정결하게 되었다.

선생은 우리가 하나님을 볼 때 이와 같은 일이 일어날 것으로 확신했다. 또한 그것이 성경의 증언이다. 마음이 청결한 사람은 하나님을 볼 것이며, 하나님을 보는 사람은 하나님의 신성으로 인해 마음이 완전히 청결하게 될 것이다! 신자의 지극한 복은 하나님을 보는 것과 그 바라봄을 통해 하나님의 생명과 신성에 참여하는 것, 즉 테오시스다.[26] 이와 같

---

25 성경의 윤리적인 가르침은 언제나 상과 벌을 수반한다. 상과 벌을 초월하여 그것이 단순히 옳기 때문에 하는 것은 엄밀하게 말해 성경적이지 않다. 왜냐하면 우리가 섬기는 대상은 원리가 아니라 인격이신 하나님이며, 그분은 우리가 선택하는 길에 이미 복과 심판을 정해 놓으셔서 우리를 복의 길로 인도하시는 분이기 때문이다. 개신교 윤리학은 계몽주의를 거치면서 성경 전통으로부터 심각하게 이탈했는데, 그것이 너무 오랫동안 지속되어 이제는 그 이탈 자체를 감지하지 못하게 되었다. 우리가 칸트식의 정언 명령을 받아들일 때 발생하는 가장 큰 문제는 종말에 대한 소망과 현재 삶의 연결이 끊어진다는 것이다. 성경 전통의 현세 윤리는 종말에 우리가 얻게 될 상과 지복을 바라보며 오늘 하나님이 말씀하신 길로 행하는 것이다. 만약 우리가 단순히 그것이 옳기 때문에 윤리적인 삶을 선택한다면, 그 삶에는 하나님에 대한 인격적 믿음과 소망이 개입할 필요가 없어진다. 그리하여 모든 윤리적인 행동은 하나님과 상관없이 일어나는, 전적인 "나의" 행동이 된다.

26 이것을 개혁주의의 대표적인 신학자 칼 바르트는 "신성에 둘러싸인 인간"이라는 말로 요약했다. Barth, *Church Dogmatics*, IV.2, p. 94.

19. 하나님의 얼굴

이 선생은 생애 후반에 하나님이 이루실 완전한 구원을 바라고 묵상했다. 그는 하나님을 뵙게 될 것을 소망했고, 그 소망을 교우들도 품도록 가르쳤다.

관상과 사랑

이 책의 첫 장에서 보았듯, 아우구스티누스 선생은 원하는 것을 소유하지 못하면 행복하지 않지만, 기독교 신앙은 바라는 것을 소유하지 않는데도 행복할 가능성을 열어 준다고 가르쳤다. 만약 영원하고 지극히 선한 것을 갖게 되리라는 약속이 있다면, 지금 갖고 있지 않아도 그 확실한 소망 때문에 행복할 수 있다.[27]

> [부활에 대한] 이 소망은 아직 실재가 아닙니다. 그러나 이 소망으로 기뻐하는 사람은 실재로도 얻게 될 것입니다. 그러나 이 소망을 지니지 않은 사람은 실재에 다다를 수 없습니다.[28]

지금은 내 수중에 없으나 하나님이 주실 것이 확실하다고 바란다면, 완전하지는 않아도 나는 행복할 수 있다. 그것이 바로 기독교가 주는 소망과 기쁨이다. 그렇다면 이 소망과 신자의 지상 삶은 어떤 연관이 있을까? 지복에 대한 소망은 우리의 삶에 어떤 영향을 주는가?

관상(하나님을 보는 것) 전통은 그것이 하나님과 인격의 만남이라는 것을 잊을 때 자칫 기도자의 주관적 상상으로 흐를 위험성이 있다. 즉 살

---

27 1장을 보라.
28 『요한 서간 강해』, 8.13.

아 계시고 우리를 사랑하시는 인격인 하나님을 추구하지 않고 궁극적인 존재를 보는 신비한 경험에 치중할 때, 우리는 하나님이 아닌 신비 경험이라는 우상을 추구하게 될 수도 있다. 그가 『고백록』에서 말한 것처럼, 사랑이 바르게 될 때 우리 마음은 하나님이 주시는 것이 아닌 하나님 자신을 원하고 사랑한다.

아우구스티누스 선생은 그리스도인으로 산다는 것은 궁극적으로 사랑하는 것이라고 믿었다. 하나님은 사랑이시다. 그분이 우리를 사랑하셔서 그리스도를 내어 주셨고, 또한 성령을 보내셔서 우리 안에 하나님의 사랑을 부어 주신다!(롬 5:5) 하나님은 사랑의 본체이시며, 사랑이 있는 곳에는 하나님이 계신다. 하나님에게서 난 사람만 참으로 사랑한다.[29] 형제를 사랑하지 않는 사람은 사랑이신 하나님을 볼 수 없는데, 그 안에 사랑이 없기 때문이다. 하나님은 사랑 안에 거하시기에,[30] 하나님을 보려면 사랑으로 눈을 씻어야 한다.[31] 그래서 선생은 하나님을 사랑하는 열망을 가지라고 교우들을 독려한다. 그것이 지복의 소망을 가진 사람들이 이 땅을 살아가는 방식이다.

지금은 여러분이 볼 수 없기 때문에, 여러분의 의무는 열망하는 데 있습니다. 좋은 그리스도인의 삶은 거룩한 열망입니다.…그러니 형제 여러분, 열망합시다. 그리하면 우리는 채워질 것입니다.…그분을 향해 나아갑시다. 그리하면 그분이 오실 때 우리를 채우실 것입니다.[32]

29　『요한 서간 강해』, 5.6.
30　『요한 서간 강해』, 5.7, 7.10.
31　『요한 서간 강해』, 9.10.
32　『요한 서간 강해』, 4.6.

이 열망은 다름 아닌 하나님에 대한 열렬한 소망이다. 바로 그 소망으로 우리는 구원을 받을 것이다(롬 8:24). 우리가 바라는 하나님이 사랑이시기에, 그분을 바라는 자는 이 땅에서 사랑하며 살아야 한다. 그리고 주가 만물을 회복하실 때 우리의 사랑도 완전해지며, 우리의 존재도 하나님처럼 사랑 외에는 알지 못하는 존재가 될 것이다. 아우구스티누스 선생은 『신국론』의 마지막 부분에서 부활과 온 세상의 회복이라는 영광스러운 상태를 시적으로 표현한다.

그때 우리는 쉬면서 보리라. 보면서 사랑하리라. 사랑하면서 찬미하리라. 끝없는 끝에 이루어질 것이 바로 이러하다![33]

얼핏 이 말은 일련의 행동들을 나열한 것 같으나, 사실은 창세기 3장의 첫 사람이 죄를 범하게 된 과정을 되짚어가면서 그것을 선과 믿음, 경배로 뒤집는다. 아담과 하와는 이미 시험으로 인해 내적인 질서와 평화가 깨진 채 선악을 알게 하는 나무의 열매를 **보았고**, 그것에 대해 **탐욕을 가졌으며, 하나님처럼 되려 했다**. 첫 사람의 불순종과 불신앙이 부활의 때 완전히 고쳐져 참된 인간성이 회복될 것이다. 아우구스티누스 선생에게 쉼은 평화 가운데 거하는 상태로, 모든 것이 제자리에서 상위의 권위에 완전히 순종하는 상태다. 몸은 이성의 지시와 판단에 따라 움직이고, 사람은 하나님의 뜻에 온전히 순종한다. 이 평화가 온전히 이루어지면 우리는 우리가 보는 대상을 올바르게 사랑할 수 있게 된다.[34] 우리 눈은 가장 중요하게 바라봐야 할 **하나님을 볼 것이다**. 그리고 지극히 높은

---

33 『신국론』, 22.30.5.
34 『그리스도교 교양』, 2.7.9-11. 8장을 보라.

아름다움인 그분을 **온전히 사랑할 것이다.** 그리고 자기 자신이 아닌 **하나님을 찬미할 것이다.** 첫 사람의 불순종은 그리스도의 순종으로 치유되고, 참된 사람됨의 영광이 나타날 것이다.

현세에서 이러한 지복의 경험은 관상을 통해 추구된다. 우리 마음은 매일 온전히 하나님께 전념하며 그분을 사랑한다. 선생은 수녀원의 자매들에게 하나님의 아름다움을 관상하라고 권면하면서 이렇게 말한다.

> 여러분은 인간의 아들들과의 결혼을 천시해 왔습니다.…그러므로 사람의 모든 아들보다 아름다운 분을 마음을 다해 사랑하십시오. 여러분을 사랑하는 분의 **아름다움**을 응시하십시오.…교만한 자들이 조롱하는 바로 그것이 그분 안에서 얼마나 아름다운 것인지를 생각해 보십시오. 여러분의 마음의 눈으로 십자가에 달리신 예수님의 상처들, 부활하신 주님께 남아 있는 흔적들, 운명하시면서 흘리신 그리스도의 피를 응시하십시오. 이것들은 신자들의 보화이며 우리 구원을 위한 대가들입니다. 이 모든 것을 어떻게 값으로 칠 수 있을지 곰곰이 생각해 보십시오.…여러분 때문에 자신을 십자가에 매달게 하신 그분은 여러분의 마음과 완전히 일치되어 있기를 원하십니다.[35]

아우구스티누스 선생이 보려 하는 아름다움은 종말에 회복된 아름다움이 아니다. 그것은 오히려 십자가를 지신 그리스도를 통해 나타난 아름다움, 즉 하나님의 사랑의 아름다움이다. 하나님의 영광이 십자가에서 나타났다고 요한복음이 가르치듯, 이 세상에 나타난 하나님의 사랑, 십

35 『거룩한 동정성』, 54.55-57; 줌켈러, 『아우구스티누스의 규칙서』, p. 119에서 재인용.

자가의 참혹함 속에 감추어진 그 사랑의 고귀함과 아름다움을 관상하면 거기서 하나님을 볼 것이다. 또한 십자가를 관상함으로써 우리는 그 아들의 형상으로 변할 것이다.

더 나아가 아우구스티누스 선생은 하나님을 보려거든 사랑하라고 권한다. 우리가 보고자 하는 하나님이 바로 사랑이시기 때문이다(요일 4:8).

> 하나님을 뵙고 싶다면 "하나님은 사랑이십니다"라고 생각하면 됩니다. 사랑은 어떤 얼굴을 갖고 있습니까? 어떤 형상을 갖고 있습니까? 어떤 몸집을 갖고 있습니까? 어떤 발을 갖고 있습니까? 또 어떤 손을 갖고 있습니까? 누구도 말할 수 없습니다. 그렇지만 사랑은 발을 갖고 있습니다. 그 발이 교회로 이끌어 주기 때문입니다. 사랑은 손을 갖고 있습니다. 그 손이 가난한 사람들에게 나누어 주기 때문입니다. 사랑은 눈을 갖고 있습니다. 그 눈이 궁핍한 사람들을 알아보기 때문입니다.…여러분, 사랑 안에 사십시오. 그러면 사랑이 그대들 안에서 살게 될 것입니다. 사랑 안에 머무르십시오. 그러면 사랑이 그대들 안에 머무를 것입니다.[36]

하나님을 본다는 것은 우리가 이 땅에서 품을 가장 고귀한 소망이다. 그러나 그것을 무슨 뜬구름 잡는 소리 정도로 생각하지 말자. 그 소망은 오늘 역사에 나타난 그리스도의 사랑의 십자가를 관상하게 하고, 거기서 하나님의 아름다우심과 사랑을 보고, 형제와 이웃을 사랑함을 통해 또한 하나님을 보게 할 것이다. 거기서 관상과 행함은 통합되고, 우리는 하나님의 아들의 형상으로 변해 갈 것이다.

---

36 『요한 서간 강해』, 7.10.

토의를 위한 질문들 _____

1. 아우구스티누스 선생에 따르면, 자칫 주관적 신비주의로 빠질 수 있는 하나님을 보고자 하는 열망이 하나님의 본성인 사랑이 행하는 일들을 보는 일이 되도록 인도한다. 우리는 하나님을 눈으로 볼 수 없으나, 그분이 행하시는 사랑의 일은 볼 수 있기 때문이다. 그 사랑이 행하는 일을 보려고 한다면, 우리는 모든 곳에서 하나님을 볼 수 있다. 일상에서 하나님을 감지하는 것이다. 선생의 인도는 어쩌면 뭔가 초자연적 경험을 기대했던 사람들에게는 김빠지는 일일 수도 있다. 당신의 생각은 어떤가? 당신은 하나님의 사랑이 극적으로 드러난 그리스도의 십자가에서 하나님의 얼굴을, 그분의 깊은 사랑을 보는가? 우리가 일상에서 사랑의 일을 통해 하나님을 감지한다면, 우리 삶에 어떤 일이 일어나겠는가?

2. 위의 질문과 대조적으로, 선생은 종말에 하나님을 보고 (어떤 경로인지 명확하지 않지만) 온 존재가 새롭게 될 것이라고 성경을 따라 증언한다. 어떤 대상을 보는 것과 우리 자신의 변화가 깊이 연결되는 것이다. 마치 모세가 하나님의 영광을 본 후 광채를 얻은 것처럼 말이다. 따라서 무엇을 보느냐는 중요한 문제다. 특히 오늘날처럼 스마트폰 이용이 폭증하는 시대에는 더욱 그렇다. 당신이 자주 보는 것은 무엇이며, 그것은 당신을 어떻게 변화시키는가? 당신이 참으로 보기를 원하는 것은 무엇인가?

19. 하나님의 얼굴

20. 마지막 날들

그의 경건한 자들의 죽음은 여호와께서 보시기에 귀중한 것이로다.

(시 116:15)

이 땅에서 우리의 순례는 죽음으로 종착점에 다다른다. 우리가 지금까
지 그의 인생에서 확인하였듯, 아우구스티누스 선생에게 죽음은 상존하
는 현실이었다. 산다는 것은 매일 죽음을 향해 나아가는 것이었다. 그는
사랑하던 사람들을 예기치 않게 떠나보내면서 인생에 대해, 하나님의 주
권에 대해, 장차 올 자신의 종말에 대해 깊이 생각하고 준비했다. 잘 죽
는 것은 행복한 삶의 마침표와 같은 것이었다.

선생은 426년에 은퇴하고 430년에 세상을 떠나기 전까지 세 가지 일
에 집중했다. 후임 주교를 세웠고, 자신의 저작들을 다 읽으면서 오류를
수정하고 바로잡았으며, 마지막에는 병상에 누워 참회 시편으로 기도하
면서 죽음을 준비했다. 이 세 가지 일은 자기 인생의 종말을 준비한 것
이지만, 죽음 이후의 일을 준비한 것이기도 하다. 히포의 교회가 새로운
목자와 함께 하나님의 은총을 계속 경험할 수 있도록 준비했고, 또한 죽

음 이후 그의 저작들이 불러올 오해나 혼란을 최대한 방지하고자 했으며, 마지막으로, 하나님을 만날 것을 기도로 준비했다. 이 세 가지 모두 마침을 준비하는 것인 동시에 새로운 시작을 준비하는 것이었다. 그것이 선생의 평범하게 보이는 마지막 날들을 특별하게 만든다.

후임자

선생은 히포의 주교로 거의 40년을 섬기다가, 세상을 떠나기 4년 전인 426년에 에라클리우스를 자신의 후임자로 세웠다.[1] 사람들이 그의 은퇴를 원하지 않았기에 퇴임은 그리 쉬운 과정이 아니었다. 그러나 70세를 넘기고 해가 갈수록 약해지는 건강을 생각하면서, 선생은 은퇴하고 마무리해야 할 일들에 집중하고자 했다.[2]

후임자를 세우는 것은 중요한 과업이었다. 선생은 이 모든 과정이 교회의 규범과 상충하지 않도록 세심하게 신경을 썼다. 40년 전에 그가 사제의 신분으로 설교한 것은 당시 북아프리카의 관습과 상충하는 일이었다. 이후 발레리우스와 공동 주교가 되었는데, 이것이 325년에 니케아 공의회에서 정한 규범에 어긋난 것이었음을 당시에는 몰랐다. 에라클리우스를 주교로 세우는 과정에는 두 명의 주교와 일곱 명의 사제, 그리고 히포의 사람들이 참여했다. 선생은 이 모든 과정을 공적 기록으로 남겨

---

1   초기 교회에서는 한 교회의 주교가 다른 교회로 옮기는 것이 절대 용납되지 않았다. 한 교회의 주교가 된다는 것은 그 교회와 평생을 함께하는 것, 즉 거기서 섬기다 생을 마감하는 것을 의미했다. 주교가 교회를 옮기는 것은 정서적으로도 교회 관습으로도 비정상적이었다. 예를 들어, 나지안주스의 그레고리우스는 자신이 주교로 있던 교회를 떠나 다른 교회로 옮겼다는 이유로 두고두고 비난을 감수해야 했다.

2   Van der Meer, *Augustine the Bishop*, pp. 270-273; Drobner, *The Fathers of the Church*, pp. 410-411.

서, 발렌티니아누스 황제와 북아프리카의 집정관(consul) 테오도시우스에게 보냈다. 자신이 세상을 떠난 후 후임자 선출에 관한 어떠한 논쟁이나 다툼이 일어나는 것도 막고자 한 것이다. 나이 든 주교는 그의 은퇴식에서 이렇게 말한다.

주교가 죽고 나면 분쟁을 일으키고 자신의 유익을 추구하는 사람들로 인해 교회가 혼란을 겪게 되는 것을 나는 잘 알고 있습니다. 슬프게도 나 자신이 봐야만 했던 그런 일들이 이 도시에서는 재현되지 않도록 나는 할 수 있는 한 최선을 다해 막을 것입니다.[3]

그곳에 모여 있던 사람들은 이 말을 듣고 "하나님께 감사를! 그리스도께 찬송을!"을 23회나 연호하고, 이어 "그리스도여 우리를 들으소서! 아우구스티누스가 오래 사시기를!"을 16회 연호하며, "아버지 주교님!"을 8회 연호했다. 연로한 주교는 잠잠해지기를 기다린 후에 계속해서 말을 이어 간다.

에라클리우스에 대해서는 칭찬하는 말이 필요하지 않습니다. 나는 그의 지혜에 대해서는 잠잠히 있겠습니다. 그의 겸양에 대해서도 말할 필요가 없습니다. 여러분이 그를 아는 것으로 충분하며, 내가 바라는 바가 여러분의 바람과 같다는 말씀만 드리겠습니다.…여러분이 나의 기도에 동참해 주시기를 부탁드립니다. 하나님이 여러분 모두의 마음을 녹여 그리스도의 평화 가운데 연합되어, 그가 우리 안에서 하신 일을 확증해 주시기

3　『서신』, 213.1-2.

를 기도합니다. 에라클리우스를 내게 보내신 하나님이 그를 지키시기를, 그를 흠 없이 보전해 주시기를, 그리하여 그가 나의 기쁨인 것처럼, 내가 죽은 이후에 내 자리를 이어 가기를 기도합니다.

그가 위임식에서 에라클리우스를 지지하며 한 말에는 선배 주교의 경험과 애정이 묻어난다. 에라클리우스는 교회법에 따라 후임자로 선출되었지만, 주교인 아우구스티누스 선생이 세상을 떠날 때까지는 사제의 신분으로 남아 있었다. 선생은 후임자를 선정하는 일에서 철저히 교회법과 관습을 따르고자 했다. 그는 자신이 북아프리카 교회에 속한 지체라는 것을 늘 인식했고, 교계의 거물로서 이미 명성이 자자했으나 한 사람의 신자로서 결코 교회보다 크지 않다는 것을, 충실하게 교회법을 따름으로써 보여 주었다.[4]

『재론고』

선생은 에라클리우스에게 교회를 위임한 후 『재론고』를 쓰는 데 집중했는데, 이 작품은 서양 지성사에서는 전례가 없을 정도로 매우 독특하다.[5] 나이 든 주교는 설교와 서간을 제외한 거의 모든 작품을 다시 읽었다(원래는 자신이 쓴 모든 것을 다시 읽을 계획이었으나, 그렇게 하지는 못했다). 『재론고』는 총 93개 작품을 다루는데, 권수로는 232권에 이르는 방대한 양의 저작들을 연대순으로 배열하고 그것들의 배경이나 의도에 대한 설명을

---

4 북아프리카 교회들의 조직과 공의회에 대해서는 게에를링스, 『교부 어거스틴』, pp. 94-97를 보라.

5 Meredith F. Eller, "The Retractationes of Saint Augustine", *Church History* 18.3 (1949): pp. 172-183; O'Donnell, *Augustine*, pp. 124-129.

붙였다. 선생의 저작들이 지금까지도 사본상의 혼란, 즉 저자에 대한 시비나 저작 연대에 대한 논란 등 없이 안정적으로 후대에 전달된 데는 그의『재론고』의 공헌을 무시할 수 없다.

아우구스티누스 선생은 자신이 쓴 것이 혹여라도 교회의 가르침과 관습에 맞지 않는지를 살폈고, 후대의 독자에게 오해를 일으키거나 덕이 되지 않을 것 같은 부분을 바로잡으려 했다. 예를 들어, 아우구스티누스 선생은 그의 초기 대화편인『질서론』에 대해 이렇게 말한다.

그리고 거기서 내가 "최선의 행동거지에 최대한의 노력을 기울여야 한다"라고 하고서, 곧이어 "그렇지 않으면 우리 하나님이 우리 기도를 들어주실 수 없을 것이며, 착한 사람들의 기도는 하나님도 아주 쉽게 들어주실 것이다"라고 한 말이 꺼림칙하다. 이렇게 말하면 하나님이 마치 죄인들의 기도는 들어주지 않는 것처럼 들리기 때문이다.[6]

『질서론』은 그가 세례도 받기 전인 30대 초반에 쓴 것으로, 아직 그의 신학적인 사고가 정립되지 않은 때였다. 그러나 후대의 독자가 그런 사정을 고려하면서 읽으리라고 기대할 수는 없었다. 그런 이유로 선생은 오해의 소지가 있는 부분들을 스스로 지적하고, 교회의 가르침에 부합하도록 설명을 곁들였다. 자신이 세상을 떠난 후에 그의 글을 읽을 사람들과 교회의 유익을 생각한 것이다.

선생의 저술들은 초기부터 매우 큰 대중적인 인기를 끌었다.『고백록』은 전무후무한 사랑을 받고 삽시간에 전 유럽으로 퍼졌다. 그뿐 아니

---

6   『재론고』, 1.3.

라, 그는 생전에 유럽 전역에 막강한 신학적 영향력을 행사했다. 동시대인인 히에로니무스는 심지어 선생을 가리켜 사도 바울 이후 기독교 신앙을 다시 세운 사람이라고 칭송했다. 선생이 느꼈을 책임감은 상상조차 하기 어렵다. 그런 상황에서 그는 말년에 펠라기우스 논쟁을 치르면서 매우 까다로운 상대인 에클라눔의 주교 율리아누스를 만났다. 그와의 논쟁은 치열했고, 표현 하나하나가 매우 신중하게 선택되었다. 당황스럽게도 율리아누스는 선생의 초기 저작을 가지고 현재 선생의 입장을 반박하곤 했는데, 그에게는 상당히 곤란한 상황이었다. 선생은 사제가 되기 전에 쓴 『자유의지론』에 대해 『재론고』에서 이렇게 언급한다.

> 이런 말이나 이와 비슷한 말이 나오면서 하나님의 은총이 거론되지 않았으므로, 그때 논의되지 않았다고 해서 펠라기우스파는 내가 자신들의 주장을 내세웠던 것으로 여기거나 여길 수 있다.…내가 [그 책에서] 논한 바는 바로 이것이다.…이 책에서도, [펠라기우스주의자들이] 가증스럽고 불경하게 빼앗아 가려 하는 하나님의 은총에 관해 전적으로 침묵하고 넘어간 것은 아니다.[7]

분명히 아우구스티누스 선생은 자신이 젊었을 때 쓴 글이 펠라기우스의 입장을 지지하는 것처럼 이해될 수 있다는 것을 알고 있었다. 이러한 경험들이 『재론고』를 쓸 생각을 하게 했는지도 모른다. 어떤 면에서 『재론고』는 자기방어이기도 했으나, 선생은 혹시 교회에 일어날 수 있는 오해와 혼란을 최소화하려 했다. 포시디우스는 『재론고』의 저술 이유를 이렇

---

7   『재론고』, 1.9.4.

게 밝힌다.

> 그는 돌아가시기 얼마 전에 당신께서 받아쓰게 하시고 펴내신 책들을 다시 손질하셨다. 그 책들은 당신께서 (믿음에) 귀의한 지 얼마 되지 않아 아직 평신도로서 저술한 것들도 있고, 사제와 주교로서 저술한 것들도 있다. 아직 교회 관행을 잘 알지 못해서 교회 규정에 어울리지 않게 저술했다고 여긴 것은 무엇이나 당신 스스로 고치고 바로잡으셨다.[8]

아우구스티누스 선생은 자신이 젊을 때부터 노년에 이르기까지 쓴 글들을 독자들이 읽으면서 자신 안에서 진보가 일어난 것을 보리라고 내다보았다.[9] 자기 자랑을 하려던 것이 아니라, 오히려 그의 생각과 글이 하나님의 은총을 통해 성숙해지고 진리에 다가선 것을 독자들이 보고 그들 자신의 믿음의 진보를 기대하게 되기를 바랐다.

마치 바둑 대국을 마치고 복기하듯, 그는 말년에 자기 일생의 성과물들을 비판적으로 다시 읽었다. 그것은 아마도 여러 후회와 아쉬움을 마주해야 하는 수고로운 작업이었을 테지만, 그는 이렇게 저술가이자 교회의 선생으로서의 삶을 마치기를 원했다. 하나님이 자기 피로 사신 교회에 남길 글들에 대해 그는 영적인 책임을 느끼고 있었다. 자기 이름의 명예가 아닌, 그의 글을 읽고 믿음에 대해 배우고 자랄 후대의 교우들을 생각한 것이다. 그러한 섬김을 실천하기 위해 선생은 자기비판을 감수했다.

기독교는 자기를 객관화하고 비판하는 것을 믿음의 출발점으로 삼는다. 회개는 자기비판이다. 자신을 객관화시켜 성경의 잣대로 판단하고 돌

---

8   『아우구스티누스의 생애』, 28.1.
9   『재론고』, 서문 3.

• **고트족**은 로마 제국을 괴롭힌 주변 민족들 가운데 하나로, 360년대부터 다뉴브 강을 넘어 로마 제국의 경계를 침범했다. 그중 상당수는 로마 제국에 편입되기도 했고, 또한 동로마 제국의 주교 울필라스(대략 310-383)의 선교로 인해 아리우스 파 기독교가 고트족 가운데 확산했다. 로마 제국과 고트족의 관계는 회유, 전쟁, 합의 등으로 이루어져 복잡하다. 400년대 초 야만족들은 여러 차례 이탈리아 반도를 공격했는데, 고트 왕 알라리쿠스 휘하에 모인 (통칭해서 비시고트라고 부르는) 여러 야만인 그룹은 410년에 로마를 사흘간 수탈하는 데 성공한다. 이후 429년에 반달 왕 가이세리쿠스가 스페인에 이어 아프리카를 침략했는데, 430년에 아우구스티누스 선생이 세상을 떠날 때 히포를 포위했고, 439년에는 카르타고를 비롯한 넓은 지역을 점령했다.

이키는 것이다. 지난 2천 년간 기독교 신앙은 자기비판과 정화를 통해 계속해서 진리로 돌아올 수 있었다. 『재론고』는 바로 이러한 자기비판의 정신과 하나님의 교회에 대한 책임감을 보여 준다. 신자 개인의 삶에서도 이런 재검토가 절실하게 요청된다. 자기가 한 말과 글에 대한 비판적 검토를 통해 우리는 하나님 나라의 거룩한 백성으로 자라가기 때문이다.

『재론고』는 선생이 세상을 떠나기 전에 완성되었고, 후대의 교회를 위해 그가 남긴 마지막 배려로 남았다.

눈물의 기도

노년에 선생은 병으로 인해 병상에 누워 있을 때가 많아지고 그 기간도 길어졌다. 이는 그의 40년 목회를 곁에서 지켜보던 동역자들과 제자들, 교우들에게 슬픈 일이었다. 그가 세상을 떠나기 3개월 전부터 히포는 이미 •고트족에 의해 포위된 상태였다. 죽음을 앞둔 선생은 슬픔 가운데 기도했다. 그 상황을 포시디우스는 이렇게 묘사한다.

> 침략자들은 마우리타니아 지방을 두루 거쳐 우리 지방과 지역을 지나면서 온갖 포악한 짓을 저질렀다. 약탈, 학살, 갖은 고문, 방화, 그리고 헤아릴 수 없이 극악한 만행같이 할 수 있는 모든 짓을 저지르며 약탈했다. 그들은 남녀노소 가리지 않았고, 하나님의 주교들이나 성직자들뿐 아니라, 교회의 장식물이나 제구, 교회 건물마저도 모조리 휩쓸어 버렸다. 그 하나님의 사람[아우구스티누스 선생]은 이처럼 잔인한 폭력과 파괴가 왜 일어났고 또 왜 일어나게 되는지를 다른 사람들과 다르게 느끼고 생각하셨다. 그분은 이 일들을 더 깊고 심오하게 숙고하시면서, 그 사건들 속에서 일어나게 될 영혼의 위험이나 죽음을 특별히 예견하셨다.…그분은 여느 때와 달리 밤낮으로 눈물의 빵을 드셨으며, 그 누구보다도 슬프고 쓰디쓴 인생의 마지막을 연만하신 몸으로 겨우 지탱하고 참아 내셨다.[10]

병상에서 그는 온 세계가 겪고 있는 야만인의 침략에 대해 이렇게 말했다.

> 우리가 겪고 있는 이 재앙의 시기에 나는 하나님께 기도합니다. 이 도시가 적들의 굴레에서 해방될 수 있도록 기도합니다. 그러나 하나님의 계획이 이와 다르다면, 당신의 종들에게 하나님의 뜻을 이루어 낼 수 있는 굳센 힘을 주시거나, 아니면 저를 이 세상에서 거두어 당신 곁에 받아들여 달라고 기도한다는 것을 알아 주기 바랍니다.[11]

---

10   『아우구스티누스의 생애』, 28.5-7.
11   『아우구스티누스의 생애』, 29.1.

선생은 430년 8월에 열병으로 자리에 눕게 되었고, 죽음이 임박했음을 직감했다. 무엇을 해야 할지는 분명했다.

그분은, 아무리 세례를 받고 칭송받는 그리스도인이나 사제로 살았다 할지라도, 마땅하고 적합한 참회 없이 육신을 떠나서는 안 된다고 가족들과의 대화 가운데 우리에게 말씀하시곤 했다. 스스로도 돌아가시게 될 마지막 병환 중에 그렇게 하셨다. 그분은 참회에 관한 다윗의 시편을 짧게 옮겨 적게 하시고, 그 종이를 벽에 붙이게 하신 다음에 침대에 누워 계시면서도 날마다 그것을 곰곰이 되새기고 읽으셨으며, 뜨거운 눈물을 끊임없이 흘리셨다. 육신을 떠나기 열흘 전쯤부터, 그분은 아무에게도 방해받고 싶어 하지 않으셨다. 그분은 곁에 있던 우리에게 요청하셔서 의사들이 왕진하는 시간과 음식을 가져오는 시간 외에는 아무도 방에 들어오지 못하게 하셨다. 그리하여 [우리는] 그렇게 지켜 행했고, 그분은 모든 시간을 기도에 바치셨다.[12]

포시디우스는 매우 사실적으로 아우구스티누스 선생의 생애를 서술한다. 선생은 결단코 자신을 우상시하거나 사실 이상으로 부풀리는 것을 원하지 않았다. 선생은 하나님 앞으로 가는 길을 시편으로 기도하며 준비했다. 그가 흘린 눈물은 다만 참회와 회한의 눈물만이 아니라, 찬송과

---

12 『아우구스티누스의 생애』, 31.1-3; Brown, *Augustine of Hippo*, p. 436. 아우구스티누스 선생이 어떤 시편을 벽에 붙여 놓았는지는 알 수 없다. 그러나 King'oo는 서방의 참회시 전통에 속한 시편들로 6, 32, 38, 51, 102, 130, 143편이 있었다고 주장하는데, 또한 그는 참회시 전통이 아우구스티누스 선생에게서 기원했을 것이라고 추정한다. King'oo, *Miserere Mei: The Penitential Psalms in Late Medieval and Early Modern England*, pp. 1-13.

감사가 어우러진 기도였다. 『재론고』를 써 내려가면서 선생은 자신의 인생을 회고했다.[13] 자신을 수렁에서 건져내어 그리스도의 종으로 삼으신 하나님의 은혜에 감사하고, 주어진 짐을 잘 지고 경주를 마친 것을 감사했다. 선생은 그렇게 죽음 후에 그의 주님을 뵐 것을 준비했다.

아우구스티누스 선생은 평생 사람들에게 둘러싸여 있었다. 어린 시절에 배를 훔칠 때도, 로마의 경기장에서 볼썽사나운 것들을 관람할 때도, 밀라노 정원의 회심 순간에도, 카시키아쿰에서 여가를 보낼 때도, 오스티아에서 신비 체험을 할 때도, 북아프리카 타가스테로 돌아왔을 때도, 선생은 친구들과 가족들과 함께 있었다.[14] 주교로 일한 기간은 말할 것도 없다. 그러나 죽음을 목전에 두고, 그는 홀로 있기를 원했다. 의사의 진찰과 식사를 위한 시간 외에는 누구도 방에 들어오지 말라고 했고, 사람들은 그의 뜻을 존중해 주었다.

평생 시편을 자신의 기도로 삼아 기도했던 그는 하나님을 뵐 것을 기다리며 기도에 자기 자신을 전적으로 바쳤다.[15] 그리고 430년 8월 28일 76세를 일기로 교우와 동료 들이 지켜보는 가운데 조용히 숨을 거두었다.

그분은 우리가 곁에서 지켜보면서 기도하는 가운데, 성경에 쓰인 대로 행복한 만년을 보내시다가 당신의 성조들과 함께 잠드셨다(왕상 2:10).

---

13 『재론고』와 『고백록』은 자기 인생에 대한 비판적 회고라는 점에서 비슷하다. O'Donnell, *Augustine*, p. 125.
14 전기를 쓴 포시디우스에 따르면, 아우구스티누스 선생에게는 평소 방문객이 많았다. 그뿐 아니라, 아우구스티누스 선생이 남긴 몇백 통의 편지는 그가 얼마나 많은 사람과 교제했는지를 가늠하게 한다. 그는 늘 사람들 가운데 있었다. 인생은 하나님의 도성으로 나아가는 순례였으며, 그 길 위에서 아우구스티누스 선생은 많은 친구와 순례자들을 만났다.
15 Brown, *Augustine of Hippo*, p. 436.

우리가 참석한 가운데 시신을 안치하기 위한 성찬제를 하나님께 바친 후 묻히셨다. 그분은 아무런 유언을 남기지 않으셨는데, 하나님의 가난한 사람이 [소유가 없었기에] 유언을 할 이유가 없기 때문이었다. 그분은 자신의 모든 저술을 갖춘 교회 도서관을 후대의 사람들을 위해 부지런히 보존하라고 늘 당부하셨다.[16]

그가 세상을 떠난 지 얼마 후 히포는 반달족에게 함락된다. 놀랍게도 그가 40년간 목회한 교회와 그 도서관에 소장된 그의 필생의 저작들은 훼손되지 않고 보존되었다. 충성된 늙은 종이 병상에서 올린 눈물의 기도와 간절한 소원을 그의 주인이 들으신 것이다.

선생의 마지막 모습은 단순했다. 가야 할 길이 분명했기에, 마무리해야 할 일들을 몇 년에 걸쳐 정성스럽게 해 나갔다. 그리고 최후에는 자신과 하나님, 그리고 시편의 기도가 전부였다. 땅에 있는 것은 점점 희미해지고, 위에 계시는 하나님만 그의 마음을 가득 채웠다.[17]

16 『아우구스티누스의 생애』, 31.5-6.

17 선생의 사후 그의 유골은 이탈리아 반도로 넘어와 안치되었다. 그것이 과연 선생이 원하는 것이었을지는 의심스럽다. 그는 북아프리카를 사랑했고, 그 땅에서 충성스럽게 목회했으며, 그곳에 묻히기를 원했을 것이다. 스미스는 선생의 유골이 안치된 교회를 방문한 것에 대한 상념을 감동적으로 기록했다. 스미스, 『아우구스티누스와 함께 떠나는 여정』, pp. 319-322.

토의를 위한 질문들 _____

1. 선생은 후임자를 선정하는 과정이 교회법에 합치하도록 최선의 노력을 기울였다. 한 교회의 가장 높은 자리에 있었지만, 자신을 공교회보다 크다고 생각하지 않고 공교회의 권위에 순종한 것이다. 선생은 말년에 자신의 주변을 정리하고, 시편을 읽으면서 눈물로 기도했다. 당신의 삶의 끝은 어떤 모습이기를 원하는가? 이를 위해 지금부터 무엇을 준비해야 하는가?

2. 교회와 목회자들의 비위와 부도덕성으로 인해 사회의 질타를 받는 사례가 최근에 심심치 않게 나오고 있다. 이 책을 통해 당신이 그리게 된 목회자와 신학자로서의 아우구스티누스 선생을 생각해 보라. 어떤 점들이 인상적이었는가? 또한 오늘날의 교회에 그가 주는 도전은 무엇이며, 우리가 배우고 나아가야 할 방향은 어떤 것인가?

순례를 마치며

그 아버지 아브라함 때에 팠던 우물들을 다시 팠으니. (창 26:18)

아우구스티누스 선생은 서방 기독교 신학의 기초를 놓은 걸출한 목회자
이며 신학자이지만, 우리가 흔히 떠올리는 것처럼 백인은 아니었다. 그는
인종적으로는 북아프리카 베르베르족 어머니와 로마인 아버지 사이에서
태어난 혼혈이었고, 따라서 전형적인 유럽 사람과는 다른 모습이었을 것
이다. 그는 청년기까지 북아프리카에서 자라고 교육을 받았으며, 로마와
밀라노에서 수사학자로서의 경력을 쌓았다. 로마인의 관점에서 그는 이
민자였다.[1] 천부적인 재능과 노력으로 로마 사회 문화와 권력의 중심부
에 진입했지만, 그는 주변부 출신이었고 청년기의 대부분을 사실상 주변

---

1   아우구스티누스 선생을 유럽 중심의 시각에서 탈피해서 북아프리카의 문화적·신학
적 유산에서 재조명하려는 최근의 시도를 다음에서 보라. Thomas C. Oden, *How
Africa Shaped the Christian Mind: Rediscovering the African Seedbed of Western Christi-
anity* (Downers Grove, IL: IVP, 2007); Philip Jenkins, *The Next Christendom: The
Coming of Global Christianity*, 3rd ed. (New York: Oxford University Press, 2011),
『신의 미래』(도마의길).

인으로 살았다. 스미스는 이렇게 적는다.

> 그의 전기를 쓴 피터 브라운이 지적하듯이 "4세기에는 완전히 라틴화된
> 아프리카인조차도 이방인 취급을 받았다. 바깥 세계의 의견은 만장일치
> 였다. 그들이 생각하기에 아프리카는 아프리카인들에게 과분한 땅이었
> 다." 그의 억양은 수상하게 여겨졌고 그가 하는 말에 좀처럼 가시지 않
> 는 촌스러운 후광을 더했다. 황제의 궁정에서 일자리를 얻는 성공을 거
> 둔 후에도 그는 분주한 밀라노에서 타가스테의 삶을 떠올리게 해 주는
> 는 아프리카 출신 옛 친구들과 어울렸다.[2]

유명한 교회사가 후스토 곤잘레스는 쿠바 출신 미국인으로, 삶의 대
부분에 걸쳐 미국에서 교육받고 활동했다. 남미 해방신학의 영향을 강
하게 받은 신학자이기도 한 그는 2013년에 『메스티소 아우구스티누스』
(The Mestizo Augustine)라는 책을 펴냈다.[3] 메스티소는 유럽인과 남미 토착
민 사이의 혼혈아를 가리키는 말로, 이 책은 아우구스티누스 선생의 혼
혈성 혹은 주변성에 주목한다. 곤잘레스는 『고백록』 첫 장에 등장하는
그 유명한 불안(restlessness)이 아우구스티누스의 메스티소 경험을 반영한
다고 주장한다.[4] 북아프리카와 그리스·로마 문화 사이의 혼혈, 로마 사회
에 완전히 동화되지 못한 주변인으로서의 정체성이 선생의 사상과 저술
에 지대한 영향을 끼쳤다는 것이다.

그러면서 곤잘레스는 자신이 겪은 남미 출신 이민자들의 경험을 이

---

2   스미스, 『아우구스티누스와 함께 떠나는 여정』, p. 79.

3   Justo L. González, *The Mestizo Augustine: A Theologian between Two Cultures*
    (Downers Grove, IL: IVP Academics, 2016).

4   『고백록』, 1.1.1.

야기한다. 미국 사회에도 완전하게 속하지 못하고, 그렇다고 남미의 출신 국가에도 속하지 못하는 어정쩡한 상태에서 이민자들과 그 자녀들이 겪는 이중적 정체성 말이다. 그런데 곤잘레스가 참으로 말하고자 하는 것은 어디에도 속하지 못한 이들의 설움이 아니라, 오히려 두 문화 사이에 낀 그들이 만들어 내는 창의성과 에너지다.

사도 바울을 비롯한 신약성경 저자들은 헬라파 히브리인으로, 히브리적 사고를 헬라어와 헬라 문화를 통해 표현했다. 헬라어 신약성경은 로마 제국 곳곳으로 들어가 엄청난 운동을 일으켰다. 아우구스티누스 선생의 신학적 사고는 이후에 중세 유럽의 걸출한 신학자들에게 흡수되는데, 그리스·로마 문화와 북아프리카 문화를 흡수한 그의 신학이 게르만 문화를 통해 발전되는 계기가 된다.

곤잘레스에 몇 년 앞서 미국의 저명한 종교사회학자 제임스 헌터 (James Davison Hunter)가 그의 저서 『기독교는 어떻게 세상을 변화시키는가』에서 말하는 바에 따르면, 문화 변혁을 일으키는 그룹은 종종 문화의 중심부에서 벗어나 있는 사람들이다. 중심을 경험했으나 주변부에 있는 엘리트들이 문화를 변혁시키는 새로운 에너지를 창출해 낸다는 것으로,[5] 곤잘레스의 통찰과 같은 맥락이다. 우리의 논의에서 주변부의 엘리트는 중심부의 문화와 정신을 흡수했으나 기존의 계층이나 인종에 섞일 수 없어 주변부를 맴도는 그룹이다. 그들은 일견 소외되거나 밀려난 것처럼 보이나, 사실은 중심부가 경험하지 못한 문화를 경험한 사람들이다. 그들은 이미 철저히 안정화된 중심부에 비해 역동적이며, 기존의 문법과 다르게 무언가를 해볼 가능성을 갖고 있다.

---

5 제임스 데이비슨 헌터, 『기독교는 어떻게 세상을 변화시키는가』 (서울: 새물결플러스, 2014), pp. 73-76.

• 구스타보 구티에레스(Gustavo Gutiérrez, 1928-2024)는 페루 출신의 가톨릭
사제이며 신학자다. 남미의 사회 구조적인 불의와 가난 속에서 복음 메시지를 "해
방"으로 재해석하고, 가난한 사람들을 향한 하나님의 우선적인 사랑을 강조한 해
방신학을 주창했다. 여러 해 동안 미국 노터데임 대학교에서 가르치다가 은퇴했다.

곤잘레스와 헌터의 통찰은 미국에 사는 수많은 한국계 미국인들과
이민자들에게 새로운 빛을 던진다. 주류 사회에 끼지 못한다고 낙심할
것이 아니라, 중심부에 없는 자신만의 독특한 시야와 특성을 창의적으
로 가꾸어야 하지 않겠는가? 필립 젠킨스(Philip Jenkins)가 이미 10년 전
에 역설한 바에 따르면, 기독교의 중심은 끊임없이 다른 지역으로 이동
하며 지금은 유럽과 북미에서 아시아와 아프리카로 이동하고 있다.[6] 주변
부가 새로운 중심이 되어 가는 것이다.

『우리는 우리 자신의 우물에서 마신다』에서 해방신학의 아버지 •구
티에레스는 남미의 신학을 하는 것의 원천이 바로 남미 그리스도인들의
경험일 수밖에 없음을 역설한다.[7] 남미의 정치·경제적, 문화적 상황에서
남미 사람들이 고통하고 싸우며 만난 하나님이 해방신학의 토양이 되었
다. 훈고학을 하듯 번역하고 앵무새처럼 반복하는 수입 신학으로는 회
중의 영적 필요를 적절하게 채울 수 없다. 우리는 우리 자신의 우물에서
물을 길어 마셔야만 한다.

그런데 구티에레스가 말한 "우리의" 우물은 역설적으로 서방 전통에
대한 남미식 재해석을 의미한다. 그가 남미의 신학자라고 해서 유구한

6   Jenkins, *The Next Christendom*을 보라.
7   Gustavo Gutiérrez, *We drink from Our Own Wells: The Spiritual Journey of A People*
     (Maryknoll, NY: Orbis, 1984). 『해방신학의 영성: 우리는 우리 자신의 우물에서 마
     신다』(분도출판사).

기독교 전통과 단절하고 자기가 마실 우물을 혼자 판 것이 아니다. 그는 벨기에와 프랑스에서 수학하면서 서방 신학의 전통을 자신의 방식으로 깊이 흡수했다. 그의 유비에서 우물의 물이 의미하는 바는, 전통을 남미의 상황 가운데서 깊이 파 들어간 결과로 나온 통찰과 깨달음이다. 그는 이삭처럼 교회사의 선조들이 팠던 우물을 다시 열어 파 들어갔고, 거기서 남미라는 상황에 주어진 하나님의 말씀, 복음의 은혜를 발견했다. 그 점에서 구티에레스의 작업은 성경과 기독교 전통에 대한 심층적인 재해석이다.

북미에서 이민 교회의 목회자이며 신학자로 살고 있는 내게 아우구스티누스 선생의 유산은 무엇인가? 아직까지도 서방 기독교 신학이 중심부에 있는 상황에서, 주변인으로서 우리가 바라본 선생은 어떻게 다른가? 구티에레스가 그랬듯, 우리의 눈에는 서방 학자들의 렌즈에 포착되지 않았던 것들이 포착되지 않겠는가? 우리가 직면한 도전에 과거의 누군가가 작성한 정답지를 기계적으로 처방하지 않고 진지하게 고민하고 성찰할 때, 우리는 1,600년 전에 교부가 파놓은 우물에서 새로운 물을 마시게 될 것이다.

우리에게 아우구스티누스는 오랫동안 그 이름만 전해질 뿐 소수의 사람 외에는 파 들어가 보지 않은 우물이다. 오늘 이 우물을 파고 들어가는 사람은 선생이 도달한 수원(水原)에 이를 때까지 멈추지 말아야 하는데, 그 수원은 바로 삼위일체 하나님과 그분의 은총이다. 선생이 닦아놓은 길을 따라갈 때 우리는 조금은 쉽게 그가 도달한 수원에 이를 것이다. 그것이 교부와 전통을 공부하는 사람이 얻게 될 유익이다. 부디 이 책이 이 우물을 파 들어갈 사람들에게 작은 도움이 되기를 바란다. 그들의 또 다른 순례를 응원한다.

순례를 마치며

참고 도서

아우구스티누스 저작

이 목록에서 한국어 번역서 정보 없이 제목만 있는 작품들은 *The Works of Saint Augustine: A Translation for the 21st Century*, 43 vols. (Brooklyn, NY: New City Press, 1992-2019)의 번역을 사용했다.

Contra academicos, 『아카데미아학파 반박』, 성염 역(왜관: 분도출판사, 2016).

De catechizandis rudibus, 『입문자 교리교육』.

De civitate Dei, 『신국론』 1-3, 성염 역(왜관: 분도출판사, 2004).

Confessiones, 『고백록』, 선한용 역(서울: 대한기독교서회, 2003).

De diversis quaestionibus octaginta tribu, 『83개의 다양한 질문』.

De doctrina christiana, 『그리스도교 교양』, 성염 역(왜관: 분도출판사, 2011).

De dono perseverantiae, 『견인의 은총』.

In epistolam Ioannis ad Parthos tractatus, 『요한 서간 강해』, 최익철 역(왜관: 분도출판사, 2011).

De genesi contra Manichaeos, 『마니교도 반박 창세기 해설』, 정승익 역(왜관: 분도출판사, 2016).

De genesi ad litteram liber imperfectus, 『창세기 문자적 해설 미완성 작품』, 정승익 역(왜관: 분도출판사, 2016).

In Johannis evangelium tractatus, 『요한복음 강해』.

De magistro, 『교사론』, 성염 역(왜관: 분도출판사, 2019).

De natura boni, 『선의 본성』, 성염 역(왜관: 분도출판사, 2019).

De libero arbitrio, 『자유의지론』, 성염 역(왜관: 분도출판사, 1998).

De vera religione,『참된 종교』, 성염 역(왜관: 분도출판사, 2011).

De vita beata,『행복한 삶』, 성염 역(왜관: 분도출판사, 2016).

Enarrationes in Psalmos,『시편 주해』.

Enchiridion,『신앙편람』.

Expositio quarumdam propositionum ex epistola ad Romanos,『로마서 명제적 주석』.

Epistolae ad Romanos inchoata expositio,『미완성 로마서 주석』.

Expositio Epistolae ad Galatas,『갈라디아서 주석』.

De moribus ecclesiae catholicae et de moribus Manichaeorum,『가톨릭 교회의 관습과 마니교의 관습』.

De Natura et Gratia,『본성과 은총』; 참고.『은총론2』, 차종순 역(한국장로교출판사, 1996).

Regula: praeceptum,『수도원 규칙』;『아우구스티누스 규칙서』, 아돌라르 줌켈러, 이형우 역(왜관: 분도출판사, 1990).

De praedestinatione sanctorum,『성도의 예정』.

De sancta virginitate,『거룩한 동정성』.

Ad Simplicianum,『심플리키아누스에게』.

De spiritu et littera,『영과 문자』; 참고.『은총론2』, 차종순 역(한국장로교출판사, 1996).

De trinitate,『삼위일체론』, 성염 역(왜관: 분도출판사, 2015).

De utilitate credenda,『믿음의 유익』.

Sermons,『설교』.

Epistulae,『서신』.

Retractationes,『재론고』.

고대 저자들의 저작

포시디우스,『아우구스티누스의 생애』, 이연학·최원오 역, 분도출판사, 2008.

키케로,『투스쿨룸 대화』, 김남우 역(서울: 아카넷, 2022).

Paulinus of Nola, *Life of Saint Ambrose*, tr. Mary Simplicia Kaniecka (Catholic University of America Press, 1928).

Pelagius, "To Demetrias", in *Life and Letters*, ed. Brinley R. Rees (Rochester: Boydell Press, 1998), pp. 35-70.

Plotinus, *Ennead, Volume I: Porphyry on the Life of Plotinus*, trans. A. H. Armstrong, Loeb Classical Library 440 (Cambridge, MA: Harvard University Press, 1969).

Melito of Sardis, *On Pascha: With the Fragments of Melito and Other Material Related to the Quartodecimans: Translation*, trans. & ed. Alistair Stewart-Sykes (Yonkers, NY: St Vladimir's Seminary press, 2001).

Tyconius, *Exposition of the Apocalypse*, ed. David C. Robinson, trans. Francis X. Gumerlock, The Fathers of the Church, vol. 134 (Washington, DC: The Catholic University of America Press, 2017).

한국어 저작

김용규, 『신: 인문학으로 읽는 하나님과 서양문명 이야기』(서울: IVP, 2018).

영어 저작

Lewis Ayres, *Augustine and the Trinity* (Cambridge: Cambridge University Press, 2014).

_____. "Augustine on God as Love and Love as God", *Pro Ecclesia* 5.4 (1996): pp. 470-487.

Karl Barth, *Church Dogmatics*, IV.2, ed. G. W. Bromiley and T. F. Torrance (London: T&T Clark, 1958).

Robert M. Berchman, *Porphyry against the Christians* (Leiden/Boston: Brill, 2005).

Gerald Bonner, *St. Augustine of Hippo: Life and Controversies*, 3rd. ed. (Norwich: Canterbury, 2002).

_____. *Freedom and Necessity: St. Augustine's Teaching on Divine Power and Human Freedom* (Washington, DC: Catholic University of America Press, 2007).

Peter Brown, *Augustine of Hippo: A Biography* (Berkeley: University of California Press, 2000), 『아우구스티누스』(새물결출판사).

Michael Cameron, *Christ Meets Me Everywhere: Augustine's Early Figurative Exegesis* (New York: Oxford University Press, 2012).

_____. "Valerius of Hippo: A Profile", *Augustinian Studies* 40.1 (2009): pp. 5-26.

_____. "Enarrationes in Psalmos", in *Augustine through the Ages: An Encyclopedia*, ed. Allan D. Fitzgerald (Grand Rapids: Eerdmans, 2009), pp. 292-293.

Olivier Clément, *The Roots of Christian Mysticism: Text and Commentary*, 2nd ed. (Hyde Park, NY: New City Press, 1993).

Catherine Conybeare, "Reading the *Confessions*", in *A Companion to Augustine*, ed. Mark Vessey (Chichester: Wiley-Blackwell, 2012).

Daniel E. Doyle, "Introduction" in *Essential Sermons* (Hyde Park, NY: New City Press, 2007).

Hubertus R. Drobner, "Chronology of Augustine's Sermon II", *Augustinian Studies* 34 (2003).

_____. *The Fathers of the Church: A Comprehensive Introduction*, tr. Siegfried S. Schatzmann (Peaboy, MA: Hendrickson, 2007).

Meredith F. Eller, "The Retractationes of Saint Augustine", *Church History* 18.3 (1949): pp.

172-183.

Everett Ferguson, *Backgrounds of Early Christianity*, 3rd ed. (Grand Rapids, MI: Eerdmans, 2003).

_____. *Understandings of the Church* (Minneapolis, MN: Fortress Press, 2016).

_____. "Ordination in the Ancient Church (II)", *Restoration Quarterly* 5.1 (1961): pp. 17-32.

Michael P. Foley, "Augustine on the Use of Liberal Education for the Theater of Life", *Arts of Liberty* 2:1 (2014): pp. 18-34.

Harry Gamble, *Books and Readers in the Early Church: A History of Early Christian Texts* (New Haven, CT: Yale University Press, 1995).

Étienne Gilson, *The Christian Philosophy of Saint Augustine* (New York: Vintage Books, 1967).

Justo L. González, *The Mestizo Augustine: A Theologian between Two Cultures* (Downers Grove, IL: IVP Academics, 2016).

Robert M. Grant, "The Resurrection of the Body [continued]", *The Journal of Religion* 28.3 (1948): pp. 188-208.

Gustavo Gutiérrez, *We drink from Our Own Wells: The Spiritual Journey of A People* (Maryknoll, NY: Orbis, 1984). 『해방신학의 영성: 우리는 우리 자신의 우물에서 마신다』(분도출판사).

William Harmless, ed., *Augustine in His Own Words* (Washington, DC: The Catholic University of America Press 2010).

James Davison Hunter, *To Change the World: The Irony, Tragedy, and Possibility of Christianity in the Late Modern World* (New York: Oxford University Press, 2010). 『기독교는 어떻게 세상을 변화시키는가』(새물결플러스).

Philip Jenkins, *The Next Christendom: The Coming of Global Christianity*, 3rd ed. (New York: Oxford University Press, 2011). 『신의 미래』(도마의길).

Jangho Jo, "Reclaiming Happiness of the City and the Soul: Augustine's Engagement with Cicero and Porphyry in the *City of God*" (PhD diss., Baylor University, 2014).

Clare Costley King'oo, *Miserere Mei: The Penitential Psalms in Late Medieval and Early Modern England* (Notre Dame, IN: University of Notre Dame Press, 2012).

Peter Kreeft, *Three Philosophies of Life* (San Francisco: Ignatius Press, 1989).

_____. *Christianity for Modern Pagans: Pascal's Pensées* (San Francisco: Ignatius Press, 1993).

Serge Lancel, *St. Augustine*, tr. Antonia Nevill (London: SCM Press, 2002).

Robin Lane Fox, *Augustine: Conversions to Confessions* (New York: Basic Books, 2015).

Peter J. Leithart, *Defending Constantine: The Twilight of an Empire and the Dawn of Christendom* (Downers Grove, IL: IVP Academic, 2010).

Andrew Louth, *The Origins of the Christian Mystical Tradition: From Plato to Denys* (Oxford: Clarendon Press, 1981).

William E. Mann, "Augustine on Evil and Original Sin", in *The Cambridge Companion to Augustine*, ed. Eleonore Stum & Norman Kretzmann (Cambridge: Cambridge University Press, 2001), pp. 40-48.

Arnaldo Momigliano, "Pagan and Christian Historiography in the Fourth Century A.D.", in *The Conflict Between Paganism and Christianity in the Fourth Century*, ed. Arnaldo Momigliano (Oxford: Clarendon Press, 1963), pp. 79-99.

Reinhold Niebuhr, "Augustine's Political Realism", in *Christian Realism and Political Problems* (New York: Charles Scribner's Sons, 1953), pp. 119-146.

Thomas C. Oden, *How Africa Shaped the Christian Mind: Rediscovering the African Seedbed of Western Christianity* (Downers Grove, IL: IVP, 2007).

Gerard J. P. O'Daly, *Augustine's City of God: A Reader's Guide* (New York: Oxford University Press, 1999).

James J. O'Donnell, *Augustine* (New York: Twayne Publishers, 1985).

_____. ed., *Augustine: Confessions, vol 1. Introduction and Text* (Oxford: Oxford University Press, 2013).

Craig J. N. de Paulo, ed., *The Influence of Augustine on Heidegger: The Emergence of an Augustinian Phenomenology* (Lewiston: Edwin Mellen Press, 2006).

George Radan, "The Basilica Pacis of Hippo", in Joseph C. Schnaubelt and Frederick Van Fleteren, ed., *Augustine in Iconography: History and Legend* (New York: Peter Lang, 1999), pp. 147-188.

Boniface Ramsey, *Beginning to Read the Fathers* (New York: Paulist Press, 1985).

Brinley R. Rees, *Pelagius: Life and Letters* (Rochester: Boydell Press, 1998).

Joseph C. Schnaubelt and Frederick Van Fleteren, eds., *Augustine in Iconography: History and Legend* (New York: Peter Lang, 1999).

H. F. D. Sparks, "The Latin Bible", in *The Bible in Its Ancient and English Versions*, ed. H. Wheeler Robinson (Oxford: Clarendon Press, 1954), pp. 100-127.

J. Stevenson, ed., *A New Eusebius: Documents Illustrating the History of the Church to AD 337*, revised ed. (London: SPCK, 1987).

Norman P. Tanner, ed., *Decrees of the Ecumenical Councils: Nicaea I to Lateran V*, vol. 1, (Washington, DC: Georgetown University Press, 1990).

F. Van der Meer, *Augustine the Bishop: Church and Society at the Dawn of the Middle Ages* (New York: Harper & Row, 1965).

Johannes van Oort, "Augustine, His Sermons, and Their Significance", *HTS Theological Stud-*

ies 65.1 (2009); https://www.scielo.org.za/pdf/hts/v65n1/50.pdf.

Tarcisius J. van Bavel, "Church", in *Augustine Through the Ages: An Encyclopedia*, Allan Fitzgerald, ed. (Grand Rapids, MI: Eerdmans, 1999), pp. 169-176.

G. S. M. Walker, *The Churchmanship of St. Cyprian*, Ecumenical Studies in History, no. 9 (Richmond, VA: John Knox Press, 1969).

David E. Wilhite, *Ancient African Christianity: An Introduction to a Unique Context and Tradition* (London: Routledge, 2017).

Robert Louis Wilken, *The Spirit of Early Christian Thought: Seeking the Face of God* (New Haven, CT: Yale University Press, 2003).

번역서

빌헬름 게에를링스, 『교부 어거스틴』, 권진호 역(서울: CLC, 2013).

스탠리 그렌츠, 『기독교 윤리학의 토대와 흐름』, 신원하 역(서울: IVP, 2001).

칼 바르트, 『성서 안의 새로운 세계』, 전경연 역(서울: 대한기독교서회, 1964).

헤르만 바빙크, 『개혁파 교의학』, 존 볼트 엮음, 김찬영·장호준 역(서울: 새물결플러스, 2015).

존 M. G. 바클레이, 『바울과 은혜의 능력』, 김형태 역(서울: 감은사, 2021).

미로슬라브 볼프, 『알라: 기독교와 이슬람의 신은 같은가』, 백지윤 역(서울: IVP, 2016).

월터 브루그만, 『시편의 기도』, 김선길 역(서울: CLC, 2003).

제임스 K. A. 스미스, 『아우구스티누스와 함께 떠나는 여정: 불안한 영혼을 위한 현실 세계 영성』, 박세혁 역(파주: 비아토르, 2020).

제임스 K. A. 스미스, 『습관이 영성이다: 영성 형성에 미치는 습관의 힘』, 박세혁 역(파주: 비아토르, 2018).

니콜라스 월터스토프, 『사랑과 정의: 정의로운 사랑은 가능한가』, 홍종락 역(서울: IVP, 2017).

로완 윌리엄스, 『다시 읽는 아우구스티누스: 유한자의 조건과 무한자의 부르심』, 이민희·김지호 역(고양: 도서출판 100, 2021).

나빌 쿠레쉬, 『누가 진짜 하나님인가? 알라인가, 예수인가: 무슬림이었던 구도자, 이슬람교와 기독교의 증거를 조사하다』, 박명준 역(서울: 새물결플러스, 2018).

찰스 테일러, 『근대의 사회적 상상: 경제·공론장·인민 주권』, 이상길 역(서울: 이음, 2010).

헨리 채드윅, 『아우구스티누스』, 김승철 역(서울: 시공사, 2001).

찾아보기

사랑 15, 19-20, 23, 31-32, 43-45, 49, 51, 53, 57-59, 63, 65-68, 76, 84, 87, 89-93, 95-105, 114, 119, 121-123, 139, 143-144, 156-158, 160, 176, 188-189, 191-197, 199, 201-208, 210-211, 215, 216, 223-225, 235, 249-251, 253, 280, 282-287, 305, 320, 322-325, 330-342, 353-357, 360, 366, 369, 372-377, 379, 383, 390, 396

사용(uti) 91

삼위일체 9-10, 14, 17, 28-29, 31-32, 37, 53, 132, 156, 187, 222-223, 240, 257, 274, 293, 327-342, 347, 349, 364, 397

선/선함 41-46, 60-64, 66-70, 75-77, 81, 83-85, 90, 92-94, 101, 104-105, 117, 137, 141, 143, 149, 160, 164, 176, 194, 199, 208, 232, 234-237, 242, 281, 298-299, 301, 306, 317-320, 324, 344, 349-350, 352-353, 358-360, 368, 370-372, 374

설교 13, 16-17, 26, 30, 104, 116, 121, 129-135, 140-144, 154, 160, 165-175, 177-178, 183, 185-187, 189-190, 194-197, 201, 203-204, 211-212, 221, 227-230, 232, 234-235, 257, 261, 264, 266, 269, 283-286, 302, 323, 341, 344-345, 349, 380, 382

섭리 231, 243, 269, 341

성/성욕 57, 95-96

성경 10, 16, 21, 24, 26, 28, 30, 62, 66, 70, 74-75, 79, 82, 87, 88, 101, 104, 110-111, 114-116, 118, 120, 122, 131, 133, 137, 151, 153, 155, 157, 173-174, 181, 183-184, 186-195, 198, 201, 205, 210, 213, 220-222, 224, 225, 245, 259, 267, 273-274, 277-279, 281, 283, 296, 304, 312, 319, 322, 331, 333, 342, 345-346, 348-349, 360, 361-362, 365, 367-368, 371, 377, 385, 389, 395, 397

성경 해석 26, 28, 75, 118, 157, 173-174, 183-184, 187-195, 198, 348

성례 28, 138, 263, 267-268, 277-278, 282, 284

성육신 52, 133, 142, 144, 177, 190-191, 322, 347, 370

세례 9, 12-13, 18, 27-28, 38, 48-49, 53, 61, 80, 85, 90, 100-103, 109, 149, 166, 200, 257-258, 261, 263, 267, 276-277, 281-282, 286-288, 331, 383, 388

세속성/세속주의 29, 73, 177, 203, 205, 221, 239-242, 245, 249-250, 254, 256, 275, 282, 296, 298, 302-303

소망 39, 51-54, 68, 98, 108, 223, 226, 230, 232-235, 247, 280, 282, 304-306, 322-325, 350, 352, 356, 359-360, 371-374, 376

수도원/수도사 9-10, 12, 22, 27, 63-64, 72-73, 80, 95, 100, 110-111, 113, 115, 148, 165-168, 172, 175-176, 178-179, 181, 199-216, 229

수사학 13, 24-25, 27, 38, 48, 101, 107, 167, 185, 195, 228, 241, 273-274, 343, 393

시간 32, 38-39, 74, 85, 110, 129, 142, 150, 163-164, 172, 190, 205-206, 213, 219-220, 230, 240, 297-298, 301, 311-316, 318, 320-321, 323, 325, 328, 336-337, 345, 388-389

『신국론』 9, 14-15, 18, 20, 29, 37, 43, 51-52, 58, 61, 97, 115, 138, 173, 228, 244-

오늘을 위한 아우구스티누스 인생 수업

초판 발행 2025년 2월 17일

지은이 조장호
펴낸이 정모세

편집 이종연 이성민 이혜영 심혜인 설요한 양지영 박예찬
디자인 한현아 서린나 | 마케팅 오인표 | 영업·제작 정성운 이은주 조수영
경영지원 이혜선 이은희 | 물류 박세율 김대훈 정용탁

펴낸곳 한국기독학생회출판부 | 등록번호 제2001-000198호(1978.6.1)
주소 04031 서울시 마포구 동교로 156-10
대표 전화 (02) 337-2257 | 팩스 (02) 337-2258
영업 전화 (02) 338-2282 | 팩스 080-915-1515
홈페이지 http://www.ivp.co.kr | 이메일 ivp@ivp.co.kr
ISBN 978-89-328-2313-3